Ihre Arbeitshilfen zum Download:

Die folgenden Arbeitshilfen stehen für Sie zum Download bereit:

Checklisten
- Grundlagen der Personalentwicklung
- Schritt 1: Analyse des PE-Bedarfs
- Schritt 2: PE-Konzeption – Entwicklung von PE-Maßnahmen
- Schritt 3: Instrumente der PE
- Schritt 4: Transfer und Evaluation von PE-Maßnahmen

Exkurse

Den Link sowie Ihren Zugangscode finden Sie am Ende des Buches.

Ebenfalls finden Sie dort eine detaillierte Übersicht der Checklisten und Exkurse

D1698972

Crashkurs Personalentwicklung

Michael Hess / Sven Grund / Wolfgang Weiss

Crashkurs Personalentwicklung

Mitarbeiter fördern und binden

2. Auflage

Haufe Group
Freiburg · München · Stuttgart

Bibliografische Information der Deutschen Nationalbibliothek

Die Deutsche Nationalbibliothek verzeichnet diese Publikation in der Deutschen Nationalbibliografie; detaillierte bibliografische Daten sind im Internet über http://dnb.dnb.de/ abrufbar.

Print:	ISBN 978-3-648-13700-0	Bestell-Nr. 14056-0002
ePub:	ISBN 978-3-648-13702-4	Bestell-Nr. 14056-0101
ePDF:	ISBN 978-3-648-13703-1	Bestell-Nr. 14056-0151

Michael Hess / Sven Grund / Wolfgang Weiss
Crashkurs Personalentwicklung
2. Auflage, September 2020

© 2020 Haufe-Lexware GmbH & Co. KG, Freiburg
www.haufe.de
info@haufe.de

Bildnachweis (Cover): © Bloomicon, shutterstock

Produktmanagement: Dr. Bernhard Landkammer
Lektorat: Peter Böke, Berlin

Inhaltsverzeichnis

Einleitung 11

1   Grundlagen der Personalentwicklung 15
1.1 Definition Personalentwicklung 15
1.2 Selbstverständnis und Ziele der Personalentwicklung 18
1.3 Selbstverständnis und Ziele des Personalentwicklers....................... 20
1.4 Prozessmodell der Personalentwicklung 25
1.5 Evolutionsstufen von Personalentwicklung – Strategische PE 29

2   Schritt 1: Analyse des Personalentwicklungsbedarfs 41
2.1 Organisationsanalyse 45
     2.1.1 SWOT-Analyse 46
     2.1.2 Weitere Methoden der Organisationsanalyse 50
2.2 Aufgabenanalyse 59
     2.2.1 Tätigkeitsanalyse-Instrumente / Fragebogen 62
     2.2.2 Arbeitsplatzbeobachtungen 68
     2.2.3 Critical Incidents-Technique (CIT) 71
     2.2.4 Anforderungs- oder Kompetenzprofil............................. 73
2.3 Personenanalyse 83
     2.3.1 Selbstbild-Fremdbild-Abgleich 88
     2.3.2 Psychometrische Verfahren als Teil der Personenanalyse 90
     2.3.3 Interview 96
     2.3.4 Assessmentverfahren 110
     2.3.5 Integrationsrunden 133
     2.3.6 Bildungsbedarfsanalyse 136
     2.3.7 Die schwierige Seite der Personalentwicklung –
            der vermeintlich »hoffnungslose Fall« 138

3   Schritt 2: Personalentwicklungs-Konzeption –
     Entwicklung von PE-Maßnahmen 149
3.1 Lernen und Wissensdimensionen 149
3.2 PE-Maßnahmenentwicklungsschritte 152
     3.2.1 Übergeordnete Ziele.. 153
     3.2.2 Lernziele 153
     3.2.3 Arbeitsbezogene Einbettung 156
     3.2.4 Zugangsbedingungen.. 156

3.2.5   Didaktische Konzeption anhand ausgewählter Lerntheorien 157

3.2.6   Umsetzung 165

3.3   Blended Learning 166

4   Schritt 3: Instrumente der Personalentwicklung 171

4.1   Feedbackbezogene Verfahren 173

4.1.1   Selbstbild-Fremdbild-Abgleich 173

4.1.2   Psychometrische Verfahren zum Einsatz in Training,
Teamentwicklung, Beratung 175

4.1.3   Potenzialanalysen und Assessments 178

4.2   Training, Seminare und Schulungen 189

4.2.1   Kommunikationstraining 195

4.2.2   Konfliktmanagementtraining 196

4.2.3   Verhandlungstraining 197

4.2.4   Führungstraining 199

4.2.5   Training zum Thema Motivation 200

4.2.6   Changemanagement für Führungskräfte 201

4.2.7   Strategische Personalentwicklung für Führungskräfte 203

4.2.8   Präsentationstraining 204

4.2.9   Argumentations- und Rhetoriktraining 206

4.2.10 Vertriebskommunikations- und Kundenorientierungstraining 207

4.2.11 Training zur Teamentwicklung und -steuerung 209

4.2.12 Moderationstraining 210

4.2.13 Problemlöse- und Kreativitätstraining 211

4.2.14 Selbst- und Zeitmanagementtraining 212

4.2.15 Stress- und Gesundheitsmanagementtraining 214

4.2.16 Training zur sozialen Wahrnehmung 216

4.2.17 Führen auf Distanz 217

4.3   Maßnahmen mit prozessbegleitendem Charakter 219

4.3.1   Teamentwicklung 221

4.3.2   Konfliktbearbeitung und Mediation 226

4.3.3   Weitere prozessbegleitenden Maßnahmen: einige Beispiele 232

4.4   Coaching 246

4.4.1   Supervision 255

4.4.2   Kollegiale Fallberatung 257

4.5   On-the-Job-Maßnahmen 262

4.5.1   Personalentwicklung durch Aufgabengestaltung 263

4.5.2   Fachlaufbahn 266

4.5.3   Jobrotation 270

4.5.4   Mentoring und Patenschaften 273

	4.5.5	Einsatz als AC-BeobachterInnen	278
	4.5.6	Feedback-/Reflexionstagebuch	279
4.6		Führungsbezogene Personalentwicklungsinstrumente	281
	4.6.1	Mitarbeiterbeurteilungssysteme	283
	4.6.2	Mitarbeitergespräche	287
	4.6.3	Zielvereinbarungen	292
	4.6.4	Delegation	302
4.7		Modulares PE-Programm – am Beispiel eines Führungskräftenachwuchs-Pools	306
	4.7.1	Ausgangssituation und Anforderungen an den Führungskräftenachwuchs-Pool	307
	4.7.2	Zentrale methodische Aspekte der Maßnahme	309
	4.7.3	Vernetzung mit den Prozessen des Unternehmens	311
	4.7.4	A – Auswahl der Pool-KandidatInnen	312
	4.7.5	B – Qualifizierungsprogramm FKN-Pool: Gesamtübersicht	319
5		**Schritt 4: Transfer und Evaluation von Personalentwicklungsmaßnahmen**	327
5.1		Funktionen von Evaluation	327
5.2		Ziele einer Evaluation und Wirkungsanalyseformen	329
	5.2.1	Inputbezogene Wirkungsanalysen	329
	5.2.2	Prozessbezogene Wirkungsanalysen	329
	5.2.3	Outputbezogene Wirkungsanalysen	331
	5.2.4	Wirkungsanalyse als Vergleichsanalyse	332
5.3		Evaluationsprozess	333
	5.3.1	Phase 1: Planen	336
	5.3.2	Phase 2: Instrumente bereitstellen	338
	5.3.3	Phase 3: Daten erheben	339
	5.3.4	Phase 4: Daten auswerten	339
	5.3.5	Phase 5: Abschlussbericht mit Gestaltungsvorschlägen	339
	5.3.6	Phase 6: Anpassung der PE-Maßnahme	339
	5.3.7	Phase 7: Veröffentlichung der Erkenntnisse und Erfahrungen	339
5.4		»Concept and Instruments for Evaluation of Learning Tools« (CIELT)	340
6		**Ausblick: Evidenzbasierte Personal- und Organisationsentwicklung**	345
6.1		EPM auf einen Blick	345
6.2		EPM Schritte im Detail	353
	6.2.1	Daten analysieren	355
	6.2.2	Informationen bewerten	358
	6.2.3	Interventionen designen	359

6.3   Chancen und Risiken von EPM 361

        6.3.1   EPM als Chance 361

        6.3.2   EPM als Risiko... 361

        6.3.3   Umgang mit Daten 362

        6.3.4   Kernpunkte des Evidenzbasierten People Managements 363

6.4   EPM Fallbeispiel 363

Arbeitshilfen online 369

Literaturverzeichnis 371

Abbildungsverzeichnis 381

Tabellenverzeichnis 383

Stichwortverzeichnis 385

Einleitung

Herzlich willkommen zum »Crashkurs Personalentwicklung«! Wir bieten Ihnen in diesem Buch Inhalte und Methoden, Herangehensweisen und Instrumente der Personalentwicklung, mit dem Ziel, Ihnen als Anwender des Themas Ihre wichtigsten Fragen zu beantworten.

Bei jedem Kapitel hatten wir folgende Frage im Hinterkopf: »Was müssen Sie wissen, damit Sie das, was Sie machen wollen, im Unternehmen umsetzen können?« Entsprechend erhalten Sie in jedem Kapitel alle wichtigen Informationen mit konkreten Anleitungen und Beispielen. Darüber hinaus zeigen wir Ihnen in vielen Fällen, woher die Methoden, Werkzeuge und Ansätze stammen. Wir geben Hinweise zu den wissenschaftlichen Grundlagen der PE-Konzepte und stellen relevante Forschungsergebnisse vor. Denn die Details, die hinter einer methodischen Aussage stecken, helfen oft, die Methode besser zu verstehen.

Arbeitshilfen online   !

Ergänzend zum Buch haben wir zahlreiche weitere Arbeitshilfen online sowie 12 Exkurse zum Download für Sie bereitgestellt. Gehen Sie einfach auf mybook.haufe.de und geben Sie dort den Buchcode ein, den Sie auf der letzten Seite im Buch finden. Achten Sie auch auf unsere Hinweise auf die ergänzenden Online-Arbeitshilfen an vielen Stellen im Buch.

Orientierung an unserer Beratungspraxis

Was die Inhalte angeht und vor allem auch den Aufbau des Buches, haben wir uns an unserer Beratungspraxis orientiert. Wir haben die Themen ausgewählt, von denen wir glauben, dass sie – ganz im Sinne des Pareto-Prinzips – die größte Bandbreite von praxisnahen Umsetzungsansätzen der PE abdecken.

Wenn Sie Vorwissen haben, so werden Sie auf Stellen stoßen, an denen Sie denken »Warum haben die Autoren nicht noch Thema X aufgenommen?« Und Sie werden mit Ihrer Frage Recht haben: Weitere Themen wären ebenfalls spannend und einer Darstellung würdig. Doch mussten wir beim Schreiben dieses Buches immer wieder Entscheidungen treffen, welche Themen wir hineinnehmen und welche nicht. Ein Beispiel dazu: In Kapitel 4.2, »Training/Seminare/Schulungen« haben wir einige Trainings in Kurzbeschreibungen dargestellt, um Ihnen eine Übersicht zu verschaffen. Damit decken wir natürlich bei weitem nicht alle Trainingsinhalte ab, die im Rahmen von PE-Maßnahmen angeboten werden können. Welche Trainingstitel haben wir also ausgewählt? Diejenigen, bei denen die Chance groß ist, dass Sie oder die Menschen, für die Sie PE machen, daran einmal teilnehmen werden.

Methodenorientierter Werkzeugkoffer

Das Buch »Crashkurs PE« versteht sich als methodenorientierter Werkzeugkoffer. Es ist kein Lehrbuch, das die Formalien oder juristischen Grundlagen der PE aufbereitet. Gleichwohl sind Themen wie das Allgemeine Gleichbehandlungsgesetz oder AGG (insbesondere bei Personalauswahlprozessen, s. Kapitel 2.3 »Personenanalyse«) oder der Einbezug des Betriebs- oder Personalrats bei der Entwicklung von PE-Maßnahmen (vor allem, wenn in deren Rahmen Mitarbeiterdaten erhoben werden oder psychometrische Fragebogen eingesetzt werden) natürlich auch in der Personalentwicklungsarbeit von zentraler Bedeutung. Für sehr gute Hinweise zu den eher formaljuristischen Aspekten im Zusammenhang mit dem Thema Personal möchten wir auf das Haufe-Buch »Crashkurs Personalarbeit« verweisen.

Der rote Faden: Personalentwicklung in 4 Schritten

In **Kapitel** 1 beschäftigen wir uns mit den »**Grundlagen der Personalentwicklung**«. Neben der Fragestellung, was Personalentwicklung überhaupt ist und kann, geht es uns hier vor allem um das hinter der PE stehende Menschenbild und der Rolle, die sich daraus für diejenigen ableitet, die in Unternehmen PE »betreiben«. Es geht darum, dass Sie sich als Personalentwickler in Ihrer Funktion im eigenen Unternehmen einordnen können. Auch hierfür gibt es zahlreiche Tipps und Checklisten, wie Sie diese Selbstreflexion betreiben können.

Zudem stellen wir Ihnen im ersten Kapitel das zentrale Prozessmodell der PE vor, das in 4 Schritten aufgebaut ist und auch die Grundstruktur des Buches bildet:

- **Schritt 1: Analyse des PE-Bedarfs**
- **Schritt 2: PE-Konzeption – Entwicklung von PE-Maßnahmen**
- **Schritt 3: Instrumente der PE**
- **Schritt 4: Transfer und Evaluation von PE-Maßnahmen**

Das Prozessmodell dient zugleich als Inhaltsverzeichnis und roter Faden dieses Buches, d. h. Sie werden in den folgenden Kapiteln zu jedem der vier Schritte Hintergründe und Praxistipps kennenlernen.

In **Kapitel** 2 »**Analyse des Personalentwicklungsbedarfs**« beschäftigen wir uns mit dem Startpunkt von Personalentwicklung, nämlich der Frage »Warum braucht wer welche PE-Maßnahme(n)?« Das ist zugleich **Schritt 1**! Hierzu betrachten wir drei Ebenen der Analyse: die Organisation, bei der es um strategische Fragestellungen der PE geht, z. B. »Welche PE-Maßnahmen brauchen wir, wenn wir in Zukunft in dieses neue Geschäftsfeld vordringen wollen?« Darauf folgen die Aufgaben selbst, die Menschen in Organisationen verrichten. Hier steht die Erfassung der detaillierten Anforderungen im Vordergrund, ebenso wie die Frage »Was muss jemand können, der diese Aufgabe im Unternehmen durchführt?« Und schließlich kommen wir zur Analyse der Person, mit Themen wie Selbstbild-Fremdbild-Abgleichen, psychometrischen Tests, Interviews und Assessment-Centern. Wir gehen auch deshalb so intensiv auf das Thema »Analyse des PE-Bedarfs« ein, weil Sie, wenn Sie eine solche Analyse durchführen, eigentlich schon eine Veränderung, eine »Intervention« bei den Leistungsnehmern der PE durchführen. In den in diesem Kapitel abgebildeten Checklisten und Arbeitshilfen finden Sie Beispiele für Assessment-Center-Ablaufpläne, Aufgabeninstruktionen bis hin zu Beispiel-Rückmeldungen für TeilnehmerInnen.

Dann folgt das **Kapitel** 3 »**Personalentwicklungskonzeption: Entwicklung von PE-Maßnahmen**« (Schritt 2), in dem wir uns zunächst mit der Frage »Wie funktioniert Lernen und Wissenserwerb?« auseinandersetzen. In diesem Abschnitt geht es uns darum zu vermitteln, dass es sich nicht nur lohnt zu überlegen, *was* Menschen in einer PE-Maßnahme lernen sollen, sondern auch *wie* dieses Lernen vonstattengehen soll. Wir sprechen hier also auch über didaktische Konzepte.

In **Kapitel** 4 (Schritt 3) geht es um das »Tun«, den Einsatz der **Instrumente der Personalentwicklung**. Hier finden Sie viele Ansätze zur Umsetzung von Maßnahmen, und das in einer breit gefächerten Übersicht, angefangen mit feedbackbezogenen Verfahren über klassische Trainingsformen, Maßnahmen mit prozessbegleitendem Charakter (wie Teamentwicklungen), Coaching, On-the-Job-Maßnahmen wie Jobrotation oder Mentoring, führungsbezogene PE-Instrumente wie Mitarbeiterbeurteilungen und -gespräche bis hin zum Beispiel eines modular aufgebauten PE-Programms in Gestalt eines Pools für den Führungskräftenachwuchs. Auch in diesem Kapitel finden Sie zu allen Themen zahlreiche Praxisbeispiele, Muster und Checklisten sowie ergänzende Arbeitshilfen online auf mybook.haufe.de.

Und schließlich bringen wir Ihnen in **Kapitel** 5 das Thema **Transfer und Evaluation von Personalentwicklungsmaßnahmen** nahe. In diesem 4. Schritt des Prozessmodells geht es zugleich auch wieder um die Verknüpfung zu Schritt 1, der die Analyse des PE-Bedarfs abbildet. Die zentrale Frage lautet: »Wie wirksam war das, was wir als PE-Maßnahme durchgeführt haben?« Und das Ziel ist, einem wichtigen, aber gerne vernachlässigten Thema der PE Raum zu geben, dies aber in handhabbarer Form. Zum Thema »Evaluation« gibt es ganze Fachbücher und das schreckt viele Praktiker ab. Wir wollen Ihnen aber eine Brücke schlagen, wie praktikable Ansätze von Wirksamkeitsanalysen aussehen können.

In **Kapitel** 6 wagen wir noch einen Blick in die Zukunft. Das Thema »Evidenzbasierte Personal- und Organisationsentwicklung« greift ein Schlagwort auf, das uns alle immer mehr beschäftigt: Big Data, in diesem Fall Big Data in einem Unternehmen. Auch in Ihrer Organisation schwirren eine Unmenge an erhobenen Daten unverbunden herum, seien es Kunden- oder Mitarbeiterbefragungen, Zielerreichungsgrade, Zufriedenheitsabfragen, Stimmungsbarometerergebnisse oder auch Fluktuationsraten. Was passiert, wenn man diese Daten miteinander verknüpft und vor dem

Hintergrund eines wissenschaftlich fundierten Auswertungsmodells analysiert? Hier kommen Zusammenhänge zu Tage, die man mit einer reinen »Bauchgefühlskorrelation« nicht erkennen kann und die Ihnen konkrete Ansatzpunkte zur Weiterentwicklung der Menschen in Ihrer Organisation oder gar der Organisation selbst liefern.

Doch lassen Sie uns am Anfang beginnen, und zwar mit der Frage: »Was ist PE überhaupt und welche Rolle nimmt man als »PE-Vertreter« im eigenen Unternehmen ein?«

1 Grundlagen der Personalentwicklung

1.1 Definition Personalentwicklung

Wie definiert man eigentlich Personalentwicklung (PE) und wo lässt sich das Anwendungsfeld der PE verorten?

Ob bei der Sichtung der einschlägigen Literatur oder im Zuge von Beobachtungen in der praktischen Umsetzung: Der Begriff der Personalentwicklung verfügt weder über ein einheitliches theoretisches Modell noch eine systematisierte Prozesslandschaft.

Schon bei der Definition klafft das Verständnis hinsichtlich Umfang und Inhalt weit auseinander:

»Personalentwicklung umfasst alle geplanten Maßnahmen der Bildung, der Förderung und der Organisationsentwicklung, die von einer Organisation oder Person zielorientiert geplant, realisiert und evaluiert werden.« (Becker, 2005, S. 4)

oder:

»Personalentwicklung beinhaltet sämtliche Maßnahmen zur systematischen Förderung der beruflichen Handlungskompetenz der Menschen, die in einer und für eine Organisation arbeitstätig sind.« (Ryschka, Solga und Mattenklott, 2008, S. 19)

Der umfassenden Definition bei Becker, die neben personenbezogenen Maßnahmen auch Aspekte der Organisationsentwicklung (OE) beinhaltet, steht ein deutlich engerer PE-Begriff bei Ryschka, Solga und Mattenklott gegenüber, der die »Förderung der beruflichen Handlungskompetenz« in den Vordergrund rückt.

In der Regel sind auch die unternehmensinternen Arbeitsplatzbeschreibungen von Personalentwicklern eher unscharf, und die Nomenklatur ist nicht eindeutig. Ebenso ist das Verständnis der Personalentwickler selbst hinsichtlich Zielausrichtung und Inhalte ihrer Tätigkeit ausgesprochen ambivalent.

Letztlich bleibt es in der Entscheidung der jeweiligen Organisation den für sie relevanten Ansatz von PE eigenverantwortlich zu definieren. Die Spannbreite möglicher Anwendungsfelder ist dabei mehr oder weniger breit (s. Abb. 1).

Bildung	Förderung	Organisationsentwicklung
• Berufsausbildung • Weiterbildung • Führungsbildung • Umschulung • Anlernung • …	• Auswahl und Einarbeitung • Arbeitsplatzwechsel • Auslandseinsatz • Nachfolge- und Karriereplanung • Leistungsbeurteilung • Coaching • …	• Teamentwicklung • Projektarbeit • Sozio-technische Systemgestaltung • …
PE im engen Sinn = Bildung	**PE im weiteren Sinn = Bildung + Förderung**	**PE im weiten Sinn = Bildung + Förderung + Organisationsent- wicklung**

Abb. 1: Inhalte der Personalentwicklung nach Becker (2005)

Auf Basis des beschriebenen Sachverhaltes fokussieren wir im Folgenden weniger auf den akademischen Diskurs über die Begrifflichkeit und die Inhalte von PE. Uns geht es vielmehr um eine klare Definition unseres übergeordneten und spezifischen Selbstverständnisses von PE und die inhaltliche Ausrichtung in Form eines pragmatischen Prozessmodells (s. Kapitel 1.4 »Prozessmodell der PE«).

Dabei gehen wir zunächst einmal davon aus, dass sich das unternehmensspezifische Selbstverständnis von PE aus der Unternehmenskultur – vor allem dem vorherrschenden Mitarbeiterbild (Menschenbild) – ableitet.

Das Menschenbild als »Grundgesetzmäßigkeit«
Für uns ist die Basis jedweder Arbeit mit und am Menschen ein ausformuliertes Menschenbild. Es stellt gleichsam ein Axiom, eine »Grundgesetzmäßigkeit« all unserer Überlegungen, Planungen und Aktivitäten im professionellen Handlungskontext dar. Es definiert den ethischen Gesamtrahmen unserer beruflichen Identität und ist für jeden von unserer Arbeit Betroffenen transparent und zugänglich.

Ein Menschenbild basiert auf ererbten und erlebten Erfahrungen und repräsentiert eine spezifische Wertehaltung. Unser humanistisches Menschenbild ist von der Überzeugung geprägt, dass dem Menschen neben seinem Grundbedürfnis nach Bindung auch ein Grundbedürfnis nach Selbstwertbestätigung, Selbstwirksamkeit (Grawe, 2004) innewohnt. Wir sind der festen Überzeugung, dass Menschen einen intrinsisch motivierten Gestaltungswillen besitzen und sich selbstwirksam spüren wollen.

Jeder Mensch kann **denken, lernen, sich entwickeln**.
Jeder Mensch kann **Entscheidungen** treffen.
Jeder Mensch trägt **Verantwortung** für sich selbst.
Der Mensch besitzt die Fähigkeit zur **Autonomie**,
er ist in der Lage Stimmigkeit mit sich, den anderen
und der Welt herzustellen.

Abb. 2: Menschenbild der Personalentwicklung

Maxime unseres Selbstverständnisses für die Personalentwicklung
Deshalb lautet die Maxime unseres PE-Selbstverständnisses durch unsere Arbeit Gestaltungsräume zu schaffen, die es Menschen ermöglichen, sich selbstwirksam zu spüren und dabei neue und – wenn möglich – emotional positiv konnotierte Erfahrungen machen zu können. Das alles ist keine Sozialromantik, sondern basiert auf den Erkenntnissen der modernen Hirnforschung. Emotionen sind ein stets vorhandener Bestandteil des Denkens und Verhaltens, wobei die positiven Emotionen über die zu erwartende Belohnung (»sich selbstwirksam spüren«) der eigentliche Schlüssel zur Motivation sind, kreativ suchend und nicht ängstlich vermeidend (negative Emotionen) zu agieren (Roth, 2009).

Dabei möchten wir die Augen vor der durchaus wahrnehmbaren »dunklen Seite« der menschlichen Psyche gar nicht verschließen. Für uns handelt es sich hier aber um eine Frage der Gewichtung. Ginge man generell von einem defizitären Menschenbild im Sinne eines Hobbesschen »Der Mensch ist des Menschen Wolf« aus, spräche einiges dafür, dass es diesen Planeten schon längst nicht mehr gäbe – zumindest aber wäre es fraglich, wie Unternehmen überhaupt irgendwelche definierten Ziele erreichen könnten. Auch die Anzahl ausgewiesener Sozio- und Psychopathen sowie Narzissten ist durchaus überschaubar. Ob man nun allein den »instinktiven Überlebenswillen« der menschlichen Rasse dafür verantwortlich macht, dass es so etwas wie Zivilisation gibt, oder aber diesen Umstand einem positiven Gestaltungswillen zuschreibt, bleibt eine Frage der philosophischen Grundüberzeugung, also des Glaubens. Weder ein positives noch ein negatives Menschenbild lassen sich final empirisch belegen. Im Diskurs der jeweils anderen Überzeugung ideologische Verblendung vorzuwerfen, ist in »Glaubensfragen« allerdings wenig konstruktiv.

1.2   Selbstverständnis und Ziele der Personalentwicklung

Um nun nach diesen eher grundsätzlichen Überlegungen unser Selbstverständnis von PE weiter zu differenzieren, möchten wir zwei Fragestellungen, die in der einschlägigen Literatur zur Personalentwicklung häufig gegenübergestellt werden und die in ihrer Ausrichtung zwei Extrempole repräsentieren, zur Grundlage der Diskussion machen:

»Liegt dem Qualifizierungskonzept für die MitarbeiterInnen eher das Ideal der allgemeinen Erwachsenenbildung, also eine humanistische Perspektive zugrunde? Überwiegt ein aufklärender, emanzipatorischer Anspruch? Fördert der Entwicklungsgedanke die Selbstreflexion der MitarbeiterInnen und repräsentiert somit die Grundvoraussetzung für eine Ausformung der Persönlichkeit, die über die reinen betriebswirtschaftlichen Interessen des Unternehmens hinausgeht?«

oder:

»Liegt dem Qualifizierungskonzept für die MitarbeiterInnen eine rein betriebswirtschaftliche Perspektive zugrunde? Geht es um die Optimierung der Leistungsprozesse für unternehmerische Ziele? Gilt der Mensch in erster Linie als Produktionsfaktor?«

Oswald Neuberger hat diese Gegenüberstellung der Extrempole 1990 mit seinem Aphorismus *»Der Mensch ist Mittelpunkt. Der Mensch ist Mittel. Punkt.«* perfekt pointiert.

Geht man davon aus, dass beide Fragestellungen durchaus ihre Berechtigung haben, agiert Personalentwicklung im Spannungsfeld zwischen dem emanzipatorischen Ideal der allgemeinen Erwachsenenbildung (Aufklärung, Persönlichkeitsentwicklung und Selbstverwirklichung) und den Forderungen betriebswirtschaftlicher Unternehmensführung (Leistungsbereitstellung, Systemerhaltung und Gewinnmaximierung).

Uns erscheint diese starke Polarisierung in Unternehmens- und Mitarbeiterinteressen etwas einseitig. Vielmehr sollte man unseres Erachtens die Frage stellen, ob moderne Unternehmen unter Berücksichtigung des aktuellen sozialen Umfelds mit seiner immer komplexeren Realität noch die ArbeitnehmerIn nach der Lesart des »Taylorismus« im Fokus haben oder nicht vielmehr einen MitarbeiterInnen benötigen, der sich durch ein hohes Maß an »Selbstorganisationsfähigkeit« auszeichnet (Erpenbeck und von Rosenstiel, 2007). Dies setzt aber eine »erwachsene«, sprich selbstverantwortliche, selbstreflexive, weltoffene, lernbereite und differenzierte Persönlichkeit voraus (Erpenbeck, 2012). Vor diesem Hintergrund geht es also weniger um ein Entweder-

oder als vielmehr um ein Sowohl-als-auch. Diese Überlegung hat zur Folge, dass PE mehr ist, als die Vermittlung tätigkeitsrelevanter Wissensinhalte, Fähigkeiten und Fertigkeiten. So formuliert auch Karlheinz Sonntag in seinem mittlerweile in dritter Auflage entstandenen Standardwerk »Personalentwicklung in Organisationen« wie folgt:

»... Personalentwicklung stellt einen komplexen Gegenstandsbereich dar, der durch die traditionell damit betraute Betriebswirtschaftslehre und Berufs- und Wirtschaftspädagogik nicht angemessen bearbeitet werden kann. Benötigt werden theoretische Konzeptionen, Methoden und Erkenntnisse aus psychologischen Grundlagen- und Anwendungsfächern. Ohne Anspruch auf Vollständigkeit und einer wissenschaftssystematischen Verortung der Personalentwicklung, sind hier Entwicklungspsychologie, Persönlichkeits- bzw. Differenzielle Psychologie, Pädagogische Psychologie, Sozialpsychologie und Arbeits- und Organisationspsychologie zu nennen, die für Fragestellungen der personalen Förderung in Organisationen unmittelbare Relevanz besitzen dürften.« (Sonntag, 2006, S. 22 f.)

In unserem Selbstverständnis von PE sind die berechtigten Unternehmensinteressen sowie die Entwicklungsziele des Individuums im Kontext eines organisationalen Systems durchaus vereinbar. Wir würden sogar so weit gehen zu behaupten, dass sie sich gegenseitig bedingen. Ohne »denkende und gestaltende« Individuen verkommt jede Organisation zu einem starren und mechanistischen Apparat. Umgekehrt bietet die Organisation dem nach Selbstverwirklichung und Selbstwirksamkeit strebendem Individuum eine geradezu ideale Bühne zur Realisierung seiner Wachstumsziele (s. Tabelle 1).

Unternehmens- und Mitarbeiterziele	
Unternehmensziele	**Mitarbeiterziele**
• Behebung aktueller Qualifikationsdefizite • Anpassung an künftige fachliche Erfordernisse • Verbesserung des Leistungsverhaltens der MitarbeiterInnen • Unterstützung bei Einführung neuer Technologien • Steigerung der Identifikation mit dem Unternehmen / Erhöhung der Arbeitsmotivation • Deckung des Fachkräftebedarfs • Erhöhung der Bereitschaft für organisationale Veränderungen • Verbesserung des Kontaktes der MitarbeiterInnen untereinander • Persönlichkeitsentwicklung	• Belohnung für Leistung • Persönlichkeitsentwicklung • Bessere Bezahlung • Vermeidung von Über- und Unterforderung • Erhöhung der sozialen Sicherheit • Erhöhung sozialer und organisationaler Permeabilität und Mobilität (»Employability«) • Realisierung von Chancengleichheit

Tab. 1: Unternehmens- und Mitarbeiterziele der Personalentwicklung

1.3   Selbstverständnis und Ziele des Personalentwicklers

Die Tätigkeit des Personalentwicklers stellt keine »klassische Profession« dar – wie z. B. Handwerksberufe mit Gesellenabschluss bzw. Meisterbrief oder akademische Berufe wie Lehrer, Rechtsanwalt oder Arzt. Es existiert weder ein formales Curriculum für die Ausbildung noch ein staatlich anerkannter Abschluss für dieses Berufsfeld.

Personalentwickler entstammen den unterschiedlichsten Berufen (Wirtschafts-, Sozial- oder Arbeitswissenschaftler, Juristen, Pädagogen, Psychologen usw.). Ihre Tätigkeit lässt sich als Expertentätigkeit in einer Organisationsrolle beschreiben.

Der oben beschriebene Sachverhalt macht deutlich, dass das Tätigkeitsfeld des Personalentwicklers »Gefahr läuft« in einer gewissen »Beliebigkeit« zu münden. Sowohl die unterschiedliche Grundlagen-Professionen der Anwender als auch die verschiedenen Rollenerwartungen der Stakeholder (Unternehmensleitung, MitarbeiterInnen, Führungskräfte, Organe der Mitbestimmung usw.) bergen das Risiko, dass PE weder strategisch manifestiert ist, noch einem unternehmensweit abgestimmten Prozess folgt.

Unsere Erfahrungen in unterschiedlichen Unternehmen bestätigen dieses Bild. Für ein Unternehmen ist ein breites Seminarangebot und das Controlling von »Schulmannstagen« ein Qualitätsmerkmal von PE, für das zweite die Durchführung von Produktschulungen, das dritte Unternehmen assoziiert mit dem Begriff PE in erster Linie das Thema Ausbildung. Um Missverständnisse zu vermeiden: All das ist PE, aber es ist in unseren Augen eine PE, die ihren Auftrag nur auszugsweise wahrnimmt, vergleichbar mit einem Allgemeinmediziner der nur Harnwegsinfekte diagnostiziert und behandelt.

Wir gehen in unserem Verständnis von PE davon aus, dass der Personalentwickler der professionelle Manager von Lern- und Veränderungsprozessen im Unternehmen oder einer Organisation ist.

Es gilt also zunächst einmal das eigene Rollenverständnis zu schärfen. Dabei kann es allerdings nicht darum gehen, dass »akademisch« mögliche Gesamtspektrum von PE-Prozessen und Maßnahmen abzubilden, sondern in einer realistischen Abschätzung der organisationalen Strukturen und zur Verfügung gestellten Ressourcen/Kompetenzen Szenarien der Umsetzung (Definition von Zielgruppen sowie Aus- und Weiterbildungsmaßnahmen, Methoden) zu entwickeln. Kritische LeserInnen könnten nun anmerken, dass dies zu der im obigen Abschnitt beschriebenen »verkürzten« Form von PE führen könnte. Das stimmt. Allerdings macht es einen großen Unterschied, ob ich mich aus freien Stücken und im Wissen um das Gesamtbild von PE für »Beschränkungen« entscheide oder ob ich dies tue, weil es in meinem Unternehmen schon immer so praktiziert wurde.

Aus den erstellten PE-Szenarien und den resultierenden Rollen (z. B. Projektmanager, Entwickler von Aus- und Weiterbildungskonzepten und -programmen, Changemanager, Personaldiagnostiker, Trainer, Coach, Berater, Moderator, Mediator, Organisationsentwickler usw.) ergeben sich notwendige Fertigkeiten für meine Funktion als Personalentwickler und ggf. für die MitarbeiterInnen meiner Abteilung. In einem Soll-Ist-Abgleich sollten diese Fertigkeiten nun auf ihren Erfüllungsgrad hin überprüft und ggf. entwickelt und/oder vertieft werden. Personalentwicklung beginnt also beim Personalentwickler selbst.

Übersicht: Selbstverständnis des Personalentwicklers	
Bereich	**Beispiel**
Rolle/Aufgabe/ Verantwortung (Beispiel)	• Projektmanager • Entwickler von Aus- und Weiterbildungskonzepten und -programmen • Changemanager • Personaldiagnostiker • Trainer • Coach • Berater • Moderator • Mediator • Organisationsentwickler • …
Notwendige Kompetenzen (Beispiel)	• Budgetverantwortung • Auswahl externer Berater • Entscheidungsrecht zur didaktischen und methodischen Gestaltung von PE-Maßnahmen • …
Zielgruppen (Beispiel)	• Auszubildende • Fachkräfte • Führungskräfte • Projektleiter • …

Übersicht: Selbstverständnis des Personalentwicklers	
Bereich	**Beispiel**
Aus und Weiterbildungs-maßnahmen (Beispiel)	• Berufsausbildung • Praktikanten-/Diplomandenprogramme • Nachfolge-, Trainee-/Einarbeitungsprogramme • Fach- und Führungskräfteprogramme • ...
Methoden (Beispiel)	• Anforderungsprofile • Auswahl-Assessment-Center • Sonstige Eignungsdiagnostik: z. B. Interviews • Training (on/off/into-the-job), Seminare • Web-based-Training • Workshops, z. B. Bereichsentwicklung • Coaching, Supervision, Beratung • 360°-Feedback • Potenzial-Assessment-Center, Audits • Management Development-Programme • Projektaufgaben, Fachlaufbahn • Teamentwicklung • Mentoren, Coaches, Paten • Jobrotation • Mitarbeitergespräche und Zielvereinbarungen • Beurteilungssysteme (FK und MA) • Personalklausuren, Integrationsrunden • Moderation durch die PE-Abteilung • ...
Notwendige Fertigkeiten	• s. Rollen/Aufgaben und Verantwortung
Maßnahmen und Fertig-keiten	• s. Delta zwischen Rollen/Aufgaben und Verantwortung und bereits vorhandenen Fertigkeiten

Tab. 2: Übersicht zum Selbstverständnis eines Personalentwicklers

Rollenverständnis und Rollenerwartung

Unter Zugrundelegung des eigenen Rollenverständnisses sollte nun das Mandat der Unternehmensleitung eingeholt werden. Es geht um das »Matching« des eigenen Rollenverständnisses und der Rollenerwartung der Geschäftsführung. Auf Basis dieses Abgleiches und der Gesamtstrategie des Unternehmens kann nun die PE-Strategie definiert werden. Der verantwortliche Personalentwickler benötigt also Wissen um Strategieprozesse und die Fertigkeit diesen Prozess in eine für das Unternehmen und seine MitarbeiterInnen akzeptable und nachvollziehbare Form zu bringen.

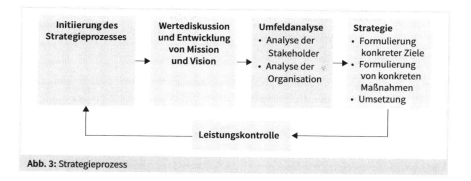

Abb. 3: Strategieprozess

Arbeitshilfe: Checklisten zum Strategieprozess   !

Bei den Arbeitshilfen online auf mybook.haufe.de bieten wir Ihnen drei Checklisten:
- Checkliste: Strategieprozess
- Checkliste: Stakeholder analysieren und beurteilen
- Checkliste: Ressourcen (Umfeldanalyse)

Strukturen und Prozesse

Vor der eigentlichen operativen Umsetzung von PE Maßnahmen (s. Kapitel 4 »Instrumente der Personalentwicklung«) sollte sich der verantwortliche Personalentwickler
Gedanken über Strukturen (wer macht was?) und Prozesse (wie machen wir was?)
machen.

Hinsichtlich der Strukturen empfehlen wir für spezifische PE-Projekte einen Pro-
jektverantwortlichen einzusetzen (dies gilt natürlich nur für den Fall, dass Sie über
entsprechendes Personal verfügen). Praktisch bedeutet dies, dass MitarbeiterInnen
der Personalentwicklung für ein (oder mehrere) Projekte vollumfänglich zuständig
und verantwortlich ist (von der Administration bis zur Trainervalidierung). Mit dieser
Strategie vermeiden Sie Schnittstellenprobleme und betreiben – noch viel wichtiger –
aktive PE on-the-job bei Ihren MitarbeiterInnen (Erleben von Selbstwirksamkeit durch
Delegation von Entscheidungsbefugnissen und Verantwortung).

Hinsichtlich der Prozesse gilt es, so viel Flexibilität und Individualität wie nötig und so
viel Standardisierung wie möglich umzusetzen.

> **! Arbeitshilfe: Übersicht: Struktur- und Prozesselemente**
>
> Bei den Arbeitshilfen online auf mybook.haufe.de stellen wir Ihnen eine Übersicht zur Verfügung, die eine Auswahl relevanter Struktur- und Prozesselemente beispielhaft aufreiht. Durch das Sichtbarmachen aller Ihrer PE-Projekte in einer solchen Liste können Sie vermeiden, bei jedem Projektstart »das Rad neu erfinden« zu müssen. Machen Sie allen MitarbeiterInnen der Personalentwicklung diese Liste zugänglich. Sie kann eine Art »Rezeptbuch« für Ihr Projektmanagement werden. Wie alle anderen Checklisten auch, soll auch dieses Exemplar einen Vorschlag unterbreiten. Passen Sie diese, wie alle anderen Listen auch, an Ihre Bedürfnisse und Rahmenbedingungen an.

Personalentwicklungsabteilungen leiden in der Regel an einem notorischen personellen und finanziellen Ressourcenmangel. Vor diesem Hintergrund steht die Personalentwicklung immer wieder vor der Entscheidung, ob das angefragte Projekt des Fachbereichs überhaupt noch realisierbar ist. Je eher Sie auf bewährte Inhalte und Methoden zurückgreifen können, desto größer die Chance diese Anfrage trotz knapper Mittel umsetzen zu können und Ihre »Kunden« zufriedenzustellen.

Apropos Kunde: Erleben Sie es in Ihrer Rolle als Personalentwickler auch immer wieder, dass Sie trotz Ihrer Expertise (in Bereichen wie Personalauswahlentscheidungen, Zielgruppendefinition, Inhalte und Methoden von Weiterbildungsmaßnahmen usw.) von der Unternehmensleitung und/oder den Linienmanagern übergangen bzw. überstimmt werden?

Wenn ja, kann dies – neben all den makro- und mikropolitischen Machtstrukturen und strukturellen und/oder prozessualen Voraussetzungen, die Sie nicht beeinflussen können – zwei maßgebliche Ursachen haben, die Sie beeinflussen können:
- Sie genießen (noch) kein ausreichendes Vertrauen in Ihre Kompetenz.
- Es gelingt Ihnen (noch) nicht die Bedürfnisse und Interessen Ihrer Stakeholder angemessen zu berücksichtigen.

Rollenprofil schärfen

Im ersten Fall sollten Sie, so wie in diesem Kapitel beschrieben, Ihr Rollenprofil schärfen, eine Strategie formulieren und Strukturen und Prozesse definieren. Nachdem Sie dies alles adäquat kommuniziert haben, gilt es, den Beweis anzutreten, dass Sie Ihre Aufgabe beherrschen. Das Vertrauen Ihrer »Kunden« werden Sie sich durch professionelles und »kundenorientiertes« Handeln im Laufe der Zeit erarbeiten. Gleichzeitig sollten Sie durchaus selbstbewusst Ihre Expertenposition vertreten. Warum sollte jemand aus einem anderen Bereich eine bessere Übersicht über die ganzheitliche

PE-Struktur Ihres Unternehmens haben als Sie? Sie mischen sich ja auch nicht in die absatzfördernden Aktivitäten Ihres Vertriebsleiters ein.

Feldkompetenz aneignen

Im zweiten Fall sollten Sie sich die nötige Feldkompetenz aneignen. Was ist das Kerngeschäft Ihrer »Kunden«? Welchen Problemen und Herausforderungen sind sie ausgesetzt? Welche Ziele verfolgen sie? Fragen Sie nach, zeigen Sie Interesse und hospitieren Sie, wenn möglich, im entsprechenden Feld. All dies wird Ihren »Kunden« zeigen, dass Sie sich für ihre Belange interessieren und Ihre Personalentwicklungsmaßnahmen am »echten« Bedarf ausrichten. Mittelfristig werden Sie bemerken, dass man immer mehr Ihren fachlichen Rat suchen wird, statt Ihnen »ins Handwerk zu pfuschen«.

Rolle hinterfragen: Vom Experten bis zum Prozessbegleiter

Insgesamt gilt es in jedem PE-Projekt, die aktuelle Rolle des Personalentwicklers zu hinterfragen. Wird z. B. die Fragestellung an Sie herangetragen, wie sich ein Prozess zur Talentförderung im Unternehmen oder der Organisation strukturieren ließe, sollten Sie einerseits aussagefähig sein, andererseits über das notwendige Know-how zur Implementierung eines solchen Prozesses verfügen. Hier ist also Ihr Expertenwissen bis hin zu inhaltlichen Fragestellungen gefordert.

Wird in Ihrem Unternehmen eine Teamentwicklungsmaßnahme, Mediation oder ein weitreichender Changeprozess durchgeführt, agieren Sie als Personalentwickler eher in der Rolle des Prozessbegleiters. Die inhaltlichen Belange des Prozesses sind nicht Teil Ihrer Expertenkompetenz, sondern liegen in der Verantwortung des betroffenen Personenkreises. Ihre Profession zeigt sich hier vielmehr in der Gestaltung und Begleitung des Prozesses und nicht in der inhaltlichen Ausgestaltung.

Dabei ist es von großer Bedeutung, dass Sie Ihr projektabhängiges Rollenverständnis als Personalentwickler im Rahmen der Auftragsklärung mit aller Deutlichkeit kommunizieren und sich das Einverständnis aller Beteiligten einholen, ihren Teil der Verantwortung für das Gelingen des Prozesses mitzutragen.

1.4   Prozessmodell der Personalentwicklung

Wie funktioniert Personalentwicklung? – Regelkreis in vier Schritten

Für unsere tägliche Arbeit als Personalentwickler ist es ausgesprochen hilfreich, auf ein übergreifendes Modell zurückgreifen zu können. Das Prozessmodell der Personalentwicklung, das den folgenden Kapiteln dieses Buches als Grundgerüst dient, bildet einen Regelkreis in vier Schritten ab, die ineinandergreifen und aufeinander aufbauen:

Schritt 1: Analyse des PE-Bedarfs. Bevor ein PE-Prozess beginnt oder eine PE-Maßnahme eingeleitet wird, sollte man herausarbeiten, vor welchem Hintergrund, auf welcher Basis und mit welcher Zielausrichtung dies geschieht. Wohin wollen wir mit der PE-Maßnahme, eingebettet in die Gesamtausrichtung des Unternehmens? Wie sehen die Aufgaben aus, die wir mit der PE-Maßnahme berühren oder verändern wollen? Und wie sind die MitarbeiterInnen aufgestellt, die wir mit der PE-Maßnahme erreichen wollen?

Schritt 2: PE-Konzeption. Entwicklung von PE-Maßnahmen: nachdem man analysiert hat, wie der PE-Bedarf aussieht, geht es an die Feinabstimmung und die konkrete Konzeption der Maßnahme. Was ist uns inhaltlich und didaktisch wichtig? Was wollen wir mit der Maßnahme konkret bewirken? Woran erkennen wir, dass die Maßnahme ein Erfolg war?

Schritt 3: PE-Durchführung. Umsetzung von PE-Maßnahmen: im dritten Schritt geht es dann endlich los und die PE-Instrumente, Werkzeuge und Verfahren kommen zum Einsatz. Hier findet sich eine riesige Spielwiese, seien es »On-the-Job-Maßnahmen« wie Projektlernen oder »Off-the-Job-Seminare«, seien es Einzelmaßnahmen wie Coachings oder ganze zielgruppenspezifische Entwicklungsprogramme – und damit man sich auf dieser Spielwiese nicht verliert, hat man den Aktionsradius idealerweise durch die vorherigen beiden Schritte etwas eingegrenzt.

Schritt 4: Transfer und Evaluation von PE-Maßnahmen. In diesem Schritt erfasst man, was sich durch die PE-Maßnahme verändert hat. Was machen wir im Unternehmen jetzt anders? Welches Verhalten unserer MitarbeiterInnen hat sich verändert? Ist die Zielgruppe tatsächlich besser gerüstet für ihre zukünftigen Aufgaben? Schlägt sich die Maßnahme in den Kennzahlen nieder? Die Evaluation der PE-Maßnahmen ist zugleich auch immer die Plattform für eine neue Runde durch den Regelkreis, denn ihr liegt immer die Frage »Was können wir beim nächsten Mal besser machen?« zugrunde.

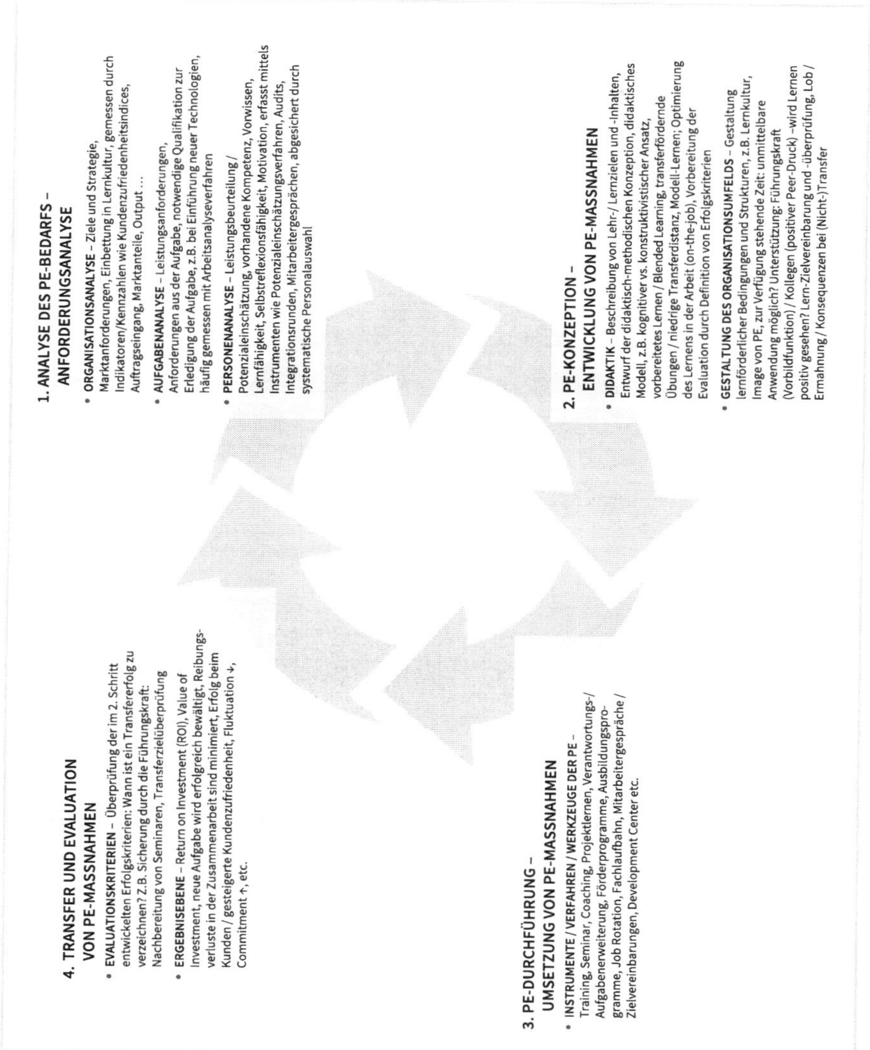

1. ANALYSE DES PE-BEDARFS – ANFORDERUNGSANALYSE

* **ORGANISATIONSANALYSE** – Ziele und Strategie, Marktanforderungen, Einbettung in Lernkultur, gemessen durch Indikatoren/Kennzahlen wie Kundenzufriedenheitsindices, Auftragseingang, Marktanteile, Output …
* **AUFGABENANALYSE** – Leistungsanforderungen, Anforderungen aus der Aufgabe, notwendige Qualifikation zur Erledigung der Aufgabe, z.B. bei Einführung neuer Technologien, häufig gemessen mit Arbeitsanalyseverfahren
* **PERSONENANALYSE** – Leistungsbeurteilung / Potenzialeinschätzung, vorhandene Kompetenz, Vorwissen, Lernfähigkeit, Selbstreflexionsfähigkeit, Motivation, erfasst mittels Instrumenten wie Potenzialeinschätzungsverfahren, Audits, Integrationsrunden, Mitarbeitergesprächen, abgesichert durch systematische Personalauswahl

2. PE-KONZEPTION – ENTWICKLUNG VON PE-MASSNAHMEN

* **DIDAKTIK** – Beschreibung von Lehr-/Lernzielen und -inhalten, Entwurf der didaktisch-methodischen Konzeption, didaktisches Modell, z.B. kognitiver vs. konstruktivistischer Ansatz, vorbereitetes Lernen / Blended Learning, transferfördernde Übungen / niedrige Transferdistanz, Modell-Lernen; Optimierung des Lernens in der Arbeit (on-the-job), Vorbereitung der Evaluation durch Definition von Erfolgskriterien
* **GESTALTUNG DES ORGANISATIONSUMFELDS** – Gestaltung lernförderlicher Bedingungen und Strukturen, z.B. Lernkultur, Image von PE, zur Verfügung stehende Zeit: unmittelbare Anwendung möglich? Unterstützung: Führungskraft (Vorbildfunktion) / Kollegen (positiver Peer-Druck) –wird Lernen positiv gesehen? Lern-Zielvereinbarung und -überprüfung, Lob / Ermahnung / Konsequenzen bei (Nicht-)Transfer

4. TRANSFER UND EVALUATION VON PE-MASSNAHMEN

* **EVALUATIONSKRITERIEN** – Überprüfung der im 2. Schritt entwickelten Erfolgskriterien: Wann ist ein Transfererfolg zu verzeichnen? Z.B. Sicherung durch die Führungskraft: Nachbereitung von Seminaren, Transferzielüberprüfung
* **ERGEBNISEBENE** – Return on Investment (ROI), Value of Investment, neue Aufgabe wird erfolgreich bewältigt, Reibungsverluste in der Zusammenarbeit sind minimiert, Erfolg beim Kunden / gesteigerte Kundenzufriedenheit, Fluktuation ↓, Commitment ↑, etc.

3. PE-DURCHFÜHRUNG – UMSETZUNG VON PE-MASSNAHMEN

* **INSTRUMENTE / VERFAHREN / WERKZEUGE DER PE** – Training, Seminar, Coaching, Projektlernen, Verantwortungs-/ Aufgabenerweiterung, Förderprogramme, Ausbildungsprogramme, Job Rotation, Fachlaufbahn, Mitarbeitergespräche / Zielvereinbarungen, Development Center etc.

Abb. 4: Prozessmodell der Personalentwicklung (angelehnt an Sonntag, 2006)

Prozessmodell der Personalentwicklung

1. **Analyse des PE-Bedarfs – Anforderungsanalyse**

   a) **Organisationsanalyse:** Ziele und Strategie, Marktanforderungen, Einbettung in Lernkultur, gemessen durch Indikatoren bzw. Kennzahlen wie Kundenzufriedenheitsindices, Auftragseingang, Marktanteile, Output …

   b) **Aufgabenanalyse:** Leistungsanforderungen, Anforderungen aus der Aufgabe, notwendige Qualifikation zur Erledigung der Aufgabe, z.B. bei Einführung neuer Technologien, häufig gemessen mit Arbeitsanalyseverfahren

   c) **Personenanalyse:** Leistungsbeurteilung und Potenzialeinschätzung, vorhandene Kompetenz, Vorwissen, Lernfähigkeit, Selbstreflexionsfähigkeit, Motivation, erfasst mittels Instrumenten wie Potenzialeinschätzungsverfahren, Audits, Integrationsrunden, Mitarbeitergesprächen, abgesichert durch systematische Personalauswahl

2. **PE-Konzeption – Entwicklung von PE-Maßnahmen**
   a) **Didaktik:** Beschreibung von Lehr- und Lernzielen und Inhalten, Entwurf der didaktisch-methodischen Konzeption, didaktisches Modell, z. B. kognitiver vs. konstruktivistischer Ansatz, vorbereitetes Lernen bzw. Blended Learning, transferfördernde Übungen und niedrige Transferdistanz, Modell-Lernen; Optimierung des Lernens in der Arbeit (On-the-job), Vorbereitung der Evaluation durch Definition von Erfolgskriterien
   b) **Gestaltung des Organisationsumfelds:** Gestaltung lernförderlicher Bedingungen und Strukturen, z. B. Lernkultur, Image von PE, zur Verfügung stehende Zeit: unmittelbare Anwendung möglich? Unterstützung: Führungskraft (Vorbildfunktion) / KollegInnen (positiver Peer-Druck) – wird Lernen positiv gesehen? Lernvereinbarung, Zielvereinbarung und -überprüfung, Lob, Ermahnung und Konsequenzen bei (Nicht-)Transfer

3. **PE-Durchführung – Umsetzung von PE-Maßnahmen**
   a) **Instrumente, Verfahren, Werkzeuge der PE:** Training, Seminar, Coaching, Projektlernen, Verantwortungs- bzw. Aufgabenerweiterung, Förderprogramme, Ausbildungsprogramme, Jobrotation, Fachlaufbahn, Mitarbeitergespräche und Zielvereinbarungen, Development Center

4. **Transfer und Evaluation von PE-Maßnahmen**
   a) **Evaluationskriterien:** Überprüfung der im 2. Schritt entwickelten Erfolgskriterien: wann ist ein Transfererfolg zu verzeichnen? Z. B. Sicherung durch die Führungskraft: Nachbereitung von Seminaren, Transferzielüberprüfung
   b) **Ergebnisebene:** Return on Investment (ROI), Value of Investment, neue Aufgabe wird erfolgreich bewältigt, Reibungsverluste in der Zusammenarbeit sind minimiert, Erfolg bei dem Kunden bzw. gesteigerte Kundenzufriedenheit, Fluktuation sinkt, Commitment steigt

Dieses Modell bietet Orientierung und schafft bei allen Verantwortlichen für die PE ein einheitliches Verständnis des eigenen Planen, Handelns und Evaluierens.

Gleichzeitig dient dieses Modell der Überprüfung der eigenen Aktivitäten: Beginnen wir als Personalentwickler tatsächlich jeden neuen Prozess mit der »Analyse des Bedarfs«? Dabei spielt es zunächst einmal keine Rolle, wie umfangreich und mit welcher Tiefe die einzelnen Prozessschritte gestaltet werden. Dies hängt nämlich von der spezifischen Projektaufgabe und den zur Verfügung stehenden Ressourcen ab.

Sollen z. B. die Fremdsprachenkenntnisse der Belegschaft wegen eines anstehenden und größeren Auslandsprojekts verbessert werden, ist der PE-Bedarf derart offensichtlich, dass es keiner vertieften Analyse mehr bedarf. Ebenso kann der Prozessschritt »PE-Konzeption« in diesem Fall kurzgefasst werden. Didaktische und methodische Konzepte zur Entwicklung der Fremdsprachenkompetenz liegen in ausreichender Menge vor. Die »Durchführung« der Maßnahme ist eher eine Frage der Organisation und »Transfer und Evaluation« lassen sich hervorragend an der gewachsenen Kommunikations-Fertigkeit der MitarbeiterInnen in der erlernten Fremdsprache messen.

Soll allerdings im Unternehmen ein komplett neuer Prozess zur Identifikation von Potenzialträgern für den Führungskräftenachwuchs mit einem integrierten Aus- und Fortbildungsprogramm und konkreten Karriereschritten implementiert werden, wird die Angelegenheit für den Personalentwickler komplexer, herausfordernder und deutlich aufwendiger. Hier könnten nun mangelnde Ressourcen (Personal und/oder enge Budgets) zum »Flaschenhals« werden, obwohl man als Personalentwickler über ausreichende Kenntnisse und Fertigkeiten zur Umsetzung des Projekts verfügt. In diesen Fällen gilt es, den Blick auf das »Machbare« zu lenken, ohne dabei das Prozessmodell aus den Augen zu verlieren. Vielleicht lässt sich die Organisationsanalyse durch 5 bis 6 gut konzipierte und durchgeführte Experteninterviews mit repräsentativen Stakeholdern des Unternehmens ebenso oder annähernd so gut darstellen, wie durch eine flächendeckende und aufwendige Erfassung der Unternehmens-Lernkultur nach Sonntag (Sonntag, 1996).

Exkurs 1: Lernkultur

Bei den Arbeitshilfen online auf mybook.haufe.de bieten wir Ihnen in einem Exkurs weitere Informationen zum Thema Lernkultur.

!

1.5   Evolutionsstufen von Personalentwicklung – Strategische PE

Personalentwicklung ist kein Selbstzweck, sondern – im Idealfall – integraler Bestandteil eines sich systematisch weiterentwickelnden Unternehmens. Man kann die Aufgaben, Kompetenzen und Verantwortlichkeiten der Personalentwicklung selbst aus heutiger Sicht in 3 Evolutionsstufen einteilen:

- Auf einer ersten, sehr basalen Stufe versteht sich PE als Anbieter von Maßnahmen zur Bekämpfung von Wissens- und/oder Fertigkeitslücken (Stichworte: Trainingsanbieter, reaktive PE).

- Auf einer zweiten Stufe versteht sich PE als Institution zur systematisierten Personalentwicklung (Stichworte: Orientierung an professionellen PE-Strukturen und Prozessen, Prozessmodell, aktive PE).
- Auf einer dritten Stufe versteht sich PE als fester Bestandteil einer systemischen Organisation, die in ihrer Struktur und Funktionalität in ein bestimmtes Wirtschaftssystem eingebunden ist (Stichworte: Lernende Organisation, Lernen als Teil von Unternehmenskultur, systemische PE, agile PE).

Auf die ersten beiden Evolutionsstufen von PE (reaktive bzw. aktive PE) sind wir in den vorhergehenden Kapiteln bereits ausführlich eingegangen. Im Folgenden wollen wir nun versuchen, PE aus der systemischen/agilen Perspektive zu betrachten und damit einen Ausblick auf mögliche Tendenzen und Entwicklungen von PE zu geben.

Die Systemtheorie und auch agile Ansätze sind keine ganz neuen Konzepte. So existiert die Systemtheorie bereits seit über 60 Jahren und auch der Begriff »agil« tauchte bereits in den 50er Jahren des 20. Jahrhunderts bei dem US-amerikanischen Soziologen Talcott Parsons auf. Spätestens seit den 1990ern ist Agilität in der Organisationstheorie eine feste Größe. Dennoch scheinen uns die relevanten Inhalte und Aussagen dieser Theorien und Konzepte (noch) nicht im Gedankengut – geschweige denn im Verhalten – aller Unternehmenslenker angekommen zu sein. Vielmehr werden die Modelle, die sich aus entsprechenden Theorien und Konzepten ableiten, gerne dazu genutzt, um zu erläutern, wie Management funktionieren »müsste«, um angehende Führungskräfte in (hoch dotierten) Seminaren auf ihre zukünftigen Aufgaben vorzubereiten. Dies gelingt meist auch recht gut – vor allem im Seminarraum, im gelebten Unternehmensalltag dagegen funktioniert dies oft eher schlecht als recht.

Zur Darstellung der komplexen Systemtheorie auf der organisationalen Ebene scheint uns das St. Galler Management-Modell von 2002 (s. Abb. 5) als Anschauungsobjekt gut geeignet zu sein. Ohne das Modell in seiner Tiefenstruktur erläutern zu wollen, zeigt diese Darstellung doch sehr deutlich die Interdependenz der unterschiedlichen systemischen Wirkfaktoren in all ihrer Komplexität und lässt erste Zweifel an den Managementphantasien von Planbarkeit, Steuerbarkeit und umfassender Kontrolle entstehen.

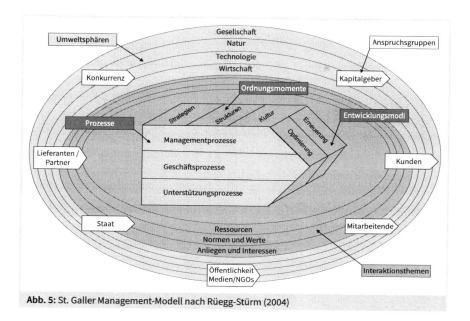

Abb. 5: St. Galler Management-Modell nach Rüegg-Stürm (2004)

Im Rahmen der Unternehmensprozesse bewegt sich die PE auf der Ebene der Unterstützungsprozesse. Auf der »Hierarchieebene« des Modells ordnet sie sich somit den Management- und Geschäftsprozessen unter. Die gesamte Prozesslandschaft ist den Ordnungsmomenten des Unternehmens (Strategie, Strukturen, Kultur) unterworfen. Das Unternehmen wiederum wird durch die Stakeholder (Anspruchsgruppen) und durch die Umweltsphären (Wirtschaft, Technologie, Natur, Gesellschaft) permanent beeinflusst. Je nach Erfolg oder Misserfolg der unternehmensinternen Ordnungsmomente und/oder Prozesse wird der Entwicklungsmodus des Systems auf »Optimierung« oder »Erneuerung« eingestellt, um das »Überleben« des Unternehmens im Gesamtsystem zu gewährleisten.

Auch wenn das St. Galler Management-Modell auf seiner Prozessebene hierarchisch organisiert erscheint, betont es in allen Veröffentlichungen immer wieder die systemische Idee der Zirkularität des sich selbst organisierenden Systems. Einfacher ausgedrückt: Anstelle des klassischen »Ursache-Wirkung-Denkens« tritt die Überzeugung, dass sich die einzelnen Teile eines Systems durch Rückkopplung gegenseitig beeinflussen. Dies geschieht in sozialen Systemen über Kommunikation. Das St. Galler Management-System formuliert ausdrücklich das Ziel, förderliche Kommunikationsbedingungen zu schaffen.

Was hat das nun alles mit Personalentwicklung zu tun?
Auch wenn sich Personalentwicklung an den strategischen Zielen eines Unternehmens ausrichtet und sich Management- und Geschäftsprozessen »unterordnet«, so darf ihr Einfluss im Sinne von Zirkularität (Rückkopplung) nicht unterschätzt werden. Auf der dritten Evolutionsstufe von PE kann sich kein Personalentwickler dieser Einflussnahme und der damit verbundenen Verantwortung entziehen. PE wird damit integraler Bestandteil des Unternehmens, so wie alle anderen Bestandteile des Unternehmens auch – nicht mehr, aber auch nicht weniger.

Dabei geht es auch darum, dass sich die PE durch ihre Expertise von anderen Teilen des Systems abgrenzt und gleichzeitig in dem Bewusstsein handelt, festes Systemelement des Unternehmens zu sein und damit im Sinne der Unternehmensstrategie einen (messbaren) Mehrwert für das Gesamtsystem generiert. Umgekehrt ist es von großer Bedeutung, dass PE im Unternehmen als relevanter Erfolgsfaktor angesehen wird. Die Haltung einer solchen PE könnte man mit folgenden Worten umschreiben: »Wir als PE wissen, wer wir sind, was wir wissen und können, und sind uns gleichzeitig bewusst, dass wir dies alles nur im Kontext eines Systems zur Geltung bringen können, das uns die entsprechende Anerkennung unserer Kompetenz und Wirksamkeit entgegenbringt.«

Zur Expertise einer solchen PE gehört die Überzeugung, dass geschlossene Systeme (ebenso wie das Individuum) nur bedingt von außen beeinflussbar sind. Systemische PE muss die Dynamiken der Selbstorganisation des Unternehmens verstehen und deuten lernen und Kommunikationsformen schaffen, die es sowohl dem Individuum als auch allen anderen sozialen Systemen des Unternehmens (z. B. Abteilungen) ermöglicht, Bestandteil eines integralen Ansatzes von Personalentwicklung zu werden, in dem nicht länger allein die omnipotenten Wissensträger der PE Wirksamkeit entfalten, sondern PE quasi von allen Mitgliedern der Organisation betrieben und verantwortet wird (z. B. Führungskraft als Coach). In diesem Denkmodell ist PE nicht mehr länger der professionelle »Manager« von Lern- und Veränderungsprozessen (vgl. Kapitel 1.3 »Selbstverständnis und Ziele des Personalentwicklers«), sondern deren »Katalysator«. Lern- und Veränderungsprozesse werden nicht mehr »angestoßen«, sie sind Teil des »impliziten Bewusstseins« (Schein, 2004) des Unternehmens, untrügliche Indizien einer »Lernenden Organisation« (Senge, 2011).

Und wer nun glaubt, diese dritte Evolutionsstufe von Personalentwicklung sei nicht mehr zu steigern, der hat wahrscheinlich noch nichts von »agil« gehört. Bei der unüberhörbaren Klangweite, die dieser Begriff im Organisations- und Unternehmenskontext hat, fragen Sie sich wahrscheinlich, warum wir dieser »lichtstarken Erscheinung« der Organisations- und Managementwelt kein eigenes Kapitel widmen. Nun, zum einen sind wir der Ansicht, dass wir in unserer Darstellung einer systemischen PE bereits wesentliche Aspekte von Agilität benannt haben (Stichworte: Selbstorganisation, Personalentwickler als Katalysator von Lern- und Veränderungsprozessen), zum anderen weist unser Menschenbild (Stichwort: Gestaltungsräume zum Erleben von Selbstwirksamkeit schaffen) sowie unser PE-Rollenverständnis (Stichwort: vom Experten zum Prozessbegleiter) durchaus Anschlussfähigkeit mit agilem Gedankengut auf. Es soll jetzt aber nicht der Eindruck entstehen, wir nähmen das Thema »Agilität« nicht ernst, ganz im Gegenteil. Die Leitsätze und Prinzipien des Agilen Manifests (Beck et al., 2001), das 2001 von einer Gruppe von 17 bekannten Softwarenentwicklern formuliert und veröffentlicht wurde, würden wir sofort unterschreiben. Wir sind aber der Meinung, dass die Aussagen im Manifest nicht so revolutionär neu waren, wie häufig behauptet, und dass die Zuschreibung, Agilität sei das Fanal von Transformation in der Arbeitswelt des 21. Jahrhunderts, kritisch hinterfragt werden sollte. Eine besonders treffende und differenzierte »Charakterstudie« der »agil durch die Organisation galoppierenden apokalyptischen Reiter« findet sich bei Schillinger (Schillinger, 2019).

Der Begriff »agil« gehört in aktuellen Organisations- und Managementtheorien und -lehren zu den wohl am häufigsten genannten. Dabei bleibt diese Wortschöpfung, sowohl hinsichtlich ihrer Entstehungsgeschichte als auch im Blick auf eine klare und konsensfähige Definition, etwas nebulös. Erste Erwähnungen im organisationalen Kontext finden sich bereits in den 50er Jahren des 20. Jahrhunderts. Der US-amerikanische Soziologe Talcott Parsons entwickelte zunächst eine Handlungstheorie, die er später aber auch als Modell für soziale Systeme verwendete. Dabei leitet sich der Begriff »AGIL« hier als Akronym für die 4 existenzerhaltenden Funktionen »Adaption, Goal Attainment, Integration, Latency« her. Inwieweit eine Verbindung zu den vielfältigen Veröffentlichungen zum Thema Agilität in den 90er Jahren festzustellen ist, bleibt aber weitgehend offen (Förster, Wendler, 2012). Auch hinsichtlich einer allgemeingültigen Definition von Agilität herrscht Einigkeit über Uneinigkeit. Nach Förster und Wendler ist erkennbar, »dass die Charakterisierung der Agilität ein komplexes System darstellt, das entsprechend von vielen Autoren als mehrdimensionaler Raum begriffen wird«. (Förster, Wendler, 2012: 10). Förster und Wendler führen in ihrem Beitrag für den Zeitraum von 1982 bis 2011 allein 24 voneinander abweichende Definitionen von Agilität auf, die von unterschiedlichen Autoren stammen. Dies hat zur Folge, dass sich auch renommierte Autoren zum Thema bemüßigt sehen, ihren Veröffentlichungen jeweils eine eigene Definition zur Agilität vorauszuschicken:

> »Meine eigene Definition von Agilität lautet: Agilität ist die Fähigkeit von Teams, Individuen, Organisationen, in einem unsicheren, sich verändernden und dynamischen Umfeld flexibel, anpassungsfähig und schnell zu agieren. Dabei greift Agilität auf verschiedene Methoden zurück, die es dem Menschen einfacher machen, sich so zu verhalten.« (Hofert, 2018: 5).

Es ist es aber nicht der Kernfokus dieses Buches, den vielen sehr guten Publikationen über Agilität eine weitere hinzuzufügen. Vielmehr ist es unser Anliegen, Aufgabe und Rolle der Personalentwicklung vor dem Hintergrund einer sich dynamisch verändernden Organisation zu beleuchten. Dennoch gilt es, einige ganz grundsätzliche Fragestellungen und Hypothesen zu formulieren, um uns langsam dem noch etwas unscharfen Konstrukt der Agilität zu nähern.

Warum beschäftigen wir uns heute im Kontext von Systemen und Organisationen eigentlich zunehmend mit Fragestellungen, die wir unter Begrifflichkeiten wie systemtheoretisch, systemisch und/oder agil subsummieren? Die Antwort hängt wohl mit dem Bedürfnis des Menschen nach Erklärbarkeit und Struktur zusammen. Wir möchten wissen, warum die Dinge so sind, wie sie uns erscheinen, und wir möchten diesen Phänomenen eine Ordnung geben. Das wird in einer immer komplexer werdenden Welt zunehmend schwierig.

Ob unsere Umwelt nun wirklich komplexer geworden ist oder ob der zunehmende Zweifel an historischen »Welterklärungsmodellen« (z. B. Religionen) unsere Wahrnehmung für Komplexität geschärft hat, ist sicherlich eine interessante Frage. Im Sinne einer systemischen Betrachtungsweise trifft wahrscheinlich beides zu. Einerseits ist unser Bezugsrahmen weiter geworden, wir fragen kritischer und differenzierter nach, andererseits haben wir durch unser menschliches Suchen, Finden und Gestalten in allen Lebensbereichen den Grad von Komplexität selbst erhöht. So kann man beispielsweise die (soziologische) Systemtheorie eines Niklas Luhmann als Reaktion auf eine immer komplexer »werdende« Umwelt begreifen.

Der systemische Ansatz wiederum hat viele der Modelle und Konzepte der Systemtheorie aufgegriffen und diese quasi in ein therapeutisches und beraterisches Theorie- und Praxismodell »übersetzt«.

Was ist nun aber genau »agil«? Besitzt dieser Begriff ein theoretisches Fundament und ist er wirklich trennscharf von der Systemtheorie und dem systemischen Ansatz abzugrenzen?

> »In diesem Kontext ist jedoch festzuhalten, dass agile Methoden primär praxisgetrieben sind und deren Konstruktion bis dato keine umfassende theoretische Fundierung besitzen.« [...] »Eine Möglichkeit, den zuvor benannten Defiziten agiler Methoden zu begegnen, ist die Berücksichtigung und Anwendung des interdisziplinären Erkenntnismodells der Systemtheorie.« (Trepper, 2015: 3).

Dieser Sichtweise von Trepper schließen wir uns an. Es erscheint uns – zugebenermaßen verkürzt dargestellt – so, als würde sowohl die Systemtheorie, der abgeleitete systemische Ansatz, als auch Agilität Antworten auf ein und dieselbe Frage suchen: Wie erklären und konzeptualisieren wir eine zunehmend volatile, unsichere, komplexe und widersprüchliche/mehrdeutige Welt (VUCA), und wie interagieren wir mit und in dieser Umgebung? Die spezifische Perspektive und der eigene Anspruch an die »Beantwortung« dieser Fragestellungen sind in den jeweiligen »Disziplinen« unterschiedlich. Während die systemtheoretischen Forschungen der Formulierung von (geschlossenen, in sich schlüssigen) Theoriegebäuden dient, macht der systemische Ansatz sich diese Modelle zunutze, um für das Individuum im Allgemeinen, für soziale Systeme (z. B. Familien) im Speziellen, angepasste Therapie- und Beratungsmethoden zu entwickeln. Agil ist in unseren Augen dann der Transfer systemtheoretischer und systemischer Modelle auf den Kontext der professionellen Organisation, mit anderen Worten: das Unternehmen. Dies geschieht natürlich nicht holzschnittartig eins zu eins. Vielmehr finden in den einzelnen Schritten von der Systemtheorie zum systemischen und schließlich zum agilen Ansatz immer wieder den spezifischen Anforderungen des Betrachtungsgegenstandes geschuldete Modifikationen und Weiterentwicklungen statt. Schlussendlich geht es aber bei allen theoretischen Überlegungen im Unternehmenskontext um die Sicherstellung der Handlungsfähigkeit des Unternehmens und seiner MitarbeiterInnen und damit die Sicherstellung des unternehmerischen Erfolgs.

Welche Bedeutung haben diese Überlegungen nun für die Personalentwicklung?
Auch wenn Agilität häufig mit agilen Frameworks (Scrum, Kanban, Extreme Programming usw.) und/oder Praxismethoden (Appreciative Summary, Dekonstruktion, Design Thinking, Metakommunikation, Pairing, Retrospektiven, Work-Hacks, Simulacrum, Stand-up-Meeting, Teamentscheidung, Teamrecruiting usw.) in Verbindung gebracht wird, wäre eine Reduzierung von Agilität auf diese »Werkzeuge« zu kurz gegriffen. Unsere Erfahrung hat uns allerdings gezeigt, dass sich einige Personalentwickler in ihrer Arbeit mit Agilität auf das »trainierende Vermitteln« dieser Frameworks und Methoden reduzieren. Dies entspricht in unserem Verständnis aber eher einer PE der ersten Evolutionsstufe (s. o.). Hier wird quasi reaktiv ein Angebot geschaffen, weil es das Management so will oder – viel schlimmer – weil es gerade »hip« ist. Selbstverständlich ist es wichtig, auch agile Frameworks und Methoden in einer Organisation zu vermitteln, die sich auf die Fahne geschrieben hat, agil arbeiten zu wollen. Aber doch bitte erst, nachdem die Sinnhaftigkeit und Passung dieser Werkzeuge überprüft wurde und der passende Nährboden im System vorhanden ist.

Hinter den agilen Frameworks und Methoden stecken ein Leitbild und Prinzipien (Agiles Manifest), und es macht durchaus Sinn, sich vor der Auseinandersetzung mit Frameworks und Methoden diesen grundlegenden Aussagen zuzuwenden. Nun ist das ursprüngliche Agile Manifest 2001 im Umfeld der Softwareentwicklung entstanden. Aus diesem Grunde nutzen wir für unsere weiterführenden Überlegungen die Veröffentlichung von Svenja Hofert, die in ihrem Werk zum agilen Führen (Hofert, 2018) eine sehr gut nachvollziehbare Darstellung agiler Werte, Prinzipien und Methoden entwickelt hat, die weit über die Gesetzmäßigkeiten der reinen Softwareentwicklung hinausreicht.

Hofert definiert insgesamt 8 agile Werte (Selbstverpflichtung, Feedback, Fokus, Kommunikation, Mut, Respekt, Einfachheit, Offenheit), aus denen 18 Prinzipien resultierten (Adaption, aktive Einbindung, Arbeit sichtbar machen, kleine Schritte, bevollmächtigtes Team, experimentieren, Iteration, kontinuierliche Verbesserung, Flow, Kooperation, Wirtschaftlichkeit, Reflexion, offene Meinungsäußerung, Sinn stiften, Selbstorganisation, Verantwortung, Verschwendung vermeiden, Vielfalt) (vgl. Hofert, 2018: 11 f.).

In Kombination mit ihrer Definition von Agilität – »*Agilität ist die Fähigkeit von Teams, Individuen, Organisationen, in einem unsicheren, sich verändernden und dynamischen Umfeld flexibel, anpassungsfähig und schnell zu agieren.*« (Hofert, 2018: 5) – ergibt sich für eine agile PE folgendes Zielbild:

Der agile Personalentwickler schafft eine Lern- und Entwicklungsumgebung, in der das Individuum, das Team und die Organisation Gelegenheit erhalten, eigenverantwortlich, selbst gestaltend sowie nachfrage- und zeitgerecht, individuelle und organisationale Lern- und Entwicklungsbedürfnisse zu befriedigen. Hierbei muss das Unternehmen zunächst einmal die Frage beantworten, welche Wirkung PE in der Organisation erzielen soll. Wenn es, wie weiter oben bereits ausgeführt, letztlich darum geht, den Erfolg des Unternehmens sicherzustellen, muss eine integrale PE gemeinsam mit allen Stakeholdern klären, mit welchen Variablen (z. B. Gesundheit und Leistungsfähigkeit der MitarbeiterInnen) und Methoden (z. B. Förderung von Selbstmanagement-Fähigkeiten) diese Zielsetzung erreichbar ist. Die PE definiert sich also nicht länger als omnipotenter Wissensträger von Weiterbildung, sondern als integraler Bestandteil eines lernenden Systems, in dem sie »Lehrender und Lernender« gleichzeitig ist. Damit versteht sich der agile Personalentwickler nicht nur als bloßer Vermittler agiler Frameworks und Methoden, sondern wendet diese im eigenen Umfeld auch an. In aller Konsequenz verfolgt eine agile PE das Ziel, sich auf Basis der wachsenden Kompetenz und Eigenverantwortung des Systems/Unternehmens und aller im System agierenden Stakeholder hinsichtlich des eigenen Lern- und Entwicklungsbedarfs und dessen Bedarfsbefriedigung überflüssig zu machen.

Um das Agieren eines Personalentwicklers in einem agilen Umfeld etwas anschaulicher zu machen, möchten wir an dieser Stelle einige – bewusst zugespitzte – Beispiele benennen:

- Eine agile PE durchforstet ihr gesamtes Repertoire an Kompetenz- und Anforderungsprofilen hinsichtlich der Fragestellung, ob das jeweilige Rollenprofil noch zum agilen Umfeld passt. Fokussieren wir noch die »richtigen« Kompetenzen? Operationalisieren wir diese adäquat? Passen unsere Instrumente zur Personenanalyse noch? Wie gestalten wir all diese Prozesse vor dem Hintergrund permanenter Änderungen und extremer Volatilitäten? Benötigen wir diese Instrumente überhaupt noch oder müssen wir Personalauswahl und/oder die Ermittlung des Personalentwicklungsbedarfs nicht komplett neu denken und entwickeln?

- Eine agile PE richtet ihre Aktivitäten strikt am (individuellen) Bedarf der Stakeholder aus.
- Eine agile PE orientiert sich nicht länger an mittel- und langfristigen Karriere- und Entwicklungsplänen, sondern überprüft in kurzen Intervallen den individuellen Bedarf des jeweiligen Stakeholders und passt mit diesem gemeinsam mögliche Entwicklungsschritte den immer wieder neuen Bedingungen des professionellen Umfelds an.
- Eine agile PE verlagert die Lernumgebung zunehmend aus dem Seminarraum an den Arbeitsplatz ihrer Stakeholder und trägt damit der Erkenntnis Rechnung, dass 80 % der professionellen Entwicklung »on-the-job« realisiert wird.
- Eine agile PE verabschiedet sich von der Erstellung langfristiger Seminarangebote in Seminarkatalogen, sondern fördert alle Formen des »informellen, arbeitsintegrieren Lernens«.
- Eine agile PE misst ihren Erfolg nicht an durchgeführten Seminartagen und Teilnehmerzahlen, sondern entwickelt alternative Instrumente zur Wirkungsmessung, deren Daten auf das Ziel einzahlen, Lernen und Entwicklung nicht als Selbstzweck zu begreifen, sondern nachhaltig ein soziales System (z. B. Unternehmen) wirklich zu verändern.
- Der agile Personalentwickler wechselt aus seiner anfänglichen Rolle als Berater in die eines Begleiters (Coach) und übergibt letztendlich die komplette Verantwortung für das eigene Lern- und Entwicklungsmanagement in die Hände der Stakeholder.

Mit unseren Überlegungen wollen wir aber weder zum Ausdruck bringen, dass Agilität in der beschriebenen Form »sein muss«, also quasi wie ein Naturgesetz über die Organisation kommen müsste, um deren Überleben zu sichern, noch ein Urteil darüber abgeben, wie weit die Entwicklung einer Organisation hinsichtlich Agilität gediehen ist. Agilität ist in unseren Augen nur eine von mehreren Optionen, eine Organisation weiterzuentwickeln.

Wie stelle ich mich als strategisch denkender und handelnder Personalentwickler adäquat auf?

Wie weiter oben bereits angedeutet, begreift sich der systemische/agile Personalentwickler als Teil eines Systems, das auf ihn wirkt und das er selbst durch seine Art von Interaktion beeinflusst. Dies setzt eine Persönlichkeit voraus, die in der Lage ist, die Organisation mit systemtheoretischen, systemischen und agilen Modellen zu konzeptualisieren, also quasi eine Metaebene des Reflektierens und Erklärens einzunehmen und sich gleichzeitig nicht als allmächtige Wissensinstanz zu inszenieren, sondern in Einsicht ihrer eigenen Systemabhängigkeit einen Resonanzraum für (selbst)organisierte Lernräume zu schaffen. Ein wenig Demut ist also durchaus angezeigt. Insofern

»versteht« der systemische/agile Personalentwickler die Komplexität der Umwelt (Stichwort: VUCA) als Teil von Wirklichkeit, erkennt diese an, ist aber gleichzeitig in der Lage, Konzepte und Methoden zu entwickeln und anzuwenden, die dieser Komplexität Rechnung tragen und Wirksamkeit zeigen.

In Bezug auf Agilität geht es also zunächst einmal darum, zu verstehen, wann, wie und wo agile Methoden, wirksamer als bisher verwendete Methoden, einsetzbar sind. Dazu ist ein umfassendes Verständnis von Agilität unabdingbar. Was steckt hinter diesem Begriff und in welchen Wissenschaftskanon ist er einzuordnen? Auf Basis einer systematischen und fundierten Diagnose der eigenen Organisation kann anschließend überprüft werden, ob im System die strukturellen Bedingungen und das adäquate Mindset für die Implementierung agiler Methoden vorhanden sind und sie einen echten Mehrwert für das Unternehmen und das Individuum bringen. Es macht wenig Sinn, agile Denk- und Arbeitsweisen in einem Unternehmen etablieren zu wollen, in dem noch nicht einmal die einfachsten Regeln der Partizipation Einzug gehalten haben. Auch die Umstellung eines hochstandardisierten und optimierten Produktionsprozesses, der sich rentabel und auch schnell sich ändernden Marktanforderungen anpassen kann, sollte nur nach reichlicher Überlegung auf agile Prinzipien umgestellt werden. Dennoch erscheint uns wichtig, dass jeder Personalentwickler eine Vorstellung generiert, wohin er sich mit seinem Verantwortungsbereich im System entwickeln möchte. Das heißt, auch wenn ich mich als Personalentwickler noch auf der Evolutionsstufe der »reaktiven PE« befinde, ist es sinnvoll darüber nachzudenken, wie ich zur nächsten Evolutionsstufe der »systematisierten, aktiven PE« gelange. Alles andere würde die Organisation wahrscheinlich überfordern. Evolution verläuft in Stufen und das Überspringen von evolutionären Stufen hat selten funktioniert, zumal jede »niedrigere« Stufe in der nächsthöheren repräsentiert ist.

Inwieweit sich die Personalentwicklung in einer zu Ende gedachten und final auch umgesetzten agilen Organisation überflüssig macht, weil sich ihre bisherigen Stakeholder zu autonomen, eigenverantwortlichen und kompetenten Managern ihres individuellen Lern- und Entwicklungsfeldes transformiert haben, oder sie einfach nur ein alternatives Selbstverständnis entwickeln muss, um den Prozessen der Selbstorganisation einen entsprechenden Nährboden zu bereiten, bleibt derzeit noch Spekulation. Vertreter agiler OE- und PE-Konzepte gehen sicherlich davon aus, dass dem so sein wird.

Für uns stellt sich jedoch die Frage: Warum muss ein Paradigma wie »Agilität« mit einem »finalen Touch« einhergehen? Warum muss agiles Handeln in Organisationen zwangsläufig zu einer finalen Auflösung der Personalentwicklung führen? Im Verlaufe der Jahrzehnte sind schon sehr viele PE- und OE-Paradigmen entstanden, die für sich in Anspruch nahmen, der heilsbringende Ansatz zu sein, der – nach Implementierung – dazu führen würde, dass sich Organisationen komplett neu aufstellen und quasi nicht mehr wiederzuerkennen sein werden. Aber wie viele Unternehmen stehen heute wirklich an der Schwelle, auf allen Ebenen holokratisch, selbstorganisiert, agil, lernend und proaktiv Veränderungen vorantreibend auf einer »finalen Entwicklungsstufe« anzukommen?

Muss es denn wirklich eine »abschließende Stufe« geben? Was spricht eigentlich dagegen, für ein Paradigma wie »Agilität« dasselbe anzunehmen, was wir im Hinblick auf die Entwicklung von Menschen ganz selbstverständlich annehmen: dass diese nämlich Teil eines Prozesses ist, der lebenslang verläuft und somit niemals zum Abschluss kommt, niemals »final wird«? Vielleicht ist »Agilität« ganz einfach ein weiterer – wichtiger – Baustein einer ganzen Kette von Bausteinen, die dazu beigetragen haben, dass Personalentwicklung »an sich arbeitet«, sich hinterfragt, sich optimiert, kurz: sich eben weiterentwickelt – und damit steht dieses neuere Paradigma in einer Reihe mit anderen wertvollen Treibern in der Evolutionsgeschichte der Personalentwicklung, wie Management by Objectives, Empowerment, lernende Organisation, Diversity, …

2 Schritt 1: Analyse des Personalentwicklungsbedarfs

In diesem Kapitel setzen wir uns mit dem ersten Baustein unseres Personalentwicklungszyklus auseinander: der Analyse des Personalentwicklungsbedarfs (PE-Bedarf). Wir bezeichnen die Analyse des PE-Bedarfs hier auch als »Anforderungsanalyse« und fassen letzteren Begriff damit relativ weit. Viele Autoren beschreiben mit einer Anforderungsanalyse nur die Erfassung der kriterienbezogenen Anforderungen einer Aufgabe, einer Position oder einer Stelle (s. hierzu auch Kapitel 2.2.4 »Anforderungs- oder Kompetenzprofil«).

Die erste Frage, die sich im Zusammenhang mit der PE-Bedarfsanalyse für viele Personalentwickler stellt, ist: brauchen wir das wirklich? Eines der zentralen Paradigmen aus der PE lautet »Keine Maßnahme ohne Diagnose«. Abgesehen davon, dass die klinisch anmutende Formulierung dieses Paradigmas wenig anregend klingt, lässt sich über diese Aussage natürlich auch inhaltlich streiten. Viele Personalentwickler schreckt die große Menge an möglichen Analyseverfahren im Vorfeld einer geplanten Maßnahme ab (s. u.), zudem kosten sie in der Regel Zeit und Geld.

Vielleicht fragen Sie sich also auch »Eigentlich wollte ich doch nur ein 2-Tages-Kommunikationstraining für unsere MitarbeiterInnen organisieren, muss ich da wirklich im Vorfeld eine Analyse des PE-Bedarfs machen?« Grundsätzlich ist das eine absolut berechtigte Frage: Es spricht nichts dagegen, PE-Maßnahmen für MitarbeiterInnen im Sinne eines »Kataloges« anzubieten und jede MitarbeiterIn kann sich – meist vor dem Hintergrund eines turnusmäßigen »Pro-Kopf-PE-Budgets« – aussuchen, welche Weiterbildungsmaßnahmen sie ansprechen. Ähnlich wie beim »Neigungsmanagement« (dem Einsatz von MitarbeiterInnen entlang ihrer Fähigkeiten, weniger ausgerichtet an den Unternehmensanforderungen) kann der Einzelne dann wählen, wozu er oder sie dieses Jahr »Lust hat«. Holling & Liepmann (2004) beschreiben dieses Vorgehen auch im Sinne eines Bestandteils der Analyse des PE-Bedarfs und bezeichnen dieses als »Analyse individueller Qualifizierungsziele«. Hiervon versprechen sie sich, abhängig vom Erfülltheitsgrad individueller Qualifizierungsziele und Aufstiegswünsche, eine erhöhte Arbeitszufriedenheit und Arbeitsmotivation.

Im Sinne einer allgemeinen Motivation durch Lernen an sich (vergleiche auch den Begriff der Lernkultur nach Sonntag, Stegmaier, Schaper & Friebe (2004), hier vor allem die erste Dimension »Lernkultur als Teil der Unternehmensphilosophie«) kann auch (oder gerade?) eine nicht anforderungsbezogene Schulung für die TeilnehmerInnen eine sehr gute Erfahrung darstellen. Die Möglichkeit, »etwas dazu zu lernen«, und das in einer offenen, lernförderlichen Atmosphäre Off-the-Job, also weg von der meist engen zeitlichen Taktung am Arbeitsplatz und der damit oft einhergehenden Messbarmachung der eigenen Leistung, ist für viele Menschen ein echter Motivator.

Insofern macht es wenig Sinn, einen »nicht anforderungsbezogenen« Ansatz von vorn-eherein zu verdammen. Aber sicherlich muss man als Personalentwickler prüfen, was man mit einer Maßnahme erreichen will und welche Vor- und Nachteile mit einem anforderungsanalysebasiertem vs. einem nicht-anforderungsanalysebasiertem Vor-gehen verbunden sind. Denn aus Sicht vieler TeilnehmerInnen ist gerade die eigene enge Zeittaktung auch ein klares Argument *für* ein anforderungsanalytisch fundiertes Verfahren. In den letzten Jahren hören wir von TeilnehmerInnen in Seminaren oder PE-Programmen immer öfters »Ich muss wissen, was mir das hier für meine tägliche Arbeit bringt, denn sonst kann ich meine Zeit am Arbeitsplatz besser nutzen!«

Weiterhin gilt: nur wenn man sich im Vorfeld einer PE-Maßnahme Gedanken macht, was diese bewirken soll und dies mittels einer Anforderungsanalyse im Sinne einer Ausgangsmessung erfasst, kann man hinterher überprüfen, ob die Maßnahme den erwünschten Erfolg erzielt hat. Anders ausgedrückt: Maßnahmen, die sich nur an den individuellen Qualifizierungswünschen der MitarbeiterInnen orientieren oder aus anderen Gründen ohne Anforderungsanalyse implementiert werden, können in der Regel nicht hinsichtlich konkreter Effekte, z. B. auf ein definiertes, neu zu erlernendes Verhaltensspektrum, die Verbesserung von Unternehmenskennzahlen o. Ä. überprüft werden. Sicherlich besteht auch ohne Anforderungsanalyse die Möglichkeit, generi-sche Konstrukte wie »Arbeitszufriedenheit« zu erfassen, aber die Messung und Evalu-ation eines konkreten Lerntransfers ist vor diesem Hintergrund sicher nicht möglich. Hier gilt das Zitat des Managementgurus Peter Drucker, »If you can't measure it – you can't manage it«.

Entscheidend für die Entwicklung und Implementierung jeglicher PE-Maßnahmen ist, dass dies wie bei einer Wertschöpfungskette funktioniert: die Güte und Genauigkeit der Analyse des PE-Bedarfs ermöglicht die Erstellung optimal abgestimmter Maß-nahmenbausteine, z. B. in Form von Seminarübungen mit niedriger Transferdistanz oder greifbarer, »ökologisch valider« Assessment-Center-Aufgaben. Dies wiederum ist wesentliche Voraussetzung einer insgesamt zielführenden und erfolgreichen PE-Maß-nahme, die im Endeffekt die Zufriedenheit aller Beteiligten mit dem Gesamtprozess bestimmt.

Weiterhin bietet eine Anforderungsanalyse die Chance, diejenigen aktiv in die Maß-nahmenentwicklung miteinzubeziehen, für deren Entwicklungsschritte sie später als Grundlage dient. Uns begegnet immer wieder, dass es zukünftige TeilnehmerInnen, selbst bei »einfachen Zweitagestrainings«, schätzen, wenn man sich im Vorfeld einer Maßnahme mit ihnen auseinandersetzt: »Mich freut es, dass sich jemand für das, was ich tue, interessiert« hört man bei Vorabbefragungen regelmäßig. Eine Anforderungs-analyse kann so auch ein wichtiger Bestandteil zur Akzeptanzförderungen der später daraus abgeleiteten Maßnahmen sein.

Zudem liefert eine »saubere« Analyse des PE-Bedarfs Ihrem Unternehmen alle Daten für die Entwicklung eines neuen Anforderungsprofils – oder zumindest für den Feinschliff von bereits vorhandenen Unternehmenskriterien. Durch die Analyse lassen sich zum einen erfolgskritische Verhaltensweisen in einer gegebenen Position identifizieren (s. u., »Critical Incidents Technique« nach Flanagan, 1954), die wiederum, wie oben beschrieben, für Trainingsübungen genutzt werden oder in das Anforderungsprofil in Form von Kompetenzen und Kriterienbeschreibungen übersetzt werden können. Die Ergebnisse einer solchen Anforderungsanalyse liefern somit auch eine gemeinsame Sprache in der Maßnahme und bilden die Basis für später zu definierende Entwicklungsschritte.

In der folgenden Tabelle haben wir die Vor- und Nachteile von Anforderungsanalysen nochmals gegenübergestellt.

Vor- und Nachteile detaillierter Anforderungsanalysen	
Vorteile	Nachteile
• Grundlage für eine anforderungsnahe Konzeption der Maßnahme (z. B. niedrige Transferdistanz von Übungen) • Voraussetzung für eine spätere konkrete Evaluation einer Maßnahme i. S. eines Transfererfolgs • Partizipationsmöglichkeit für die späteren TeilnehmerInnen, damit akzeptanzförderlich • Ausdruck der Wertschätzung (»Man nimmt sich für uns Zeit, um genau zu sehen, was wir machen«) • Basis für das / Verknüpfung mit dem Anforderungsprofil des Unternehmens; gemeinsame »Sprache« für die Entwicklung der MitarbeiterInnen • Fördert die »Messbarkeit« der Lernenden (i. S. einer Lernerfolgsüberprüfung)	• Zeitaufwendig – kostet ggf. auch in der Lernzielgruppe Zeit, z. B. bei Vorab-Interviews, Arbeitsplatzbeobachtungen usw. • Generiert Zusatzkosten zu den Kosten der eigentlichen Umsetzungsmaßnahmen • Weniger Spielräume für »offenes Lernen« • Erhöhte Messbarkeit kann bei Lernenden Erfolgsdruck auslösen

Tab. 3: Vor- und Nachteile detaillierter Anforderungsanalysen

Welche Formen der Analyse des PE-Bedarfs gibt es?

Wenn Sie sich nun als Personalentwickler entscheiden, eine Maßnahme mittels einer Anforderungsanalyse vorzubereiten, müssen Sie sich natürlich überlegen, welches Verfahren für die geplante Maßnahme am geeignetsten ist. Wie oben erwähnt, kann alleine die schiere Anzahl an Möglichkeiten dazu führen, dass man das Vorhaben entweder doch wieder kippt oder »nach extern« vergibt.

Im folgenden Abschnitt möchten wir Ihnen daher eine Orientierung geben, welche Möglichkeiten Ihnen für eine systematische Anforderungsanalyse zur Verfügung stehen, um das Thema greifbar zu machen. Grundsätzlich gilt: egal, für welche Form der Analyse des PE-Bedarfs Sie sich entscheiden, Sie tragen damit etwas zur Wertschöpfungskette des PE-Prozesses bei, denn die Maßnahme wird dadurch in jedem Fall etwas passgenauer als sie es ohne diese Analyse geworden wäre.

Natürlich ist nicht jedes Analyseverfahren für jede Situation geeignet. Wenn es darum geht, dass MitarbeiterInnen in einer neuen Arbeitstechnik geschult werden sollen, macht sicherlich eine Arbeitsplatzbeobachtung mehr Sinn als ein psychometrisches Testverfahren zur Analyse der Persönlichkeit. Wenn Sie das Potenzial einer Zielgruppe für höherwertige Aufgaben erkennen wollen, kann dies fast nur vor dem Hintergrund eines vorhandenen (oder dann noch zu erstellenden) Kompetenzprofils stattfinden – insofern sollte man sich hier im Vorfeld also mit den notwendigen Verhaltensausprägungen für die Zielposition auseinandersetzen und diese im unternehmensspezifischen Anforderungsprofil abbilden und braucht daher weniger Zeit auf eine Untersuchung des Teamklimas zu verwenden. Ihre Fragestellung bestimmt die Wahl der Analysemethode.

Im Zweifel fahren Sie bei der Planung Ihrer Anforderungsanalyse besser, wenn Sie dem Sinnspruch »weniger ist mehr« folgen, als wenn Sie die Analyse im Vorfeld so überfrachten, dass sie mehr Zeit in Anspruch nimmt als die eigentliche Umsetzungsmaßnahme.

Um Ihnen eine Übersicht zu geben, auf welchen Ebenen Anforderungsanalysen stattfinden, lassen Sie uns auf eine gängige Unterteilung in 3 Analyseebenen zurückgreifen, die man immer im Blick haben sollte und die »von oben nach unten« ineinandergreifen (s. a. McGehee & Thayer, 1961; Latham, 1988): »Trichometrie der Bedarfsermittlung«):

1. Auf der obersten Ebene steht die **Organisationsanalyse**. Sie bildet den am weitesten gefassten, stark strategisch orientierten Blickwinkel der Analyse des PE-Bedarfs ab. Man versteht darunter die Ableitung von Zielvorgaben für die Personalentwicklung basierend auf der Analyse von Unternehmenszielen, strategischer und operativer Planung, Controlling-Kennzahlen und Key Performance Indicators (KPIs) oder auch Ergebnissen aus MitarbeiterInnen- oder Unternehmensklimabefragungen. Die »Flughöhe« dieser Anforderungsanalyse-Ebene ist relativ hoch, die Leitfrage lautet hier »Wohin wollen wir als Unternehmen und was heißt das für unsere PE-Maßnahmen?«

2. Die nächste Ebene ergibt sich aus der strategischen Ausrichtung der Organisation, wenn man diese auf den einzelnen Arbeitsplatz oder die einzelne Aufgabe herunterbricht. Daher spricht man hier auch von der **Aufgabenanalyse**. Bei dieser Ebene der Analyse des PE-Bedarfs geht es um die Erfassung der zur Bewältigung spezifischer Aufgaben oder Job-Gruppen erforderlichen Handlungen, Kenntnisse,

Fähigkeiten und Einstellungen. Hier ist die zentrale Leitfrage »Wie sieht eine Aufgabe (oder ein Aufgabenprofil) genau aus und welche PE-Maßnahmen brauchen die MitarbeiterInnen, um diese (noch besser) zu erfüllen?«

3. Die dritte und letzte Ebene der Anforderungsanalyse bezieht nun endlich diejenigen ein, um die es in Entwicklungsmaßnahmen – hoffentlich! – geht: die Menschen. Als MitarbeiterIn eines Unternehmens bewegen Sie sich im Rahmen der übergeordneten Zielvorgaben (s. Organisationsanalyse) in Ihrem spezifischen Aufgabenfeld (s. Aufgabenanalyse) auf eine bestimmte Art und Weise: vielleicht sind Sie neu in Ihrer Position, so dass Ihnen noch Expertise und Erfahrung fehlt, was Sie mit Ihrer hohen Motivation wieder wettmachen; oder Sie sind schon »ein alter Hase« und werden von vielen weniger Erfahrenen im Unternehmen mittlerweile als »Coach« genutzt. So oder so kommt auf dieser Ebene die Leitfrage zum Tragen »Wie erfüllt ein(e) MitarbeiterIn ihre jetzige Aufgabe?« oder auch »Wie gut ist die MitarbeiterIn für die Aufgaben in einer zukünftigen Zielposition geeignet?« Dies zu erfassen ist die Aufgabe der sog. **Personenanalyse**. Diese dient also dazu, die individuellen Leistungs- und Verhaltensspektren und Entwicklungspotenziale von MitarbeiterInnen zu ermitteln.

In diesem Kapitel gehen wir nun noch detaillierter auf die drei Ebenen ein und beginnen natürlich »ganz oben«: mit der Organisationsanalyse.

2.1 Organisationsanalyse

Wie erwähnt, lautet die Leitfrage der Organisationsanalyse »Wohin wollen wir als Unternehmen und was heißt das für unsere PE-Maßnahmen?« Diese übergeordnete Fragestellung kann man etwas detaillierter abbilden, indem man zum einen auf die Ist-Situation fokussiert:

- Was sind unsere zentralen Prozesse/Aufgaben? Womit stellen wir unsere Kunden zufrieden? Welchen Nutzen stiften wir?
- Worin sind wir besonders gut? Was sind unsere Stärken?
- Wo müssen wir uns noch verbessern? Was sind die Ursachen für unsere Schwächen?

Zum anderen sollte man auch durchaus einen Blick in die Zukunft wagen, um zu vermeiden, dass man die Anforderungen an das eigene Unternehmen nur reaktiv erfasst (Motto: »Das läuft bei uns gerade schlecht – was müssen wir jetzt schnell machen, damit das wieder besser wird?«). Entsprechende proaktiv ausgerichtete Fragen lauten z. B.

- Welche Anforderungen ergeben sich in Zukunft an uns (technische Entwicklungen, Veränderungen im Unternehmensumfeld, rechtliche Auflagen, Kundenwünsche, Wettbewerb) und wie stellen wir uns darauf ein?
- Was müssen wir bald können? Welche Kompetenzen müssen wir deshalb zentral ausbauen?

- Passen unsere Aufgaben, Strukturen und Prozesse zu den zukünftigen Anforderungen? Welche Aufgaben, Strukturen und Prozesse brauchen wir für die Bewältigung zukünftiger Anforderungen? Was verändert sich in unseren Aufgaben, Strukturen und Prozessen?

Um diese Fragen anzugehen, bieten sich zahlreiche Methoden an. Der einfachste Weg ist sicherlich ein offener Austausch zu diesen Themen zwischen Unternehmensführung und den entsprechenden Stabsstellen, in diesem Fall vornehmlich der PE-Abteilung, ggf. aber auch dem Strategiebereich, dem Marketing, der Forschungs- und Entwicklungsabteilung usw. Diesen Austausch sollten Sie aber in jedem Fall auf einer sicheren Basis führen, damit man nicht nur Meinungen und Vermutungen bespricht. Es macht also Sinn, konkrete Unternehmens-Daten hinzuzuziehen, um das Besprochene zu fundieren. Hier seien nur einige Quellen für Zahlen genannt, die bei einer Analyse der Organisation eine Rolle spielen können:

- Performance-Kennzahlen (KPIs), z. B. Entwicklung des Umsatzes, verkaufte Stückzahlen, Deckungsbeiträge, Produktions-Output, Qualitätskennzahlen u. Ä.
- Marktdaten, Entwicklungstrends mit Auswirkungen auf die eigene Branche
- Makro-Entwicklungen und Megatrends, politische Rahmenbedingungen
- Kundenbefragungen, Zufriedenheitsindizes, Customer-Relationship-Indizes (CRI)
- Mitarbeiterbefragungen, 360°-Feedbacks, Unternehmensklima-Befragungen, Stimmungsbarometer
- Erfahrungswerte aus dem »Feld«, z. B. aus dem Vertrieb oder dem Service
- Wettbewerbsanalysen (im Sinne eines Benchmarkings / Best practice)

Um sich eine Orientierung zu verschaffen, mit welcher Fragenstruktur man an die Themenkreise herangehen kann, bietet sich natürlich die Nutzung entsprechender Strategieinstrumente im Rahmen eines Workshops an. Vielleicht ist Ihnen schon aufgefallen, dass die oben genannten Orientierungsfragen mit ihrer Unterteilung in »Ist-Situation« und »Zukunft« deutliche Parallelen zu einem der bekanntesten Strategieinstrumente aufweisen: der SWOT-Analyse. Diese lässt sich im Rahmen der Organisationsanalyse hervorragend einsetzen, daher wollen wir im folgenden Abschnitt näher darauf eingehen.

2.1.1   SWOT-Analyse

Mit der Strengths-Weaknesses-Opportunities-Threats-Methode (SWOT) haben Sie ein Werkzeug an der Hand, mit deren Hilfe Sie einschätzen können, welche Potenziale Ihr gesamtes Unternehmen oder einzelne von Ihnen analysierte Bereiche haben und wie man diese ausschöpfen kann. Eine SWOT-Analyse ermöglicht die Betrachtung einer Organisation, Einheit oder Abteilung hinsichtlich ihrer Effizienz im Markt. Darüber hinaus können Sie auch die Rolle anderer Abteilungen, Wettbewerber und der Kunden für die bereichsspezifische Performance analysieren und die Ergebnisse in Ihre strategische Ausrichtung einbeziehen. So besteht die Chance, das auf allen Ebenen des Unternehmens vorhandene Know-how für strukturierte Problemlösungen und Entscheidungen mittels dieser Methode zu nutzen.

Typische Themenkreise für SWOT-Analysen sind z. B.
- Entwicklung von Geschäftsfeldern
- Entwicklung von Produktbereichen
- Entwicklung von Prozessen/Abläufen, Strukturen
- Analyse der Kundenbeziehung und Ableitung von Maßnahmen
- Informationsfluss im Unternehmen
- Benchmarking (intern und extern)

	Stärken	Schwächen
Chancen	z.B. hohe Qualität der Produkte, treue Kunden *Leitfragen:* • Was können wir besser als unsere Mitwettbewerber? • Wieso bestehen wir derzeit im Wettbewerb? • Wo liegen besondere Fähigkeiten in den Bereichen: Finanzen, Produkte, Technik, Kostenstruktur, Organisation, Qualifikation? • Wo investieren wir besonders viel Zeit, Energie oder finanzielle Mittel? • Worauf sind wir stolz? • Wofür werden wir gelobt? • Wo sind wir flexibel?	z.B. nicht genügend Marktpositionierun in zukunftsträchtigen Märkten *Leitfragen:* • Was können wir nicht so gut wie unsere Mitwettbewerber? • Wo fehlen uns Fähigkeiten, Wissen etc. in den Bereichen: Finanzen, Produkte, Technik, Kostenstruktur, Organisation, Qualifikation? • Worüber beklagen wir uns untereinander? • Worüber ärgern sich unsere Kunden? • Wodurch haben wir in der Vergangenheit finanzielle Einbußen erlitten? • Wo können wir nur sehr langsam Veränderungen herbeiführen? • Wo können wir keine Veränderungen vornehmen?
Risiken	z.B. wichtiger Arbeitgeber in der Stadt – Verlagerung von Produktion kann imageschädigend sein *Leitfragen:* • Welche gesellschaftlichen Entwicklungen / Trends können wir nutzen? • Welche Änderungen erwarten wir in den relevanten Bereichen; z.B. Grundlagentechnik, Gesetzgebung, Gesellschaft, Sozialwesen, Wettbewerb, Nachfrage …? • Was haben wir uns für die Zukunft vorgenommen? • In welche Richtung verändern sich die Mitwettbewerber?	z.B. Pricing – nicht konkurrenzfähig mit Billiganbietern *Leitfragen:* • Was haben unsere Mitwettbewerber, aber wir nicht? • Wo können andere leicht in unseren Markt eindringen? • Wodurch haben Mitwettbewerber Einbußen erlitten? • Welche Faktoren machen Veränderungen bei uns unabdingbar?

Abb. 6: Beispiel für eine SWOT-Matrix (Strenghts/Weaknesses/Opportunities/Threats)

Stärken

Stärken sind Eigenschaften eines Unternehmens (einer Geschäftseinheit, Abteilung usw.), die sich in Form einer besonderen Marktstellung, hoher Umsätze oder anderer Kriterien auswirken.

Beispiele wären ein hoher Cash-Flow, gut eingeführte Markennamen oder Patentrechte. Stärken sind jedoch auch interne Faktoren, die nicht direkt zu aktuell beobachtbaren Tatbeständen führen, das Unternehmen aber von den Marktbegleitern unterscheidet, z. B. besondere Qualifikationen der MitarbeiterInnen, hohe Anzahl an SpezialistInnen, hohe Qualitätsstandards usw.

Schwächen

Schwächen sind Faktoren im Unternehmen, die zu negativen Entwicklungen führen. Auch hier kann es sich um Sachverhalte im Unternehmen handeln, die sich derzeit noch nicht direkt negativ auswirken.

Ein Beispiel wäre die Abhängigkeit von einigen wenigen Großabnehmern, die derzeit eventuell sogar noch zu hohen Umsätzen beiträgt und daher nicht auf den ersten Blick als Gefahr eingestuft wird.

Chancen

Chancen sind Faktoren außerhalb des Unternehmens, die als Basis für zukünftigen Erfolg dienen können. Der Begriff beinhaltet aber auch die Problematik, dass das Unternehmen diese Chancen nutzen muss, um sie in reale Stärken umzuwandeln. Hier ist es somit nötig, geeignete Wege zu finden, damit diese Entwicklungen sich für das Unternehmen in Form von wirtschaftlichem Erfolg auszahlen.

Beispiel hierfür wäre der Wegfall von Zollbeschränkungen oder die Entwicklung neuer Grundlagentechnologien, die eine adäquate Reaktion erfordern bzw. erst ermöglichen.

Risiken

Risiken oder Bedrohungen sind gleichfalls externe Faktoren, die aber ggf. den Erfolg des Unternehmens beeinträchtigen. Auch hier muss in der Zukunft gehandelt werden, indem alternative Szenarien durchgespielt und Entscheidungen getroffen werden, um diesen Bedrohungen entgegenzuwirken.

Beispiel hierfür wären Trends in der Gesellschaft, die den Umsatz in derzeitigen Geschäftsfeldern beeinträchtigen können.

So gehen Sie vor

Die Bearbeitung der einzelnen Felder erfolgt zunächst sukzessiv in der Reihung Stärken/Schwächen/Chancen/Gefahren und wird nach eingehender Analyse gegen Ende integriert, um ein ganzheitliches und systemisches Bild des betrachteten Fokusfeldes zu erhalten.

SWOT-Analysen sind in aller Regel nicht als Großveranstaltungen konzipiert. Sollten Sie mehr als 10 Personen in einem SWOT-Workshop haben, kann es sinnvoll sein, die einzelnen Quadranten durch Untergruppen bearbeiten zu lassen und die Ergebnisse im Rotationsprinzip (z. B. nach der »World Café-Methode« – ein Themenvertreter bleibt beim Arbeitsergebnis der eigenen Gruppe, die anderen rotieren vollständig) von allen anderen im Feinschliff bearbeiten zu lassen, so dass jeder Einzelne zu jedem Quadranten beitragen konnte.

SWOT-Analysen werden meist in mehreren, aufeinander folgenden Einzelabschnitten durchgeführt:

1. **Brainstorming:** die vier Bereiche werden (gemeinsam oder in zugeteilten Gruppen) im Rahmen eines Brainstormings gemeinsam ausgefüllt, am besten unter einer neutralen Überschrift (also nicht »Unser *toller* neuer Changeprozess«, sondern »Unser neuer Changeprozess«). Hilfreich ist es auch, wenn man für die Quadranten Orientierungsfragen bereitstellt (s. Tabelle 4).
2. **Verdichtung:** die Ergebnisse des Brainstormings in den vier Quadranten werden in Kategorien zusammengefasst, Dopplungen werden herausgenommen und man entwickelt Überschriften für die Kategorien.
3. **Gegenüberstellungen:** um Zusammenhänge zwischen den Quadranten zu verdeutlichen, sollten Sie diese in direkten Vergleich bringen. Hier bieten sich folgende Kombinationen zur genaueren Analyse an:
   - Stärken vs. Chancen
   - Schwächen vs. Chancen
   - Stärken vs. Gefahren
   - Schwächen vs. Gefahren
4. **Priorisierung:** Die sich daraus ergebenden Handlungsfelder sollten im folgenden Schritt priorisiert werden (z. B. mittels Punktabfrage).
5. **Aktionen:** und natürlich sollte am Ende abgeleitet werden, welche Maßnahmenschritte notwendig sind, um die Handlungsfelder optimal zu bearbeiten. Die Ergebnisse einer SWOT im Rahmen einer Analyse des PE-Bedarfs beleuchten natürlich in erster Linie die Frage »Was heißt das für unsere PE-Maßnahmen?« Mögliche Ableitungen können dementsprechend neue PE-Programme, Schulungsinitiativen, Recruitingprozesse o. Ä. sein.

Natürlich gibt es noch zahlreiche andere Strategieinstrumente, die sich hervorragend im Rahmen einer Organisationsanalyse verwenden lassen, z. B. Stakeholder-Analysen, Balanced Scorecard, Zukunftswerkstatt oder Szenariotechnik. Im Grunde verfolgen alle diese Instrumente das Ziel, das Stärken-Schwächen-Profil eines Unternehmens in Beziehung zu seinen Stakeholdern und seiner Umwelt zu setzen – wenn auch mit leicht unterschiedlichen Methoden und Blickwinkeln. Alle Vorgehensweisen liefern wertvolle Informationen, um daraus PE-Strategien und Maßnahmen abzuleiten.

Allen diesen Instrumenten ist aber gemeinsam, dass sie »expertenbasiert« sind, d. h. dass eine ausgewählte Gruppe von Menschen – meist »EntscheiderInnen«, Führungskräfte oder Fachkräfte aus Stabspositionen – sich Gedanken zu den oben beschriebenen Fragen macht und diese aus ihrem ganz persönlichen Blickwinkel beantwortet.

Im Folgenden wollen wir auf weitere Methoden zur Organisationsanalyse eingehen, die auch die »Betroffenen« stärker einbeziehen oder einen »neutralen«, dritten Betrachtungswinkel integrieren.

2.1.2   Weitere Methoden der Organisationsanalyse

Ein warnender Hinweis vorneweg: viele der in diesem Kapitel genannten Methoden der Organisationsanalyse sind aufwendig. Warum ist das so? Sobald Sie Ihre MitarbeiterInnen im Rahmen einer »Organisationsdiagnose« mittels einer Befragung einbeziehen, treten Sie eigentlich schon den ersten Schritt eines Umsetzungsprozesses los. Es gilt die Regel: Jede Diagnose ist gleichzeitig auch eine Intervention. Etwas weniger »klinisch« ausgedrückt bedeutet das, dass allein die Tatsache, dass man als MitarbeiterIn *gefragt* wird, etwas in einem »auslöst« (z. B. Emotionen wie Verärgerung, dass man »mit so einem Quatsch belämmert wird«, Ängste, dass man »das Falsche sagt« und dafür »dran ist« oder auch Freude, dass man *überhaupt* mal die Möglichkeit hat, etwas zu sagen oder Stolz, das man etwas zur Unternehmensentwicklung beitragen kann) – und das ist dann schon der erste Veränderungsschritt, eben eine »Intervention«. Darüber hinaus »riskieren« Sie mit Fragen zu Zufriedenheit, Führung, Commitment, Klima u. Ä. natürlich, auch negative Antworten zu erhalten. Und diese kann man kaum i. S. eines Gut-dass-wir-mal-drüber-geredet-haben stehen lassen; sie ziehen in aller Regel die Notwendigkeit von Umsetzungsmaßnahmen nach sich und stellen somit eine gegenseitige Verpflichtung zur Nachhaltigkeit dar.

Jeder, der bereits an einer Mitarbeiterbefragung mitgewirkt hat, weiß wie komplex und zeitaufwendig die Implementierung und wie intensiv neben der eigentlichen Diagnose die gesamte Umsetzungsphase danach ist. Die Kategorien von Mitarbeiterbefragungen zielen sowohl auf Organisationsanalysethemen ab (z. B. Arbeitszufriedenheit, Führungskräfteverhalten, Entwicklungs- und Karrieremöglichkeiten, Verbundenheit/

Loyalität/Commitment) als auch auf Themen der Aufgabenanalyse (z. B. Handlungs-spielraum, Informationswege, Verantwortungsbereiche, Zusammenarbeit im Team).

Wir können an dieser Stelle nicht auf alle Aspekte des Instrumentes der Mitarbeiter-befragung eingehen, aber in Kapitel 6 »Ausblick: Evidenzbasierte Personal- und Orga-nisationsentwicklung«, kommen wir intensiv auf das Thema zurück, denn Mitarbei-terbefragungsdaten bilden die zentrale Datenquelle für diese Methode. Hier wollen wir aber zumindest den Suchscheinwerfer auf eine besonders hervorstechende Vari-able aus Mitarbeiterbefragungen richten, die im Rahmen einer Organisationsanalyse interessant ist und die auch mit eigenständigen Instrumenten erfasst werden kann: das Unternehmens-, Bereichs- oder Teamklima als gefühlter Gradmesser der erlebten Unternehmenskultur.

Exkurs 2: Unternehmenskultur   **!**

Bei den Arbeitshilfen online auf mybook.haufe.de bieten wir Ihnen in einem Exkurs weitere Informationen zum Thema Unternehmenskultur.

2.1.2.1   Klimafragebogen

Ein wesentlicher Faktor für das Wohlbefinden von Menschen in Organisationen ist die »Stimmung«, das »Klima«, das man dort als MitarbeiterIn täglich erlebt. Aspekte wie der wahrgenommene soziale Zusammenhalt, eine positive Grundhaltung der Kolle-gInnen, der Führungsstil des direkten Vorgesetzen und das Empfinden, dass sich die Führungskraft für die eigenen MitarbeiterInnen interessiert, stellen belegbar große Hebel für Variablen wie Verbundenheit mit dem Arbeitgeber, Leistungsmotivation, quantitativer und qualitativer Output, niedriger Krankenstand, niedrige Fluktuation sowie initiatives Verhalten und Verhalten »über die Stellenbeschreibung hinaus«, das sog. Organizational Citizenship Behaviour, dar.

Entsprechend versucht man mit Befragungsinstrumenten genau diese »Stimmung« in einem Team, einem Bereich oder einer gesamten Organisation zu erfassen, um einen Gradmesser für mögliche Auswirkungen auf die oben beschriebenen »Output-Varia-blen« zu haben und kurzfristig Verbesserungsansätze ableiten zu können. Darunter fallen sowohl groß angelegte, meist unternehmensspezifisch entwickelte Mitarbeiter-befragungen als auch die uns hier interessierenden, stärker auf den Faktor »Klima« abhebenden Fragebogen (als eine Art Stimmungsbarometer). Die Erfassung des Kli-mas ist dabei aber auch meist nur ein »Trittbrett« für vertiefende Maßnahmen, da mit einer Art Stimmungsbarometer zunächst auch nur grob erhoben wird, an welchen Stellen bei den MitarbeiterInnen »der Schuh am meisten drückt.«

Um Ihnen ein Bild zu geben, wie ein Instrument zur Erfassung des Teamklimas ausse-hen kann, möchten wir Ihnen zwei validierte und wissenschaftlich fundierte Fragebo-gen vorstellen, die auf zwei »Klima-Ebenen« ansetzen: in einem Fall bei der gesamten Organisation, im anderen Fall fokussiert auf Teams.

2.1.2.1.1   Fragebogen zur Erfassung des Organisationsklimas (FEO)

Der FEO von Daumenlang, Müskens & Harder (2004) basiert auf dem Zweifaktorenmo-dell der Führung von Blake & Mouton (1964), die zwischen einer aufgabenorientierten Art zu führen (initiating structure) und einer mitarbeiterbezogenen (consideration) unterscheiden. Er besteht aus 82 Items und 12 Dimensionen, die teils Selbstbeurtei-lungen (im Sinne eines »Wie erlebe ich das selbst?«) und teils Fremdbeurteilungen (z. B. mit dem Fokus »Wie sehe ich meine Führungskraft?«) beinhalten:

*   Vorgesetzter (10 Items)
*   Kollegialität (7 Items)
*   Bewertung der Arbeit (8 Items)
*   Arbeitsbelastung (6 Items)
*   Organisation (6 Items)
*   Berufliche Perspektiven (5 Items)
*   Entgelt (3 Items)
*   Handlungsraum (3 Items)
*   Berufliche Chancen für Frauen (4 Items)
*   Einstellung zum Unternehmen (9 Items)
*   Interessenvertretung (Items)
*   Mitarbeiterbewertung (9 Items)
*   Gesonderte Items: »Ich erzähle bei Bekannten gerne, dass ich in diesem Unter-nehmen arbeite« und »Wenn ich nochmals zu entscheiden hätte, würde ich wieder hier arbeiten«, beide im Bereich »Commitment«/Loyalität angesiedelt.

Die 12 Dimensionen decken viele Facetten einer Mitarbeiterbefragung ab, der Frage-bogen bleibt aber bei einer Gesamtbearbeitungsdauer von ca. 25 Minuten noch recht »userfreundlich«, zumal auch einzelne Dimensionen herausgenommen und für sich abgefragt werden können.

2.1.2.1.2   Teamklima-Inventar (TKI)

Das TKI von Brodbeck, Anderson & West (2000) erfasst das Klima für Innovation und Leistung in Teams oder Arbeitsgruppen. Die aus der Forschung bekannten, messbare Zusammenhänge zwischen Klimafaktoren und Outputvariablen systematisiert West (1990) in seiner 4-Faktorentheorie, in der er Teamarbeit als wesentlichen Treiber für Innovation und Leistung in Unternehmen zugrunde legt.

Die vier Faktoren und die zugehörigen Skalen des Fragebogens sind:

1. Vision – übergeordnete, geteilte und gewollte Ziele, die Orientierung geben und motivierend wirken
   (1) Klarheit
   (2) Wertschätzung
   (3) Einigkeit
   (4) Erreichbarkeit
2. Aufgabenorientierung – der Willen der Teammitglieder, Leistung zu bringen, Qualität zu liefern und sich im Team dahingehend zu reflektieren
   (5) Hohe Standards
   (6) Reflexion
   (7) Synergie
3. Partizipative Sicherheit – als Basis, um Veränderungen anzugehen und das eigene Engagement im Team zu sichern
   (8) Informationsverteilung
   (9) Sicherheit
   (10) Einfluss
   (11) Kontaktpflege
4. Unterstützung von Innovation – Offenheit für Ideen, Innovationsbereitschaft und Umsetzung von Innovationen
   (12) Bereitschaft
   (13) Umsetzung

Das TKI besteht aus 13 Subskalen mit 38 Fragen zu den 4 zentralen Dimensionen und kann noch ergänzt werden um 6 Fragen zur sozialen Erwünschtheit, die 2 weitere Subskalen repräsentieren. Die Bearbeitungsdauer liegt bei ca. 15 Minuten.

2.1.2.1.3 Vergleich: TKI und FEO

Im Vergleich zum FEO, der in seinen Dimensionen breiter aufgestellt und näher an einer Mitarbeiterbefragung im Hinblick auf das Klima im Gesamtunternehmen ist, fokussiert das TKI auf die Einheit »Team« sozusagen als »Saat« für Innovation und Klima, welches sich beides wiederum positiv in die gesamte Organisation fortpflanzen kann.

Beide Instrumente liefern Ihnen einen unterschiedlichen Blickwinkel, um sich mit dem Thema Klima im Rahmen einer Organisationsanalyse auseinanderzusetzen. Natürlich finden sich am Markt noch zahlreiche weitere Instrumente wie der »Fragebogen zur Arbeit im Team (FAT)« von Kauffeld (2004) oder auch verhaltensbeobachtungsbasierte Instrumente wie das SYMLOG (System for the Multiple Level Observation of Groups) von Bales (1982, s. hierzu auch die Tätigkeitsanalyse-Instrumente / den Fragebogen in Kapitel 2.2 »Aufgabenanalyse«). Für eine umfassende Übersicht über weitere diagnostische Instrumente (aus dem Bereich Organisationsklima, aber auch aus zahlreichen anderen Themenfeldern) lohnt ein Blick in das Standardwerk »Management-Diagnostik«, das Sarges (2013) herausgegeben hat.

2.1.2.1.4   Teamperformance-Fragebogen

Der Teamperformance-Fragebogen (© doc./ertragswerkstatt GmbH) erfasst leistungsrelevante Aspekte von Teams oder Arbeitsgruppen. Das Instrument kann für einmalige Erhebungen oder Prä-bzw. Postmessungen angewendet werden.

Die sieben Themen des Fragebogens sind:
1. Zielorientierung
   Beispielfrage: »Jeder im Team fühlt sich dafür verantwortlich, dass wir als Team unsere Ziele erreichen.«
2. Aufgabenverteilung
   Beispielfrage: »Ich weiß, wer im Team für welche Aufgabe verantwortlich ist.«
3. Zusammenarbeit
   Beispielfrage: »Wir koordinieren unsere Anstrengungen gut.«
4. Vertrauen
   Beispielfrage: »Im Team kann sich jeder auf den anderen verlassen.«
5. Weiterentwicklung
   Beispielfrage: »Kritik wird als wertvoller Beitrag zur Weiterentwicklung des Teams verstanden.«
6. Teammeetings
   Beispielfrage: »Wir achten darauf, dass in Teammeetings jeder seinen Standpunkt deutlich machen kann.«
7. Zusammenhalt
   Beispielfrage: »Wenn jemand im Team etwas Besonderes geleistet hat, freuen wir uns gemeinsam.«

Der Teamperformance-Fragebogen besteht aus insgesamt 36 Fragen. Die Fragen werden auf einer fünfstufigen Skala von »trifft überhaupt nicht zu« bis »trifft vollkommen zu« beantwortet. Die Bearbeitungsdauer liegt bei ca. 5 bis 10 Minuten.

In der Praxisanwendung zeigt sich, dass der Fragebogen bei gezielten Team-Interventionen (z. B. im Hinblick auf die Verbesserung der Zusammenarbeit) genau an den Stellen Veränderungen erfasst, an denen tatsächlich gearbeitet wurde. Andere Aspekte bleiben in ihrer Ausprägungsstärke dabei unverändert. Dieses Feedback ist für Führungskräfte und Teams insofern wichtig und motivierend, weil der Vorher-Nachher-Abgleich der Fragebogenwerte belegt, dass sie etwas in ihrem Zusammenspiel positiv verändern können. Darüber hinaus verdeutlichen solche Ergebnisse, dass Interventionen in Teams an sich nützlich sind, da sich vieles eben nicht einfach von selbst verbessert.

2.1.2.1.5 Change Process Monitoring (CPM)

Transformationsprozesse verlaufen dann effizienter, mit weniger Reibungsverlusten und nachhaltiger, wenn den Führungskräften und MitarbeiterInnen von Anfang an signalisiert wird, dass ihre Bedürfnisse, Erwartungen und Kompetenzen berücksichtigt und miteinbezogen werden. Dieses wird im Alltag gerne mit dem Satz »Betroffene zu Beteiligten machen« umschrieben. Ein konkretes Beispiel für einen solchen Prozess finden Sie in Kapitel 4.3.3.2 »Prozessbegleitung ›Neuausrichtung im Change: strategische PE und systematische Mitarbeiterentwicklung‹«.

Um einen systematischen, umfassenden und fundierten Eindruck des Transformationsprozesses in einem Unternehmen zu erhalten, haben wir das Change Prozess Monitoring (CPM) mit der ertragswerkstatt GmbH gemeinsam entwickelt, welches wir hier nun detaillierter vorstellen.

Das CPM ist ein Befragungsinstrument, das online und/oder als Paper/Pencil-Umfrage zur Verfügung gestellt wird. Grundlage für den Fragebogen ist ein von uns entwickeltes Modell für Transformationsprozesse (s. Abb. 7). Das Modell basiert auf verhaltenswissenschaftlichen Forschungsergebnissen und fasst die zentralen Aspekte zusammen, die beachtet werden müssen, um eine hohe Akzeptanz der Veränderung und damit eine nachhaltige Umsetzung sicherzustellen.

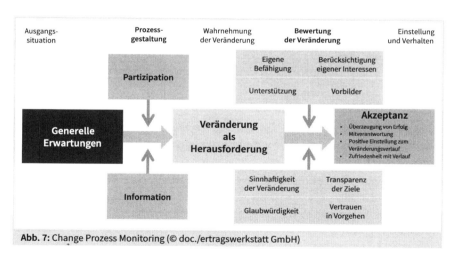

Abb. 7: Change Prozess Monitoring (© doc./ertragswerkstatt GmbH)

Die 53 Fragen bilden die 16 verschiedenen Themen des Modells ab. Es ist so möglich, Querbeziehungen und die Bedeutung der einzelnen Aspekte im Rahmen des Transformationsprozesses eines Unternehmens zu ermitteln. Aktuelle Stärken und Knackpunkte werden deutlich. Eine gezielte Maßnahmenplanung für das weitere Vorgehen lässt sich ableiten. Zum Beispiel ließe sich feststellen, ob die Sinnhaftigkeit oder die

Ziele des Transformationsprozesses für die Führungskräfte/MitarbeiterInnen klar ist oder nicht. Je nach Ergebnis würden entsprechende interne Kommunikationsmaßnahmen oder andere Interventionen abgeleitet.

Die Fragen sind klar formuliert und können durch Ankreuzen beantwortet werden.

!

Beispielfragen

- »Ich kenne die Ziele des Transformationsprozesses.«
- »Die Ziele des Transformationsprozesses sind aus meiner Sicht sinnvoll.«
- »Ich fühle mich über den Transformationsprozess ausreichend informiert.«
- »Ich denke, dass ich wahrheitsgetreu informiert werde.«
- »Ich denke, dass mir die Transformation Chancen eröffnet.«

Zusätzlich haben die Befragten die Möglichkeit, in einer offenen Frage zu beschreiben, wie sie den aktuellen Veränderungsprozess erleben. Er liefert damit verlässliche und aussagekräftige Ergebnisse über den Transformationsprozess.

Da die Befragung nicht nur der exakten Erfassung der aktuellen Situation, sondern auch der Einbeziehung der Betroffenen dient, empfehlen wir grundsätzlich, alle Führungskräfte und alle MitarbeiterInnen zu befragen.

Die Bearbeitung des Fragebogens dauert in der Regel ca. 10 Minuten und die Auswertung erfolgt selbstverständlich anonym. Die Befragung sollte mindestens zweimal in einem Transformationsprozess durchgeführt werden: einmal zu Beginn des Transformationsprozesses und dann wieder im Abstand von einem Jahr, wenn bereits erste Maßnahmen umgesetzt wurden.

Die erste Befragung dient dazu, die Ausgangssituation exakt zu erfassen und daraus systematisch Kommunikations- und Umsetzungsmaßnahmen in das Transformationsvorgehen zu integrieren. Die Folgebefragung dient der Überprüfung der bereits erzielten Fortschritte und ggf. der Anpassung der bereits durchgeführten oder angedachten Transformationsschritte/Interventionen.

Wesentlicher Nebeneffekt der Befragung ist, dass allein durch den Einsatz des Instrumentes alle betroffenen Führungskräfte und MitarbeiterInnen von Anfang an am Prozess beteiligt werden, und dies in Abhängigkeit von ihrer Eingebundenheit in den Transformationsprozess. Hoffnungen, Ängste und Befürchtungen können frühzeitig adressiert werden. Die Betroffenen erfahren durch die Partizipation, dass ihre Meinung wichtig ist und nicht »über ihren Kopf hinweg« entschieden wird. Den in vielen Transformationsprozessen üblichen Widerständen, resignativen Verhaltensweisen und Kündigungen von Leistungsträgern sowie dem Entstehen dysfunktionaler Gerüchte kann damit frühzeitig entgegengewirkt werden.

Die Ergebnisse werden immer allen Beteiligten transparent zurückgemeldet, damit eine offene Diskussion zum Transformationsprozess im Unternehmen geführt werden kann.

2.1.2.2   Dokumentenanalysen

Zur Abrundung des Kapitels sei auf ein letztes Verfahren der Organisationsanalyse verwiesen, das nochmals einen etwas anderen methodischen Blickwinkel abbildet: die Dokumentenanalyse. Diese ist darauf ausgelegt, bei der Betrachtung des Unternehmens objektivierbare Daten zu integrieren. Die grundlegende Idee der Dokumentenanalyse besteht darin, im Unternehmen vorhandene Medien zu sichten und daraus eine Art »Organisationsprofil« abzuleiten, d.h. eine Beschreibung des Stils, der Ausrichtung, der Anforderungskriterien, der Unternehmenswerte usw. zu generieren. Dokumentenanalysen sind somit eng mit dem Thema Unternehmenskultur verknüpft. Quellen von Dokumentenanalysen sind z.B.:

- Interne Kommunikationsmittel wie Mitarbeiterzeitschriften
- Kundenzeitschriften
- Marketing- und Werbemittel, Flyer, Produktbroschüren
- Unternehmensfilme
- Interviews
- Schriftlich festgehaltene Unternehmensleitbilder/Führungsleitsätze/Compliance-Richtlinien
- Unternehmensbezogene Anforderungsprofile
- Strategiepapiere
- Intra- und Internetauftritte
- Blogs/Chats
- Schriftliche geschäftliche Kommunikation, Emails
- Geschäftsberichte
- Presseberichte
- Schulungsunterlagen usw.

Eine Dokumentenanalyse besteht nun nicht darin, dass man in all diesen möglichen Quellen »drauf los liest« und schaut, was man »so findet«. Es empfiehlt sich, mit einer konkreten Überschrift zu arbeiten und ausgewählte Dokumente dahingehend zu analysieren. Konzentriert man sich z.B. auf die Erstellung eines neuen oder die Überarbeitung eines vorhandenen Anforderungsprofils (s. folgendes Kapitel, insbesondere Kapitel 2.2.4), so sollte man den »Suchscheinwerfer« der Dokumentenanalyse darauf ausrichten, erfolgskritische Verhaltensweisen für eine gegebene Zielposition herauszuarbeiten.

> **!**
>
> **Beispiel: Anforderungsprofil für VerkäuferInnen**
>
> Was steht in unseren Kundeninformationen, welche Versprechen geben wir dort unseren Kunden? Wie müssen unsere VerkäuferInnen aufgestellt sein, um diese Versprechen einzuhalten? Welche Verhaltensweisen führen im Job als VerkäuferIn dazu, dass diese Versprechen verbindlich und für unsere Kunden spürbar eingehalten werden?

Wenn es z. B. darum geht, ein neues Leitbild herauszuarbeiten, könnte die »Analysekette« beispielsweise so aussehen: Wie treten wir gegenüber unseren Kunden auf? Wie platzieren wir unser Unternehmen gegenüber den Medien? Wie sprechen wir unsere MitarbeiterInnen nach innen an (z. B. mittels der Mitarbeiterzeitschrift, aber auch bei Aushängen am schwarzen Brett)? Welche Werte und Normen lassen sich daraus ableiten, was ist uns als Unternehmen wichtig? Wie wirken wir daher als Unternehmen nach innen und nach außen, wie werden wir gesehen? Wie wollen wir gesehen werden, was heißt das für unser neues Leitbild?

Ein mögliches Vorgehen bei der Auswertung der Dokumente ist die sogenannte Inhaltsanalyse nach Mayring (2015), s. Exkurs 3 zum Thema »Inhaltsanalyse« bei den Arbeitshilfen online auf mybook.haufe.de.

Dokumentenanalysen liefern interessante Informationen und es kann durchaus spannend sein, sich mit der eigenen »Dokumentenwelt« auseinanderzusetzen. Doch gerade diese Form der Organisationsanalyse kommt vielen Personalentwicklern eigenartig vor, man fragt sich »Warum soll ich meine eigenen Zeitschriften lesen, die kenne ich doch?« Das Argument ist nicht ganz von der Hand zu weisen, zumal hier natürlich auch der »blinde Fleck« eine Rolle spielt: ein MitarbeiterInnen aus dem Marketing oder dem internen Kommunikationsbereich wird die eigenen Publikationen anders lesen als eine Produktionskollegin. Gerade, wenn man selbst dicht an der eigenen Veröffentlichung »dran ist«, wächst das Risiko, die Informationen, die darin enthalten sind, kontextualisiert und automatisiert aufzunehmen. Man läuft dann Gefahr, Dinge zu überlesen, die für andere spannende Hinweise zu einer gegebenen Zielfrage (s. Beispiele oben) darstellen, die man selbst aber für nicht bemerkenswert hält (»Das ist doch selbstverständlich!«). Insofern werden Dokumentenanalysen meist von »Externen« durchgeführt, die einen vollkommen anderen, hoffentlich neutralen Blick auf das Unternehmen haben.

Ein letzter Aspekt der Dokumentenanalyse sei erwähnt: dadurch, dass sie – mit Ausnahme von zukunftsgerichteten Unterlagen wie Strategiepapieren und Leitbildern – in erster Linie auf aktuelle, beschreibende Medien fokussiert, ist sie vornehmlich ein Verfahren, das zur Ist-Analyse der Unternehmenssituation geeignet ist. Wie wir aber bereits im Abschnitt zur SWOT-Analyse gesehen haben, ist eine »saubere« Ist-Analyse die wesentliche Plattform und Voraussetzung für die Ableitung einer zukunftsorientierten Ausrichtung.

Exkurs 3: Inhaltsanalyse

Bei den Arbeitshilfen online auf mybook.haufe.de bieten wir Ihnen in einem Exkurs praktische Informationen zum Thema Inhaltsanalyse.

!

2.2 Aufgabenanalyse

Als nächste Ebene unterhalb der Organisationsanalyse folgt die Aufgabenanalyse. Die Kaskadierung nach »unten« erscheint Ihnen nach dem vorherigen Kapitel sicherlich leicht eingängig: auf der obersten Anforderungsanalyseebene macht sich das Unternehmen ein Bild davon, wie es derzeit »aufgestellt ist«, was es ausmacht, nach welchen Mechanismen es funktioniert (im Sinne der Ist-Betrachtung) und genauso, in welche Richtung man sich entwickeln will – mit den entsprechenden Auswirkungen auf die Ausrichtung der PE. Konsequenterweise überträgt man diese Ergebnisse nun auf die Ebene der eigentlichen Aufgaben in den verschiedenen Bereichen des Unternehmens, damit diese auf die Gesamtausrichtung der Organisation hin justiert sind.

In diesem Kapitel wollen wir daher einen Blick darauf werfen, mit welchen Methoden die besagten Fragestellungen auf die Aufgaben und Prozesse im Unternehmen heruntergebrochen werden können. Wie eingangs erwähnt lautet die übergeordnete Leitfrage der Aufgabenanalyse: »Wie sieht eine Aufgabe (oder ein Aufgabenprofil) genau aus und welche PE-Maßnahmen brauchen die MitarbeiterInnen, um diese (noch besser) zu erfüllen?«

Auch hier lässt sich die übergeordnete Leitfrage natürlich noch ausdifferenzieren, um sie greifbarer zu machen:

- Was sind die 3 bis 5 Kernaufgaben der jeweiligen MitarbeiterInnen?
- Welche zentralen Rollen sind mit der Aufgabe verbunden? Welche Handlungsspielräume/Kompetenzen/Verantwortungsbereiche sind mit der Aufgabe verbunden?
- Wie greifen die Prozesse der Aufgabe mit den Prozessen an den Schnittstellen ineinander?
- Welche Positionsziele haben die einzelnen MitarbeiterInnen?
- Wie werden sich die Aufgaben für unsere (zukünftigen) MitarbeiterInnen in den kommenden Jahren verändern?
- Auf welche herausfordernden Situationen werden sie immer wieder treffen?

Wahrscheinlich fällt Ihnen beim Lesen der Fragen ein Spezifikum dieser Analyseebene auf: man ist dicht dran an dem, was in einer Aufgabe *getan* wird, welche Handlungen vollzogen werden, welche Tätigkeiten durchgeführt werden, wie Prozesse ineinandergreifen und wie Schnittstelle zusammenarbeiten – kurz: man schaut damit den Positionsinhabern »auf die Finger«!

> **!**   **Exkurs 4: Historische Hintergründe der Aufgabenanalyse**
>
> Bei den Arbeitshilfen online auf mybook.haufe.de bieten wir Ihnen in einem Exkurs interessante Informationen zur Historie der Aufgabenanalyse.

Eine Aufgabenanalyse versucht immer, möglichst detaillierte, »objektivierbare« Daten zu den Dingen zu gewinnen, die in einer Aufgabe konkret passieren. Das Ergebnis einer Aufgabenanalyse ist dementsprechend oft ebenfalls sehr detailliert und gemahnt an etwas, das einem im betrieblichen Alltag deutlich öfters über den Weg läuft als die Durchführung besagter Aufgabenanalysen selbst: Stellenprofile oder auch die in der Regel auf spezifischen Stellenprofilen basierenden Ausschreibungstexte für offene Positionen. Letztendlich stellt eine saubere Aufgabenanalyse eine perfekte Grundlage für die Entwicklung eines sauberen Stellenprofils einer gegebenen Zielposition dar, was wiederum (designierten) StelleninhaberInnen eine Orientierung geben soll, welche Aufgaben, Tätigkeiten und Handlungsspielräume zu ihrem Job gehören.

Etwas Ähnliches streben im Übrigen ja auch »Prozessbeschreibungen« an. Diese stellen einen Versuch dar, optimale Abläufe in Organisationen möglichst detailliert »in Stein zu meißeln«, so dass jede neue MitarbeiterIn sofort handlungsfähig sein und die optimale Aufgabenerfüllung abliefern können sollte.

> **!**   **Exkurs 5: Stellenprofile**
>
> Bei den Arbeitshilfen online auf mybook.haufe.de bieten wir Ihnen in einem Exkurs hilfreiche Informationen zum Thema Stellenprofile.

Trotz unserer wiederholten Hinweise auf die gebotene Detailliertheit der Aufgabenanalyse – wir wollen Sie mit der Komplexität des Themas nicht so sehr abschrecken, dass Sie in der betrieblichen Praxis einen weiten Bogen darum machen! Zum einen gilt auch hier, was insgesamt für Anforderungsanalysen gilt: Selbst eine erste »Grobanalyse« der Aufgaben ist hilfreich und wirkt positiv in die Passgenauigkeit und potenzielle Validierbarkeit einer daraus abgeleiteten PE-Maßnahme hinein.

Darüber hinaus werden Sie feststellen, das jedwede durchgeführte Anforderungsanalyseform nicht nur um dieser einen, einzigen Analyse willen betrieben wird, sondern dass sie in irgendeiner Art und Weise auf weitere PE-Themen einzahlt – so wie im Exkurs 5 zum Thema »Stellenprofile« dargestellt: Sie können die Ergebnisse einer Aufgabenanalyse in entsprechende Stellenbeschreibungen einfließen lassen, oder sie münden in einem neuen Kompetenzmodell des Unternehmens, oder sie bilden die Grundlage für die Überarbeitung des Beurteilungssystems … überall finden sich PE-Verknüpfungspunkte. Mit anderen Worten: Sie haben zwar Entwicklungskosten, diese amortisieren sich aber durch die Übertragbarkeit auf andere PE-Bausteine.

Und um eine weitere Brücke als Werbung für die Aufgabenanalyse zu schlagen: die Grundelemente der unterschiedlichen Analyseinstrumente unterliegen im Kern einem Theoriemodell, vor dessen Hintergrund Sie immer wieder auf ähnliche Kategorien und Überschriften treffen. Wenn wir eine Aufgabe bewältigen, beschäftigen uns immer wieder ähnliche Themen, z. B.: Wie viele Handlungsspielräume habe ich? Wie erfahre ich, ob das, was ich tue, richtig ist? Welche Bedeutung hat das, was ich mache, für das große Ganze? Diese mit einer Aufgabe verbundenen Fragen repräsentieren Muster, die sich in vielen PE-Systemen und -Instrumenten wiederholen.

Der grundlegende theoretische Ansatz, der hinter vielen Aufgabenanalysemodellen steht, ist das Job-characteristics-Modell von Hackman & Oldham (1976, 1980) (s. Abb. 8). Hierin finden sich viele der Überschriften, mit denen sich die Elemente einer Aufgabe optimal kategorisieren lassen:

- Anforderungsvielfalt (unterschiedliche Tätigkeiten)
- Ganzheitlichkeit der Aufgabe (im Sinne der Frage, wie die einzelnen Tätigkeiten zusammenhängen und ein Aufgabengesamtbild abbilden)
- Bedeutsamkeit (hier spielen die erlebbaren Ergebnisse, die ich durch meine Tätigkeit erziele, eine Rolle)
- Autonomie (Handlungsspielräume/Verantwortung)
- Rückmeldung zur eigenen Tätigkeit (Feedback, Vernetzung, Schnittstellen von Aufgaben)

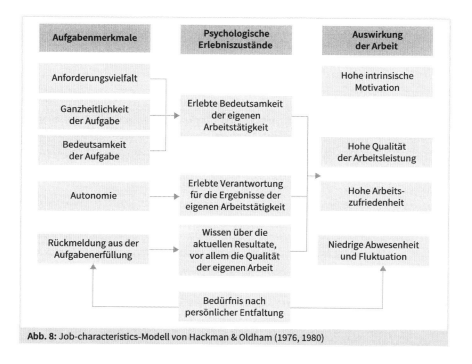

Abb. 8: Job-characteristics-Modell von Hackman & Oldham (1976, 1980)

Die Autoren beschreiben diese 5 Aufgabenmerkmale und die psychologische Übersetzung derselben durch die agierende MitarbeiterInnen als zentrale Wirkfaktoren für
Motivation, Arbeitsleistung, Arbeitszufriedenheit und weitere Verhaltensaspekte wie
Absentismus und Fluktuation – je nach Ausprägung und Vorhandensein der Merkmale
in die richtige oder die falsche Richtung gehend.

Dies bedeutet im Umkehrschluss, dass man mit einer Aufgabenanalyse immer auch
ein »heißes Eisen« anfasst. Natürlich wünschen wir uns alle immer die entwicklungsförderlichen Aufgaben für alle MitarbeiterInnen, die am besten beide Seiten, das
Unternehmen und das Individuum, weiter voranbringen – aber was ist, wenn man in
der Aufgabenanalyse feststellt, dass die Tätigkeit hoch repetitiv ist? Oder nur einen
winzigen Teilausschnitt des Gesamtprozesses beleuchtet, so dass niemand von den
dort Tätigen weiß, wofür er oder sie dies macht? Oder wenn alles »von oben« bzw.
durch einen starren Prozess diktiert wird, MitarbeiterInnen also gar keine Handlungsspielräume haben? Schnell lassen sich hier Gesundheitsrisiken für die MitarbeiterInnen antizipieren, etwa in Form von erhöhtem Krankenstand, Burn-out o. Ä. Eine Aufgabenanalyse ist somit auch oftmals der erste Schritt in Richtung einer notwendigen
Intervention.

Aus diesem Betrachtungswinkel heraus macht es unseres Erachtens Sinn, bei Aufgabenanalysen genau hinzuschauen. Wir wollen Ihnen nun drei unterschiedliche Methoden
vermitteln, mit deren Hilfe Sie genau hinschauen können – alle drei mit einem unterschiedlichen methodischen Ansatz ausgestattet, aber gleichermaßen geeignet, um
interessante Daten zu Tätigkeiten und Aufgaben in Ihrem Unternehmen zu sammeln.

2.2.1   Tätigkeitsanalyse-Instrumente / Fragebogen

Ein gängiger Weg, um Aufgabenanalysen durchzuführen, besteht darin, ein validier-
tes, eigens für diesen Zweck entwickeltes Instrument einzusetzen. Es existiert eine
Vielzahl an Verfahren, die sehr gut einsetzbar sind und ihren Zweck erfüllen, nämlich
die Aufgaben, die eine MitarbeiterIn in einer bestimmten Tätigkeit vollzieht, detailliert
zu beleuchten. Die verschiedenen Verfahren weisen teils unterschiedliche Gewichtungen auf. So gibt es Instrumente, die stärker auf einen bestimmten Themenbereich
abzielen, z. B. das Instrument zur stressbezogenen Tätigkeitsanalyse (ISTA) von Semmer, Zapf & Dunckel, 1999) mit einem Fokus auf psychische Belastung am Arbeitsplatz.
Der Fragebogen zur Sicherheitsdiagnose (FSD) von Graf Hoyos & Ruppert, 1993) kann
wiederum zur Gefährdungsbeurteilung eingesetzt werden, während andere Verfahren eine bestimmte Tätigkeit in den Vordergrund stellen, z. B. Bildschirmarbeitsplätze
oder Tätigkeiten in einem Krankenhaus, wie das Tätigkeits- und Arbeitsanalyseverfahren für das Krankenhaus (TAA-KH) von Büssing & Glaser (2002).

Im Folgenden wollen wir eine Übersicht über einige der gängigen Verfahren geben –
dabei treffen wir naturgemäß eine Auswahl, ohne dass wir damit eine Präferenz abbilden wollen. Die hier aufgeführten Verfahren erscheinen uns nur deshalb besonders
geeignet, um sie in einem »Crashkurs« abzubilden, da sie entweder a) sehr breit angelegt sind und damit »viel abdecken« oder b) »Klassiker« darstellen, die schon lange am
Markt sind. Auf die Problematik, bestimmte Verfahren als Beispiele auswählen zu müssen, um damit generell zu beschreiben, was man mit dieser Methode erreichen kann,
werden wir auch an anderer Stelle in diesem Buch stoßen. Grundsätzlich gehen wir dort
mit derselben Einstellung vor wie ein paar Zeilen zuvor beschrieben: Sie als LeserIn und
Anwender sollen eine Idee bekommen, was zur Verfügung steht und wie der Grundauf-
bau eines Instrumentes aussieht. Im Zweifel macht es Sinn, wenn Sie eigene Recher-
chen im Internet (z. B. beim Hogrefe Testverlag oder bei Hans Huber) anstellen, um ggf.
ein auf Ihre spezifische Fragestellung noch genauer passendes Instrument zu finden.
Eine im Thema »Arbeitsanalyse« kaum zu schlagende Quelle ist auch das Handbuch
psychologischer Arbeitsanalyseverfahren, das Dunckel (1999) herausgegeben hat.

2.2.1.1 Fragebogen zur Arbeitsanalyse (FAA)

Wir sprachen ja von »Klassikern«: In diesem Fall darf wohl der Fragebogen zur Arbeitsanalyse (FAA) von Frieling & Graf Hoyos (1978) und Frieling (1999) nicht fehlen. Er
basiert auf dem Position Analysis Questionnaire (PAQ) von Mc Cormick, Jeanneret &
Mecham (1969/1972). Der FAA ist ein standardisiertes Verfahren, das es dem Anwender ermöglicht, handlungsorientierte Arbeitsanforderungen zu erfassen, um Arbeits-
tätigkeiten zu klassifizieren. Zudem lassen sich daran auch die eignungsbezogenen
Anforderungen für die TätigkeitsinhaberInnen klassifizieren.

Das Verfahren besteht aus 221 Items, die teils unter Beobachtung erfasst werden, und
ist in vier Abschnitte unterteilt:
1. Informationsaufnahme und Informationsverarbeitung (66 Items)
   - Quellen der Arbeitsinformation (21)
   - Sinnes- und Wahrnehmungsprozesse (15)
   - Beurteilungsleistungen (14)
   - Denk- und Entscheidungsprozesse (10)
   - Verwendung von gelernter Information (6)
2. Arbeitsausführung (51)
   - Gebrauch von Werkzeugen, technischen Apparaturen und Anlagen (27)
   - Manuelle Tätigkeiten (7)
   - Tätigkeiten, die mit dem gesamten Körper ausgeführt werden (3)
   - Grad der körperlichen Anstrengung (1)
   - Körperhaltung/Körperbewegung (7)
   - Bewegungs- und Koordinationsleistungen (6)

3. Arbeitsrelevante Beziehungen (50)
   - Kommunikationsformen (12)
   - Verschiedene zwischenmenschliche Beziehungen (6)
   - Umfang persönlicher Kontakte (2)
   - Arten von Kontaktpersonen (16)
   - Anweisung und Koordination (11)
   - Belastungen und Konflikte (3)
4. Umgebungseinflüsse und besondere Arbeitsbedingungen (54)
   - Äußere Arbeitsbedingungen (14)
   - Unfallgefährdung und Arbeitssicherheit (13)
   - Strukturierung der Arbeit (8)
   - Verantwortung (4)
   - Besondere Anforderungen (5)
   - Arbeitszeitregelungen (6)
   - Verschiedenes (4)

!   **Beispielitem**

»Stufen Sie die Arbeitselemente danach ein, wie häufig sie als Informationsquellen vom Stelleninhaber benutzt werden, um die Aufgaben erfolgreich erledigen zu können. Die Häufigkeit soll dabei auf die Gesamtheit aller am Arbeitsplatz auftretenden Arbeitsprozesse bezogen werden.«

2.2.1.2   Tätigkeitsanalyseinventar (TAI)

Wenn man sich von einem höchst differenzierten Instrument, das eine 10-jährige Entwicklungszeit in Zusammenarbeit mit dem Bundesministerium für Forschung und Technologie vorzuweisen hat, nicht abschrecken lässt, so kann man sich auch mit dem Tätigkeitsanalyseinventar (TAI) von Frieling, Facaoaru, Benedix, Pfaus & Sonntag (1993) auseinandersetzen. Dies ist sicherlich eines der ausführlichsten Verfahren am Markt: immerhin besteht es aus insgesamt 2.055 Items und auch das Handbuch liest sich mit über 550 Seiten nicht gerade »nebenbei«. Warum findet das Verfahren dann in einem Crashkurs-Buch Erwähnung? Weil es zum einen wirklich fast jede erdenkliche Tätigkeit abdeckt – es ist mit dem Anspruch entwickelt worden, generell und für eine Vielzahl von Aufgaben in allen möglichen Branchen eingesetzt werden zu können – und zum anderen, weil es modular angewandt werden kann, d.h. man kann daraus einzelne Subskalen »auslösen« und verwenden. Sollten Sie ggf. ganz spezifische Aufgabenanalysen durchführen wollen (oder müssen), so kann das TAI eine wertvolle Quelle darstellen.

Es ist so breit angelegt, dass es sowohl einen Blick auf das Gesamtunternehmen als auch auf Abteilungen/Bereiche und den einzelnen Arbeitsplatz erlaubt. Zudem hat es einen klaren Fokus auf die Ableitung von Maßnahmen nach der Analyse. Die Autoren verweisen auf Themen wie

- Gestaltung neuer Arbeitsstrukturen/Systeme/Prozesse
- Ableitung von Arbeitssicherheitsmaßnahmen
- Hinweise für notwendige Qualifizierungsmaßnahmen
- Ermittlung von Belastungen in der Arbeit

Es deckt folgende Dimensionen ab:

1. Kennzeichnung der Organisation / des Unternehmens (84)
   - Allgemeine Charakterisierung der Gesamtgesellschaft (10)
   - Kennzeichen des untersuchten Standorts, sowie Organisation der Arbeitnehmerinteressensvertretung (74)
2. Beschreibung des Standortes und des Unternehmensbereichs (153)
   - Stellung des Betriebsbereichs im Betrieb
   - Kennzeichen der Auftragsbearbeitung
   - Personalwirtschaftliche Strukturdaten
   - Spezieller Technikeinsatz in der Fertigung und Montage
3. Beschreibung der Arbeitsbedingungen (544)
   - Formale Rahmenbedingungen der Tätigkeit (46)
   - Merkmale der Aufbau- und Ablauforganisation (122)
   - Kennzeichen der Auftragsdurchführung (79)
   - Technisch-organisatorische Störungsarten (52)
   - Räumliche und physikalisch-chemische Umgebungsbedingungen (137)
   - Merkmale zur Sicherheitsanalyse (80)
   - Daten- und Kommunikationstechniken (28)
4. Beschreibung Arbeitsinhalt Sensomotorik (226)
   - Sinnesleistung
   - Physische Arbeitsschwere
   - Koordinationsleistungen
5. Beschreibung Arbeitsinhalt Informationsaufnahme (386)
   - Beobachten
   - Zuhören/Befragen
   - Lesen von Zeichnungen
   - Lesen von Zahlenmaterial
   - Lesen von Texten
6. Beschreibung Arbeitsinhalt Informationsabgabe (424)
   - Umgang mit Maschinen, Werkzeugen und Geräten
   - Reden/Sprechen
   - Erstellen von Zeichnungen
   - Erstellen von Zahlenmaterial
   - Erstellen von Texten

7. Personenbezogene Daten (238)
   – Eingangsqualifikation
   – Daten zur Person
   – Kenntnisse

> **!**
>
> **Beispiel**
>
> Wie häufig und wie lange liest der Stelleninhaber schriftliche Texte, um sie kurz-, mittel- oder langfristig im Gedächtnis zu behalten?
> * Lesen zum Zweck des kurzfristigen Behaltens.
> * Lesen mit mittelfristigem Behalten (bis zu einem Tag) zum Zweck der sinngetreuen Wiedergabe.
> * Lesen mit mittelfristigem Behalten (bis zu einem Tag) zum Zweck der wortgetreuen Wiedergabe.
> * Lesen mit langfristigem Behalten (Tage, Wochen, Monate) zum Zweck der sinngetreuen Wiedergabe.
> * Lesen mit langfristigem Behalten (Tage, Wochen, Monate) zum Zweck der wortgetreuen Wiedergabe.
>
> Schlüssel »durchschnittliche Zeitdauer« und »Häufigkeit«.

2.2.1.3   Job Diagnostic Survey (JDS deutsche Fassung)

Ebenfalls in die Klassiker einreihen lässt sich der Job Diagnostic Survey (JDS deutsche Fassung) von Schmidt, Kleinbeck, Ottmann & Seidel (1985). Dieser basiert auf dem oben beschriebenen Job-characteristics-Modell (JCM) von Hackman & Oldham (1976, 1980) und stellt einen Selbstaussagefragebogen dar, der auf die motivationsfördernden Bedingungen einer Aufgabe fokussiert. Die oben genannten 5 Grundelemente motivationsfördernder Arbeit sind entsprechend in dem Fragebogen ebenso abgebildet wie die 3 daraus resultierenden psychischen Zustände und werden von den TeilnehmerInnen subjektiv bewertet. Zudem fokussiert er auch auf die möglichen »Output-Variablen« wie Arbeitszufriedenheit und -motivation. Er besteht aus insgesamt 83 Items und ist folgendermaßen unterteilt:

1. Aufgaben- und Tätigkeitsmerkmale (21)
   – Anforderungsvielfalt (3)
   – Aufgabengeschlossenheit (3)
   – Bedeutsamkeit der Aufgabe (3)
   – Autonomie (3)
   – Rückmeldung durch Tätigkeitsvollzug (3)
   – Rückmeldung durch Vorgesetzte und KollegInnen (3)
   – Zusammenarbeit mit anderen Personen (3)
2. Arbeitsbezogene Erlebenszustände (14)
   – Bedeutsamkeit der Arbeit (4)
   – Verantwortlichkeit (6)
   – Wissen um die Ergebnisse der Arbeit (4)

3. Kriteriumsvariablen (15)
   - Allgemeine Arbeitszufriedenheit (5)
   - Intrinsische Arbeitsmotivation (6)
   - Zufriedenheit mit den Entfaltungsmöglichkeiten bei der Arbeit (4)
4. Zufriedenheit mit Kontextfaktoren der Arbeit (10)
   - Arbeitsplatzsicherheit (2)
   - Bezahlung (2)
   - soziales Klima (3)
   - Vorgesetztenverhalten (3)
5. Bedürfnis nach persönlicher Entfaltung (23)
   - Vorlieben für bestimmte Arbeitssituationen (11)
   - Paarvergleiche zur Arbeitsorientierung (12)

Beispielitems

- »Meine Arbeit verlangt von mir eine Vielzahl von komplexen und anspruchsvollen Fähigkeiten.«
- »Meine Arbeit verlangt von mir ein hohes Maß an Zusammenarbeit mit anderen Menschen.«
- »Meine Arbeit ist so gestaltet, dass ich nicht die Möglichkeit habe, ein vollständiges Arbeitsprodukt von Anfang bis Ende zu bearbeiten.«

2.2.1.4 Kurzfragebogen zur Arbeitsanalyse (KFZA)

Vor dem Hintergrund einer Vielzahl von Verfahren zur psychologischen Aufgaben- und Arbeitsanalyse und deren Ausführlichkeit und Länge sind Prümper, Hartmannsgruber & Frese (1995) angetreten, um ein praxisfreundliches, leicht einsetzbares Instrument zu entwickeln: den Kurzfragebogen zur Arbeitsanalyse (KFZA). In ihrem Beitrag geben sie als Anlass für die Entwicklung des KFZA an »…, dass Instrumente zur Arbeitsanalyse zu anwenderunfreundlich, zu zeitaufwendig und zu umständlich in der Durchführung sind … und dass sie für nicht psychologisch geschulte Anwender zu hohe Anforderungen an theoretisches Hintergrundwissen stellen. Die Folge ist, dass derartige Instrumente in der betrieblichen Praxis kaum Einsatz finden …« (Prümper et al., 1995: 125).

Dem KFZA als Selbsteinschätzungsinstrument mit gerade einmal 26 Items und einer Durchführungsdauer von ca. 10 Minuten kann man diesen Vorwurf sicher nicht machen. Er stellt eine theoretisch fundierte, mit guter Messgenauigkeit versehene Zusammenstellung zentraler Items aus anderen Arbeitsanalyseverfahren dar, sozusagen ein »Best of«. Es fließen z. B. der hier bereits erwähnte ISTA von Semmer et al. (1999) ein, ebenso wie der JDS von Hackman & Oldham (1975). Der KFZA umfasst elf Faktoren (entsprechend nur mit max. 3 Items unterlegt):
- Handlungsspielraum
- Vielseitigkeit

- Ganzheitlichkeit
- Soziale Rückendeckung
- Zusammenarbeit
- Qualitative Arbeitsbelastung
- Quantitative Arbeitsbelastung
- Arbeitsunterbrechungen
- Umgebungsbelastungen
- Informationen und Mitsprache
- Betriebliche Leistungen

! **Beispielitems**

- »Können Sie Ihre Arbeit selbstständig planen und einteilen?«
- »Bei meiner Arbeit sehe ich selber am Ergebnis, ob meine Arbeit gut war oder nicht.«
- »Man hält in der Abteilung zusammen.«
- »Ich bekomme von Vorgesetzten und KollegInnen immer Rückmeldung über die Qualität meiner Arbeit.«
- »Über wichtige Dinge und Vorgänge in unserem Betrieb sind wir ausreichend informiert.«
- »Bei uns gibt es gute Aufstiegschancen.«

2.2.2 Arbeitsplatzbeobachtungen

Die im vorherigen Abschnitt beschriebenen Arbeitsanalyseverfahren stellen standardisierte Fragebogen (bzw. Interviewformen) dar, die entweder als eine Art Leitfaden für einen geschulten Experten aufgebaut sind oder eine Fremdbeurteilung (FAA, TAI) bzw. Selbstaussagen beinhalten (JDS, KFZA).

Im Folgenden wollen wir Ihnen ein Verfahren der Aufgabenanalyse näherbringen, in dessen Rahmen Sie selbst sich eine Struktur geben, um eine Position und die damit verbundenen Tätigkeiten zu analysieren: die Arbeitsplatzbeobachtung. Hierunter versteht man die Beobachtung einer StelleninhaberIn während der Arbeit und die entsprechend systematische und danach auswertbare Erfassung der gemachten Beobachtungen. Die Arbeitsplatzbeobachtung stellt also eine expertenbasierte Fremdbeobachtung dar, analog dem FAA oder TAI, nur dass nicht auf ein vorhandenes standardisiertes Instrument zurückgegriffen wird, sondern dass man die Systematisierung und Kategorisierung der Beobachtung nach eigenen Kriterien vornimmt. Dies hat den Vorteil, dass man bestimmte Foki in der Tätigkeit genau erfassen kann, die ggf. bei einem standardisierten Instrument nicht im Vordergrund stehen.

Beispiel: Standardisierte Instrumente

Sicherlich finden Sie eine Vielzahl standardisierter Instrumente, um das Thema »Belastungsfaktoren am Arbeitsplatz« zu erfassen – aber wenn Sie z. B. spezifisch auf Themen wie auf Kundeninteraktionen, Serviceverhalten, Dichte von kommunikativen Kontakten oder Anteil von strategischem Denken in der Gesamtführungszeit eingehen wollten, so kann es sich lohnen, dies in einer eigenen Beobachtungsstruktur zu erfassen.

!

Hierbei gibt es unterschiedliche Ansätze (s. a. unser Exkurs 3 zum Thema »Inhaltsanalyse«):

- **Vollschichtbeobachtungen**: Wenn man wirklich erfassen will, was in einer gegebenen Aufgabe von A bis Z passiert, sollte man eine Vollschichtbeobachtung durchführen, also von Arbeitsantritt bis Feierabend dabei sein. Dabei wird jedwedes beobachtbare und für die Untersuchung relevante Verhalten erfasst und kategorisiert. Die Kategorienbildung findet entweder »online« statt, d. h. man bemerkt entlang der Beobachtung, dass das Arbeitsverhalten typischerweise in eine gegebene Anzahl von Überschriften fällt (z. B. entscheiden, informieren, kontrollieren, planen, …) oder man entwickelt im Vorfeld Kategorien, die mit hoher Wahrscheinlichkeit relevant werden (s. Tabelle im Exkurs 3 als Beispiel für ein Beobachtungsraster).

- **Time Samples**: Eine Alternative zur Vollschichtbeobachtung ist die Wahl eines festen Beobachtungszeitraums, z. B. einer Stunde am Tag, einmal vor- und einmal nachmittags. Dies ist vor allem dann sinnvoll, wenn die zu beobachtende Tätigkeit sehr schnelle, dichte Arbeitsfolgen beinhaltet (z. B. in einem Callcenter oder Kundensupport) oder Parallelarbeit umfasst. Ebenso sind zeitbegrenzte Beobachtungen zielführend, wenn Zeitdauern kleinteiliger Arbeitshandlungen ganz genau erfasst werden sollen (z. B. »1 Min. 45 s Telefonat 1; 34 s Eingabe im CRM-System; 2 Min. 24 s Telefonat 2; …«) oder wenn man die Frequenz eines bestimmten Verhaltens / einer bestimmten Handlung genau erfassen will (z. B. »in einer Stunde: 34 Klicks im CRM-System, 14 Mal Beschwerdetelefonate, 13 direkte Anweisungen vom Vorgesetzten …«). Die Zeitdauer der Beobachtung können Sie theoretisch fundiert frei wählen: bei hochfrequenten Tätigkeiten sind eher kürzere (10 bis 20 Min.), dafür aber wiederholte Zeiträume sinnvoll, damit Sie in diesen wirklich konzentriert und genau beobachten können. Wenn es darum geht, auch vereinzelt auftretende, aber typische Aspekte der Arbeitshandlung zu erfassen, muss der Zeitraum so lang gewählt werden, dass es eine statistische Chance gibt, diese in dieser Zeit auch zu beobachten (also z. B. 60 bis 180 Min.).

Sowohl bei Vollschichtbeobachtungen als auch bei Time Samples besteht immer die Möglichkeit, diese mit direkten Fragen an den Beobachteten zu ergänzen, z. B. zu bestimmten Themen wie Belastung am Arbeitsplatz, soziale Interaktionen, Handlungsspielraum u. Ä. Dies sollte bevorzugt in einem fest dafür vorgesehenen, den beobachteten Arbeitsablauf möglichst wenig störendem Zeitfenster stattfinden.

! **Arbeitshilfe: Beobachtungsraster**

Bei den Arbeitshilfen online auf mybook.haufe.de finden Sie einige detaillierte Beispiele für Beobachtungsraster. Diese helfen dabei, konkret abzubilden, wie Sie bei einer Arbeitsplatzbeobachtung vorgehen können.

Was für alle Arbeitsanalyseverfahren wenigstens in einem gewissen Umfang gilt, spielt bei der Arbeitsplatzbeobachtung natürlich eine besonders gewichtige Rolle: das Verfahren ist unbestreitbar »invasiv« – Sie sind vor Ort und begleiten einen Menschen bei der Arbeit. Es gibt also eine gewisse Chance, dass der oder die Beobachtete sich, zumindest unterschwellig »gestört«, ganz sicher aber »beobachtet« fühlt – insofern gilt auch bei Arbeitsplatzbeobachtungen ein Axiom aus der experimentellen Wissenschaft, nämlich dass der Forscher seinen »Forschungsgegenstand« beeinflusst und damit das »objektive Ergebnis« verändert. Aus unserer Sicht sollten Sie diesem Thema auch Raum geben, indem Sie die Beobachtung natürlich ankündigen, sich das Einverständnis des Gegenübers abholen und zu Beginn der Beobachtung nochmals auf Ihre Rolle, die Ziele des Verfahrens sowie den Umgang mit den daraus gewonnen Daten hinweisen.

Viele Menschen, bei denen wir eine Arbeitsplatzbeobachtung durchgeführt haben, fanden diese Begleitung interessant und fragten danach ganz lernmotiviert, was man denn an möglichen Verbesserungsansätzen wahrgenommen habe. Für uns sind solche Situationen eine Frage des Settings: in der Regel kommt man nicht umhin, neben den »Beobachtungskategorien« auch Verhalten zu betrachten, das man als »zielführend« oder »nicht zielführend« einordnen kann. In manchen Fällen, z. B. bei einem On-the-job-Coaching, ist das sogar genau das Ziel einer Begleitung in der Arbeit: man soll als »Externer« nach Verbesserungsansätzen schauen und diese an den Coachee zurückmelden (s. Kapitel 4.4 »Coaching«). Im Falle einer klassischen Arbeitsplatzbeobachtung gehört das nicht zum Auftrag, d. h. man sollte nicht unaufgefordert Feedback geben (was natürlich eine der Grundregeln des Feedbacks ist). Zeigt die andere Seite aber von sich aus diese Offenheit, wäre es unseres Erachtens verfehlt (und kein Zeichen partnerzentrierter Kommunikation), die Außenbeobachtung nicht zu geben – natürlich auch nach den gängigen Feedbackregeln!

Der grundlegende Nachteil einer Arbeitsplatzbeobachtung besteht methodisch darin, dass man, gerade bei wenig standardisierten Aufgaben (Führung, Verkauf, Kundenservice) immer wieder hört »Das war aber heute ganz anders als sonst ...« Die Gefahr ist also, dass *gerade dieser* Beobachtungstag nicht repräsentativ für die Aufgabe insgesamt ist. Unserer Erfahrung nach ist das statistisch eher zu vernachlässigen. Man kann dies teilweise abfangen, indem man am Ende einer Arbeitsplatzbeobachtung nochmals nachfragt, inwiefern die beobachtete Person den gegebenen Tag als typisch empfand, wie sehr dieser von sonstigen Tagen abgewichen ist o. Ä. Und ganz sicher kann man dies abfangen, indem man die Beobachtung an mehreren, unterschiedlichen Tagen vornimmt – und dabei auf bestimmte Zeitfenster achtet (nicht in der Urlaubszeit, nicht zum Monatsende, wenn es in vielen Bereichen, z. B. wegen Abrechnungsvorgängen, besonders hektisch zugeht).

2.2.3 Critical Incidents-Technique (CIT)

Wenn man über Aufgabenanalysen spricht, kommt man nicht umhin, die Critical Incidents Technique von Flanagan (1954) zu erwähnen. Wie man an der Jahreszahl der Veröffentlichung unschwer erkennen kann, hat sich das Verfahren in der Personalentwicklung bewährt.

Bei der CIT handelt es sich um ein verhaltensorientiertes Arbeits-Analyseverfahren, das das Ziel verfolgt, detaillierte Beschreibungen konkreten Verhaltens mit zielpositionsspezifischer Aufgabenrelevanz zu generieren und diese optimalerweise nach Leistungsdimensionen zu gliedern.

Das gängige Vorgehen besteht darin, in Workshopkonferenzen oder Einzelinterviews Experten – also aktuelle/frühere Stelleninhaber, Führungskräfte der MitarbeiterInnen der betreffenden Stelle, MitarbeiterInnen aus dem Personalbereich und in einigen Fällen auch Kunden – nach sog. »erfolgskritischen (genau das meint hier »critical«) Ereignissen« zu fragen, d. h. nach konkreten Verhaltensbeispielen in Anforderungssituationen der Zielposition, die besonders gute oder besonders schlechte (auch: typische oder moderate) Leistungen in einer bestimmten Aufgabe abbilden.

> **Beispiel**
>
> Stellen Sie sich beispielsweise die Arbeit eines gemeinnützigen Vereins vor, der auf Sponsorengelder angewiesen ist: die Frage »Wie muss sich ein Stelleninhaber bei einer Präsentation vor potenziellen Geldgebern verhalten?« beschreibt einen »critical incident«.

Durch Sammlung von Beispielverhaltensweisen entsteht ein Pool kritischer Ereignisse, der die Verhaltensanforderungen einer gegebenen Position sehr gut repräsentiert. Meist stellt man sich hier konkrete Personen vor, die erfolgreich in der Zielposition sind (oder eben gerade nicht). In unserem Beispiel könnte ein konkretes Verhalten sein: »Unsere Mitarbeiterin gewinnt ihre AnsprechpartnerInnen immer sehr gut für sich, weil sie alle vor der Präsentation persönlich begrüßt und einige freundliche Worte mit jedem wechselt.«

Beim Erarbeiten der kritischen Ereignisse sind einige Grundregeln zu beachten. So sollte man zum einen immer konkrete Anforderungssituationen beschreiben, in denen das zielführende (oder nicht zielführende) Verhalten gezeigt wird. Je konkreter dies geschieht, desto leichter kann man das zu erwartende Verhalten aus dem Gedächtnis »holen«. Weiterhin sollte man sich vor Augen halten, welche Konsequenzen das beschriebene Verhalten mit sich bringt, um abzuschätzen, was die positiven (oder eben wiederum negativen) Effekte des kritischen Verhaltens sind. Der Dreiklang Situation – Verhalten – Konsequenzen findet übrigens sein Pendant in der Fragetechnik bei Einstellungsinterviews (s. das »Verhaltensdreieck«, beschrieben im Kapitel 2.3.3 »Interview«). Und das Wichtigste: es geht immer um potenziell *beobachtbare* Verhaltensweisen (»Sie geht auf alle TeilnehmerInnen zu und schüttelt allen die Hand«) und nicht Persönlichkeitsbeschreibungen (»Sie ist einfach eine nette Frau, und ich glaube das spüren die Sponsoren …«).

Man kann die CIT in einer eher offenen Struktur angehen oder doch stärker an vorgegebenen Dimensionen orientiert. Man unterscheidet diese Formen:
- **Strukturierter Incident Recall:** Vorgabe von Leistungsdimensionen; Jobexperten benennen erfolgskritische Ereignisse entlang spezifisch dafür vorgegebener Dimensionen.
- **Unstrukturierter Incident Recall:** keine Vorgabe von Leistungsdimensionen; Jobexperten nennen erfolgskritische Ereignisse nach subjektiver Wichtigkeit des Verhaltens bzw. der Verhaltenskonsequenzen; die Dimensionsbildung findet anschließend statt.

Der methodische Fokus der CIT ist also wiederum etwas anders gelagert als bei den vorherigen beschriebenen Verfahren, die beide dichter an der eigentlichen detaillierten Durchführung der Aufgabe angesiedelt sind. In der CIT wird im Rahmen der Expertenbefragung schon ein bisschen mehr abstrahiert, man versucht zu »generischen«, allgemein gültigen Verhaltensweisen zu kommen.

> **!   Arbeitshilfe: Aufbau eines Critical Incidents-Workshops**
>
> Um das Thema noch greifbarer zu machen, möchten wir Ihnen in den Arbeitshilfen online auf mybook.haufe.de ein Beispiel zeigen, das einen entsprechenden Aufbau eines Critical Incidents-Workshops abbildet. Da hier der Fokus auf die zukünftigen Anforderungen von VerkäuferInnen lag, wurde im ersten Workshopabschnitt zunächst ein entsprechendes Zukunftsszenario generiert, um die Anforderungssituation der Zielposition zu schärfen.

Die gesamte Struktur eines Critical Incidents-Workshops ist darauf ausgerichtet, die vorgefundenen Verhaltensweisen so zu beschreiben, dass sie leicht in ein in diesem Beispiel vorhandenes Kompetenzprofil (s. folgender Abschnitt Anforderungs- oder Kompetenzprofil) übertragen werden können.

Ergebnisse von Critical Incidents-Workshops können auf diese Art und Weise direkt Einzug in alle möglichen PE-Instrumente wie Potenzialeinschätzungsverfahren und Mitarbeiterbeurteilungssysteme (s. entsprechende Kapitel 4.1 »Feedbackbezogene

Verfahren« und 4.6 »Führungsbezogene PE-Instrumente: Mitarbeiterbeurteilung und Mitarbeitergespräche«) halten.

2.2.4 Anforderungs- oder Kompetenzprofil

Bevor wir in die dritte und letzte Ebene der Anforderungsanalyse einsteigen – die Personenanalyse – möchten wir auf ein Thema eingehen, das quasi die Klammer zwischen der Organisations/Aufgabenanalyse und der Personenanalyse setzt: das sog. Anforderungs- oder Kompetenzprofil.

Wie Sie gesehen haben, zielen alle bisher dargestellten Maßnahmen der Anforderungsanalyse darauf ab, »Kataloge« zu erstellen, sei es von zentralen zukünftigen Herausforderungen und Situationen, von Aufgabenbeschreibungen oder von Verhaltensbeispielen. Der Gedanke liegt nahe, diese Kataloge zu systematisieren, indem man sie in möglichst eindeutige (»trennscharfe«) Kategorien einteilt. Jedweder Schritt, den Sie in diese Richtung gehen, bringt Sie näher an ein unternehmensspezifisches, eigenes Anforderungsprofil. Dazu passend hatten wir zu Beginn dieses Kapitels erwähnt, dass alles, was Sie im Rahmen einer systematischen Anforderungsanalyse erfassen, entweder auf die Folgeschritte der Analyse oder darauf basierende PE-Instrumente wie Mitarbeiterbeurteilungssysteme, Assessment-Center oder Simulationen in Trainingssituationen »einzahlt«.

Ein Anforderungsprofil stellt sozusagen das Gerüst dar, anhand dessen die genannten Instrumente gespiegelt werden und mit dessen Hilfe das Verhalten im Rahmen eines Bewerbungsverfahrens, eines aktuellen Feedbacks oder einer Bewertung des Zielerreichungsgrades gespiegelt werden kann. Alle Instrumente, die wir Ihnen im Zusammenhang mit der Personenanalyse vorstellen, basieren auf der Spiegelung gemachter Beobachtungen anhand eines Anforderungsprofils, denn nur so kann man einem Menschen mitteilen, *was* man bei ihm als Person analysiert hat.

Und selbst Unternehmen, die kein niedergeschriebenes Anforderungsprofil haben, arbeiten mit einem – in dem Fall mit einem »impliziten«, d. h. man spiegelt das Verhalten von MitarbeiterInnen an unausgesprochenen Erwartungen, die man an die jeweiligen Positionsinhaber oder KandidatInnen hat (s. Kapitel 2.1 »Organisationsanalyse« sowie Exkurs 2 zum Thema Unternehmenskultur).·

Wie ist ein Anforderungsprofil aufgebaut? Meist besteht es aus übergeordneten Kompetenzen oder Dimensionen, dazugehörigen Kriterien und deren – z. B. aus einem CIT-Verfahren oder einer Arbeitsplatzbeobachtung gewonnenen – spezifischen Beschreibungen, die man in den einzelnen PE-Instrumenten auf weiteres beobachtbares

Verhalten herunterbrechen kann – man spricht auch von »Operationalisierungen«. Schematisch sieht das so aus:

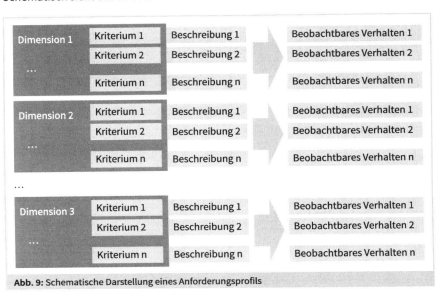

Abb. 9: Schematische Darstellung eines Anforderungsprofils

Konkreter lässt sich der Aufbau Kompetenzdimension – Kriterium – Beschreibung anhand dieser drei folgenden Beispielkriterien nachvollziehen (diese sind beliebig herausgegriffen):

Anforderungsprofil mit Verhaltensbeschreibungen	
Soziale Kompetenz	
Kommunikations-fähigkeit	• Spricht deutlich, klar • Drückt sich verständlich und nachvollziehbar aus • Hört aktiv zu • Lässt ausreden, unterbricht nicht • Stellt durch Rückfragen richtiges Verständnis sicher • Nonverbales Verhalten drückt Interesse am Gegenüber aus (z. B. Blickkontakt, nicken) • Nimmt die Perspektive seines Gegenübers ein und geht auf dieses ein, will die andere Sichtweise verstehen • Erfasst die andere Position bewusst, greift andere Argumente aktiv auf • Schafft durch offene Art zu kommunizieren eine partnerschaftliche Gesprächsatmosphäre

Anforderungsprofil mit Verhaltensbeschreibungen	
Persönliche Kompetenz	
Verantwortungs-bereitschaft	• Engagiert sich für Aufgaben/Themen; verfolgt eine Aufgabe mit Energie und Elan, bringt sich motiviert ein, »legt los« • Sucht gezielt Herausforderungen, sucht aktiv Situationen, in denen er die eigene Kompetenz / das eigene Können unter Beweis stellen kann • Beginn von sich aus etwas Neues, zeigt Initiative; beginnt, wenn andere noch abwarten; übernimmt Initiative im Gespräch / in einer Diskussion • Übernimmt Verantwortung, handelt eigenverantwortlich, erarbeitet sich Handlungsspielräume • »Bleibt am Ball«, auch in schwierigen Situationen, bei »Gegenwind« oder bei Rückschlägen; versucht einem skeptischen Gegenüber Zustimmung für weitere Schritte zu entlocken; steht zu eigenen Aussagen
Unternehmerische Kompetenz	
Kunden-orientierung	• Kennt die Bedürfnisse der Kunden, sieht Kundenbedürfnisse frühzeitig voraus • Kommt den Verpflichtungen gegenüber den Kunden zuverlässig nach, beeindruckt Kunden durch außergewöhnlich guten Service, »überrascht« Kunden positiv durch ungewöhnliche Problemlösungen • Ist Imageträger des Unternehmens / der Abteilung • Räumt den Kundenbedürfnissen einen hohen Stellenwert ein, vertritt Kundenbedürfnisse in der eigenen Organisation, plant eigene Prozesse vom Kundenbedarf ausgehend • Stellt langfristige, effektive Beziehungen zu Kunden her und gewinnt deren Vertrauen und Respekt, bindet Kunden langfristig an das Unternehmen • Engagiert sich persönlich für Kundenanliegen und reagiert auf Anfragen prompt, sorgt für / unterstützt schnelle Problemlösungen für Kunden • Reagiert bei Kundenreklamationen zuvorkommend, wirkt bei Beschwerden deeskalierend auf den Kunden ein, geht bei gemachten Fehlern aktiv auf Kunden zu, um diese zu korrigieren

Tab. 4: Beispiel-Anforderungsprofil mit Verhaltensbeschreibungen

Eine Operationalisierung bzw. ein weiteres Herunterbrechen auf beobachtbares Verhalten als Skalierung in einem PE-Instrument kann dann folgendermaßen aussehen:

Die 1 auf der Skala bedeutet: Kunde spielt in Argumentation keine Rolle, Bedarf wird nicht erfragt; neigt sich einseitig/übermäßig in Richtung des eigenen Unternehmens oder Kunden (»Wir machen *alles* möglich«), stellt keine Balance her; bettet eigene Ideen nicht in die Anforderungen des Kunden ein; ignoriert Signale des Kunden, die weitere Bindung ermöglichen.	**Die 6 auf der Skala bedeutet:** Stellt sich auf Kunden ein, knüpft mit seinen Formulierungen an Kundenausgangssituation an (»Sie legen in Ihrem Unternehmen ja auch viel Wert auf Sicherheit … da ist es Ihnen sicher wichtig …«) erfragt Kundenbedarf, stellt Nutzen für Kunden differenziert dar; denkt sich in Kundensituation ein, geht auf Kundenwünsche ein und zeigt Gemeinsamkeiten mit Zielen des eigenen Unternehmens auf; baut intensive Beziehung zum Kunden aus; überrascht Kunden positiv.

Abb. 10: Beispiel für eine verhaltensverankerte Einstufungsskala

Die Verhaltensbeschreibungen machen ein Kriterium »greifbar« und – hoffentlich – eindeutig. Wenn Sie sich mit einem Gegenüber über eine KandidatIn unterhalten, der ggf. in einer sehr herausfordernden Arbeitsumgebung agieren soll und Sie beschreiben diese Person als »durchsetzungsfähig«, so kann dieses Kriterium im Kopf Ihres Gesprächspartners ganz anders aussehen als in Ihrem. Für Sie schwingt bei »durchsetzungsfähig« vielleicht »höflich, aber bestimmt auch bei Widrigkeiten am Ball bleiben« mit. Bei Ihrem Gegenüber heißt das jedoch »so lange für etwas kämpfen, dass man am Ende als einziger übrigbleibt«. Ähnlich steht es auch mit scheinbar »konsensfähigeren« Begriffen wie »kommunikationsfähig«: für den einen bedeutet dies, lange am Stück und eloquent reden zu können, für den anderen steht dahinter (unter anderem) aktiv zuzuhören.

Anforderungsprofile bestehen meist aus mindestens 3 Kompetenzdimensionen, denen dann eine entsprechende Anzahl von Kriterien zugeordnet ist. Im Zusammenhang mit der Auseinandersetzung mit Anforderungsprofilen werden Sie in der Fachliteratur immer wieder auf folgende Kompetenzdimensionen stoßen:

- Soziale Kompetenz
- Persönliche Kompetenz
- Methodenkompetenz
- Fachkompetenz

Wobei letztere seltener operationalisiert wird und meist über stärker »hard facts-bezogene« Analysen erfasst wird, z. B. über Zeugnisse, Noten, Wissenstests u. Ä. Ab und zu werden diese 4 Haupt-Kompetenzdimensionen noch durch spezifischere, meist etwas weniger breit gefächerte Kompetenzen – z. B. Führungs- und Unterneh-merische Kompetenz – ergänzt. Wir haben Ihnen beispielhaft und ohne den Anspruch auf Vollständigkeit oder gar theoretische Belastbarkeit ein Modell zusammengestellt, das quasi ein generisches Anforderungsprofil abbildet, in dem einige der gängigsten Kriterien entlang der genannten Dimensionen abgebildet sind (Führungskompetenz eher an der Schnittstelle zwischen Persönlicher und Sozialer Kompetenz angesiedelt, Unternehmerische Kompetenz eher zwischen Persönlicher und Methodenkompetenz, Fachkompetenz haben wir hier aus den genannten Gründen außen vor gelassen):

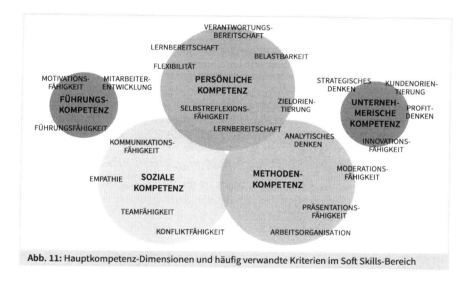

Abb. 11: Hauptkompetenz-Dimensionen und häufig verwandte Kriterien im Soft Skills-Bereich

Wir sprachen von »unternehmensspezifischen Anforderungsprofilen«. Gerade das »Spezifische« an Anforderungsprofilen ist nicht immer leicht abzubilden: es gibt nun einmal nur eine begrenzte Anzahl von beschreibbaren Dimensionen und Kompeten-zen. Meist muss man irgendeinen Tod sterben: entweder, man hat ein überschau-bares Anforderungsprofil mit ca. 10 Kriterien; dann werden diese in der Regel nicht besonders trennscharf sein (z. B. das Kriterium »Kommunikationsfähigkeit«, das dann gerne auch Elemente anderer Kriterien wie »Überzeugungsfähigkeit« oder »Verhand-lungsfähigkeit« beinhaltet). Oder man entscheidet sich für ein differenziertes Anfor-derungsprofil mit einer nach oben offenen Anzahl möglicher Kriterien, welches dann die Gefahr birgt, dass diese schiere Anzahl sowohl die MitarbeiterInnen als auch deren potenzielle Feedbackgeber überfordert (»Was war noch Mal der Unterschied zwischen Verhandlungsfähigkeit, Argumentationsfähigkeit und Überzeugungskraft?«).

Wichtig ist, dass Ihr Anforderungsprofil auch tatsächlich die Anforderungen Ihres Unternehmens widerspiegelt. In vielen Unternehmen findet man, entsprechend der neuen Trends in Unternehmensführung und der PE, nun Begriffe wie »Agilität«, »Emotionale Intelligenz« oder »Virtual leadership«. Das ist vollkommen in Ordnung, so lange eindeutig beschrieben ist, was damit für Ihr Unternehmen gemeint ist. Die Spezifität liegt ausschließlich in den Verhaltensbeschreibungen, nicht in den Kriterienüberschriften. Im Hinblick auf Ihr Personalmarketing und die Attraktivität Ihres Unternehmens für BewerberInnen macht es Sinn, mit modernen Begriffen zu arbeiten (viele Menschen finden einen Begriff wie »Pflichtbewusstsein« weniger sexy als »Zuverlässigkeit« oder »Commitment«), aber es ist auch kein Beinbruch, wenn das eine oder andere Kriterium darin vorkommt, das »klassisch« wirkt, aber einfach wichtig, weil allgegenwärtig ist (z. B. »Konfliktfähigkeit«) – und es schadet auch nicht, wenn auch andere Unternehmen ein paar Ihrer unternehmensspezifischen Kriterien im eigenen Kompetenzmodell haben – im Gegenteil, das ist sogar zu erwarten, insbesondere, wenn man sich in derselben Branche bewegt. Das zeigt nur, dass Sie »wissen, wie der Hase läuft« und alle Ihre Anforderungen im Unternehmen kennen!

Zielgruppenspezifische Bewertung eines Verhaltens
Lassen Sie uns hier noch auf die Frage von zielgruppenspezifischen Anforderungen eingehen. Was muss ein Auszubildender im Bereich »unternehmerisches Denken« zeigen, was kann man hier von einem erfahrenen Sachbearbeiter erwarten und was sollte eine Führungskraft in diesem Bereich abbilden?

> **!**
>
> **Beispiel: Einschätzung des Kriteriums »Konfliktfähigkeit«**
>
> Am konkreten Beispiel für eine Einschätzung des Kriteriums »Konfliktfähigkeit« aufgezeigt: Wenn eine NachwuchsverkäuferIn sich in einem Konfliktgespräch mit einem Kunden relativ gut geschlagen hat, ruhig geblieben ist und versucht hat, eine zufriedenstellende Lösung für beide Seiten zu finden, ohne dabei 100 % erfolgreich gewesen zu sein, so ist das »für eine NachwuchsverkäuferIn« durchaus eine gute Leistung – auf einer 6-stufigen Skala hätte dies ggf. eine »5« verdient. Wenn eine erfahrene VerkäuferIn dieses Ergebnis erzielt, wäre das vielleicht »ausreichend«, aber nicht überragend, die gleiche Leistung würde man hier also vielleicht mit einer 3 bewerten.
> Um Ihrer erfahrenen VerkäuferIn eine 5 zu geben, würden Sie hier wahrscheinlich mehr erwarten, z. B. dass er tatsächlich eine zufriedenstellende Lösung findet und der Kunde danach sogar ggf. ein Neugeschäft anbahnt. Für beide, NachwuchsverkäuferIn wie erfahrene VerkäuferIn, kann man also als Beurteilender die 6er-Skala voll nutzen, denn der Wert 5 steht

bei beiden für »gut ausgeprägt entsprechend des derzeitigen Stands/Profils/Anforderungs-niveaus des Jobs«.

»Ist ruhig geblieben, hat versucht, eine zufriedenstellende Lösung für beide Seiten zu finden, ohne dabei 100 % erfolgreich gewesen zu sein.«

| Nachwuchs-verkäufer | 1 | 2 | 3 | 4 | 5 | 6 |

| Verkäufer | | 1 | 2 | 3 | 4 | 5 | 6 |

Abb. 12: Beispiel für eine zielgruppenspezifische Bewertung eines Verhaltens

Abstufungen zwischen unterschiedlichen Stellenprofilen lassen sich natürlich auch durch gestufte Kriterienbeschreibungen herstellen. In der folgenden Tabelle finden Sie eine entsprechende Abstufung des Kriteriums »Kundenorientierung«.

Abstufung des Kriteriums Kundenorientierung	
Beurteilungsmerkmal	**Kundenorientierung (intern und extern)**
Beschreibung des Beur-teilungsmerkmals	• Den Anliegen der Kunden gegenüber aufgeschlossen sein, der Situation angemessen beraten und handeln • Kundenorientierung und Kundenzufriedenheit sicherstellen beziehungsweise verbessern
Verhaltensbeispiele Funktion 1: einfache Tätigkeiten, Zuarbeit, Ablage, Service, keine bis wenig eigene Ergeb-nisverantwortung	• Verhalten im internen oder externen Kundenkontakt ist durch Freundlichkeit und Offenheit geprägt (z. B. Telefonkontakt, Anschreiben). • Verwendet kundengerechte Formulierungen und Begriffe (z. B. im Schriftverkehr). • Das Verhalten zeichnet sich durch »Dienstleistungsorientierung« aus, d. h. einer grundsätzlichen Tendenz, Kundenthemen anzuge-hen und zu lösen. • Kundenanliegen werden zeitnah bearbeitet. • Der Kunde spielt in der Argumentation der MitarbeiterInnen eine Rolle, z. B. indem Kundenbedürfnisse erkannt und aktiv ange-sprochen werden • Erkennt nicht kundenorientiertes Verhalten und spricht dies an.
Verhaltensbeispiele Funktion 2: sachbear-beitende Tätigkeiten mit eigener Ergebnisverant-wortung	• Hat die Fähigkeit, Kunden durch ihre freundliche, offene Art an das Unternehmen zu binden. • Kunden geben positives Feedback nach Kontakt mit der Mitarbei-terIn. • Entwickelt Prozessverbesserungen im Sinne des Kunden. • Lebt beschreibbare Wertvorstellungen im Kundenkontakt (z. B. Zuverlässigkeit, Nachhaltigkeit, Verbindlichkeit, Integrität), kann ein Kundenorientierungskonzept beschreiben.

Abstufung des Kriteriums Kundenorientierung	
Beurteilungsmerkmal	**Kundenorientierung (intern und extern)**
Verhaltensbeispiele Funktion 3: sachbearbeitende Tätigkeiten mit eigener Ergebnisverantwortung plus Zusatzaufgaben mit zusätzlicher Verantwortung	• Ist auch beim Kunden Wissensträger, bindet dadurch Kunden an das Unternehmen. • Ist im Kontakt mit Key Account-/Großkunden einsetzbar bzw. wird dort eingesetzt. • Entwickelt Konzepte zur Kundenbindung, hat eigene Ideen, wie man Kunden gewinnen / den Kundenstamm ausbauen kann. • Trägt durch sein/ihr Verhalten messbar (Kundenfeedback) dazu bei, dass sich die Kundenorientierungskultur des Unternehmens positiv weiterentwickelt.

Tab. 5: Beispielkriterium »Kundenorientierung«, dreistufig skalierte Beschreibungen

Sie können ein zielgruppenspezifisches Leistungsniveau auch mittels eines sogenannten »Soll-Profils« abbilden. Eine Möglichkeit, ein solches Profil zu entwickeln, besteht darin, dass man dieses durch Experten, also alle relevanten »Stakeholder« wie Geschäftsführung, Fachbereichsleitung, Abteilungsleiter oder Funktionsinhaber, erstellen lässt, meist in Form von einfachen Abfragen entlang des Anforderungsprofils mit Bitte um eine Einschätzung der »notwendigen Höhe der Profilausprägung« pro Kriterium.

Man kann ein Sollprofil aber auch statistisch entwickeln, indem man zunächst, ohne Festlegung eines Solls, sein Beurteilungsverfahren durchführt, z. B. im Rahmen von Assessment Centern. Nach einer gewissen Zeit hat man genügend Beobachtungsdaten von unterschiedlichen BeobachterInnen zur Verfügung, um daraus zu errechnen, wie der Mittelwert aller Beobachtungen über alle Kriterien hinweg ausfällt und welche Standardabweichung (die durchschnittliche Abweichung aller Beobachtungen vom Mittelwert) sich ergeben hat.

Um dann zu einem Sollprofil zu kommen, hilft uns die Gaußsche Normalverteilung weiter, von der man weiß, dass ungefähr 68,27 % aller Werte innerhalb einer Standardabweichung vom Mittelwert liegen (s. Abb. 13).

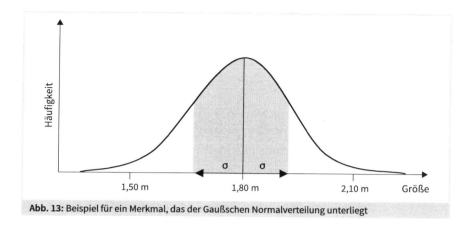

Abb. 13: Beispiel für ein Merkmal, das der Gaußschen Normalverteilung unterliegt

Mit diesem Wissen ausgestattet, können Sie zunächst die Mittelwertkurve über alle Kriterien hinweg erstellen. Im nächsten Schritt können sie zu jedem Mittelwert die entsprechende Standardabweichung addieren, um zu einem gut fundierten Sollprofil zu kommen (wenn Sie diese Standardabweichung vom Mittelwert abziehen, kommen Sie auch zu einem Mindestprofil). Damit schaffen Sie einen Zielwert, der schwer, aber nicht unmöglich zu erreichen ist – analog zur Normalverteilung, in der es ebenfalls schwer ist, einen Wert zu erreichen, der 1 Standardabweichung über dem Mittelwert angesiedelt ist: es ist anspruchsvoller, einen IQ von 110 zu erzielen als einen von 100 – aber es ist nicht unmöglich! Gleichzeitig vermeiden Sie mit einem solchen Sollprofil auch Frustrationen, denn Sie verlangen nicht von Ihren MitarbeiterInnen, dass sie das Pendant zu einem IQ-Wert von 130 erreichen müssen.

Uns ist klar, dass man hier an vielen Stellen Statistik-Kritik üben kann, angefangen mit der Frage, ob die ausgewerteten Beobachtungen wirklich einer Gaußschen Normalverteilung entsprechen. Aber zumindest hat man so einen Orientierungswert, der über eine reine »Experteneinschätzung« nach dem Motto »Wir legen diesen Wert nun so fest, weil wir dies aus unserer Erfahrung heraus für richtig halten« hinausgeht.

In Abbildung 14 finden Sie ein Beispiel für ein Profil mit besagter Kriterien-Mittelwertkurve und einem auf einer Standardabweichung basierenden Soll- und Mindestprofil. Man nimmt also wie bei einer Gaußschen Glocke auch hier an, dass rund 68 % aller KandidatInnen bzw. deren Beurteilungswerte in dem hellgrauen »Normalleistungskorridor« zwischen Soll- und Mindestprofil angesiedelt sind.

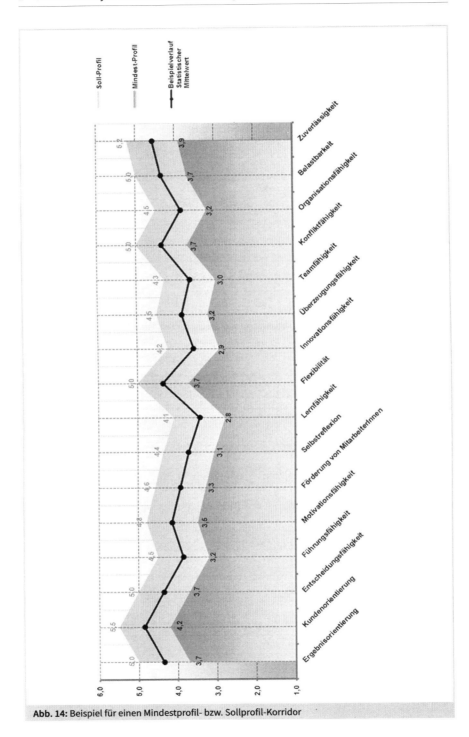

Abb. 14: Beispiel für einen Mindestprofil- bzw. Sollprofil-Korridor

2.3 Personenanalyse

Bisher haben wir uns damit auseinandergesetzt, wie man Ihre PE-Ausgangssituation analysieren kann, indem man die Organisation insgesamt betrachtet und, daraus abgeleitet, wie die Aufgaben in jeder beliebigen Funktion seziert und letztendlich auch in ein Anforderungsprofil überführt werden können. Die Organisationsanalyse stellt also die höchste Abstraktionsebene der gesamten Analyse des PE-Bedarfs dar, mit einer starken Betonung strategischer und unternehmenskultureller Aspekte. Die Aufgabenanalyse schaut insbesondere auf operative Details und die darin verankerten Wirkfaktoren einer Aufgabe, aber auch, wiederum eher übergeordnet, auf Strukturen und Prozessabläufe (i. S. von Zusammenhängen von Aufgaben).

Leitfragen der Personenanalyse
Kommen wir nun also zu der dritten und letzten Ebene der Anforderungsanalyse: der Personenanalyse. Die Leitfragen dieser Ebene lauten:
- Was muss eine MitarbeiterIn bezogen auf die Zielfunktion können?
- Welche Kompetenzen müssen wir deshalb zentral ausbauen?
- Wie sind die Fähigkeiten unserer MitarbeiterInnen bezogen auf die definierten Anforderungen, Ziele und derzeitigen Aufgaben?
- Wie sind die Potenziale unserer MitarbeiterInnen bezogen auf die zukünftigen Anforderungen, Ziele und Aufgaben?
- Wie können wir diese Potenziale am besten einschätzen?
- Was müssen wir mit welchen Mitteln schulen?

Hier ist, wie die Überschrift dieser Analyseebene suggeriert, offensichtlich: es geht um diejenigen, die sich in einer Organisation bewegen, die Handelnden; diejenigen, die in den gegebenen Prozessen und Strukturen ihre Aufgaben erledigen, kurzum: die Menschen im Unternehmen, die etwas *tun*.

Um Verwirrungen zu vermeiden: auch auf den beiden »darüber liegenden« Analyseebenen sind die handelnden Personen untrennbar mit den Themen verwoben. Natürlich kann es keine Organisationskultur geben, ohne die Menschen, die diese leben, keine Strategie, ohne Führungskräfte, die diese formulieren (und MitarbeiterInnen, die diese »mitmachen«). Und in jeder Tätigkeitsanalyse gehen wir in einen Diskurs und eine Reflexion mit den Menschen, die diese Tätigkeit ausführen.

Insofern steckt auch in der Organisations- und in der Aufgabenanalyse ganz viel »Person«, aber bei der in diesem Abschnitt im Fokus stehenden Analyseebene gehen wir am intensivsten in die Interaktion mit denjenigen, die die PE-Themen in ihrem Unternehmen »am eigenen Leibe verspüren«. Daher spielt hier auch eine zentrale Fragestellung sehr stark herein, die wir bereits in Kapitel 1 »Grundlagen der Personalentwicklung« adressiert haben: mit welchem Menschenbild man den »Leistungsnehmern« im Rahmen der PE-Arbeit begegnet.

Grundsätzlich sollte man bei *allen* PE-Maßnahmen ein Konzept im Hinterkopf haben, das insbesondere bei Personalauswahlverfahren und Assessments eine Rolle spielt: die soziale Validität nach Schuler und Stehle (1983). Hier steht vor allem das Erleben derjenigen im Vordergrund, die eine eignungsdiagnostische Situation, mit anderen Worten eine »Personenanalyse« durchlaufen. Schuler und Stehle verstehen unter der sozialen Validität vier zentrale Bausteine, die man beim Einsatz von Selektionsverfahren im Auge behalten sollte:

1. **Information**: Wie viel wissen die KandidatInnen im Vorfeld des Verfahrens über das Unternehmen, das Verfahren selbst, die Beteiligten im Verfahren? Die KandidatInnen sollten gleich zu Beginn des Verfahrens darauf hingewiesen werden, welche Ziele damit verfolgt werden (keine »hidden agendas«), wie es aufgebaut ist, ggf. wie es entwickelt wurde und welchen Nutzen man daraus ziehen kann. BewerberInnen sollten zu jedem Zeitpunkt alle Informationen offen vorliegen haben, um Reaktanz und Ablehnung gegenüber dem Verfahren zu vermeiden.

2. **Transparenz**: Wie nachvollziehbar ist das, was im Verfahren geschieht, für die KandidatInnen? Kennen sie z. B. die Kriterien, nach denen beurteilt wird? Wissen sie, wann beurteilt wird und wann Pause ist? Können sie nachvollziehen, wie die Beurteilung insgesamt zustande kommt? Dieser Aspekt der sozialen Validität hängt natürlich eng mit dem erstgenannten Punkt »Information« zusammen. Das Verfahren sollte sich wo immer möglich auf Aufgaben und Inhalte beschränken, die für die TeilnehmerInnen nachvollziehbar sind und als inhaltlich mit den Anforderungen des Unternehmens oder der Zielposition zusammenhängend wahrgenommen werden.

3. **Partizipation/Kontrolle**: Wie sehr können die KandidatInnen das Verfahren (mit-) gestalten? Wie viele Einflussmöglichkeiten haben sie auf den Verlauf des Verfahrens? Werden sie ggf. bereits in der Entwicklung des Verfahrens mit einbezogen? Gestaltungsmöglichkeiten für BewerberInnen könnten vor dem Hintergrund der Aufgabenstellung des Verfahrens darin bestehen, dass sie in einem gewissen Rahmen selbst entscheiden können, wie der Verlauf einer Aufgabe und die Ergebnisse ausfallen (s. hierzu weiter unten »Assessment-Center«, insbesondere die unternehmensspezifisch-dynamische Variante desselben). Auch die Möglichkeit, selbst eine Rückmeldung zum Verfahren geben zu können oder einen Abschnitt zugestanden zu bekommen, in dem man Fragen an das Unternehmen richten kann, zahlen auf den Aspekt der Partizipation ein.

4. **Urteilskommunikation/Feedback**: Wie erhalten die KandidatInnen Rückmeldung zu den Ergebnissen? Findet dies auf Augenhöhe und als Austausch statt? Werden Wahrnehmungen gespiegelt oder »ein Urteil gefällt«? Fällt die Rückmeldung potenzialorientiert aus, d. h. wird auch vermittelt, woran man arbeiten und wie man sich weiterentwickeln kann? Dieser Punkt stellt in vielerlei Hinsicht das Kern-

stück funktionierender Selektionsverfahren dar. Leicht nachzuvollziehen, denn für die meisten KandidatInnen geht es am Ende des Verfahrens im Kern vor allem darum, wie sie abgeschnitten haben. Das Feedback sollte in anschaulicher und positiver Weise eine Rückmeldung über die Passung zwischen InteressentIn und der Aufgabenwelt des Unternehmens liefern, jedoch keinesfalls über den vermuteten »Charakter« der Person Aussagen treffen.

Aus unserer Sicht ist es sinnvoll, den Blick auf die vier Aspekte der sozialen Validität über den Rahmen der Personalauswahl und Eignungsdiagnostik hinaus zu schärfen und auch in der Umsetzungsphase von PE-Maßnahmen immer wieder Fragen dieser Art zu stellen:

- Wie gut haben wir die TeilnehmerInnen bei der anstehenden Trainingsreihe über die Ziele und Hintergründe des Trainings informiert?
- Haben wir die TeilnehmerInnen ausreichend in die Konzeption unseres Programms einbezogen?
- Ist für alle KandidatInnen nachvollziehbar, warum einige in den Führungskräftenachwuchspool kommen und andere nicht?
- Sichern wir den Transfer nach einer Trainingsmaßnahme ausreichend, indem mit den TeilnehmerInnen Gespräche über ihre nächsten Entwicklungsschritte geführt werden?

Die Berücksichtigung der sozialen Validität ist kein reiner Selbstzweck im Sinne eines Gutmenschentums nach dem Motto »Lasst uns nett zu allen sein«. Es gibt noch weitere, handfeste Gründe: Menschen in Unternehmen haben das Bedürfnis nach wahrnehmbarer Gerechtigkeit, sowohl hinsichtlich veranker ter Abläufe und Prozesse als auch hinsichtlich der Verteilung von Ressourcen. In der Literatur spricht man von prozessuraler und distributiver Gerechtigkeit. Natürlich ist es für einen MitarbeiterInnen irritierend, wenn er das Gefühl hat, dass er sich an bestimmte Bestellvorgaben für seinen neuen Laptop halten und 3 Monate darauf warten muss, während andere mit »Connections« schon nach 1 Woche ein neues Gerät vor sich haben (prozessurale Gerechtigkeit). Und natürlich kommt bei der KollegIn die Frage auf, warum sie bei ihrer Führungskraft immer nur 5 Minuten im Gespräch ist, während ein anderer aus dem Team immer eine halbe Stunde in deren Büro verbringt (Verteilungs- oder distributive Gerechtigkeit).

Das Definieren der sozialen Validität ist auch ein Versuch, Gerechtigkeitswahrnehmung und letztendlich Transparenz für die Beteiligten herzustellen. Damit erreicht man in der Folge eine höhere Akzeptanz eines Verfahrens, die wiederum nachgewiesenermaßen positiv zu einer unverfälschten Messung beiträgt (Nevo, 1993; Rozen, 1993). Weiterhin haben Forschungsergebnisse gezeigt, dass als transparent erlebte Verfahren die Tendenz der TeilnehmerInnen reduzieren, sich sozial erwünscht zu verhalten (zu »schauspielern«), d. h. die Chance erhöht sich nachhaltig, das »echte Profil«

eines Menschen kennen zu lernen und somit seine oder ihre Passung auf eine Aufgabe erheblich messgenauer feststellen zu können als wenn das Gegenüber sich zu sehr bemüßigt sieht, sich zu »verkaufen.« (Herriot, 1989; Smither, Reilly, Millsap, Pearlman & Stoffey, 1993).

Sie werden feststellen, dass die unten dargestellten Instrumente der Personenanalyse im Hinblick auf unsere Ausführungen bezüglich der sozialen Validität unterschiedliche Spielräume bieten: Hier gilt es wiederum, Vor- und Nachteile der einzelnen Verfahren abzuwägen. Sicherlich können Sie ein Interaktionsverfahren wie ein Assessment-Center oder ein strukturiertes Interview sozial valide konstruieren, insbesondere, wenn Sie dieses unternehmensspezifisch entwickeln. Allerdings ist das aufwendiger und kostenintensiver als der Einsatz validierter und millionenfach angewandter Intelligenztests, z. B. der Intelligenz-Struktur-Test, I-S-T 2000 R von Liepmann, Beauducel, Brocke & Amthauer (2007) oder der Wechsler Intelligenztest für Erwachsene, WIE, von Aster, Neubauer & Horn (2006), die nachgewiesenermaßen gute Vorhersagekraft für späteren beruflichen Erfolg haben (Schmidt & Hunter, 1998). Ein Intelligenztest wird aber bei entsprechenden Zielgruppen wie Führungskräften nicht gerade auf viel Gegenliebe stoßen (»Da bekommt man dann einfach einen Test hingelegt und das war's!«), egal wie ausführlich Sie im Vorfeld erklären, warum sich der Einsatz des Verfahrens methodisch begründen lässt – die soziale Validität des Tests ist nicht die gleiche wie bei einem Assessment.

Im Folgenden gehen wir nun auf einige zentrale Verfahren der Personenanalyse ein. Allein zu Themen wie Personalselektion oder Potenzialeinschätzung finden Sie eigens Fachbücher, die sich hervorragend zur Vertiefung des Themas eignen. Hier können wir natürlich nur einen Ausschnitt beleuchten, um eine Übersicht über die gängigsten Instrumente zu geben. Wie schon in den vorherigen Abschnitten ist unser Ziel, Ihnen Verfahren mit unterschiedlichen Foki näher zu bringen: bei der Personenanalyse steht hier vor allem im Vordergrund, ob es sich bei dem Verfahren um eine Selbstbild- oder eine Fremdbildeinschätzung handelt – oder eben eine Kombination aus beiden.

Die meisten Verfahren der Personenanalyse stützen sich wesentlich auf eine Fremdbildeinschätzung. Bei der Fremdbilderhebung kann man wiederum unterscheiden, aus welcher Richtung diese kommt:

1. **Von oben nach unten:** Dies ist sicherlich die gängigste Form der Fremdeinschätzung: die Führungskraft schätzt die MitarbeiterIn ein.
2. **Peer-Feedback:** Die Einschätzung findet auf derselben hierarchischen Stufe statt, also von KollegIn zu KollegIn.
3. **Von unten nach oben:** In Form einer sogenannten »Vorgesetztenbeurteilung« können auch MitarbeiterInnen einschätzen, wie sie die Führungsarbeit erleben; dies passiert entweder durch ein entsprechendes Instrument mit dem direkten Fokus darauf oder auch im Rahmen von Mitarbeiterbefragungen (als eine Dimension, die abgefragt wird).

4. **Von »Dritten« mit anderer Funktion:** Natürlich können Einschätzungen auch von Experten aus der Personalabteilung oder der Personalentwicklung erfolgen; ebenso gehören in diese Kategorie externe Berater mit PE-Fokus oder auch Kundeneinschätzungen. Unserer Erfahrung nach werden diese Beurteilungen von den »Beurteilten« als der Ebene »von oben nach unten« zugehörig wahrgenommen, auch wenn wir diese Kategorie hier separat anführen, um sie »methodisch sauber« abzugrenzen.

Und natürlich gibt es auch die Gesamtvariante des 360°-Feedbacks, das die ersten 3 Formen, teils auch die vierte dazu, miteinander verbindet (s. a. Kapitel 4.1 »Feedbackbezogene Verfahren«). Grundsätzlich ist es sinnvoll, bei der Personenanalyse multimodal vorzugehen, d. h. mehrere Verfahren miteinander zu kombinieren. Wir erleben immer wieder den Fehler von Unternehmen, Besetzungsentscheidungen, gerade bei mittleren und höheren Führungsebenen, von einem einzigen Verfahren abhängig zu machen – im schlimmsten Fall noch durch ein rein durch externe Berater generiertes Urteil via Assessment. Natürlich stellen hier die KandidatInnen die berechtigte Frage, wo denn die Würdigung ihrer Leistung im täglichen Arbeitsleben bleibt. Allein aus Akzeptanzgründen empfiehlt sich daher, bei der Personenanalyse Verfahren so miteinander zu kombinieren, dass sowohl …

- Selbst- und Fremdbild als auch
- Dauer- (»tägliche Arbeit« bewertet über einen längeren Zeitraum) und Spitzenleistung (z. B. erhoben in einem AC oder mittels eines Leistungstests)

darin ihren Niederschlag finden.

Wir hatten im Kapitel 2.1.2 »Weitere Methoden der Organisationsanalyse« erwähnt, dass das Paradigma gilt: »Jede Analyse/Diagnose stellt auch immer einen ersten Schritt der Intervention dar.« Dieser Leitsatz trifft ganz besonders für die Personenanalyse zu.

Wenn Ihre Trainees im Rahmen eines Förderprogramms ein Potenzial-Assessment zur Stärken-Schwächen-Analyse durchlaufen, so denken sich diese nicht »Naja, das ist ja jetzt erst Mal nur die ›Diagnose‹, die eigentlichen Maßnahmen kommen ja erst …«, sondern für die TeilnehmerInnen des Verfahrens beginnt (spätestens) hier der Entwicklungsweg und man wird diesen Schritt zu Beginn des Programms als festen Bestandteil desselben sehr intensiv erleben. Insofern hätten die meisten der Personenanalyse-Instrumente, die wir Ihnen im Folgenden vorstellen, genauso in Kapitel 4 »Instrumente der Personalentwicklung« dargestellt werden können, gerade wenn wir an Themen wie den Selbstbild-Fremdbild-Abgleich (s. folgender Abschnitt) oder Potenzialanalysen und Assessments (s. Kapitel 4.1 »Feedbackbezogene Verfahren«) denken – denn hier »passiert« Personalentwicklung schon »am Menschen«.

Lassen Sie uns nun einen Blick auf die einzelnen Verfahren der Personenanalyse werfen, angefangen mit einer Methode, bei der die »analysierte Person« gleichzeitig auch sich selbst analysiert: dem Selbstbild-Fremdbild-Abgleich.

2.3.1   Selbstbild-Fremdbild-Abgleich

Der vermeintliche einfachste Weg, um sich über das Profil eines Menschen ein Bild zu machen, besteht vermutlich darin, ihn oder sie zu fragen, wie sie sich selbst sieht und dann ausgewählte Personen aus dem Umfeld zum selben Thema zu fragen – »Wie siehst du diesen Menschen?« Bei so offen gestellten Fragen muss man natürlich damit rechnen, dass auch die Antworten sehr weitgefächert und nach eigenen Gesichtspunkten ausgerichtet gegeben werden. Insofern tut man gut daran, einen Selbstbild-Fremdbild-Abgleich zu strukturieren, indem man ihn entlang eines Anforderungsprofils (s. Kapitel 2.2.4 »Anforderungs- oder Kompetenzprofil«) durchführt, so dass der Suchraum für die relevante Einschätzung sowohl für den Sich-selbst-Betrachtenden als auch für die Ihn-Betrachtenden überschaubar ist. Je verhaltensnäher das Anforderungsprofil operationalisiert ist, desto erfolgversprechender ist die Durchführung eines Selbstbild-Fremdbild-Abgleichs.

Der Vorteil eines Selbstbild-Fremdbild-Abgleichs besteht ohne Zweifel darin, dass hier beide Seiten zu Wort kommen: die »zu analysierende Person« und diejenigen, die zu dieser befragt werden. Für andere Verfahren gilt in der Regel: auch wenn Sie sehr darauf achten, dass bei den weiter unten genannten Instrumenten wie dem Interview oder bei Assessments den Prinzipien der Transparenz und Partizipation Genüge getan wird, so reduziert dies zwar auf jeden Fall das Gefühl des »Durchleuchtetwerdens« und erhöht die Akzeptanz auf Seiten der TeilnehmerInnen (s. Stichwort der »Sozialen Validität« weiter oben), dennoch ist der »gefühlte« Anteil der Fremdbeurteilung in diesen Verfahren für die Beteiligten größer.

Andererseits nützt Ihnen der schönste Selbstbild-Fremdbild-Abgleich nichts, wenn Sie eine Einschätzung durch Ihren Chef erhalten und er die Diskussion dazu mit den Worten »Aber ich habe Recht« schließt.

> **!** **Arbeitshilfe: Checkliste für einen Selbstbild-Fremdbild-Abgleich**
>
> Bei den Arbeitshilfen online auf mybook.haufe.de finden Sie eine Checkliste, mit der Sie Selbstbild und Fremdbild abgleichen können. In diesem Fall ist die Checkliste als Einstieg für ein Entwicklungsprogramm konzipiert (daher auch die stark entwicklungsorientierten offenen Fragen). Der Fokus liegt in der Checkliste insbesondere auf dem Teil für die Selbst-

einschätzung durch die MitarbeiterInnen. Die Fremdeinschätzung durch die Führungskraft beinhaltete exakt dieselben Fragen und Kriterien, nur auf die MitarbeiterIn hin formuliert. Die quantitative Einschätzung ist als Ausschnitt abgebildet, ursprünglich wurden mehr Kriterien abgefragt.

Beispiel für sinnvolle und mögliche Fragen

Die Fragestellungen, die in der Checkliste der Arbeitshilfe online beschrieben sind, sollen Ihnen ein Beispiel für sinnvolle und mögliche Fragen vor dem Hintergrund einer konkreten Entwicklungsmaßnahme liefern. Natürlich können die Fragen für Ihre spezifische Aufgabenstellung wieder ganz anders aussehen, denn die möglichen Themen eines Selbstbild-Fremdbild-Abgleiches sind vielfältig – und diese Vielfalt findet ihren Wiederhall auch in der großen Anzahl von Instrumenten, insbesondere an 360°-Feedbacks (ein Selbstbild-Fremdbild-Abgleich, bei dem das Fremdbild aus mehreren Quellen, von »oben«, »seitlich« und »unten« kommen kann, s. Kapitel 4.1 »Feedbackbezogene Verfahren«), die sich im Markt tummeln. Es gibt durchaus gute Chancen, dass Sie einen passenden Fragebogen finden, der die wichtigsten Fragestellungen Ihres konkreten PE-Ziels für das gegenseitige Feedback abdeckt. Es gilt also hier, eine »Make or buy-Entscheidung« zu treffen.

Aber unseres Erachtens sind die richtigen Fragen nur *ein* Teil des Erfolges. Anhand des Selbstbild-Fremdbild-Abgleichs lässt sich nochmals gut verdeutlichen, was wir zu Beginn des Abschnitts der Personenanalyse mit dem Leitsatz »die Diagnose ist der erste Schritt der Intervention« meinten: Ihre MitarbeiterInnen und Führungskräfte werden ganz unterschiedlich mit einem solchen Instrument umgehen. Einige sehen es als Chance, sich einzubringen und eigene Entwicklungsschritte voranzubringen, andere behandeln das Instrument nach dem Motto »Wer bei solchen Abfragen die Wahrheit schreibt, ist selbst schuld.«

Insofern hat der Einsatz des Verfahrens sehr viel mit Vertrauen zu tun und stellt immer den ersten Schritt eines PE-Prozesses dar, der sauber begleitet und transparent gestaltet werden will. Wenn die Befragten merken, dass sie tatsächlich einen Nutzen aus dem Selbstbild-Fremdbild-Abgleich ziehen können (z.B. in Form eines fairen, offenen Austauschs mit der eigenen Führungskraft, womit man zunächst vielleicht gar nicht gerechnet hätte; oder einer neuen Erkenntnis zur eigenen Wirkung, an der man arbeiten kann; oder der Chance zur Teilnahme an einer Entwicklungsmaßnahme), so werden sie das nächste Mal mit noch mehr Vertrauen in einen solchen Prozess hineingehen. Insofern stellt auch ein »diagnostisches Instrument« wie ein Selbstbild-Fremdbild-Abgleich einen unternehmenskulturentwickelnden PE-Ansatz dar.

2.3.2   Psychometrische Verfahren als Teil der Personenanalyse

Nolting und Paulus beginnen ihr Kapitel über »Grundlegenden Tätigkeiten im Umgang mit psychologischen Fragen« wie folgt:

»Auch Laien tun, was Psychologen tun. Wenn ihnen menschliches Verhalten und Erleben zu einer Frage wird, versuchen sie, es

- *zu beschreiben (»Der Otto sitzt immer nur still da und sagt nichts.«)*
- *zu erklären (»Weil er wegen der Kündigung so bedrückt ist.«)*
- *vorherzusagen (»Bald zieht er sich noch ganz von der Welt zurück.«)*
- *zu beeinflussen (»Könnten wir nicht was tun, um ihn etwas aufzumuntern?«)*

und geben dabei auch Wertungen ab, die ausdrücken ob sie etwas »problematisch«, »angemessen«, »befriedigend« usw. finden (»Der packt das auch ganz falsch an.«).

Im Prinzip bilden solche Tätigkeiten die Aufgabe einer jeden Wissenschaft, nicht nur der Psychologie. Zumindest gilt für das Beschreiben und Erklären. Ob das Werten in der Psychologie noch als wissenschaftliches Tun zu gelten hat, ist eine Streitfrage; unvermeidlich ist es in jedem Fall.

Laien unterscheiden sich gewöhnlich von Wissenschaftlern darin, dass sie die Tätigkeit nicht so bewusst auseinanderhalten und dass sie überdies weniger strenge Anforderungen an Sorgfalt und Präzision stellen. Das Lernen von Psychologie soll letztlich dazu führen, dass man »besser« beschreibt, erklärt usw. Und »besser« heißt unter anderem: präziser, begründeter, systematischer und oftmals auch vorsichtiger.« (Nolting und Paulus, 1999: 170)

Was für das »Lernen von Psychologie« gilt, gilt unserer Meinung auch für das »Lernen von Personalentwicklung« im Allgemeinen und für das »Lernen von Personaldiagnostik« im Speziellen.

Das »Beschreiben« als Bestandteil der psychologischen Diagnostik beginnt mit der »Beschreibung durch Beobachtung«. Hierbei wird zunächst einmal frei von Bewertungen wahrnehmbares Verhalten registriert. Solcherart Beobachtungen können durch andere (Fremdbeobachtung) oder die Person selbst (Selbstbeobachtung) vorgenommen werden. Der Vorteil der Selbstbeobachtung ist die Tatsache, dass neben dem »Verhalten« auch das »Erleben« Bestandteil der Beobachtung ist. Nachteil der Selbstbeobachtung ist die Subjektivität der Einschätzung (beschreibt die Person ihre Gedanken, Gefühle, Motive »richtig«? (Nolting & Paulus, 1999).

In der zweiten Stufe des »Beschreibens« erfolgt die »Beschreibung durch »subjektive Einschätzung«. Diese sollte im ersten Schritt hypothetisch, als »Einschätzung«, erfolgen, durch konkrete Operationalisierungen präzisiert sein, durch Quantifizierungen (Skalen) vergleichbar gemacht werden und, wenn möglich, das Votum mehrerer BeobachterInnen beinhalten (Nolting und Paulus, 1999).

Die wissenschaftlich begründete psychologische Diagnostik unterwirft sich in all ihren Verfahren den Gütekriterien der:

Kriterium	Einfach (verkürzt) ausgedrückt:
Objektivität (Objektivität der Durchführung, Objektivität der Auswertung, Objektivität der Interpretation)	Einsatz von Instrumenten zur Objektivierung, um subjektive Einflüsse auf das Ergebnis zu verhindern
Reliabilität (Zuverlässigkeit, z. B. durch Retest bei Messung stabiler Merkmale)	Maß der Verlässlichkeit hinsichtlich des Ergebnisses
Validität (Gültigkeit, wird wirklich das gemessen, was laut Aussage des Verfahrens gemessen werden soll und sind die Schlüsse, die gezogen werden die »richtigen« Schlüsse	Das Richtige messen bzw. die richtigen Schlüsse ziehen

Tab. 6: Gütekriterien der wissenschaftlich begründeten psychologischen Diagnostik

Verdeutlichung am Einsatzbeispiel eines Intelligenztests
Die Objektivität des Intelligenztests wird z. B. durch ein immer gleiches Setting bei der Durchführung des Tests (also nicht einmal am PC und beim nächsten Mal in Papierform), dem Vorliegen einer einheitlichen Auswertungslogik und -matrix (z. B. richtige oder falsche Antwort), sowie einer eindeutig festgelegten Bewertung, (z. B. 5 richtige Antworten von 10 ergeben das Testergebnis 50 %), gewährleistet.

Die Reliabilität des Intelligenztests zeigt sich darin, dass bei nicht stattgefundenem Wissenszuwachs des Probanden beim gleichen Test einige Wochen später das gleiche oder zumindest annähernd gleiche Ergebnis erzielt wird.

Die Validität eines Intelligenztests wird z. B. dadurch belegt, dass ein Test zum mathematisch-logischen Verständnis tatsächlich auch diese Kompetenzen misst und nicht etwa die sprachliche Intelligenz. Deshalb sollten solche Tests auch so konstruiert sein, dass sie keine außergewöhnlichen sprachlichen Fähigkeiten voraussetzen (z. B. beim Einsatz des Tests bei Nicht-Muttersprachlern) und der Test sollte hohe Korrelationen mit anderen Verfahren aufweisen, die mathematisch-logisches Verständnis voraussetzen, z. B. der Mathematiknote des Probanden.

Blickt man auf die bisherigen Ausführungen des Kapitels zur Personenanalyse zurück, die im Kern der psychologischen Diagnostik dient, so kann man festhalten, dass die Anzahl und Art der unterschiedlichen diagnostischen Erhebungsmöglichkeiten vielfältig ist.

Die Trias der L-, Q- und T-Daten

Im Folgenden möchten wir versuchen, ein wenig Struktur in die unterschiedlichen diagnostischen Methoden zu bringen. Raymond B. Catell hat in seiner Persönlichkeitstheorie die Trias der L-, Q- und T-Daten definiert.

- Dabei umfassen die **L-Daten (Lebensdaten)** objektive oder objektivierbare Angaben zur Person (z. B. Familienstand, Schulbildung, Berufserfahrung usw.), Lebensdaten aus subjektiver Perspektive (z. B. persönliche Schilderungen der eigenen Lebenssituation, Tagebücher, retrospektive Betrachtungen des bisherigen Lebensweges usw.) und auch Fremdbeurteilungen durch Laien ebenso wie durch Experten, wie z. B. Beschreibungen »typischer« Verhaltensmuster, Beurteilung von Interviews, Verhaltensbeobachtungen und -bewertungen im Assessment Center usw.
- **Q-Daten (Questionnaire)** werden durch Interviews und/oder Fragebögen erhoben, stellen Selbstauskünfte dar und sind somit naturgemäß subjektiver Natur wie z. B. Persönlichkeitsfragebögen, -inventare.
- **T-Daten (Test)** werden durch Verhaltensbeobachtungen in standardisierten Settings und mit streng standardisierten Methoden (»Zählen, Messen, Wiegen«) und/ oder durch standardisierte Leistungs- oder Persönlichkeitstests gewonnen. Sie erheben aufgrund ihrer hohen Standardisierung und dem Fehlen jeglicher Selbsteinschätzung den Anspruch »objektiv« zu sein. Hierunter fallen z. B. Intelligenz-, Aufmerksamkeits- oder Lesefähigkeitstests (Nolting und Paulus, 1999).

Psychometrische Verfahren, wie sie in diesem Kapitel behandelt werden sollen, umfassen also Q- und/oder T-Daten.

In den meisten Verfahren zur Personaldiagnostik sollen – z. B. aufgrund der Komplexität des Aufgabenfeldes, für das eine potenzielle KandidatIn gesucht wird – möglichst viele Daten erfasst werden. In einem gut konstruierten Assessment Center ist dies der Fall. Hier werden unterschiedliche tätigkeitsnahe Herausforderungen simuliert, die unterschiedliche Kompetenzen voraussetzen, die mehrmals und durch mehrere Personaldiagnostiker beobachtet und bewertet werden (s. Kapitel 2.3.4 »Assessmentverfahren«).

Dennoch kann es angezeigt sein, ein weiteres Instrument zur Diagnostik einzusetzen und das aus sehr unterschiedlichen Gründen:
- ACs sind aufwändig und teuer. Bei einer großen Anzahl an BewerberInnen kann es also durchaus sinnvoll sein, ein alternatives Verfahren zur Vorauswahl voranzustellen.
- Sollte ein AC aus Gründen des prozessbezogenen und ökonomischen Aufwandes in der Personenanalyse nicht in Frage kommen, könnte alternativ eine Kombination aus einem strukturierten und standardisierten Prozess zur Dokumentensich-

tung (Bewerbungsunterlagen), eines halbstrukturierten Interviews und dem Einsatz eines Tests die Multimodalität sichern.

- Auch ein AC bildet nicht unbedingt alle notwendigen Kompetenzen für die angestrebte Tätigkeit ab. Für die Diagnostik bestimmter logischer, analytischer Fähigkeiten kann der Einsatz eines entsprechenden Intelligenztests durchaus angemessen sein.

Wer übernimmt die Personaldiagnostik?

Der Personalentwickler kann im Prozess der Personenanalyse (Diagnostik) zwei Rollen einnehmen. Entweder er agiert selbst als Personaldiagnostiker oder er wählt Personaldiagnostiker und damit auch bestimmte Verfahren aus. In beiden Fällen trägt er Verantwortung für Güte und Qualität des Prozesses und dies umso mehr, je stärker sich die Ergebnisse der Diagnostik auf die beruflichen Entwicklungsmöglichkeiten der KandidatInnen auswirken. Dabei spielt es keine Rolle, ob es um die Besetzung einer Stelle im Rahmen von Personalauswahl oder um die Auswahl geeigneter KandidatInnen für eine Führungskräftelaufbahn geht.

Grundsätzliche Überlegungen vor dem Einsatz psychometrischer Instrumente

Vor dem Einsatz psychometrischer Instrumente sollte der Personalentwickler einige grundsätzliche Überlegungen anstellen:

- In welchem Verfahren soll das Instrument eingesetzt werden (Personalauswahl, Kandidatenauswahl für weiterführende Positionen, Training, Teamentwicklung, Coaching, Supervision usw.)?
- Warum soll das Instrument eingesetzt werden?
- Was genau soll gemessen werden?
- Welchen Anforderungen an Güte und Qualität soll das Instrument genügen?
- Wo finde ich zuverlässige Informationen über psychometrische Instrumente?

Je weitreichender die Personalentscheidung, desto sorgfältiger müssen etwaige psychometrische Instrumente ausgewählt werden. Da es in diesem Kapitel um die Personenanalyse im Sinne einer Personalentscheidung geht, sollte die Messlatte hoch liegen.

Wie weiter oben bereits beschrieben bergen durch Fragebögen erfasste Daten (Q-Daten) das Risiko der »subjektiven Verzerrung« bzw. der Beantwortung im Sinne der »sozialen Erwünschtheit«. Deshalb sind wir der Meinung, dass dieses Instrumentarium als *alleiniges* Instrument für Personalentscheidungen nicht geeignet ist und zwar vollkommen unabhängig von Qualität und Güte des Instruments.

Durch objektive »Tests« erhobene Daten (T-Daten) sind unseres Erachtens belastbarer. Sie erfassen Merkmale der Persönlichkeit nicht durch subjektive Selbstauskünfte, sondern über standardisierte Verhaltensbeobachtungen und/oder Tests. Der Nachteil liegt in der mangelnden Akzeptanz bei den getesteten Personen, weil der eigentliche

Testzweck häufig nicht offensichtlich ist und somit das Gefühl erzeugt, manipuliert zu werden oder »ausgeliefert zu sein«. Einen umfassenden Überblick über »Theorie und Praxis objektiver Persönlichkeitstests« bieten Ortner, Proyer und Kubinger (2006) in ihrer gleichnamigen Veröffentlichung.

Sonderrolle: Intelligenztest

Eine Sonderrolle innerhalb der objektiven Tests nimmt der Intelligenztest ein. Die Intelligenztests gehören zu den ältesten und damit auch empirisch mit am besten erforschten Testvarianten der diagnostischen Psychologie. Internationale Studien zeigen deutliche Korrelationen zwischen allgemeiner Intelligenz (GMA – General Mental Ability) und berufsbezogener Lernleistung, subjektiv bewerteter Arbeitsleistung, Einkommen und berufliche Entwicklung (Kramer, 2009). Kramer merkt in seinem Artikel allerdings auch an, dass Intelligenztests sich in Deutschland keiner großen Akzeptanz erfreuen. So kommt neben der bereits erwähnten eingeschränkten Akzeptanz bei den BewerberInnen selbst noch hinzu, dass viele Unternehmen die Validität der Tests bezweifeln.

Zur Vorauswahl bei größeren Bewerberzahlen können aber objektive Instrumente wie Intelligenztests sinnhafte Verwendung finden. Ebenso kann der Einsatz objektiver Tests als »ergänzende Datenmenge« im Rahmen multimodaler Verfahren Verwendung finden.

Vor dem Einsatz eines psychometrischen Instruments sollte sich der verantwortliche Personalentwickler immer auch Gedanken machen, *warum* er dieses Instrument einsetzen möchte. Zum einen ist die Beantwortung dieser Frage relevant für die Argumentation in Richtung Auftraggeber. Das kann die Geschäftsleitung oder der zuständige Fachbereich sein. Hier sorgt die fachlich fundierte Expertise für entsprechendes Vertrauen und Akzeptanz. Zum anderen benötigt der Personalentwickler eine nachvollziehbare Argumentation in Richtung der potenziellen KandidatInnen, warum er welches Verfahren bzw. welches Instrument zur Diagnostik einsetzt. Der Auswahlprozess ist die erste Visitenkarte des Unternehmens gegenüber der BewerberIn und die Akzeptanz von Talentmanagement-Programmen steht und fällt mit dem Auswahlprozess.

Auch der Einsatz psychometrischer Instrumente ist kein Selbstzweck, sondern dient der Vorbereitung und Absicherung von Personalentscheidungen. Damit sollte sich die Auswahl psychometrischer Instrumente (wie auch aller anderen diagnostischen Verfahren) am Anforderungsprofil der zu besetzenden Stelle orientieren: »Was genau soll gemessen werden?« Ein psychometrisches Instrument, das die individuelle Risikotendenz bei einem Sachbearbeiter im Finanzamt misst, macht wenig Sinn. Hier geht es wohl eher um Genauigkeit und Zuverlässigkeit.

Die komplexeste Fragestellung im Zusammenhang mit dem Einsatz psychometrischer Instrumente ist die Frage nach Qualität und Güte des Instruments. Der Markt psychometrischer Tests und Fragebögen groß und ausgesprochen unübersichtlich. 80 bis 90 % aller angeboten Verfahren werden nicht über Wissenschaftsverlage, sondern über Beratungsfirmen vertrieben. Ein nicht unerheblicher Teil der am Markt befindlichen Produkte sind eigene Entwicklungen dieser Beratungsfirmen. Das ist zunächst einmal vollkommen wertfrei zu betrachten, denn selbstverständlich kann auch ein in einem Beratungsunternehmen entwickeltes Produkt wissenschaftlichen Gütekriterien genügen. Dies gilt es aber zu überprüfen. Eine Herausforderung stellt dabei die oft sehr große Verbreitung bestimmter Verfahren dar, die nach wissenschaftlichen Kriterien zwar »durchfallen« würden, sich aber aufgrund relativ »simpler« Durchführungsmöglichkeiten und eher vager und allgemeingültiger Aussagen über die Persönlichkeit der TestteilnehmerIn – sowohl bei den Anwendern als auch bei den Probanden – großer Beliebtheit (»Barnum-Effekt«) erfreuen.

DIN 33430: Anforderungen an berufsbezogene Eignungsdiagnostik
Zur Orientierung im Dickicht der angebotenen Produkte kann die seit 2002 in Deutschland veröffentliche DIN 33430 dienen. Sie beschreibt die »Anforderungen an berufsbezogene Eignungsdiagnostik« (Qualifikation der beteiligten Personen, Qualität der verwendeten Instrumente und Zusammenspiel und Design von Prozessschritten und Abläufen). Die aktuellste Fassung liegt seit Juli 2016 vor.

Einer der relevanten Mitautoren der DIN 33430 ist Professor Martin Kersting. In einem 2006 in der Psychologischen Rundschau veröffentlichten Artikel führt er aus, dass eine bloße Reduktion der Güte eines Tests auf die numerische Ausprägung von Kennwerten zu den oben aufgeführten Gütekriterien irreführend sei (Kersting, 2006). Die »schlechte« Nachricht lautet also: Es gibt keine Checkliste mit normierten Kennzahlen, mit deren Hilfe man sich bei der Auswahl »Güte-Stabiler« Tests orientieren könnte.

Kersting betont, dass die DIN 33430 eine Prozess- und keine Produktnorm ist, hat aber aus der Norm 140 Aussagen extrahiert, die Mindestanforderungen hinsichtlich der Informationen formulieren, die zu einem Test vorliegen müssen (Kersting, 2006). Diese Checkliste ist auf der Website des Autors verfügbar und zum Download freigegeben (Kersting, 2017).

Auf seiner Website macht Kersting dabei auch sehr deutlich, dass es bei der Bewertung eines Tests nicht auf die Marktdurchdringung oder bekannte Referenzkunden, sondern auf Zahlen, Daten und Fakten ankommt, welche die Güte des Instruments nach den Kriterien der Wissenschaft eindeutig belegen. Die Erfassung der Informationen stellt aber nur den ersten Schritt des Qualitätssicherungsprozesses dar. In einem zweiten Schritt werden die zur Verfügung gestellten Informationen über das Testbeurteilungssystem des Diagnostik- und Testkuratoriums (TBS-TK) bewertet. In einem dritten Schritt bittet das »Diagnose und Testkuratorium« (DTK) zwei zunächst unabhängig voneinander agierende Experten um eine Bewertung. Nach deren Einzelbewertung erfolgt eine gemeinsam verfasste Rezension, zu welcher der Anbieter des Instruments Stellung nehmen kann (Kersting, 2017).

Die Ergebnisse der Rezensionen sind über die Datenbank PSYNDEX des »Leibniz-Zentrum für Psychologische Information und Dokumentation (ZPID)« abrufbar und frei verfügbar (Leibniz Zentrum a o. J.: o. S.).

Natürlich kann es nicht Aufgabe des Personalentwicklers sein, das Prozedere zur Qualitätssicherung und -überprüfung von psychometrischen Instrumenten durchzuführen. Er kann aber von einem Anbieter einschlägiger Instrumente durchaus verlangen, dass dieser sich im Sinne der Qualitätssicherung dem obigen Prozess unterwirft. Andere Anbieter haben dies bereits getan, wie die Website des ZPID belegt.

> **!**
>
> **Anregung: Vorgehensweise bei der Auswahl von Tests und Fragbögen**
>
> Hinsichtlich der praktischen Vorgehensweise bei der Auswahl von Tests und Fragbögen für die Personenanalyse (Personaldiagnostik) möchten wir ausgehend von der Basisqualifikation des Personalentwicklers folgende Anregungen geben:
>
> - Liegen Expertenkenntnisse über relevante statistische Zusammenhänge bei der Gütebewertung psychometrischer Instrumente vor (z. B. von Psychologen), kann der Personalentwickler selbstverständlich die einschlägigen Informationsquellen nutzen, um sich ein Bild über qualitativ hochwertige Fragebögen und Tests zu machen. Wichtige Informationsquellen sind die bereits erwähnte PSYNDEX-Datenbank, die neben den Rezensionen des DTK eine große Anzahl von Tests und Fragebögen in einem standardisierten Verfahren beschreibt (Leibniz Zentrum b o. J.: o. S.) und die »Testzentrale« des Hogrefe Verlages (Hogrefe o. J.: o. S.). Der Hogrefe Verlag stellt darüber hinaus eine jährlich neu aufgelegte Übersicht der angebotenen Tests und Fragebögen in gedruckter Form (Testkatalog) zur Verfügung.
> - Liegen keine Expertenkenntnisse über relevante statistische Zusammenhänge bei der Gütebewertung psychometrischer Instrumente vor, sollte der Personalentwickler die Beratung durch einen entsprechenden Experten suchen oder aber zumindest auf Tests und Fragebögen zurückgreifen, die durch Institutionen wie das DTK geprüft und validiert sind.
>
> Um Erkenntnisse darüber zu erlangen, welche diagnostische Instrumente es überhaupt gibt und wie der Forschungsstand zu den jeweils durch das Instrument erfassten Konstrukten (also z. B. Intelligenz, Kreativität, berufliche Interessen, Selbstwert, Führungsmotivation, Eigeninitiative, Extraversion – Introversion, emotionale Kompetenz und noch zahlreiche mehr) ist, sei an dieser Stelle noch auf das Standardwerk »Management-Diagnostik« von Sarges (2013) verwiesen.

2.3.3   Interview

Wenn wir über Personenanalyseverfahren reden, kommen wir nicht umhin, das Interview als Methode zu beschreiben. Dieses wird auch im Rahmen von internen Entwicklungsprozessen eingesetzt, weit häufiger wird es aber bei der Auswahl externer

BewerberInnen angewandt: das Einstellungsinterview ist in Deutschland nach wie vor das beliebteste und am meisten verwandte Personalselektionsinstrument. Es gibt sowohl un- bzw. teilstrukturierte als auch strukturierte Varianten des Interviews, wobei die Vorhersagekraft bezüglich der Eignung zukünftiger MitarbeiterInnen bei niedrigerer Strukturierung eher mäßig ist. Gerade das sehr beliebte unstrukturierte Interview verdankt seine moderaten prognostischen Werte in erster Linie der guten Intuition mancher Interviewer.

> **Exkurs 6: Prognostische Validität** !
>
> Bei den Arbeitshilfen online auf mybook.haufe.de bieten wir Ihnen in einem Exkurs praktische Überlegungen zum Thema prognostische Validität und Eignungsdiagnostik.

Die BewerberInnen empfinden ein unstrukturiertes Interview oft als eine angenehme Form der Selektion – weil es im Zweifelsfall vorkommen kann, dass der Interviewende nach 5 Minuten bereits zu einer »Bauchgefühl-Entscheidung« gekommen ist und danach in erster Linie für die andere Seite angenehme und die eigene Prophezeiung positiv stützende Fragen stellt (»Sie sind doch sicher teamfähig, oder? Das brauchen wir hier nämlich!«) oder gar überwiegend selbst redet, statt anforderungsbezogene Fragen zu stellen. Stärker strukturierte Varianten werden dann als unangenehmer empfunden, wenn der Interviewer die Fragen sehr stark abliest und mit dem Verfahren nicht vertraut ist. In den letzten Jahren zeitigt sich bei den BewerberInnen allerdings der Trend ab, dass sie die strukturierteren Formen von Interviews, trotz der damit für sie höheren verbundenen Anstrengung, als wertschätzender und im Hinblick auf das, was sie dann tatsächlich in der Zielposition erwartet, im Nachgang realistischer einschätzen.

Verschiedene Interviewformen	
Form des Interviews	**Bezieht sich auf**
Offenes Interview vs. geschlossenes Interview	Freiheitsgrade des Interviewten; er hat die Möglichkeit, Fragen frei zu beantworten oder im entgegengesetzten Fall, er muss auf vorgegebene Antwortkategorien reagieren
Unstrukturiertes Interview vs. strukturiertes Interview	Freiheitsgrade des Interviewten; er kann die Fragen frei formulieren oder muss sich an einem vorgegebenen Fragenkatalog orientieren
Qualitatives Interview vs. quantitatives Interview	Auswertung des Interviews; die Auswertung geschieht auf qualitativ-interpretativer Weise oder nach vorgegebenem Auswertungsschlüssel

Tab. 7: Verschiedene Interviewformen

Die einzelnen Interviewformen hängen immer zusammen bzw. schließen sich gegenseitig aus: ein voll strukturiertes Interview kann kaum als offenes Interview geführt werden und eine rein qualitative Auswertung eines strukturierten Interviews wäre nicht sinnvoll, da die vorgegebenen, geschlossenen Antwortkategorien ja gerade eine quantitative Analyse ermöglichen *sollen*. Die Übergänge können aber fließend sein. So existieren teilstrukturierte Formen des Interviews, bei denen nach einem vorgegebenen Fragenkatalog vorgegangen wird, der aber durch das Stellen von Zusatzfragen ergänzt werden kann. Auch die Auswertung eines teilstrukturierten Interviews stellt eine Mischform von qualitativer und quantitativer Analyse dar.

Der Vorteil des unstrukturierten, offenen Interviews liegt in dem größeren Spielraum, den diese Form Interviewer und Interviewtem einräumt. Dadurch entsteht eine größere Dynamik, die es dem Interviewer ermöglicht, in der Interviewsituation aufkommende Fragen zu stellen, um weitere, potenziell interessante Bereiche abzudecken. Allgemein versteht man darunter die W-Fragen: Wer, Wann, Was, Warum, Wie. Das Vorgehen entspricht hierbei eher einer Exploration. Der Interviewte kann seine Antwort frei formulieren; die Betonung dessen, was er für wichtig hält, liegt dabei ganz in seiner Hand. Man kann das offene, unstrukturierte Interview natürlich als informativer als die strukturierte Interviewform betrachten. Der Nachteil des unstrukturierten Interviews liegt in seiner zeitaufwendigeren und komplexeren Auswertung.

! **Beispiel: Offene Frage aus einem unstrukturierten Interview**

»Welche Erfahrungen haben Sie in der Vergangenheit mit Teamarbeit gemacht?«

Vorteile des geschlossenen, strukturierten Interviews bestehen dagegen in seiner Ökonomie und seiner einfachen Auswertbarkeit. Der Nachteil des geschlossenen Interviews ist offensichtlich: da der Interviewte nicht vom vorgegebenen Fragenkatalog abweichen darf, kann es sein, dass man bestimmte Informationen, die der Interviewte zu dem Thema zusätzlich geben könnte, nicht erfassen kann. Anders ausgedrückt: das strukturierte Interview kann nur die Informationen erfassen, die es durch den Fragenkatalog abdeckt; es besteht kein Spielraum für Interviewten und die Interviewer.

Beispiel: Geschlossene Frage eines strukturierten Interviews

»Wie schätzen Sie das Klima in Ihrem letzten Team ein?«   ☐ freundschaftlich
☐ herzlich
☐ neutral
☐ kühl

Die Güte des Interviews ist in erster Linie von der vom Interviewenden geleisteten Vorarbeit abhängig. Er muss wissen, welche Art von MitarbeiterInnen die Firma sucht, welches Anforderungsprofil also existiert, und er sollte sich darüber klar sein, was er im Interview über die BewerberIn erfahren möchte. Zudem sollte er berücksichtigen, dass das Interview auch für die BewerberIn die entscheidende Informationsquelle bezüglich des Unternehmens darstellt. Der Interviewende fungiert also als Repräsentant der Firma und nimmt Einfluss auf die Entscheidung der BewerberIn, der Organisation beizutreten oder nicht.

Exkurs 7: Vorabinterview !

Bei den Arbeitshilfen online auf mybook.haufe.de bieten wir Ihnen in einem Exkurs praktische Überlegungen zum Thema Vorabinterview.

Die Planung und der Ablauf eines Interviews kann nach folgendem Schema durchgeführt werden:

Problemanalyse
Wer soll die offene Stelle besetzen?

- Anforderungsanalyse
- Anforderungsprofil
- Analyse der Bewerbungsunterlagen

Interviewkonstruktion
Was will ich durch das Interview erfahren?

- Entscheidung: Welche Interviewform?
- Gesprächsleitfaden erstellen
- Als Hilfe: Bewerbungsunterlagen
- InterviewerInnenschulung, Erprobung des Verfahrens

Durchführung des Interviews
Welche Informationen erhalte ich von der BewerberIn?

- Ausgewogenes Geben und Erhalten von Informationen
- Vermeidung von typischen Interviewerfehlern
- Aufzeichnung des Interviews

Auswertung des Materials
Passt die BewerberIn auf die Stelle?

- Analyse des Interviews
- Beurteilung
- Vermeidung von Beurteilungsfehlern

Evaluation
War meine Vorhersage richtig?

- Überprüfung der Entwicklung der MitarbeiterIn

Abb. 15: Prozessablauf Interviewkonstruktion

! **Exkurs 8: Eignungsdiagnostik als soziale Situation**

Bei den Arbeitshilfen online auf mybook.haufe.de bieten wir Ihnen wichtige Hintergrundinformationen zum Thema Eignungsdiagnostik als soziale Situation und die daraus resultierenden Verzerrungen in der Diagnostik.

Interviewkonstruktion

Die Interviewkonstruktion und die Formulierung der Fragen eines Interviews ist eine durchaus herausfordernde und zeitaufwendige Angelegenheit. Sowohl inhaltlich als auch in der Form der Formulierung gilt es, Verschiedenes zu beachten.

Die Fragen können aus drei Quellen stammen:

- **Offene, auf den Lebenslauf bezogene Fragen**: Kommen in nahezu jedem Interview vor; hier kann man erkennen, wie gut der Interviewer auf die Situation vorbereitet ist (wenn er noch viel nachlesen muss, hat er sich die Unterlagen im Vorfeld nicht ausreichend angeschaut).
- **Biographiebezogene Fragen**: Diese stellen erfahrungsbezogene Fragen dar und zielen auf vergangenes Verhalten ab, von dem dann auf zukünftiges geschlossen wird.
- **Situative Fragen**: Hier wird eine typische Arbeitssituation oder ein unternehmensbezogenes Szenario skizziert. Der Interviewte soll sich in die Situation versetzen und beschreiben, wie er reagieren würde.

Inhaltlich sollte darauf geachtet werden, dass sich die Frage dazu eignet, die nötigen Informationen zu erhalten. Will man z. B. etwas über die Teamfähigkeit einer zukünftigen MitarbeiterIn erfahren, so ist die geschlossene Formulierung

»Sind Sie teamfähig?«

die zudem nur eine Ja/Nein-Antwort zulässt, sicherlich nicht sehr sinnvoll.

! **Beispiel: Biographische Frage**

Besser wäre an dieser Stelle eine biographische Frage wie in unserem folgenden Beispiel: »Wie haben Sie früher an der Uni in erster Linie gearbeitet (große Gruppen, Kleingruppen, Dyaden, alleine)? Wie sind Sie damit zurechtgekommen? Geben Sie bitte ein Beispiel an.«

Außerdem sollte die Frage nicht suggestiv sein. Fragt man eine BewerberIn zum Verhältnis zu ihrem letzten Arbeitgeber, der vielleicht dazu noch ein Wettbewerber der eigenen Firma ist, so ist die folgende Formulierung eher ungeschickt:

»Sie haben ja bei Firma X gearbeitet. Da hat es Ihnen sicher nicht gefallen?«

Ein weiterer wichtiger inhaltlicher Aspekt von Interviewfragen ist die Vermeidung allzu eindringlicher oder nicht arbeitsplatzbezogener Fragen.

Erstens besteht bei diesen Fragen für die BewerberIn das »Recht zur Lüge«, d. h. sie muss beispielsweise auf die Frage ihrer sexuellen Präferenzen nicht wahrheitsgemäß antworten, wenn sie das Gefühl hat, dass diese über den Erhalt oder Nichterhalt des Arbeitsplatzes bestimmen können. Ähnliches gilt für die an Frauen gerne gerichtete Frage des Kinderwunsches (für detaillierte Hinweise zu Rechtlichem bei Fragen s. das Haufe-Buch »Crashkurs Personalarbeit«).

Zweitens enthalten diese Fragen für den Interviewer keine anforderungsbezogenen Informationen und sind somit entbehrlich, umso mehr, da sie oft das Aufkommen eines Vertrauensverhältnisses unmöglich machen und die Interviewsituation unnötig belasten. Sogenannte »sensitive Fragen« sollten, wenn überhaupt, erst gestellt werden, wenn bereits ein Vertrauensverhältnis im Gespräch aufgebaut ist.

Formal gelten folgende Richtlinien:
- Fragen sollten kurz sein.
- Sie sollten sich nur auf jeweils einen Sachverhalt beziehen.
- Sie sollten dem Gesprächsniveau des Interviewpartners angepasst sein, d. h. weder zu kompliziert noch zu einfach sein.
- Sie sollten nicht mehrdeutig formuliert sein.
- Der Ablauf der Fragen sollte in sich logisch und nachvollziehbar sein (kein »Hüpfen« zwischen Themen).

Als Ablaufschema bietet sich die Trichtertechnik. Diese beinhaltet, dass der Interviewer mit allgemeineren (offenen) Fragen beginnt, um dann immer mehr ins Detail zu dringen. Zudem kann der Lebenslauf der BewerberIn als formaler Leitfaden dienen, aufgrund dessen auch relevante Fragen gestellt werden können.

2.3.3.1 Ablauf des Interviews und Anforderungen an den Interviewer

Das Interview stellt an den Interviewer gewisse Anforderungen: Er ist für den Ablauf des Gesprächs und der gesamten Kommunikation verantwortlich. Deshalb ist es wichtig, dass er mit bestimmten Fragetechniken und der Lenkung von Gesprächen vertraut ist. Als Interviewer sollte man (mindestens) diese zwei kommunikativen Fertigkeiten besitzen:
- Man muss Menschen richtig einschätzen können (Diagnostik) und
- man sollte den Gesprächspartner zielgerecht behandeln.

Das Gespräch sollte eine gewisse Vertrauensbasis als Grundlage haben, ein direktiver oder verhörartiger Interviewstil ist sicherlich nicht im Sinne einer anforderungsbezogen state-of-the-art Eignungsdiagnostik. Aus diesem Grunde sollte zu Beginn des Interviews Zeit für »Warm-up-Fragen« oder »Eisbrecherfragen« da sein (»Gut hergefunden?« usw.), die nicht in die Bewertung eingehen. Auf diesem informellen Wege zeichnen sich vielleicht schon Einstiegsmöglichkeiten in das eigentliche Interview ab.

Wichtig ist auch, dass Informationsgewinn und Informationsweitergabe im richtigen Verhältnis zu einander stehen. Es reicht nicht aus, als Interviewer kurz seine Position im Unternehmen zu nennen und dann direkt einzusteigen. Man sollte in jedem Fall etwas zur Firma berichten und die zu besetzende Stelle beschreiben, denn oftmals stellt das Interview neben der Stellenausschreibung für die BewerberIn die einzige Möglichkeit dar, sich zu informieren, was sie in ihrem Job erwartet. Auf Fragen der BewerberIn sollte deshalb ausführlich eingegangen werden.

Die kommunikativen Fähigkeiten des Interviewers beschränken sich aber nicht auf den Erhalt und die Vergabe von Informationen, sie beinhalten als weiteren Aspekt, mit den emotionalen Anteilen eines Gesprächs umgehen zu können, und diese wiederum zur Informationsgewinnung zu nutzen (hier spielt die viel zitierte emotionale Intelligenz des Interviewers mit hinein). Wesentliche Voraussetzung für ein gelungenes Interview ist deshalb die Fähigkeit des Interviewers, gut zuhören zu können.

Als Interviewer sollten Sie sich also von folgenden Vorstellungen trennen:
- Das Interview ist ein objektives Instrument, in dem keine emotionalen oder sozialen Prozesse ablaufen.
- Als Interviewer weiß man schnell, was der oder die andere denkt und fühlt.
- Aufgabe der Interviewer ist es, möglichst schnell möglichst viele Informationen abzufragen und dadurch möglichst schnell zu einem Urteil zu kommen (am besten noch während des Interviews).

Wenn man zu sehr das Ziel vor Augen hat, möglichst effektiv und schnell Personalselektion zu betreiben, und sich deshalb zu stark auf das Stellen der nächsten Frage konzentriert, ist die Chance groß, dass man einige Informationen, die die BewerberIn zusätzlich gibt, überhört.

Der Interviewer sollte also gut zuhören können; dies bedeutet, dass er aktiv zuhört und aufmerksam dem Gesprächsverlauf folgt, sowie offene und verdeckt gegebene Informationen der BewerberIn erfasst. Zentrale kommunikative Fertigkeiten des Interviewers sind also:
- Der KandidatIn beim Verbalisieren helfen: »Sie wollen damit wahrscheinlich sagen, dass ...«
- Paraphrasieren (sinngemäßes, hypothesenbildendes Wiederholen): KandidatInnen: »Solche offenen Situationen sind für mich sehr anstrengend.« – Interviewer:

»Verstehe ich Sie richtig: wenn eine Arbeitssituation keine klaren Ziele aufweist, dann fühlen Sie sich nicht wohl?«

- Das Selbstwertgefühl der BewerberIn beachten, nicht verletzen, von oben herab behandeln oder »pampern« (zu weich oder mitleidig behandeln).
- Gesprächstempo und Informationsmenge steuern: durchaus auch (höflich) unterbrechen und auf Zeit verweisen, wenn die BewerberIn zu langwierig antwortet; Präzisierungen verlangen

Wichtig ist auch, dass man – gerade bei einem un- oder teilstrukturierten Interview – die richtigen Nachfragen stellt, insbesondere im biographischen Teil. So sollte man Verallgemeinerungen des Interviewpartners immer durch sog. Anschlussfragen in Form von konkreten Beispielen belegen lassen und darauf achten, dass man als Interviewer ein vollständiges Bild der geschilderten Situation erhält. Man kann sich immer das Verhaltensdreieck vor Augen führen – nach diesem besteht Verhalten immer aus drei Aspekten:

Ausgangssituation
Wie kam es dazu?

Handlung
Was hat die
BewerberIn gemacht?

Ergebnis
Was war das
Resultat?

Abb. 16: Verhaltensdreieck

Diese drei Aspekte sollten in der Befragung abgedeckt sein. Das Verhaltensdreieck dient dazu, über konkrete, verhaltensbezogene Fragen und/oder offene Fragen von der KandidatIn tatsächlich erlebte Informationen zu erheben. Die Vorteile der Methode bestehen darin, dass

- konkrete Verhaltensbeispiele Fehlinterpretationen seitens des Interviewers verringern helfen,
- konkrete Beispiele es dem Bewerber schwerer machen, nicht Vorhandenes vorzutäuschen.

Ungenauigkeiten oder fehlende Erfahrung mit Themen auf Seiten der BewerberIn äußern sich häufig auf folgenden Ebenen:

* Stärkere Betonung von Gefühlen und Meinungen in der Aussage, z. B. »meiner Meinung nach bin ich immer offen auf andere zugegangen« oder »ich denke, ich bin ein ziemlich offener Mensch«.
* Theoretische oder hypothetische Aussagen: »Man muss da einfach …«, »Das sollte man meines Erachtens immer so machen …« usw.
* Vage Aussagen: »Ich hatte schon ziemlich häufig Teamaufgaben zu bewältigen, so ein paar Mal im Jahr …«

Beispiele für Anschlussfragen im Rahmen des Verhaltensdreiecks, die der Präzisierung dienen:

* »Wie weit waren Sie selbst an den Aufgaben beteiligt?«
* »Wie häufig kam das vor?«
* »Wie sah das im Einzelnen aus?«
* »Können Sie mir dafür ein Beispiel geben?«
* »Wie lief das in der Praxis ab?«
* »Was taten Sie, um das Ergebnis zu beeinflussen?«
* »Wie unterschied sich diese Situation von …?«
* »Beschreiben Sie Ihre Rolle in der Situation …«
* »Was war das Ergebnis?«
* »Wie hat sich das ausgewirkt?«

Werden Ereignisse rein situativ dargestellt, so sollte der Interviewer sowohl die Kausalität des Ereignisses (Wie kam es dazu?) als auch dessen Finalität (Welches Ziel verfolgten Sie damit?) erfassen. Hilfreich ist auch das Erfragen von beruflichen Schlüsselsituationen, die nach dem Prinzip des Verhaltensdreiecks erfragt werden. Ferner können die Persönlichkeitstheorien der BewerberIn interessante Informationen liefern – wie steht er/sie zu Karriere, Erfolg, beruflicher Leistung u. Ä.

Wenn Sie vor der Aufgabe stehen, ein Interview zu entwickeln, sollten Sie darauf achten, die Anforderungen Ihres Unternehmens in den entsprechenden Fragen abzubilden. Wir hatten eingangs von den biographiebezogenen Interviewfragen gesprochen. Bei diesen orientiert man sich am Anforderungsprofil und entwickelt dann eine Frage, die der Interviewte aus vergangenem Erlebtem heraus beantworten kann.

Ein Beispiel wäre die Frage nach der Teamfähigkeit:

* »Welche Erfahrungen haben Sie mit Teamarbeit gemacht?«
* »Was macht Ihnen dabei Spaß, was nervt Sie eher?«
* »Welche Rolle nehmen Sie in Teams ein?«

Die Antworten werden dann meist mittels verhaltensverankerter Bewertungsskalen (s. Kapitel 2.2.4 »Anforderungs- und Kompetenzprofil«) beurteilt.

Damit Sie sich ein Bild machen können, wie das aussieht, wollen wir Ihnen im Folgenden einige anforderungsprofilbezogene biographische Beispielfragen mit entsprechender Skalierung vorstellen.

Beispiel: Anforderungsprofilbezogene biographische Beispielfragen

Kundenorientierung
Beschreiben Sie eine Situation, in der Sie sich besonders für das Anliegen eines Kunden eingesetzt haben. Haben Sie einen Kunden schon mal begeistert?
- Was taten Sie?
- Wie war die Reaktion des Kunden?
- Wie halten Sie in der eigenen Kundenorientierung die Balance zwischen den Vorstellungen des Kunden und den betriebswirtschaftlichen Anforderungen Ihres Unternehmens?

Kann kein Anliegen formulieren; kann sich nicht in die Kundenperspektive versetzten; gibt vor, dass es keine Reibungspunkte gibt

Kann Kundenanliegen differenziert beschreiben, hat sich in die Perspektive des Kunden versetzt und sich bis zur Lösung voll eingesetzt, Kundenfeedback wird zur Weiterentwicklung verwendet; beschreibt differenziert Reibungspunkte und wie man diese überkommen kann

1	2	3	4	5	6

Belastbarkeit/Durchhaltevermögen
Beschreiben Sie eine Situation aus Ihrer bisherigen Arbeitstätigkeit, in der Sie Ihr Bestes gaben und Ihr Ziel nicht erreichten. Beschreiben Sie eine Krise, mit der Sie kürzlich fertig werden mussten.
- Woran lag es? Was ist vorgefallen?
- Wie haben Sie versucht, eine Lösung zu finden?
- Wie haben Sie sich zu diesem Zeitpunkt gefühlt?
- Was haben Sie dabei gelernt?
- Wie gehen Sie im Allgemeinen mit Misserfolgen um?

Kann nichts dazu sagen, beschreibt die Situation oberflächlich und in »man«-Form; findet die Frage »komisch«, antwortet ausweichend; unterscheidet nicht zwischen Erfolgen und Niederlagen; hat keine Lernmöglichkeiten erkannt und umgesetzt; zieht sich zurück; lässt sich demotivieren; verfällt in passive Strategien			Gibt differenziertes Bild einer Situationsbeschreibung, hat für sich Lernmöglichkeiten bewusst herausgearbeitet und umgesetzt; geht problemlösungsorientiert vor, versucht aus Frustration etwas Positives zu ziehen; »bleibt am Ball«; verarbeitet bewusst und motiviert sich neu		
1	2	3	4	5	6

Schließlich liefern auch situative Fragen interessante Informationen zu Ihrem Gegenüber. Hiermit sind Fragen gemeint, die die Vorstellungskraft der BewerberIn ansprechen. So wird eine beruflich kritische Situation beschrieben und die Antwort darauf registriert. Als hilfreich erweist sich hier die in Kapitel 2.2 »Aufgabenanalyse« beschriebene »Critical Incidents-Technik«: durch Befragung der MitarbeiterInnen einer Organisation kann man Ereignisse zusammentragen, die mit einem besonders erfolgreichen Abschluss einhergingen, und ebenso Ereignisse, deren Ausgang kritisch war. Diese »Ereigniskataloge« bieten eine hervorragende Plattform für die Entwicklung situativer Fragen. Auch hierzu finden Sie nachfolgend einige Beispiele, um das Thema »griffig« zu machen.

> **!**
>
> **Beispiel: Anforderungsprofilbezogene situative Beispielfragen**
>
> **Führungsfähigkeit**
>
> Stellen Sie sich vor, Sie erhalten von einer Ihrer Führungskräfte unter Ihnen den Hinweis, dass es zu Mobbingvorwürfen in Ihrem Serviceteam gekommen ist. Demnach habe einer Ihrer Meister einen seiner Servicemonteure auf dem Kieker, spräche öfters schlecht von diesem vor anderen, informiere ihn weniger als die anderen und lasse ihn generell außen vor. Sie selbst haben dies noch nicht direkt mitbekommen. Sie haben aber gehört, dass der betroffene Servicemonteur auch eine »schwierige Person« sei, ein wenig eigenbrötlerisch und teils auch sehr kritisch gegenüber dem Meister.
>
> - Wie gehen Sie an diese Situation heran?
> - Was ist Ihnen hier aus Führungssicht am wichtigsten?

Entscheidet per Machteinsatz, »fuchtelt« mit Macht, nutzt sofort Drohstrategien, stellt sich sofort auf eine der beiden Seiten; agiert patriarchalisch/ autoritär; lässt die Situation schleifen; laissez faire: handelt nach dem Motto »das müssen die schon selbst auf die Reihe bekommen«			Sucht das Gespräch, versucht erst einmal, die Situation zu verstehen; hört beide Seiten an, macht sich ein eigenes Bild; übergibt Lösungsverantwortung, überwacht das Ganze aber; hat Eskalationsmodell im Hinterkopf; beschreibt greifbare Ziele für beide Seiten, gibt Feedback		
1	2	3	4	5	6

Teamfähigkeit

Sie hatten in den letzten zwei Wochen ein extrem stressintensives Arbeitspensum und mussten Überstunden machen. Heute ist Freitag und Sie freuen sich, endlich mal etwas früher nach Hause zu kommen. Während Sie gehen, kommt eine KollegIn auf Sie zu und bittet Sie um einen Gefallen: Sie hat eine fristgerechte Arbeit zu erledigen und muss heute Abend fertig werden. Er steht unter extremem Zeitdruck und fragt Sie, ob Sie ihm noch helfen könnten.

* Wie gehen Sie mit einer solchen Situation um?
* Was werden Sie tun?

Stellt die Beziehung zur KollegIn in den Vordergrund; macht die Bereitschaft zur Mitarbeit davon abhängig; stellt persönliche Gesichtspunkte bedingungslos in den Vordergrund; fragt nicht nach; geht einfach			Fragt nach Aufwand und Rahmen der Arbeit; spricht mit der KollegIn, holt sich Informationen; versucht Bereiche abzuklären, in denen Hilfe nötig ist; denkt mittelfristig, d. h. hilft »akut«, spricht aber mit der KollegIn über zukünftige Vorgehensweise		
1	2	3	4	5	6

2.3.3.2   Interview im Gesamtzusammenhang: das multimodale Interview von Schuler

Das semi-strukturierte oder multimodale Interview von Schuler (1992) greift viele der in diesem Kapitel beschriebenen methodischen Grundlagen, unter anderem auch die genannten Aspekte der sozialen Validität, auf und bildet diese in einem Verfahren ab. Es zeichnet sich durch einen standardisierten Ablauf aus und ist in verschiedene, aufeinander aufbauende Abschnitte unterteilt. Innerhalb dieser Abschnitte werden zum einen berufsbezogene, biographische, interessenbezogene und situative Fragen gestellt, zum anderen erhalten die Bewerber in einem eigens dafür vorgesehenen Part Informationen über die einstellende Organisation.

Die Antworten der BewerberInnen werden mittels verhaltensverankerter Einstufungsskalen beurteilt. Durch dieses strukturierte Vorgehen werden die typischen Interviewfehler vermieden. Hierzu gehören mangelnder Anforderungsbezug der Fragen, unzulängliche Informationsverarbeitung und die im Rahmen von Exkurs 8 (s. Arbeitshilfen online) beschriebenen Beurteilungsfehler.

Das Interview verfolgt mehrere Absichten:
- Zentral ist die Auswahl der geeignetsten BewerberInnen.
- Die BewerberInnen sollen durch den Anforderungsbezug der Fragen im Interview und einen eigens hierfür vorgesehenen Teil ein Bild des zukünftigen Arbeitgebers gewinnen können.
- Gegenseitige Erwartungen sollen abgeglichen werden.
- Durch das Auswahlverfahren soll also beiden Seiten gedient sein: Das Unternehmen möchte eine optimale Stellenbesetzung erreichen und die BewerberInnen sollen durch die verfahrenstypische Transparenz ihren zukünftigen Arbeitgeber kennen lernen können.

Das Erreichen dieser Absichten wird durch die methodischen Vorteile des Verfahrens gewährt:
- Das Interview ist anforderungsbezogen gestaltet, d. h. die Fragen orientieren sich an den relevanten Kriterien; hiermit wird auch eine realistische Vorabinformation (engl. »realistic job preview«) zum künftigen Tätigkeitsfeld geliefert (Transparenz).
- Durch Verwendung einer skalierten Beurteilung, die sich auf bestimmte Abschnitte des Interviews beschränkt, werden Beurteilungsfehler vermieden.
- Die Beurteilungsphase bezieht sich zunächst auf das Vorhandensein von beobachtbarem Verhalten; die eigentliche Entscheidungsphase ist hiervon getrennt, so dass hierdurch ebenfalls Beurteilungsfehler vermieden werden.

Interview in 7 Phasen
Das Interview selbst besteht aus 7 Phasen:
1. **Warm-up**: Zunächst soll eine angenehme Gesprächsatmosphäre kreiert werden, indem etwa der Tagesablauf, das methodische Prozedere (z. B. mitlaufende Notizen der Beurteiler) usw. beschrieben werden.
2. **Selbstpräsentation**: In diesem Abschnitt stellen sich die BewerberInnen anhand ihres Lebenslaufs selbst vor. An dieser Stelle findet die erste Beurteilung auf Basis bestimmter Kriterien der sozialen Fertigkeiten statt.
3. **Unstrukturierter Gesprächsteil**: In diesem Teil des Interviews werden vertiefende Fragen zur Selbstpräsentation, zu beruflichem Werdegang bzw. Interessen und zur Wahl des Arbeitgebers gestellt. Dieser Part des Gesprächs kann genutzt

werden, um offene Fragen zu klären oder Fragen zu stellen, die sich auf spezifische Fähigkeiten (z. B. IT-Kenntnisse, Sprachkenntnisse) beziehen. Hierbei geht es um eine einfache Informationssammlung bezüglich des Vorhandenseins dieser Fähigkeiten, an dieser Stelle sind keine systematischen Beurteilungen notwendig (Checklisten-Vorgehen).

4. **Biographiebezogene Fragen**: In diesem Teil des strukturierten Interviews werden gezielte biographische Fragen gestellt. Hier angesprochene Themenkreise können Erfahrungen mit Teamarbeit, Organisationsaufgaben o. Ä. sein. Dieser Teil des Interviews prüft also vergangenes Verhalten und bewertet dieses als Prädiktor für zukünftiges Verhalten.

5. **Unternehmensinformationen**: An dieser Stelle berichtet das Unternehmen über seine Unternehmenskultur, Firmenpolitik, Personalentwicklungsmaßnahmen und seine Wünsche an die PositionsanwärterIn. Mit diesem Teil wird die angesprochene Transparenz des Verfahrens gewährleistet.

6. **Situative Fragen**: Auch dieser Teil des Interviews trägt zur Transparenz für die BewerberInnen bei, denn hier werden sie gebeten, anforderungsrelevante Situationen mental durchzuspielen und ihre Verhaltensreaktion zu antizipieren.

7. **Abschluss**: Im letzten Teil des Interviews werden offene Fragen der BewerberInnen geklärt und weitere Vereinbarungen getroffen.

Abb. 17: Das multimodale Interview nach Schuler (1992)

> **! Arbeitshilfe: Interviewleitfaden**
>
> Sie finden bei den Arbeitshilfen online auf mybook.haufe.de einen Beispiel-Interviewleitfaden. Dieser stellt ein Grundgerüst für ein Interview dar, das im Ablauf an das multimodale Vorgehen von Schuler angelehnt ist und das Ihnen als Vorlage dienen kann, um Ihre eigenen Fragen darin abzubilden.

2.3.4   Assessmentverfahren

2.3.4.1   Grundlagen und Hintergründe von Assessments

Ein Assessmentverfahren wie das Assessment-Center (AC) stellt eine weitere gängige Verfahrensweise der Personenanalyse dar. Es führt konsequent den eignungsdiagnostischen Grundgedanken des Interviews weiter, indem es das mentale »Sich-Bewegen« durch anforderungsbezogene Fragestellungen um Simulationen erweitert. Statt sich also »im Kopf« mit einem Szenario auseinanderzusetzen erwartet die KandidatInnen hier das Agieren in einer tatsächlichen Übung.

Ziel dieser Simulation ist es, der tatsächlichen Aufgabenstellung oder zumindest den darin enthaltenen Anforderungen möglichst nahe zu kommen. Auch hier trifft man als Durchführender eines AC eine grundsätzliche Entscheidung. Es gibt zwei Vorgehensweisen mit unterschiedlichen Vor- und Nachteilen:

1. **Unternehmensspezifische Verfahren**: Die situativen Übungen von unternehmensspezifischen ACs
   - spiegeln alltägliche Arbeitssituationen wider und
   - integrieren inhaltlich aufeinander aufbauende Szenarien, wobei
   - die TeilnehmerInnen in den Übungen Informationen erhalten, die sie bearbeiten und die sich dynamisch entwickeln (man spricht hier auch von einem »dynamischen AC«).
   - Die Übungen sind also so gestaltet, dass sie das Geschehen und die dahinterstehenden Anforderungen der Zielposition möglichst genau simulieren, so dass für die TeilnehmerInnen eine geringe »Transferdistanz« entsteht. Sie bekommen so einen relativ genauen Eindruck davon, was sie in der angestrebten Position erwartet. Das unternehmensspezifische Vorgehen des AC kommt damit einer »Arbeitsprobe« im Sinne eines tatsächlich für einen begrenzten Zeitraum in der Zielaufgabe Tätigwerdens am nächsten. Damit verbunden ist natürlich auch ein erheblicher Entwicklungsaufwand, denn die Übungen können nicht »zugekauft« werden, sondern müssen spezifisch entworfen werden. Hierbei greift man idealerweise auf die Ergebnisse vorheriger Anforderungsanalyseschritte wie der CIT und des abgeleiteten Anforderungsprofils (s. Kapitel 2.2 »Aufgabenanalyse«) zurück.

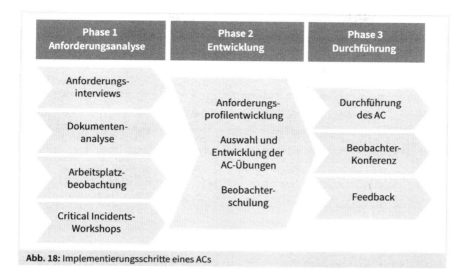

Abb. 18: Implementierungsschritte eines ACs

– Der Nutzen eines unternehmensspezifischen ACs gleicht dem Ergebnis einer Wertschöpfungskette: je differenzierter die Anforderungsanalyse im Vorfeld des AC ist, je mehr Wert auf vorbereitende Schritte wie eine gründliche Beobachterschulung gelegt wird, desto höhere prognostische Validität (s. Exkurs 6 bei den Arbeitshilfen online) werden die Beobachtungsergebnisse haben.

2. **Nicht unternehmensspezifische Verfahren.** Die Idee hier ist, dass die TeilnehmerInnen zwar hinsichtlich der Anforderungen der Zielposition beobachtet werden, dass aber die Übungen möglichst *wenig* mit den tatsächlichen Abläufen in der Zielposition zu tun haben sollen. Neben dem erheblich geringeren Entwicklungsaufwand gegenüber unternehmensspezifischen Varianten (es gibt auf dem Markt ganze »AC-Batterien«, aus denen man einzelne Standard-Übungen »kaufen« kann) soll dies sicherstellen, dass alle KandidatInnen auf »neutralem Grund« agieren können, dass niemand Vorteile bezüglich eines stellenbezogenen Vorwissens haben soll und dass letztendlich auch gerade die Nähe zur späteren Position, auf die unternehmensspezifische Verfahren abzielen, vermieden wird, um diesbezüglich potenzielle Beschwerden zu umgehen (»Aber im AC habt Ihr das Aufgabenspektrum ganz anders dargestellt als es in Wirklichkeit ist!«).

Dies sind unbestreitbar Vorteile dieser Art von AC, die aber mit einem unwiderruflichen Nachteil einhergehen: man vergibt sich als Unternehmen die Chance eines »realistic job preview« (s. hierzu mehr in den folgenden Abschnitten), einer realistischen Vorschau auf Aufgabeninhalte und Kulturfaktoren, die für das Agieren in einer Zielposition notwendig sind. Bei der mittlerweile berühmt-berüchtigten NASA-Übung, einer Gruppenaufgabe, in der man sich im Team auf eine begrenzte Anzahl mitzunehmender Gegenstände bei einer notgedrungenen Wanderung über die Mondoberfläche entscheiden muss, ist die Chance äußerst gering, dass man als KandidatIn irgendwann in den Genuss kommt, dies *tatsächlich* einmal zu erleben. Gleiches gilt, wenn auch in abgeschwächtem Maße, wenn ich bei einem Lebensmittel-Discounter anfangen möchte und in einer Simulation ein florieren-des IT-Start-up-Unternehmen leite oder als AspirantIn für eine Marketingabteilung im Rahmen einer Fallstudie Stadtverwaltung orchestriere. Dennoch ermöglichen beide genannten Beispiele unbesehen die Beobachtung von Anforderungskrite-rien wie Überzeugungsfähigkeit, Teamfähigkeit, Konfliktfähigkeit oder Kommuni-kationsfähigkeit.

Für beide Arten von Assessments gilt, dass es um den Abgleich zwischen den Anfor-derungen an eine KandidatIn und den Erwartungen der BewerberIn an das Unterneh-men geht – die dahinterstehende Fragestellung lautet also »Was haben sich beide Sei-ten gegenseitig zu bieten?«

Assessment-Center werden sowohl für externe Bewerbungssituationen als auch für interne Stellenbesetzungen eingesetzt. Bei letzterem spricht man auch von soge-nannten Entwicklungs-Assessments, Development Centern (DCs) oder Potenzialana-lysen. Für diese findet das Verfahren AC auch häufiger Anwendung als die im vorhe-rigen Kapitel beschriebenen Interviews, die sich bei externen Stellenbesetzungen größerer Beliebtheit erfreuen.

Assessments verfolgen mit ihrem aufwendigeren, multimodalen und simulationsba-sierten Aufbau mehrere Nutzenaspekte bzw. Ziele, die sie von anderen eignungsdi-agnostischen Instrumenten abheben, allerdings in Abhängigkeit von der gewählten Methode (z. B. unternehmensspezifisch vs. nicht unternehmensspezifisch):

- Prüfung persönlicher und sozialer Kompetenz der KandidatInnen mit guter Vor-hersagekraft (s. Exkurs 6 prognostische Validität bei den Arbeitshilfen online).
- Möglichkeit der Erfassung vorhandener Potenziale für höhere Stellen (insbeson-dere bei internen Assessments), indem die Simulationen Anforderungen der höhe-ren Zielposition abbilden (z. B. führungsbezogene Rollenspiele für KandidatInnen, die noch keine Führungsposition innehaben, aber eine anstreben).
- Abklären der beiderseitigen Erwartungen – im Sinne einer vollständigen Transpa-renz – sowohl von Unternehmensseite als auch von den KandidatInnen; dies ist besonders bei internen ACs wichtig, da hier eine Auswahl getroffen wird und auch »Nicht-Genommene« verbleiben; hier sollte man sich überlegen, was man diesen Menschen im PE-Sinne als Ausblick bietet.
- Das AC fungiert als »realistic job preview«, d. h. die Unternehmensrealität wird durch die Übungen, aber auch die Atmosphäre, die die BeobachterInnen kreieren und die Art, wie man untereinander und mit den BewerberInnen umgeht (s. Exkurs 9 »Soziale Validität von Assessment-Centern« bei den Arbeitshilfen online) abge-bildet. So bekommen potenzielle BewerberInnen einen Einblick in Prozesse, Orga-nisation, Kultur und typische Verhaltensweisen des einstellenden Unternehmens.

Das Verfahren ermöglicht auf diese Weise einen frühzeitigen Erwartungsabgleich zwischen Unternehmen und Interessenten, so dass beide Seiten eine bewusstere Entscheidung für- oder gegeneinander treffen können. Dies gilt in abgeschwächter Form auch für strukturierte Interviews (s. multimodales Interview von Schuler (1992) im vorherigen Kapitel) und wirkt natürlich vor allem bei ACs mit externem Einstellungsfokus.

- Hoher »Aufforderungscharakter« – ACs werden von den KandidatInnen oft als »ökologisch valide« angesehen, d. h. man erkennt den unmittelbareren Zusammenhang zwischen Einstellungsverfahren und späterem Job, was sich für andere Verfahren wie psychometrische Tests nicht so einfach sagen lässt (»Was hat ein Persönlichkeitstest mit meinen Fähigkeiten als Controller zu tun?«). Gerade diese Testformen wirken wie eine klassische Prüfungssituation, sind in ihrer Itembeschreibung und den dahinterstehenden Absichten meist undurchsichtig und führen daher häufiger zu Reaktanz der TeilnehmerInnen, die sich »durchleuchtet« fühlen (s. hierzu auch die Hinweise zum Thema »soziale Validität« weiter oben).
- Insofern »ziehen« ACs, sofern sie gut gemacht sind, auch eher als Marketing-Instrument, das ein positives Bild des einstellenden Unternehmens gegenüber potenziellen BewerberInnen i. S. des Personalmarketings abgibt.

2.3.4.2   Aufbau von ACs

Die gängigere Variante von Assessments ist ein Gruppenverfahren, im Gegensatz zu sogenannten Einzel-Assessments oder Audits (s. weiter unten in diesem Kapitel). Das entscheidende Wort im Zusammenhang mit Gruppen-ACs ist »mehrere«:

Bei einem Assessment-Center werden *mehrere* KandidatInnen durch *mehrere* BeobachterInnen in *mehreren* Übungen bezüglich *mehreren* Kriterien über *mehrere* Stunden oder Tage beobachtet.

Unserer Meinung nach ist das ein weiterer Vorteil von Assessments: wenn man schon den Aufwand betreibt, mehrere KandidatInnen parallel einzuladen und in einem AC-System laufen zu lassen, dann sollte man dies auch für Übungen nutzen, die man in einem »Eins-zu-eins-Kontext« zwischen BewerberInnen und Unternehmen nicht generieren kann. Mit anderen Worten: man kann mehrere BewerberInnen in Interaktion sehen und sollte dies auch nutzen. Natürlich kann dies auch wieder als Nachteil des Verfahrens ausgelegt werden: es gibt durchaus kritische Stimmen, die die Frage aufwerfen, warum man sein eigenes Profil vor »wildfremden MitbewerberInnen« ausbreiten sollte.

Optimalerweise hat man also ein AC, das lebendig gestaltet ist, vielleicht sogar eine Art Mini-Projekt abbildet, wie es beim einstellenden Unternehmen täglich vorkommen könnte. Auf diese Art besteht die Chance, eine Auswahlsituation zu generieren, die möglichst nahe an eine reale soziale Situation herankommen kann, so dass die TeilnehmerInnen im Verlaufe eines AC-Tages immer tiefer in das Szenario eintauchen – und so die BeobachterInnen immer mehr »vergessen« und immer stärker ihr natürliches Profil zeigen. Aus diesem Grund bestehen moderne ACs in der Regel aus mehreren situativen Gruppen- und Einzelübungen wie Präsentationen, Teammeetings, Rollenspielen, Interviews usw., die gewissermaßen den geringstmöglichen Abstraktionsgrad von tatsächlich existierenden Unternehmenssituationen darstellen (s. die oben angesprochene »ökologische Validität«).

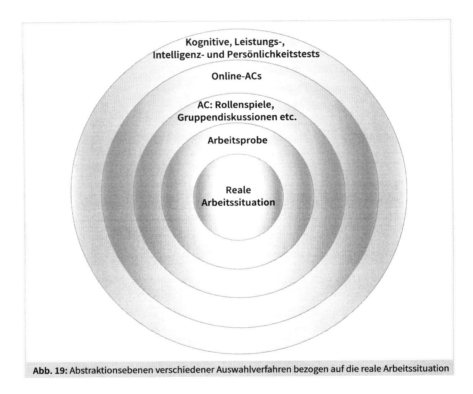

Abb. 19: Abstraktionsebenen verschiedener Auswahlverfahren bezogen auf die reale Arbeitssituation

»Klassische« Übungen in ACs sind:
- **Präsentationen**: Selbstpräsentationen, inhaltliche Präsentationen (z. B. zu erarbeiteten Arbeitsergebnissen aus vorherigen Übungen), auch Spontanpräsentationen (z. B. spontanes Referieren zu einem Thema aus einem Zeitungsausschnitt) – meist als Einzelpräsentationen mit der Maßgabe, sich in einer gegebenen Zeit vorzubereiten und die vorgegebene Präsentationszeit optimal einzuhalten.
- **Gruppen-/Teamarbeiten**: Hierbei handelt es sich um die »typischste« Übung eines Assessments; wie oben erwähnt nutzt man natürlich die Chance, mehrere

KandidatInnen miteinander interagieren zu lassen, entweder in Form von offenen Fragestellungen (»Bitte erarbeiten Sie gemeinsame ein Kundenorientierungskonzept für …«; »Welche Produktstrategie sollten wir verfolgen?«) oder vor dem Hintergrund eines zu lösenden Problems / einer Konflikt- oder Verhandlungssituation (»Wer bekommt den Dienstwagen?«; »Welche 5 Gegenstände nehmen wir auf unserer Mondwanderung mit?«); Gruppenübungen gibt es ohne und mit Rollenvorgaben (»Sie sind der Leiter der Produktion, Ihre KollegIn A ist Logistikleiterin, Kollege B Leiter der Qualitätssicherung …«).

- **Rollenspiele:** Meist in Form von Eins-zu-eins-Interaktionen, insbesondere bei Assessments mit Führungsausrichtung oder im Vertrieb / für Positionen mit Kundenkontakt (»Bitte führen Sie ein Gespräch mit einer MitarbeiterIn, deren Leistungen in den letzten 5 Monaten kontinuierlich gesunken sind.«; »Sie werden gleich einen Kunden kennenlernen, der sich in den letzten Monaten immer wieder beschwert hat …«).
- **Schriftliche Aufgaben:** Hier ist sicherlich der berühmt-berüchtigte Postkorb zu nennen, d. h. die Aufgabenstellung für die KandidatInnen, eine Vielzahl an Dokumenten, die in einem inhaltlichen und zeitlichen Zusammenhang und teils in Konflikt zueinanderstehen, in einem engen Zeitrahmen zu analysieren, zu bearbeiten und zu priorisieren. Hiervon gibt es mittlerweile unzählige Vorlagen und EDV-basierte Varianten. Auch Fallanalysen kommen häufig vor, d. h. die Bearbeitung eines Szenarios und der entsprechenden Kennzahlen, oftmals als Vorbereitung für nachfolgende Interaktionsaufgaben (Rollenspiele, Präsentationen, Gruppenarbeiten).
- **Interviews** (s. vorheriges Kapitel): Auch Interviews sind oftmals Bestandteil von ACs, insbesondere wenn es um Fragestellungen geht, die sich nur bedingt in beobachtbare Situationen überführen lassen (z. B.: Einstellung zur Arbeit, Loyalität zum Arbeitgeber, Commitment, innere Werthaltungen usw.).
- **Psychometrische Testverfahren** (s. hierzu Kapitel 2.3.2 »Psychometrische Verfahren als Teil der Personenanalyse«) Leistungsbezogene Testverfahren wie Intelligenz- oder Konzentrationstests, aber auch Persönlichkeitstests werden ebenfalls als Bestandteil des Verfahrens eingesetzt, insbesondere bei Einstiegspositionen und bei Ausbildungsstellen oder wenn die Position einen bestimmten Fokus beinhaltet, der sich gut über spezifische Testverfahren überprüfen lässt (z. B. stark belastende Aufgaben – Fragebogen zur Stressverarbeitung; Vertriebsaufgaben – Optimismusfragebogen).

Im Folgenden finden Sie einen Beispiel-Ablaufplan für ein AC im Rahmen eines Führungskräftenachwuchspools, um Ihnen einen Eindruck zu vermitteln, wie sich ein unternehmensspezifisches, dynamisches Verfahren mit inhaltlich aufeinander aufbauenden Übungen gestalten lässt.

!   **Beispiel: Ablaufplan für ein AC im Rahmen eines Führungskräftenachwuchspools**

Tag 1

- **Teamübung 1:** Gruppe arbeitet als interdisziplinäres Team, in dem verschiedene Funktionen (Verkauf, Service, Controlling) vertreten sind, an einem Entwurf für das »Kunden-Center 2020«
  - **Teil 1:** Gemeinsame Analyse der Marktsituation / zukünftigen Anforderungen, Synergien zwischen den Bereichen, Ansätze zur Optimierung des betriebswirtschaftlichen Ergebnisses
  - **Teil 2:** Design / Grob-Businessplan des Kunden-Center 2020; gemeinsame Auflistung der wichtigsten Ergebnisse

  Fokus: Denken in Qualitäts-, Kosten- sowie Profitbahnen, bereichsübergreifendes, ganzheitliches Denken und dabei Kundenbedarf berücksichtigen

- **Präsentation 1:** Wesentliche Ergebnisse des ersten Teams werden vor einem Geschäftsführungs-Gremium in Einzelpräsentationen dargestellt; kritische Fragen, auf die adäquat reagiert werden muss

  Fokus: Verantwortung übernehmen, zu eigenen Entscheidungen stehen, hartnäckig sein, sich gegen Widerstand (auch von oben) durchsetzen, flexibel auf Fragen reagieren, argumentieren und begeistern; mit belastender Präsentationssituation erfolgreich umgehen

- **Rollenspiel 1:** Kundengespräch, bei dem das Kunden-Center 2020 und dessen Vorteile für den Kunden vorgestellt werden soll; der Kunde agiert offen, hat aber nach der Hälfte des Gesprächs einige kritische Punkte (falsche Lieferung, Service, Abwicklung), auf die adäquat reagiert werden muss

  Fokus: Zuhören können, gut argumentieren, flexibel und kundenorientiert agieren; Ergebnis- und Qualitätsorientierung in der Argumentation berücksichtigen

- **Teamübung 2:** Ausgangssituation Kunden-Center 2020, Spezialthema »Führung«; die Teammitglieder haben die Aufgabe, ein strategisch fundiertes Mitarbeiterentwicklungskonzept für das Center vorzubereiten; Analyse der Führungssituation; zukünftige Anforderungen an MitarbeiterInnen; Ableitung eines Personalentwicklungskonzepts für das Kunden-Center 2020

  Fokus: In Mitarbeiterperspektive hineindenken, andere Sichtweisen akzeptieren, eigene Führungskultur erkennen, situative Führungsanforderungen beschreiben, führungsbezogene Ziele im Auge behalten, Delegation einführen, Verbesserungsansätze erkennen, auf die Entwicklung der MitarbeiterInnen fokussieren

- **Rollenspiel 2:** Vermittlung der Ergebnisse von Team 2 gegenüber einem kritisch eingestellten MitarbeiterInnen mit langjähriger Erfahrung; zudem bringt MitarbeiterInnen derzeit keine guten Leistungen, daher müssen Verbesserungsansätze hierfür abgeleitet werden; MitarbeiterInnen wurde in der Vergangenheit bezüglich seiner persönlichen Karrierevorstellungen enttäuscht; zusätzlich ist derzeit Arbeitsdruck im Bereich sehr hoch

  Fokus: Auch in schwierigen Situationen Ergebnisse des Bereichs im Auge behalten, sich in MitarbeiterInnen einfühlen, ihn in seiner Entwicklung begleiten wollen, Führungstechniken einsetzen, Ideen zur Mitarbeiterförderung entwickeln, partnerzentriert argumentieren, Konfliktpotenzial abfangen; im Anschluss: Selbstreflexion bezüglich der eigenen Wirkung und der empfundenen Belastung

Tag 2
- **Interview:** Semi-strukturiertes Interview bezogen auf die Kriterien Kostenbewusstsein/ Profitdenken, Gestaltungs- und Durchsetzungsfähigkeit, Führungstechniken, Mitarbeiterförderung, Flexibilität; 2 Interviewer in 2 parallelen Gruppen, je 4 TN hintereinander
- **Verhandlungsübung:** Konfliktträchtiges, internes Verhandlungsgespräch, in dem je zwei TeilnehmerInnen miteinander diskutieren (z. B. Verkauf/Service oder Service/ Controlling); zugrundeliegende Ressourcen- oder Zielkonflikte (z. B. Auslastung in der Werkstatt, interne Abnahmepreise, Halten an kaufmännische Prozesse); beide haben die Aufgabe, eine gemeinsame Lösung zu entwickeln
  Fokus: Fähigkeit, auch in konfliktreichen Situationen offen zu informieren und zu kooperieren, zuhören können, anspruchsvolle Konflikte gemeinsam lösen; andere Sichtweisen akzeptieren, anschließend Selbstreflexion bezüglich persönlicher Verbesserungsansätze im Gespräch

Exkurs 9: Soziale Validität in Assessment-Centern !

Bei den Arbeitshilfen online auf mybook.haufe.de finden Sie spezifische Informationen zum Aspekt der sozialen Validität speziell bei ACs. Zudem ist hier als Arbeitshilfe eine Beispieleinladung an potenzielle AC-TeilnehmerInnen abgebildet, die besonders auf die Aspekte der sozialen Validität abhebt.

Die Übungen des oben beschriebenen Beispielablaufs sind, in AC-spezifischen Beobachter- und Teilnehmerunterlagen genauer beschrieben.

Arbeitshilfe: Aufgabenblatt für TeilnehmerInnen !

Als Beispiel finden Sie bei den Arbeitshilfen online auf mybook.haufe.de ein Teilnehmer-Aufgabenblatt.

Die BeobachterInnen erhalten neben den vollständigen Informationen aus den Teilnehmerunterlagen weiterführende Informationen: in den Beobachterunterlagen wird über die Aufgabeninstruktion für die TeilnehmerInnen hinaus auf Ziele, Beobachtungskriterien, Besonderheiten der jeweiligen Übung und ggf. auf Rollenspielanweisungen eingegangen.

2.3.4.3 Beobachtungsdimensionen und -kriterien im AC

Wir haben nun etwas über die Hintergründe, den grundlegenden Aufbau und »typische« Übungen im AC erfahren. Lassen Sie uns jetzt einen Blick auf das methodische Spezifikum eines Assessments werfen: die Beobachtung während des Verfahrens. Diese findet vor dem Hintergrund einer Systematik statt, die uns in Kapitel 2.2 »Aufgabenanalyse« bereits beschäftigt hat: das Anforderungsprofil. Im AC werden anhand der Übungen entsprechende Kompetenzdimensionen mit zugehörigen Kriterien überprüft, die eine KandidatIn erfüllen sollte, um ihre Aufgaben in der Zielposition erfolgreich zu bewältigen oder Potenzial für zukünftige Aufgaben zu zeigen. Die Kriterien werden so ausgewählt, dass sie ein umfassendes oder sogar vollständiges Anforderungsprofil der Zielaufgabe widerspiegeln. Im AC werden in erster Linie Kompetenzen aus dem Bereich der sog. »soft skills«, also Kriterien aus den Bereichen der sozialen, persönlichen und methodischen Kompetenz erhoben. Fachkompetenz steht in der Regel nicht im Vordergrund.

Optimalerweise sollten die KandidatInnen die relevanten Kriterien kennen (im Sinne der sozialen Validität, insbesondere der »Transparenz« des Verfahrens, s. Exkurs 9 zum Thema »Soziale Validität in Assessment-Centern« bei den Arbeitshilfen online) – das bedeutet nicht, dass man bei jeder Übung erwähnt, welche Kriterien nun »dran sind«. Das wäre kontraproduktiv, da es die TeilnehmerInnen dazu verführen könnte, die gehörten Kriterien zu bedienen und damit das zu zeigen, was man mit der Methode des AC genau vermeiden möchte: sozial erwünschtes Bewerberverhalten. Aber die Beteiligten sollten wissen, worum es dem Unternehmen insgesamt geht, d. h. das gesamte Anforderungsprofil sollte vor Beginn des ACs vermittelt werden. Dies trägt auch dazu bei, dass die KandidatInnen etwas zur Unternehmenskultur erfahren und verstehen, worauf es der Firma im Zusammenspiel mit Kunden und eigenen MitarbeiterInnen ankommt – eine gute Voraussetzung, um entscheiden zu können, ob diese Anforderungen zu den eigenen Stärken und Schwächen sowie der Erwartungshaltung an den möglichen Arbeitgeber passen. Wie erwähnt: ein gutes AC versucht eine Plattform dafür zu liefern, dass KandidatIn *und* Unternehmen eine bewusste, getragene Entscheidung hinsichtlich der gegenseitigen Passung treffen können.

Jedes Kriterium eines Anforderungsprofils wird durch mehrere Übungen überprüft, in der Regel in mindestens zweien. Man beobachtet z. B. ein Kriterium wie Konfliktfähigkeit einmal in einer Teamaufgabe und danach nochmals in einem Rollenspiel mit einem schwierigen Gesprächspartner, um sicherzustellen, dass keine »Einfachmessungen« stattfinden und um zu überprüfen, ob die KandidatIn das Kriterium in unterschiedlichen Anforderungssituationen stabil und konsistent abbildet.

An dieser Stelle laufen nun der inhaltliche Aufbau – Welches Szenario soll zugrunde gelegt, welche Übungen sollen integriert werden? – und der methodische Aufbau – Welche Kriterien sind relevant, in welchen Übungen beobachten wir was? – des ACs zusammen und nehmen Einfluss aufeinander. Zum einen muss man sich als AC-Konstrukteur überlegen, welche Übung welche Kriterien triggern sollen.

! **Beispiel: Übungen konstruieren**

Wenn Sie Konfliktfähigkeit überprüfen wollen, dann sollte die Übung ausreichend »scharf« angelegt sein, dass ein Konflikt spürbar wird.
Wenn Sie Teamfähigkeit beobachten wollen, eignet sich in der Regel eine Einzelpräsentation hierfür kaum.

Gleichzeitig sollte man berücksichtigen, dass BeobachterInnen immer nur eine begrenzte Anzahl an Kriterien parallel wirklich trennscharf erfassen können. Sowohl Forschungsergebnisse (Schuler, 1989, Dreher & Sackett, 1983, Klein & Scheffler-Lipp, 1989) als auch Rückmeldungen von AC-BeobachterInnen aus der Praxis belegen, dass die Beobachtungsqualität massiv nachlässt, wenn man mehr als 7 Kriterien gleichzeitig beurteilen soll. Man neigt dann dazu, »in einem Rutsch« zu beurteilen, d. h. gedanklich passiert dann ungefähr Folgendes: »Kommunikationsfähigkeit war ja bei ihr ganz gut, also meine ich, dass auch die Verhandlungsfähigkeit gut war, ist ja so was ähnliches …« – die Abgrenzungen zwischen den Kriterien verwischen einfach, wenn wir zu viel auf einmal beobachten sollen. Daher empfehlen wir als Richtwert, maximal 4 Kriterien pro Übung beobachten zu lassen. Nimmt man dies als Grundregel an und koppelt dies noch mit der Maßgabe »jedes Kriterium in mindestens 2 Übungen beobachten«, so hat die Anzahl der Kriterien des relevanten Anforderungsprofils natürlich auch eine unmittelbare Auswirkung auf die notwendige Anzahl der Übungen: ein Anforderungsprofil, das aus 10 Kriterien besteht, erfordert dann z. B. schon ein AC, das mindestens 5 Übungen beinhaltet.

Um sich bei der Zusammenstellung oder Entwicklung eines ACs nicht zu »verplanen«, empfiehlt es sich mit dessen Kernstück zu beginnen: der Anforderungs-Aufgabenmatrix (s. Tabelle 8). Diese gibt uns eine zentrale Übersicht, welche Kriterien in welchen Übungen wie oft beobachtet werden.

Beispiel für eine Anforderungs-Aufgabenmatrix					
Kriterium	Beschreibung	Methoden			
		Präsenta-tion	Team-übung	Rollen-spiel	Interview
Überzeu-gungsfähig-keit	• Andere durch persönliche Art von sich und seiner Meinung/ Auffassung überzeugen; Faszi-nation vermitteln; »anstecken« • Hohe Identifikation mit eige-nem Vorschlag ausstrahlen, glaubwürdig sein • Selbstbewusst auftreten • Inhalte lebendig darstellen (z. B. in Präsentationen)	X		X	X
Kommuni-kationsfä-higkeit	• Dem Gegenüber zugewandt sprechen • Sachverhalte klar und präg-nant darstellen • Aktiv zuhören • Deutlich sprechen	X		X	X

Beispiel für eine Anforderungs-Aufgabenmatrix					
Konfliktfä-higkeit	• Sich die Argumente der Gegen-seite ruhig anhören • Nach gemeinsamen Lösungen suchen		X	X	X
Durchset-zungsfähig-keit	• Eigene Meinung vertreten können, für seinen Standpunkt kämpfen • Sachlich und konsequent, aber nie unfair argumentieren • Sich Konkurrenzsituationen stellen, ohne dabei aggressiv zu wirken • Ausdauer bei der Bearbeitung von Aufgaben zeigen, auch in längeren Prozessen »am Ball bleiben« • Auch bei Schwierigkeiten im Prozess aktiv bleiben		X		X
Teamfähig-keit	• Eigene Aufgaben im Team erkennen und erfüllen • Die Meinung anderer in die eigene integrieren können		X		X
Analy-tisches Denken	• Die wichtigsten Elemente einer Situation erkennen können • Einzelelemente und Hinter-grundinformationen in einem Gesamtbild erkennen können		X		X
Problemlö-sefähigkeit	• Hindernisse in Prozessen erkennen und überwinden können • Ausgangs- und Zielsituation definieren können • Ursachen-Wirkungszusammen-hänge erkennen (Kombinato-rik) und durch Anbieten von Lösungen nutzen			X	X

Tab. 8: Beispiel für eine Anforderungs-Aufgabenmatrix

In der Anforderungs-Aufgaben-Matrix sind neben den Übungen, Dimensionen und Kri-terien auch Beschreibungen von Beispielverhaltensweisen enthalten. Diese Beschrei-bungen sind als eine Darstellung erfolgsrelevanter Verhaltensweisen, Eigenschaften und Motivationslagen zu verstehen. Sie stellen aber noch nicht die Übersetzung der Kriterien in beobachtbares Verhalten dar. Diese geschieht auf Ebene der Beurteilungsbögen. Die Operationalisierung der Kriterien, d. h. die Beschreibung und Skalierung in beobachtbarem Verhalten, kann z. B. auf recht pragmatische und gut zu handhabende Weise durch verhaltensverankerte Einstufungsskalen geschehen (s. a. Kapitel 2.3.3 »Interview«). Die Extrema einer Skala werden durch negative bzw. positive Verhaltensbeispiele des jeweiligen Beurteilungskriteriums definiert, die fast checklistenartig in der Situation beobachtet werden können.

> **Arbeitshilfe: Beispiel für einen Beobachtungsbogen** !
>
> Ein Beispiel für einen Beobachtungsbogen aus einem AC finden Sie bei den Arbeitshilfen online auf mybook.haufe.de.

> **Exkurs 10: Skalenarten und -längen** !
>
> Bei den Arbeitshilfen online auf mybook.haufe.de bieten wir Ihnen weiterführende Informationen zum Thema Skalenarten und -längen.

2.3.4.4 BeobachterInnen im AC

Entsprechend der Struktur eines Assessments brauchen Sie natürlich eine ausreichende Anzahl geeigneter BeobachterInnen. Diese zu gewinnen stellt durchaus eine Herausforderung dar, denn es ist natürlich nicht ohne, einen oder mehrere Tage aus dem operativen Geschäft herausgenommen zu werden, um in einem AC in dieser Rolle zu fungieren – zumal die Tätigkeit die volle Aufmerksamkeit über den gesamten Tag hinweg erfordert und »nebenbei noch etwas am Laptop erledigen« absolut »nicht drin« ist. Wir haben aber die Erfahrung gemacht, dass nach der ersten Hürde, dem erstmaligen Gewinnen der BeobachterInnen, in aller Regel das »BeobachterInnen-Eis« gebrochen ist. Viele BeobachterInnen ziehen aus der Aufgabe sehr viel für sich selbst heraus und bestätigen uns immer wieder, dass sie die AC-Beobachtung als persönlichen Entwicklungsschritt für sich sehen. Die meisten BeobachterInnen motiviert es auch einfach, an der Weiterentwicklung des Unternehmens mitzuwirken und mitzugestalten, welche MitarbeiterInnen neu dazu stoßen oder in weitere Führungspositionen aufsteigen. Dadurch leisten sie einen aktiven Beitrag zur Entwicklung der eigenen Unternehmenskultur. Nicht selten entwickeln sich AC-BeobachterInnen auch zu Multiplikatoren und sprechen wiederum andere KollegInnen an, die dann für weitere Durchführungen zur Verfügung stehen.

Auf welche Aspekte ist bei der Auswahl von BeobachterInnen zu achten?

- **Geeignete Hierarchie-Ebene**: Wenn möglich, sollte man es vermeiden, potenzielle direkte Vorgesetzte als BeobachterInnen einzusetzen. Hier geht es zum einen um die Möglichkeit, tatsächlich neutral beobachten zu können, zum anderen spielt aber auch prozessurale Gerechtigkeit mit hinein: wenn Sie einem direkten Vorgesetzten gewähren, als BeobachterIn zu fungieren, müssten Sie dies schlussendlich auch allen anderen potenziellen direkten Vorgesetzten gewähren, was das AC schnell zu einer »Massenveranstaltung« werden lassen kann (zur notwendigen Anzahl von BeobachterInnen, s. u.).

- **Vertrautheit mit den Stellenanforderungen der Zielposition und dem Anforderungsprofil**: Natürlich hilft es, wenn die BeobachterInnen wissen, worum es in der Position geht und wenn sie mit den Bewertungskriterien vertraut sind (s. nächster Punkt)
- **Beobachterschulung**: Wir hatten bereits im Rahmen des Exkurs 8 zum Thema »Eignungsdiagnostik als soziale Situation« über die Notwendigkeit der Beobachterschulung gesprochen; je intensiver diese ist, desto sicherer bewegen sich die BeobachterInnen später durch das Verfahren selbst und desto mehr Ressourcen haben sie für die eigentliche Beobachtung im Rahmen des AC parat.
- **Eigene Erfahrung mit dem Verfahren**: Bei länger etablierten AC-Systemen schadet es auch nicht, nach einigen Jahren ehemalige TeilnehmerInnen als BeobachterInnen einzusetzen. Diese Zielgruppe kann oftmals besonders gut abschätzen, wie das anforderungsbezogene Verhalten, das man im AC beobachten konnte, in Zusammenhang mit den späteren Stellenanforderungen steht. Natürlich gilt es hier wiederum, die geeignete Führungsebene zu beachten (s. Punkt 1): es empfiehlt sich z. B. nicht Trainees aus dem ersten Programmjahr als BeobachterInnen für das AC der Nachfolgegeneration einzusetzen – hier ist die Distanz zwischen Beobachteten und BeobachterInnen einfach zu gering.
- **Beteiligung von Personalreferenten, geschulten Psychologen oder externen Moderatoren**: Unserer Wahrnehmung nach bewährt sich immer ein Mix aus unterschiedlichen »BeobachterInnen-Brillen«, z. B. ein operativer Blickwinkel der Führungskräfte des Unternehmens und ein PE-Blickwinkel der entsprechenden Experten aus der Stabsstelle; oder eine Mischung aus internen und externen BeobachterInnen, die ebenfalls unterschiedliche Blickwinkel abbilden.

Wie viele TeilnehmerInnen lädt man ein, wie viele BeobachterInnen braucht man? Als Faustregel kann man sich merken, dass das Verhältnis KandidatInnen zu BeobachterInnen 2:1 sein sollte: bei 8 TeilnehmerInnen braucht man mindestens 4 BeobachterInnen. Gleichzeitig sollte man nicht den Ehrgeiz entwickeln, eine Eins-zu-eins-Beobachtungssituation herzustellen. Zum einen sind in einem AC sowieso schon viele Leute gemeinsam unterwegs und irgendwann fühlt sich auch der größte Raum überfüllt an, zum anderen haben die BeobachterInnen eine sehr anspruchsvolle Aufgabe. Sie müssen gewissenhaft und den KandidatInnen gerecht werdend beobachten und sich entsprechend intensiv über ihre Beobachtungen austauschen (s. u., die sogenannte Beobachterkonferenz). Dies begrenzt auch wieder die sinnvolle Anzahl an BeobachterInnen.

Optimalerweise können sich die BeobachterInnen auf die AC-Übungen konzentrieren, ohne bei den entsprechenden Übungen zusätzlich als RollenspielerInnen agieren zu müssen. Ideal wäre daher der Einsatz von zusätzlichen RollenspielerInnen aus den eigenen Reihen. Um diese zu gewinnen, gelten ähnliche Rahmenbedingungen wie bei den BeobachterInnen, aber auch hier haben wir die Erfahrung gemacht, dass sich dort nach und nach Menschen finden, die Spaß daran haben, bestimmte Rollen abzubilden und dies auch sehr gut machen. »Sehr gut machen« bedeutet dabei nicht, eine »Top-Schauspielleistung« abzuliefern, sondern die beschriebene Rolle so abzubilden, dass die zu beobachtenden Anforderungskriterien »getriggert« werden.

Arbeitshilfe: Instruktion für eine Rolle im AC   **!**

Um Ihnen zu vermitteln, wie sich AC-Rollenspieler auf eine gegebene Rolle vorbereiten können, stellen wir Ihnen in den Arbeitshilfen online auf mybook.haufe.de eine Beispiel-Instruktion vor.

Eine AC-Beobachtung stellt eine Methode dar, die darauf aus ist, Wahrnehmungseindrücke, die wir als Menschen immer und überall empfinden, zu systematisieren und so objektiv wie möglich zu gestalten. Menschliche Wahrnehmung wird niemals »objektiv« sein können, aber wir können zumindest die Subjektivität durch bewusste Beobachtung und das Trennen von Beobachtung und Beurteilung zurückdrängen. Wir alle kennen Gedanken wie »Na, wie der hier schon reinkommt, das kann ja nix werden!« oder »Also, wenn ich die Aufgabe hätte, ich wäre das viel besser angegangen!«; sie sind menschlich, haben aber nichts bei einer AC-Beobachtung verloren. Es gilt, dass sich die AC-Beobachtung auf klar umgrenzte, dafür ausgeschriebene Beobachtungssituationen (Übungen) auf Basis der zugeordneten Kriterien beschränkt, um zu einer methodisch sauberen Beurteilung zu führen.

Auf unsystematische Beobachtungen außerhalb dieses Rahmens (sog. »Mittagstischbeobachtungen«) sollten Sie möglichst verzichten, zumal diese keinerlei echten Mehrwert für die Beobachtungsergebnisse erzeugen. Sie stellen eine erwiesenermaßen nicht reliable und nicht valide Form der Beobachtung dar und liefern damit nur eine Zufallsbeurteilung, die den methodischen Aufwand des Verfahrens nicht mehr rechtfertigen würde. Mit anderen Worten: dann kann man auch gleich »Erster Eindruck-Auswahl« betreiben und das Bauchgefühl alleine entscheiden lassen. Darüber hinaus führen Mittagstischbeobachtungen nur dazu, dass die TeilnehmerInnen diese durchaus »mitbekommen« und das Verfahren sich so für sie intransparent »anfühlt« (»Hatten die nicht was von fair und transparent gesagt? Und jetzt wird mir hier vorgehalten, dass ich in den Pausen so zurückgezogen und introvertiert gewirkt habe!«). Natürlich erhält man bei einem mehrtägigen AC auch ein Gesamtbild einer Person, das über einzelne Übungen hinausgeht – dieses darf man auch als »Gesamtbild« rückmelden, aber eben nur als Angebot und Hypothese. Die eigentlichen Beobachtungsrückmeldungen sollten sich auf das anforderungsbezogene Verhalten beziehen und damit beschreib- und belegbar sein (s. Abschnitt Feedback).

Während der verschiedenen Übungen kommt es zu einem rotierenden Wechsel der BeobachterInnen in Bezug auf die TeilnehmerInnen, um ein möglichst breites Spektrum von Beobachtungen einzubeziehen. Diese Beobachterrotation bewirkt (s. Tabelle. 9 »BeobachterInnen-Rotationsmatrix«), dass jede BeobachterIn jede KandidatIn mindestens in zwei Übungen gesehen hat. Auch damit wird den oben beschriebenen vorurteilsbedingten Wahrnehmungsbeeinträchtigungen (subjektive Wahrnehmungsverzerrungen, Milde- und Strengefehler usw.) vorgebeugt.

Teilneh-merIn	BeobachterInnen						
	Team-übung 1	Präsenta-tion 1	Rollen-spiel 1	Team-übung 2	Rollen-spiel 2	Präsenta-tion 2	Team-übung 3
1	A B	A B	C D	C D	A B	A B C D	C D
2	A B	A B	C D	C D	A B	A B C D	C D
3	A B	A B	C D	C D	A B	A B C D	C D
4	A B	A B	C D	C D	A B	A B C D	C D

Tab. 9: Schematische BeobachterInnen-Rotationsmatrix

Das beobachtete Verhalten der KandidatInnen wird anhand der Beurteilungsbögen (s. o.) während des gesamten Prozesses von den BeobachterInnen schriftlich notiert und ist damit auch Ausgangspunkt der späteren Integration in der Beobachterkonferenz. Hier möchten wir nochmals auf die notwendige Trennung zwischen beobachtetem Verhalten in negativer und positiver Ausprägung (dieses zeigt sich während der Übungen) und der eigentlichen Beurteilung des beobachteten Verhaltens (dies geschieht in der Beobachterkonferenz) hinweisen.

Die Beobachterkonferenz findet nach Ablauf der letzten Übung des Tages statt; währenddessen pausieren die KandidatInnen. Bei mehrtägigen ACs gibt es meist an jedem Tag eine Zwischenbeobachterkonferenz. In der Konferenz gibt zunächst jede BeobachterIn ihre individuelle Kandidatenbeurteilung ab. Daraufhin integrieren die BeobachterInnen ihre Verhaltensbeobachtungen und kommen bezüglich der einzelnen KandidatInnen zu einer Beurteilung, die sich auf die jeweiligen Kriterien bezieht. Hier ist eine Konsensentscheidung einer Mehrheitsentscheidung vorzuziehen. Sollten bei den gleichen BeobachterInnen regelmäßig Einschätzungsunterschiede – bei einer sechsstufigen Skala z. B. von mehr als 1 Skalenpunkt – auftreten, so klärt man gemeinsam die Hintergründe dieser Unterschiede im Gespräch, um mögliche Wahr-nehmungstendenzen und -auslöser aufzudecken (Leitfrage: »Warum hat die Kandida-tIn bei dir in der Übung ein so anderes Bild als bei mir hinterlassen?«). Diese stellen oft eine interessante Quelle für spätere Feedbackinhalte in Richtung der KandidatInnen dar.

Beobachterkonferenzen sind, hieraus wollen wir keinen Hehl machen, anstrengend. Nachdem man den ganzen Tag beobachtet hat, sitzt man dann noch, meist am Ende eines vollen Tages, unter Zeitdruck zusammen, um eine Gesamtbewertung für jede einzelne KandidatIn auszuhandeln – und dabei muss man den Menschen gerecht werden, die sich in einem solchen Verfahren zeigen und denen das aus der Konfe-renz entstehende Feedback sehr viel bedeutet. Gerade bei der Beobachterkonferenz spielt also das Menschenbild wieder eine große Rolle, unter dem man PE betreibt – und genau das macht die »harte« Beobachterkonferenz auch wieder so befriedigend: wenn man als Beobachterteam gemeinsam Feedbacks erarbeitet, die offen, transpa-rent und potenzialorientiert sind und so der BewerberIn und dem Unternehmen einen großen Nutzen bieten.

2.3.4.5 Feedback

Wir empfehlen, das Feedback an die KandidatInnen noch am Nachmittag des letzten Beobachtungstages zu geben. Bei dem genannten 2:1-Schlüssel läuft das Feedback in 2 »Tranchen«, d. h. in zwei aufeinanderfolgenden Einzelsitzungen, so dass jeweils ein(e) BeobachterIn hintereinander Feedback an zwei KandidatInnen gibt. Um die Wartezeit der zweiten, die Rückmeldung erhaltenden KandidatIn nicht unnötig zu ver-längern, sollte die Rückmeldungszeit nicht mehr als 30 Minuten pro Person betragen.

Der Inhalt des Feedbacks bezieht sich dabei immer auf die im AC enthaltenen Anfor-derungskriterien, nicht auf die »Persönlichkeit« der KandidatIn. Das Feedback wird wertschätzend vermittelt, um bei der KandidatIn Demotivation und negatives Perso-nalmarketing zu vermeiden. Das bedeutet, dass man Wahrnehmungen (nicht »Wahr-heiten«) vermittelt, die andere Seite zu Kommunikation auf Augenhöhe einlädt, d. h. auffordert, die eigene Sichtweise einzubringen. Stärken- und Schwächeneinschätzun-gen werden mit beobachteten Verhaltensbeispielen belegt, optimalerweise entlang eines grafisch dargestellten Profils (s. Beispiel-Profil). Und natürlich steht ein wert-schätzendes Feedback auch für eine potenzialorientierte Darstellung der wahrgenom-menen Schwächen (»Verbesserungsmöglichkeiten sehen wir in den Bereichen ...«) verbunden mit Vorschlägen zu entsprechenden individuellen Fördermaßnahmen.

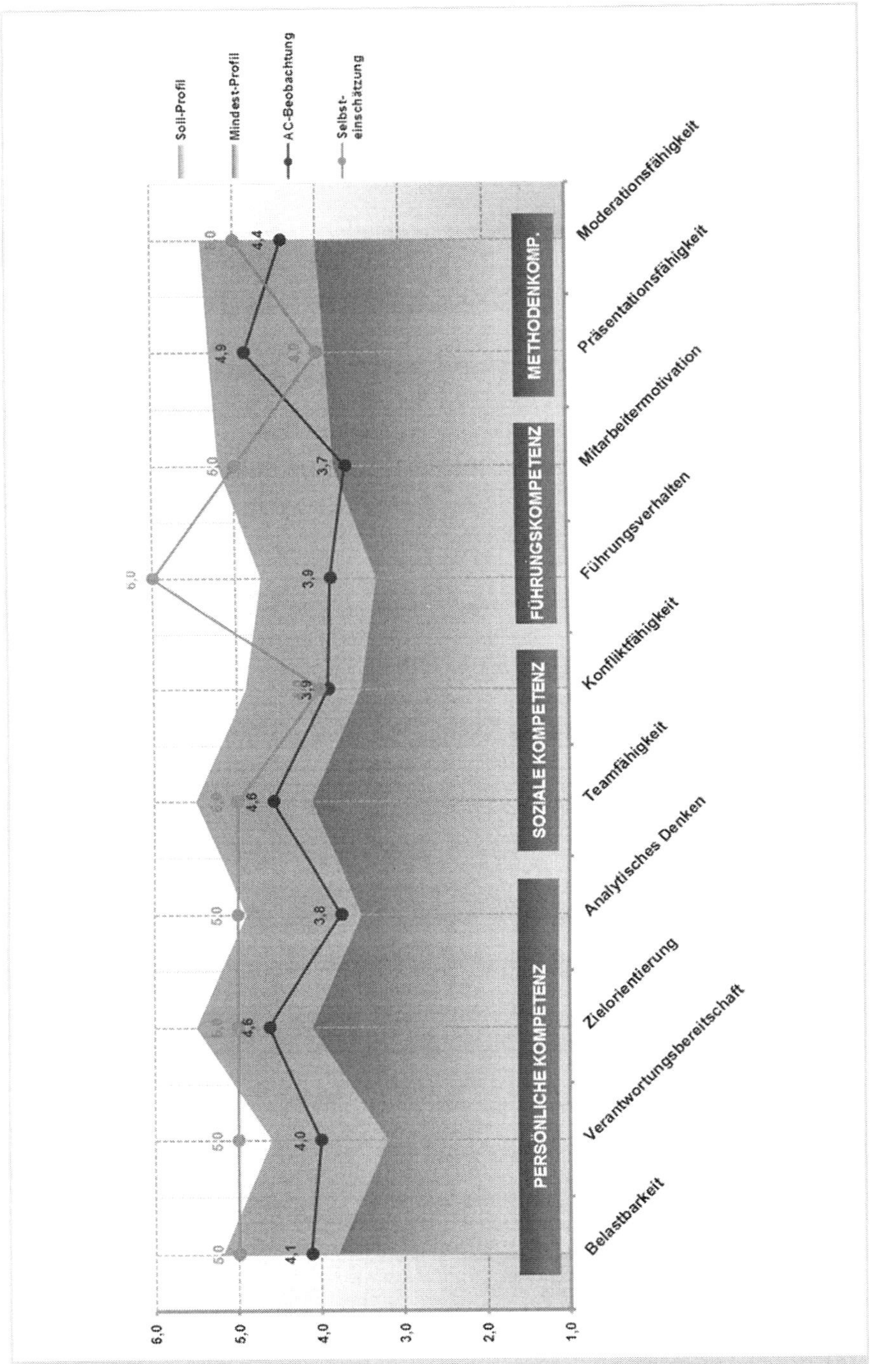

Abb. 20: Beispiel-Grafik AC-Rückmeldung

Rechnen Sie damit, dass sich KandidatInnen auch an einzelnen Beobachtungen oder Werten »festbeißen«. Das ist verständlich: sie wollen verstehen, wie Dritte zu dieser Einschätzung gekommen sind, denn bei dem AC geht es für die TeilnehmerInnen um etwas. Hier helfen eben auch wieder konkrete Beobachtungsbeispiele – diese sollten Sie liefern können. Sollte es so sein, dass Ihr Gegenüber dann sagt »Das habe ich bei mir aber ganz anders wahrgenommen«, so ist das in Ordnung: Sie stellen die abgestimmte Wahrnehmung der BeobachterInnen dar, die andere Seite hat ihren eigenen Blickwinkel und ihr steht es nun frei, die abweichende Beobachtung innerlich im Sinne eines Lernfeldes anzunehmen oder unter »Da hat man mich falsch gesehen« abzulegen.

Es muss vorher abgestimmt werden, ob im Feedback auch schon eine »endgültige Entscheidung« mitgeteilt wird (oftmals gar nicht möglich, wenn mehrere ACs über mehrere Wochen laufen und man zuerst alle KandidatInnen gesehen haben muss) oder ob sich das Feedback zunächst nur auf das wahrgenommene Verhalten im AC bezieht. Wichtig ist in jedem Fall zur Abrundung des Feedbacks den TeilnehmerInnen zu vermitteln, wie die weiteren Schritte aussehen. Dazu gehören Themen wie

- Nächster Kontakt: Wer meldet sich wann beim der KandidatIn?
- Falls nicht schon im Rahmen des Feedbacks vermittelt: Wann gibt es die endgültige Entscheidung?
- Wann gibt es ein eventuelles schriftliches Feedback (s. u.)?

2.3.4.6 Akzeptanz und Transparenz

Wie bereits mehrfach erwähnt: das Verfahren sollte so angelegt sein, dass es für die KandidatInnen größtmögliche Transparenz bietet: Ziele und Ablauf des ACs werden den TeilnehmerInnen offengelegt. Durch die gegebene Transparenz werden die KandidatInnen weniger zu »schauspielerischen Leistungen« und Impression Management verleitet, weil sie nicht erst »erraten« müssen, was von ihnen gefordert wird. Damit wird die Reliabilität und die Validität des Verfahrens potenziert, denn die TeilnehmerInnen können zeigen, wer sie wirklich sind.

Weiterhin erhalten sie im Feedback konkrete Hinweise auf die Entwicklungsmöglichkeiten und weitere Schritte. Durch das potenzialorientierte Feedback wird ein weiterer Beitrag zur Transparenz geleistet. Dies führt auf Kandidatenseite erwiesenermaßen zu höherer Akzeptanz des Verfahrens und stellt damit einen hervorragenden Hebel für ein positives Personalmarketing des Unternehmens dar: naturgemäß werden KandidatInnen, die positiv in einem AC abgeschnitten haben, auch eher positiv gegenüber Dritten davon berichten (dies ist aber auch nicht »automatisch« so: wir kennen durchaus Rückmeldungen von KandidatInnen, die von intransparenten, schlechten ACs berichteten, obwohl sie eine Zusage bekommen hatten). Entscheidend sind die KandidatInnen, für die die Passung zum Unternehmen nicht gegeben war. Wenn man es durch das Verfahren schafft, diese nicht als Verlierer abziehen zu lassen, sondern ihnen auch noch etwas mitzugeben (z. B. in Form eines wertschätzenden Feedbacks), dann erhöht man die Chance, dass diese auch Dritten gegenüber trotz dessen positiv reden werden (»Ich wurde damals zwar nicht genommen, aber das AC war schon fair, da kannst du schon mal hingehen …«).

Wohl wissend, dass viele »Personaler« mit juristischem Background beim folgenden Hinweis zucken werden – wir haben die Erfahrung gemacht, dass die Verschriftlichung des Feedbacks ebenfalls als große Wertschätzung der KandidatInnen empfunden wird, die ihnen das Unternehmen entgegenbringt. Rückmeldungen wie »Das hat mir geholfen, an mir zu arbeiten und mich in weiteren Auswahlverfahren viel besser aufstellen zu können!« sind dann keine Seltenheit.

! **Arbeitshilfe: Schriftliche Rückmeldung**

Bei den Arbeitshilfen online auf mybook.haufe.de finden Sie ein Beispiel einer ausführlichen schriftlichen Rückmeldung für TeilnehmerInnen eines Einstellungs-ACs im Verkauf (um den Zeitaufwand beim Lesen in einem akzeptablen Rahmen zu halten, haben wir das Dokument gekürzt; es ist nur eine Auswahl der Kriterien enthalten).

2.3.4.7   Einzel-Assessment-Center / Audits

Ein Einzel-Assessment-Center (EAC) oder Einzel-Audit ist ein meist eintägiges Verfahren, das man auch als ein strukturiertes Gespräch zwischen einer Positionsanwärter und einer oder mehreren externen Experten bezeichnen könnte. Es ist so aufgebaut, dass mittels unterschiedlicher Verfahren ein möglichst differenziertes und facettenreiches Bild der BewerberIn in Bezug auf die definierten Unternehmens-Kompetenzen entwickelt werden kann.

Die Entwicklung eines EACs liegt vom Aufwand her zwischen der Erstellung eines semistrukturierten Interviews (etwas aufwendiger, weil man meist noch Fallanalysen u. Ä. integriert, s. u.) und Gruppen-ACs (etwas weniger aufwendig, weil die gesamte AC-Organisation einer Gruppe von TeilnehmerInnen beim EAC natürlich nicht nötig ist).

In der folgenden Tabelle finden Sie neben der Übersicht über die Implementierungsphasen eine Aufwandseinschätzung für die Entwicklung, Durchführung und Nachbereitung eines EACs.

Implementierungsphasen und Aufwandseinschätzung		
Phase	**Aufgaben**	**Aufwand**
1. Phase: Vorbereitung	Anforderungsanalyse (Diagnose): Telefonate, Interviews, Dokumentenanalyse; Erstellung eines Anforderungsprofils	0,5 – 1,5 Tage
	Auswahl, Anpassung der einzusetzenden Instrumente	0,5 – 1,5 Tage
2. Phase: Durchführung	Durchführung des EAC: Gemischte Instrumente, 1 externer BeobachterInnen, optional 1 interner BeobachterInnen	1 Tag
	Beobachterkonferenz; Auswertung der Ergebnisse, mündliches Feedback	
3. Phase: Auswertung	Erstellen eines schriftlichen Feedbacks für die KandidatIn	0,5 – 1 Tag
	Erstellen eines separaten, individuellen Gutachtens für den Kunden (optional)	0,5 – 1 Tag

Tab. 10: Implementierungsphasen des Einzel-Assessment-Centers

In der Durchführungsphase des EAC wird mit Hilfe einer individualpsychologischen Herangehensweise die Eignung einer KandidatIn hinsichtlich des Anforderungsprofils, aber auch unternehmenskultureller Faktoren überprüft. Das Verfahren legt im Regelfall die Betonung auf die Persönlichkeit, Motivation und kognitiven Fähigkeiten der BewerberIn und zielt stärker darauf ab, gegenseitige Erwartungen im Dialog herauszuarbeiten. Der »rote Faden« eines EACs besteht aus einem semi-strukturierten Interview (definierte Fragen plus offene Ergänzungsfragen, s. vorheriges Kapitel 2.3.3 »Interview«), in dem die AssessorInnen und die KandidatIn gemeinsam erarbeiten, wie diese in bestimmten Anforderungssituationen bereits reagiert hat oder reagieren würde. Diese Anforderungssituationen spiegeln, analog zum Gruppen-AC die zukünftigen Aufgaben der angestrebten Zielfunktion wieder. Das Interview besteht aus zwei Teilen: einem biographischen Teil, der lebenslauforientiert ist und sich auf Schlüsselsituationen in der bisherigen Entwicklung der KandidatIn bezieht, und einem situativen Teil, in dem arbeitsbezogene Situationen beschrieben werden, auf die die KandidatIn »mental« reagiert. Ergänzt wird das halbstrukturierte Interview durch weitere Übungen. Das EAC stellt ähnlich wie ein Gruppen-AC einen Methodenmix aus unterschiedlichen Instrumenten dar. Häufig eingesetzte Instrumente sind:

Übersicht EAC-Instrumente		
Verfahren	**Art des Verfahrens**	**Inhalt**
Selbstpräsentation (30 – 45 Min.)	Warm-up, Hintergründe mittels lebenslauforientierter Fragen explizieren	• Analog wie beim multimodalen Interview von Schuler (1992) auch als Einstieg geeignet, dient der Eingewöhnung der KandidatInnen an die Situation, denn damit rechnen diese und können so erst einmal mit etwas Vertrautem in das Verfahren starten • Erste Informationsquelle • Überleitung für das biographische Interview • Ggf. Selbsteinschätzung anhand der Unternehmenskriterien
Biographisches Interview (90 Min.)	Semi-strukturiertes Interview	• Lebenslauforientiertes Interview • Schlüsselsituationen der Entwicklung der KandidatIn • Vergangenes Verhalten als Prädiktor für zukünftiges Verhalten
Situatives Interview (90 Min.)	Semi-strukturiertes Interview	• Beschreibt arbeits- und anforderungsbezogene Situationen, auf die die KandidatIn »mental« reagiert • Szenarien werden auf Basis von Critical Incidents unternehmensspezifisch beschrieben
Fallanalyse (30 – 60 Min.)	Analyse- und problemlöseorientierte schriftliche Aufgabe	• Bearbeitung z. B. einer schwierigen MitarbeiterInnen- oder einer herausfordernden Unternehmenssituation • Meist erst individuelle Bearbeitung und dann Präsentation vor und (danach) Austausch/ Reflexion mit den AssessorInnen
Rollenspiele/Verhaltenssequenzen (Länge bedarfsbezogen, max. 20 Min.)	Rollenspiel-Interaktion	• Die KandidatIn stellt kurze, aufgabenbezogene Sequenzen (z. B. ein schwieriges Gespräch) mit AssessorIn oder einem Rollenspieler nach
Psychometrische Testverfahren (10 – 60 Min.)	Testverfahren, die sich auf bestimmte Dimensionen beziehen	• Zusatzinformationen aus einer weiteren »Beobachtungsquelle« • Fokus auf spezifische Kriterien/Anforderungen • Z. B. Bochumer Inventar zur berufsbezogenen Persönlichkeitsbeschreibung (BIP) von Hossiep & Paschen (2003), Fragebogen zur Analyse des schlussfolgernden und kreativen Denkens (ASK) von Schuler & Hell (2005), Stressverarbeitungsfragebogen (SVF) von Janke, Erdmann & Kallus, Fragebogen zur Selbstwirksamkeitserwartung (SKI) von Schwarzer

Tab. 11: Übersicht EAC-Instrumente

Die Notwendigkeit der Anwendung einzelner Verfahren sollte immer durch den Zusatznutzen bestimmter Informationen definiert sein, die nicht allein durch die Interviewteile des EAC gewonnen werden können. Gerade psychometrische Tests stellen immer nur eine zusätzliche Facette eines Gesamt-Profils dar (s. Kapitel 2.3.2 »Psychometrische Verfahren als Teil der Personenanalyse«): dies sollte auch der KandidatIn gegenüber vermittelt werden.

Das Einzel-Assessment zeichnet sich aufgrund seines individualpsychologischen Ansatzes im Vergleich zum Gruppen-AC durch eine höhere Flexibilität hinsichtlich der Gestaltung von Übungen aus. Es bietet die Möglichkeit, einzelnen Übungen spontan mehr Zeit einzuräumen oder bestimmte Bausteine bedarfsweise – je nach Anforderungsprofil und Gesprächsprozess – zu variieren. Durch den intensiven Austausch zwischen BewerberIn und BeurteilerInnen entsteht die notwendige beiderseitige Transparenz zur Vermeidung enttäuschter Erwartungen.

Auch hier sollte man dem Gegenüber im Verfahren auf Augenhöhe begegnen (Stichwort »Soziale Validität«, s. weiter oben in diesem Kapitel), denn ein solcher Austausch über den gesamten Tag ist durchaus intensiv. Diese partnerschaftliche Auffassung bedingt, der BewerberIn gegenüber das Vorgehen transparent zu machen und ihr die Gelegenheit zu bieten, aktiv und gemeinsam mit den AssessorInnen an der Prüfung der Passung zwischen eigenen Wünschen und denen des Unternehmens zu arbeiten. Die BewerberIn wird daher bereits im Vorfeld des eigentlichen EAC und nochmals zu Beginn des Verfahrens über diese Sichtweise, den geplanten Ablauf und die vorgesehenen Instrumente unterrichtet.

Der Einsatz von zwei BeobachterInnen dient dazu, sowohl die Interviews als auch die Beurteilung insgesamt aus unterschiedlichen Blickwinkeln vorzunehmen. Besonderer Wert sollte dabei auf die Zweiteilung in eine strukturorientierte (BeobachterInnen des auswählenden Unternehmens) und eine psychologische Sichtweise (PE-Abteilung oder externe Psychologen) gelegt werden. Die Kombination dieser Perspektiven lässt eine breit gefächerte und dadurch aussagekräftige Beurteilung der BewerberIn zu.

Durch Zwischenrückmeldungen zu den Eindrücken der Assessoren während des Tages erhält die BewerberIn einen aktiven Anteil am EAC. Mögliche Missverständnisse können so auch im Prozess ausgeräumt werden. Dies reduziert das Gefühl des »Ausgeliefertseins«, führt zu einer offeneren und engagierteren Partizipation seitens der BewerberIn und sichert die Akzeptanz gegenüber dem Verfahren, die auch das potenzialorientierte Abschlussfeedback zusätzlich erhöht wird. Genau wie beim AC ist beim EAC am Ende des Tages ein detailliertes mündliches Feedback entlang der beobachteten Kriterien vorgesehen. In aller Regel wird im abschließenden Feedback auch im EAC noch keine Besetzungsentscheidung vermittelt. Es findet zunächst ein fundierter, gleichberechtigter Diskurs zwischen BewerberIn und AssessorInnen statt, der dem Abgleich eines Selbst- und Fremdbildes dient.

Viele TeilnehmerInnen eines EACs konstatieren am Ende des Tages, dass sie die intensive Auseinandersetzung mit ihnen als Person auch als große Wertschätzung des Unternehmens ihnen gegenüber empfinden.

Um zu verdeutlichen, wie ein EAC aufgebaut ist, finden Sie hier einen beispielhaften Ablauf.

Beispielablauf EAC		
Uhrzeit	Abschnitt/Übung	Inhalt
08.30 – 09.00	Einleitung (30 Min.)	• Darstellung Ablauf und Methode • Klärung offener Fragen • Selbsteinschätzung anhand der unternehmensspezifischen Anforderungskriterien
09.00 – 09.45	Selbstpräsentation (45 Min.)	• Selbstvorstellung »Ich als Person und Führungskraft« mit Zwischenfragen der Moderatoren
09.45 – 11.15	Biographisches Interview (90 Min.)	• Lebenslauforientiertes Interview • Fragen zur eigenen Entwicklung, zur Selbstreflexion, Einstellung zur Führung, Work-Life-Balance usw.
11.15 – 12.30	Strategische Fallanalyse (75 Min.)	• Analyse »Turnaround Unternehmen« anhand zentraler Kennzahlen • Ableitung von Lösungsansätzen und Präsentation
12.30 – 13.30	Mittagspause	
13.30 – 13.45	Zwischenfeedback (15 Min.)	• Gegenseitiger Austausch und Lernerfahrungen: Wie verläuft das Audit bis jetzt?
13.45 – 14.45	Marketing-Fallanalyse (60 Min.)	• Analyse »Unternehmensstrategie 2020« • Ableitung von Lösungsansätzen und Präsentation
14.45 – 15.30	Situatives Interview (45 Min.)	• Beschreibung arbeits- und anforderungsbezogener Situationen, auf die »mental« reagiert wird
15.30 – 15.45	Puffer für offene Fragen (15 Min.)	• Klärung offener Fragen von Teilnehmerseite
15.45 – 16.15	Vorbereitung Abschluss-Feedback (30 Min.)	• Beobachterkonferenz und Vorbereitung des Abschluss-Feedbacks • Wartezeit für die TeilnehmerIn

Beispielablauf EAC		
Uhrzeit	**Abschnitt/Übung**	**Inhalt**
16.15 – 16.45	Abschluss-Feedback und Tagesabschluss (30 Min.)	• Gemeinsames Durchgehen der Feedbackergebnisse, Abgleich der gegenseitigen Wahrnehmungen • Beantwortung offener Fragen, Tagesabschluss

Tab. 12: Beispielablauf EAC

Ein schriftliches Feedback gilt bei EACs im Vergleich zu Gruppen-Assessments, die sich bei vielen Unternehmen und Anbietern auch aus »logistischen Gründen« auf die mündliche Rückmeldung beschränken, als Standard. Dies rührt sicherlich auch daher, dass das Verfahren aufgrund seines stärker diagnostischen Ansatzes die Erstellung eines entsprechenden »Gutachtens« nahelegt. Die KandidatIn sollte demensprechend Feedback zu ihren Leistungen im EAC erhalten, das eine realistische Einschätzung ihrer jetzigen und zukünftigen Stärken, aber auch ihres Verbesserungsbedarfs ermöglicht. Natürlich muss auch hier bei der Verfassung des Textes darauf geachtet werden, dass sich positive und kritische Beschreibungen des persönlichen Profils die Waage halten und dass mit einem positiv formulierten, wertschätzenden Ausblick geschlossen wird. Eine überkritische oder gar negativ formulierte, angreifende Art des Feedbacks bringt niemandem im Prozess etwas.

Arbeitshilfe: Checklisten für ein Gutachten zu einem EAC   !

EAC-Gutachten weisen optimalerweise eine feste Struktur auf, die wir in der Checkliste, die Sie bei den Arbeitshilfen online auf mybook.haufe.de finden, für Sie abgebildet haben. Auch diese ist, wie viele der hier angebotenen Checklisten, nicht »in Stein gemeißelt«, enthält aber die wichtigsten inhaltlichen Blöcke zu Ihrer Orientierung.

2.3.5 Integrationsrunden

Wir haben uns bisher mit unterschiedlichen Methoden der Personenanalyse auseinandergesetzt:

• **Selbstbild-Fremdbild-Abgleiche,** die einen systematischen Austausch von Wahrnehmungen aus unterschiedlichen Blickwinkeln entlang konkreter Anforderungskriterien beinhalten – mit dieser Methode kann die MitarbeiterIn ihren eigenen Blickwinkel bezüglich des persönlichen Profils am besten einbringen und der Selbstbild-Fremdbild-Abgleich berücksichtigt stärker Dauerleistungen, da er sich meist auf einen längeren »Beobachtungszeitraum« bezieht.

- **Interviews**, die einen deutlich stärkeren Fremdbildanteil haben, ebenfalls anforderungsbezogen sind und versuchen, eine Vorhersage für die Eignung einer BewerberIn mittels eines fragenorientierten strukturierten Austauschs zu machen.
- **Assessments**, die ebenfalls einen großen Fremdbildanteil haben und dasselbe anstreben wie Interviews, bloß dass sie, zumindest in der Gruppen-AC-Variante, Simulationen als Grundlage hierfür einsetzen und somit versuchen, eine Art »aktuelle Arbeitsprobe« abzurufen. Sowohl das Interview als auch das AC versuchen natürlich auch Informationen über »Dauerleistungen« der KandidatInnen zu gewinnen, stellen aber für diese selbst eher Prüfungssituationen dar, in denen »Spitzenleistungen« erbracht werden sollten. Auf die dahinterliegende Gefahr der Neigung zum »Impression Management« und die möglichen Abfanglinien durch transparente, faire Verfahren haben wir mehrfach verwiesen (s. Stichwort »Soziale Validität« weiter oben in diesem Kapitel).

Wo laufen nun Daten, die man aus den unterschiedlichen Methoden der Personenanalyse gewonnen hat, zusammen? Wie bespricht man diese im Unternehmen, um zu einem Ergebnis hinsichtlich weiterer Schritte zu kommen? Die Antwort auf diese Fragen bringt uns zu der Integrationsrunde.

Darunter versteht man eine Managementrunde, in der in aller Regel die Führungskräfte der MitarbeiterInnen vertreten sind, die an einem PE-Prozess teilnehmen, und »Methodenvertreter«, also z. B. KollegInnen aus der Personal- oder Personalentwicklungsabteilung. Weiterhin finden sich dort, je nach Zielposition und Unternehmen, VertreterInnen des Betriebs- oder Personalrats und ggf. externe Begleiter (z. B., wenn Personenanalyseprozesse teils oder ganz nach außen vergeben worden sind). In einer Integrationsrunde wird das Stärken-Schwächen-Profil von MitarbeiterInnen besprochen und über deren weitere Entwicklungsschritte entschieden.

Meist geschieht dies auf Basis vorgeschalteter Personenanalyseprozesse wie den in den vorherigen Abschnitten beschriebenen.

> **!   Beispiel: Personenanalyseprozess**
>
> Stellen Sie sich vor, Sie haben einen Bereich mit 30 MitarbeiterInnen, die durch eine spezifische Entwicklungsmaßnahme laufen sollen, da sich die Anforderungen in der Aufgabe verändert haben. Die MitarbeiterInnen haben alle ein Potenzial-Assessment absolviert. Nun geht es darum, alle 30 Ergebnisse zu integrieren, gleichzeitig mit den Eindrücken der Führungskräfte des Bereichs bezüglich der »Dauerleistung« der einzelnen KandidatInnen zu verknüpfen und daraus entsprechende Entwicklungsschritte für jede(n) abzuleiten.

Dies ist ein typisches Szenario für eine Integrationsrunde (in einigen Unternehmen auch »vergleichende Durchsprachen« genannt).

Natürlich gibt es auch Integrationsrunden, die nicht auf die Daten eines vorgeschalteten Prozesses zurückgreifen. Hier sitzen die EntscheiderInnen des Unternehmens, oftmals turnusmäßig, zusammen, um in offenen Gesprächen über potenzielle Nachrücker für das Management oder anstehende Beförderungen zu diskutieren. Auch hier wird über Leistungswahrnehmungen und vermutete Potenziale von KandidatInnen diskutiert, allerdings ist der Anteil »objektivierbarer« Daten, die in die Diskussion einfließen, meist geringer. In bestimmten Bereichen kann man offensichtliche Leistungsdaten und Kennzahlen heranziehen: im Verkauf ist das recht einfach, ebenso, wenn man Zielerreichungsgrade überprüfen kann. Ganz oft geht es hier aber auch um »Eindrücke« von einzelnen KandidatInnen, die bei 2 bis 3 Hierarchiestufen höher angesiedelten Führungskräften ausgelöst wurden.

Damit Eindrücke entstehen, muss man natürlich etwas von den Menschen »sehen«, daher spricht man in vielen Unternehmen von der »Eigenschaft« der »Sichtbarkeit« der KandidatInnen: wenn man sich im Unternehmen durch Aktionen, besonderen Einsatz oder herausragende Ideen hervortut, wird dies im oberen Management wahrgenommen und im Sinne eines »Da ist doch Potenzial für mehr« goutiert. Das Problem des Konzeptes »Sichtbarkeit« besteht natürlich darin, dass es immer zwei braucht: eine, die sich zeigt und eine, die hinschaut. Und: nicht jeder im Unternehmen hat eine Position, in der »Sichtbarkeit« generiert werden kann, macht aber trotzdem ggf. einen exzellenten Job. Die Vermutung liegt daher nahe, dass in den beschriebenen offenen Integrationsrunden der Spielraum für nicht objektivierbare Bauchentscheidungen etwas größer ist, so dass diese einen stark »kulturbildenden« Vorgang darstellen, in dessen Rahmen gemeinsam entschieden wird, wer denn in Zukunft zu eben dem Kreise der EntscheiderInnen passen könnte, der die Entwicklungsentscheidung für den Einzelnen gerade trifft.

Gerade datenbasierte Integrationsrunden benötigen – in Abhängigkeit von der Anzahl der zu besprechenden KandidatInnen, der Anzahl und Hierarchiestufe der einzuladenden EntscheiderInnen sowie der Bedeutung der Entwicklungsentscheidung – im Vorfeld eine detaillierte Planung und einen möglichst reibungslosen, zeitlich eng getakteten Ablauf. Folgende Orientierungsfragen helfen Ihnen in der Vorbereitung:

- **Anzahl der KandidatInnen:** Um wie viele KandidatInnen geht es? Wie viel Zeit benötigen wir insgesamt für die Integrationsrunde? Wie viel Zeit pro KandidatIn (mindestens 30 Minuten pro Person!)? Puffer- und Pausenzeiten? Welche Taktung in der Durchsprache, um zu entscheiden, welche Führungskräfte wir wann dazu einladen (s. nächster Punkt)?
- **EntscheiderInnen:** Wer muss am Tisch sitzen? Welche Führungsebenen sind vertreten – direkte(r) Vorgesetzte(r) und wie viele Führungsebenen darüber? Welche Stabsstellen und Bereiche müssen neben den Führungskräften vertreten sein? Sitzen die Führungskräfte durchgehend in der Integrationsrunde oder laden wir die direkten Vorgesetzten nur für ihre eigenen MitarbeiterInnen ein? Bei geogra-

phisch verteilten Einheiten – Telefon-/Videokonferenz oder Face-to-Face? Welche Unterlagen brauchen die EntscheiderInnen im Vorfeld (z. B. AC-Gutachten), welche brauchen wir vor Ort in der Integrationsrunde?

- **Bedeutung der Entwicklungsentscheidung**: Was muss das Ergebnis der Integrationsrunde sein? Wird eine Entscheidung getroffen (je gewichtiger die Entscheidung, z. B. bei Besetzung von Schlüsselpositionen, desto mehr Beteiligte und desto höher die vertretenen Hierarchieebenen in der Regel) oder geht es um generelle Entwicklungsempfehlungen? Wie und wann erhalten die betroffenen MitarbeiterInnen die Rückmeldung zu den Ergebnissen der Integrationsrunde?

Nehmen wir unser Beispiel der 30 MitarbeiterInnen, die durch die Integrationsrunde laufen sollen. Setzt man eine Mindestdauer von 30 Minuten pro KandidatIn an, so sollte man hier mit 2 sehr vollen Tagen Integrationsrunde (oder 3 etwas entspannteren Tagen!) rechnen. Vor dem Hintergrund dieser organisatorischen Anforderungen ist es sicherlich nachvollziehbar, dass Sie die zugrundeliegenden Daten gut aufbereitet haben müssen, um sie schnell abrufen und darstellen zu können.

!   **Arbeitshilfe: Checklisten für eine Integrationsrunde**

In den Arbeitshilfen online auf mybook.haufe.de finden Sie eine Tabelle als Grundlage für eine Integrationsrunde, in der unterschiedlichen Datenquelle qualitativ aufbereitet sind. In diesem Fall sind es die Ergebnisse eines Selbstbild-Fremdbild-Abgleichs und eines ACs. Die unterste Zeile »Integrationsrunde« wird dann gemeinsam im Gespräch mit den Führungskräften ausgefüllt und als Entwicklungsvereinbarung festgehalten.

Auf der Basis einer solchen Checkliste, wie sie in den Arbeitshilfen online dargestellt ist, kommen Sie zu fundierten PE-Entwicklungsansätzen, die in ihrer Qualität auch den MitarbeiterInnen gerecht werden, die sich zuvor in entsprechenden Personenanalyse-Instrumenten eingebracht, gezeigt und geöffnet haben.

Die Ergebnisse der individuellen Entwicklungspläne aus Integrationsrunden können nun zu einem Gesamtbild der daraus resultierenden PE-Maßnahmen zusammengefasst werden. Das bringt uns zum nächsten Kapitel, der Bildungsbedarfsanalyse.

2.3.6   Bildungsbedarfsanalyse

Analog zur Personalplanung (s. Haufe-Buch »Crashkurs Personalarbeit«) müssen Sie natürlich auch in der Gesamtschau planen, welche PE-Maßnahmen für Ihre MitarbeiterInnen stattfinden sollen. Letztendlich kommen Sie nicht umhin, sich bei Weiterbildungsmaßnahmen über Mengengerüste und Kosten Gedanken zu machen und dazu benötigen Sie eine Planungsgrundlage (gleiches gilt natürlich auch für die oben beschriebenen Instrumente zur Analyse des PE-Bedarfs, doch aufgrund der klaren Rahmenbedingungen ist dies meist nicht ganz so aufwendig wie die Budgetplanung von Entwicklungs- und Weiterbildungsmaßnahmen).

Die Bildungsbedarfsanalyse stellt ein Thema dar, das die Klammer zwischen der Anforderungsanalyse und dem Maßnahmendesign (s. folgendes Kapitel) bzw. der Umsetzung der PE-Maßnahmen (s. Kapitel 4 »Instrumente der Personalentwicklung«) bildet. In sie fließen unterschiedliche Fragestellungen mit hinein, die wir bereits in den drei Ebenen der Anforderungsanalyse kennengelernt haben:

- **Strategische Fragen**: In welche Richtung wollen wir das Unternehmen entwickeln? Welche übergeordneten Ziele verfolgen wir? Welche strategische Ausrichtung nimmt dabei die PE ein? – s. Organisationsanalyse
- **Prozess- und Strukturfragen**: Welche Aufgaben und Prozesse haben wir, welche brauchen wir in Zukunft? Welche Strukturen brauchen wir dafür? Welche Anforderungen ergeben sich daraus? – s. Aufgabenanalyse
- **Fragen bezogen auf die MitarbeiterInnen**: Wie gut sind wir hierfür aufgestellt? Welche Fähigkeiten, Potenziale, Erfahrungen, Know-how, Fachwissen haben wir hierfür im Unternehmen, welche müssen wir entwickeln?

Vor dem Hintergrund dieser Fragen wird bei einer Bildungsbedarfsanalyse eine Matrix erstellt, in der – meist bereichs- oder abteilungsbezogen – alle MitarbeiterInnen abgebildet sind und dazu tabellarisch angeführt wird, welche Entwicklungsschritte für den Einzelnen vorgesehen sind. Diese können das gesamte Spektrum abbilden, von Programmen für Berufseinsteiger bis hin zu Ausstiegsgesprächen von MitarbeiterInnen, die demnächst in Rente gehen.

Ähnlich wie bei der Anforderungsanalyse insgesamt kann auch eine Bildungsbedarfsanalyse unterschiedlich intensiv mit erhobenen Daten arbeiten, die potenziell darin einfließen können. Man kann sie stärker »aus dem Bauch heraus« zusammenstellen und eher auf der Basis von Dialogen mit MitarbeiterInnen und Führungskräften befüllen oder aber mit Daten aus der Organisationsanalyse, z. B. einer SWOT-Analyse, einer Aufgabenanalyse, z. B. Ergebnissen des KFZA (s. Kapitel 2.2.1.4), und einer Personenanalyse, z. B. einem Selbstbild-Fremdbild-Abgleich, unterlegen.

Um es noch einmal deutlich zu betonen: beide Wege der Bildungsbedarfsanalyse, der datenbasierte und der nicht-datenbasierte, sind legitim, haben unterschiedliche Vor- und Nachteile (die in großen Teilen denjenigen der Frage »Machen wir eine Analyse des PE-Bedarfs oder nicht?« entsprechen, s. Einleitung des Kapitels 2 »Analyse des PE-Bedarfs«) und ermöglichen eine *Planung* – und das ist nicht der Fall, wenn man weder die eine noch die andere Variante der Bildungsbedarfsanalyse durchführt.

! **Arbeitshilfe: Bildungsbedarfsanalyse**

Auch hierzu möchten wir Ihnen beispielhaft Instrumente zeigen, mit denen Sie eine Bildungs-bedarfsanalyse durchführen können. Die bei den Arbeitshilfen online auf mybook.haufe.de angeführten Tabellen basieren auf einer datengestützten Analyse im Rahmen einer konkreten Entwicklungsmaßnahme für Führungskräfte. Für jede einzelne MitarbeiterIn ist angeführt, welche Trainings, Coachings oder On-the-Job-Maßnahmen für sie vorgesehen sind (die wiederholten Spalten, z. B. Training 1, Training 2 usw., dienen dazu, die entspre-chenden Maßnahmen filtern und auszählen zu können).

! **Arbeitshilfe: Bildungsbedarfsanalyse kumuliert**

Die entsprechenden mitarbeiterbezogenen Übersichten lassen sich in Gesamttabellen zusammenfassen, die eine Planung der Mengengerüste und der dahinterstehenden Kosten ermöglichen – eine solche Tabelle finden Sie in den Arbeitshilfen online auf mybook.haufe.de. Im Beispiel sind hier die Anzahlen der Nennungen aus den vorherigen Analyseschritten angeführt, die dann die Berechnungsgrundlage für die Anzahlen potenzieller Teilneh-merInnen im jeweiligen Thema bilden. Hieraus können Sie dann ableiten, welche Themen tatsächlich angeboten werden (weil es genügend Interessenten gibt) und wie die dahinter-stehenden Kosten zu kalkulieren sind. Natürlich sind die resultierenden Pro-Kopf-Kosten für Seminare und Trainings geringer als für Einzelmaßnahmen wie Coachings; und On-the-Job-Entwicklungsmaßnahmen sind kostenmäßig schwieriger zu kalkulieren als Trainings und Coachings, da hier vornehmlich interne Kosten zum Tragen kommen (Wie viel kostet es, wenn ein Mentor oder Pate einen Trainee begleitet?).

In den in den Arbeitshilfen online beschriebenen Beispiel-Instrumenten tauchen nun natürlich schon viele PE-Maßnahmen in Form von Überschriften und Schlagwörtern auf, auf die wir auf unserer bisherigen Reise durch den PE-Zyklus noch nicht inhaltlich eingegangen sind. Auf Themen wie Trainings, Coachings oder mögliche On-the-job-Maßnahmen treffen wir ausführlich im Kapitel 4 »Instrumente der PE« wieder.

2.3.7   Die schwierige Seite der Personalentwicklung – der vermeintlich »hoffnungslose Fall«

An dieser Stelle möchten wir ein heikles Thema aufgreifen, das in Lehrbüchern zum Thema »Personalentwicklung« eher selten Erwähnung findet und aus unserer Sicht gut zu Kapitel 2.3 »Personenanalyse« passt. Es geht um Menschen, für die Personalent-wicklung im klassischen Sinne nicht (mehr) funktioniert. Es geht also um Fragen wie:

*   Was ist, wenn jemand scheinbar nicht mehr dazu lernen kann oder will?
*   Was tun, wenn jemand offensichtlich alles, was mit Trainings, Schulungen oder Entwicklungsmaßnahmen zu tun hat, kategorisch ablehnt?
*   Was ist, wenn jemand neue Aufgabenstellungen augenscheinlich vermeidet und sich auf ein eng umgrenztes Stellenprofil zurückzieht?

- Wie geht man damit um, wenn bei jemandem alle bisherigen Maßnahmen der Führungskraft scheinbar nicht »gefruchtet« haben?

Vieles von dem, was wir in diesem »Crashkurs« beschreiben, dürfte auf einige »Anwender im Feld« geradezu idealtypisch, im schlimmsten Fall sogar blauäugig wirken. Die beschriebenen Instrumente der Personenanalyse ebenso wie die im späteren Kapitel 4 folgenden Umsetzungsinstrumente der Personalentwicklung setzen voraus, dass die »Leistungsnehmer« offen für neue Erfahrungen sind, gerne lernen, sich für Feedback zu ihrer Person interessieren, Neues meistern wollen, ihr Portfolio erweitern möchten … Uns ist aber wohl bewusst, dass dies keine hundertprozentige Entsprechung zu Ihrem täglichen Erleben von Personalarbeit in einer Organisation findet. Für viele Personalentwickler gehört eben auch zur Realität, dass nicht wenige Menschen nur äußerst ungern an Assessment Centern teilnehmen oder dass sie immer genau dann »abtauchen«, wenn mal wieder ein Präsenzseminar stattfindet. Einige sind PE-Maßnahmen gegenüber generell skeptisch (»Wer weiß, was *wirklich* dahintersteckt?«), anderen ist es schlichtweg einfach nicht so wichtig, an einem Training teilzunehmen und die Personalentwickler dürfen sich dann mit kurzfristigen Absagen, Stornogebühren oder aufgelaufenen Kosten und nicht erfüllten Schulungsgraden herumschlagen.

Im täglichen Geschehen ist man als Personalentwickler also offensichtlich auch mit Themen konfrontiert, die sich mit unserem gleich auf den ersten Seiten dieses Buches beschriebenen Menschenbild offenkundig beißen. Denn die erwähnten Verhaltensweisen Einzelner hinterlassen natürlich auch im Umfeld dieser Personen Spuren, sei es bei den ArbeitskollegInnen, den Führungskräften oder eben bei den Personalentwicklern selbst. Man entwirft ein Bild eines Menschen, das sich in Sätzen wie »Bei dem brauchst du nichts mehr zu versuchen, der will doch eh nicht mehr!«, »Da brauchst du nicht mehr viel zu erwarten, das lohnt sich nicht!« oder »Die interessiert sich für nichts mehr, die lässt man am besten in Ruhe!« ausdrückt. Das folgende Beispiel dient dazu, eine solche festgefahrene Situation zu illustrieren:

Beispiel

Stellen Sie sich eine MitarbeiterIn vor, deren Aufgabe darin besteht, Kunden, in diesem Fall Versicherte, die einen Arbeitsunfall hatten, zu Hause zu besuchen und zu beraten. Die Tätigkeit besteht also aus Fahrten in einer zugeordneten Region, regelmäßigen persönlichen Kontakten, Klärung der Fragen vor Ort, Bereitstellung bzw. Initiierung von Unterstützungsmaßnahmen und natürlich der nachgelagerten schriftlichen Sachbearbeitung, entweder im Büro oder im Homeoffice. Diese MitarbeiterIn macht ihren Job seit mittlerweile 25 Jahren. Bereits vor 10 Jahren klagte die Person erstmalig über die körperliche Belastung, die der Außendienst mit sich bringt – und das, obwohl die betreuten Gebiete einen Radius von 150 km pro AußendienstmitarbeiterIn nicht überschreiten und auch die vom Unternehmen erwartete Taktung der Betreuung mit ein bis zwei Besuchen in der Woche nicht unbedingt als hoch zu bezeichnen ist. Kurz nach diesen ersten angedeuteten Klagen gab die MitarbeiterIn an, starke Rückenschmerzen bei längeren

Autofahrten zu haben. Zudem sei sie nicht mehr in der Lage, in Hotelzimmern zu übernach-
ten, die Betten bereiten ihr Probleme. Die Führungskraft reagierte zum damaligen Zeitpunkt
kurzfristig und passte ihr Betreuungsgebiet entsprechend an, so dass die ohnehin seltenen
Übernachtungen nun gänzlich unnötig wurden. Zugleich wurde darauf Rücksicht genommen,
dass die MitarbeiterIn auch nicht mehr auf Seminare mit Übernachtungen gehen muss. Dies
geschah in einer Zeit, in der sich das Aufgabenspektrum der Versichertenbetreuung erheblich
in Richtung »Health-Care-Management« weiterentwickelt hat. Trotz dieser Puffermaßnahmen
verschlechterte sich die gesundheitliche Situation der MitarbeiterIn, so dass seit sieben Jahren
erhebliche Krankheitszeiten hinzugekommen sind, bis zu 60 Tage im Jahr. Vor zwei Jahren teilte
die MitarbeiterIn ihrer neuen Führungskraft mit, dass ihr Gesundheitszustand so schlecht sei,
dass sie überhaupt nicht mehr herausfahren kann, die Rückenschmerzen seien einfach zu stark.
Während ihre KollegInnen mittlerweile zu großen Teilen zertifizierte »Health-Care-Manager« geworden sind und ihre Außendienstregion mit übernommen haben, bearbeitet die MitarbeiterIn
mittlerweile nur noch einfache Sachbearbeitungsaufgaben (Rechnungen prüfen, Posteingang,
Besuchslisten führen, Standardanschreiben). Trotz betrieblichen Wiedereingliederungsmanage-
ments hat sich ihr Gesundheitszustand nicht verbessert, im Gegenteil, es kamen noch weitere,
auch psychische Komponenten hinzu. Es fällt auf, dass sie immer wieder aufbrausend reagiert,
was die KollegInnen des Öfteren zu spüren bekommen, insbesondere wenn man die – vereinbarten – Arbeitspakete an sie übergibt. Mittlerweile ist die Unruhe im Team natürlich groß, da
kaum noch jemand bereit ist, mit der KollegIn zusammenzuarbeiten, und viele murren »Da wird
eine Stelle besetzt und wir müssen die ganze Arbeit mitmachen.« Die Führungskraft und die
Personalentwicklung wissen sich auch nicht mehr zu helfen: Man hat alles Mögliche versucht,
hat in der Vergangenheit Druck aus der Situation genommen, das Gebiet angepasst, BEM
durchgeführt, den Aufgabenzuschnitt verändert – und trotzdem ist das Zusammenspiel immer
schlechter geworden. Vielleicht ist die MitarbeiterIn eben doch ein »hoffnungsloser Fall«?

Wie würden Sie als Führungskraft oder Personalentwickler mit einer solchen Ausgangssituation umgehen? Passt hier unser Menschenbild, wie im ersten Kapitel beschrieben:
kann *jeder* Mensch lernen und sich entwickeln? Oder, noch hehrer im Anspruch: Besitzt
wirklich *jeder* die Fähigkeit zur Autonomie? Ohne in Fatalismus verfallen zu wollen: die
Antwort lautet wohl leider »Nein, das kann nicht jeder«. Menschen sind durchaus in
der Lage, sich in »Löcher« hineinzuarbeiten, sich in einen Kokon zurückzuziehen und
auf diesem Wege Situationen zu vermeiden, in denen sie gefordert wären. Zugleich
gilt aber, ohne hier wiederum in »Gutmenschentum« verfallen zu wollen, die von uns
beschriebene Grundgesetzmäßigkeit der Personalentwicklung dennoch. Wir können
uns nämlich immer die Frage stellen »Unter welchen Bedingungen ist dieser Mensch in
der Lage, sich in dem *ihm gegebenen Rahmen* zu entwickeln?«. Unserer Erfahrung nach
wird diese Frage aber bei den vermeintlich »hoffnungslosen Fällen«, wie in unserem
Beispiel dargestellt, von denjenigen, die für die Entwicklung genau dieser Menschen
verantwortlich sind, nicht mehr gestellt – zumindest nach mehreren Jahren nicht mehr,
in denen sich die beschriebenen oder ähnliche Begebenheiten zyklusartig wiederholen.

Im Wesentlichen spielen hier zwei Mechanismen für den Umstand eine Rolle, dass
sich solche oder ähnliche negative PE-Szenarien über die Jahre extrem verhärten und

irgendwann zu einer Entwicklungs-Patt-Situation führen: der persönliche »Abrieb«, den jeder Einzelne in seinem Arbeitsleben verspürt, und gegenseitige Bilder, die sich zwischen Menschen über die Jahre verfestigen.

Der persönliche »Abrieb«

Wir Menschen sind in vielen Bereichen »Gewohnheitstiere«, auch in der Arbeit. Einerseits besitzen wir eine Neugiermotivation, suchen entsprechende Herausforderungen, um dazuzulernen, probieren uns aus, kurz: entwickeln uns. Andererseits haben wir, evolutionär bedingt, einen Drang in uns, Dinge »ökonomisch« zu erledigen, d. h. mit wenig Aufwand einen möglichst großen Effekt zu erzielen. Für das tägliche Arbeiten heißt das: Ja, Routinen sind langweilig, aber sie ermöglichen auch, dass ich möglichst viel »vom Schreibtisch bekomme«, wenn ich sie anwende. Vereinfacht kann man also sagen: Alles, was man, »ohne viel nachzudenken«, abarbeiten kann, geht schnell und leicht von der Hand – hinzulernen kostet dagegen Energie.

Und immer wieder Energie aufzubringen, heißt übersetzt, Kraft, Willen und Anstrengung aufzubringen – all dies kann aber mit der Zeit auch etwas nachlassen, sei es im Verlaufe eines einzelnen Arbeitstages oder eines gesamten Arbeitslebens. Ersteres können Sie selbst am eigenen Leibe fast jeden Abend nachvollziehen: Nach einem anstrengenden Arbeitstag fällt es uns nach Feierabend schwer, nicht zur Schokolade zu greifen, die »Glotze« anzumachen oder die Chipstüte zu öffnen. Unsere Selbstkontrolle, die wir im Verlaufe eines Arbeitstages angewandt haben (»Auf jetzt, mach' dich an das Thema ran, das muss ja vom Tisch!«), wird aufgebraucht, das Reservoir wird immer mehr abgeschöpft: Man spricht von »Ego Depletion«. Am Abend ist dann nicht mehr genügend »Selbstkontroll-Reservoir« vorhanden, um den beschriebenen ungesunden Verlockungen noch widerstehen zu können.

Und ebenso findet auch in einem Arbeitsleben ein gewisser »Abrieb« statt. Je länger man dabei ist, desto mehr »hat man schon mal gesehen« und desto mehr Frustrationen hat man erlebt (»Dafür habe ich mich mal intensiv eingesetzt, aber ich sage dir, das bringt nichts, da ändert sich bei uns nie was!«). Irgendwann kennt man die entsprechenden Schulungsinhalte, die eigene Aufgabe ist dann vielleicht nur noch »Routine« und selbst die anspruchsvollen Kundengespräche sind keine Herausforderung mehr. Es besteht also eine gewisse Gefahr, dass man sich aufgrund dieses »Abriebs« in seinem Beruf »einrichtet«. Bei manchen Menschen führt dieses Einrichten dann aber zu einer Abwärtsspirale, da sich das eigene Aufgabenfeld weiterentwickelt, man selbst aber mehr und mehr den Anschluss verliert – und irgendwann auch nicht mehr sucht, weil man schon zu sehr hinterherhinkt und der Aufwand zur Anschlusssicherung immer größer wird (wie in unserem obigen Beispiel dargestellt). Dann kommen beim Einzelnen Fragen auf wie »Lohnt es sich wirklich, den Umgang mit dem neuen Kooperationstool zu lernen?« oder »Muss ich mich mit den neuen Gesetzgebungen wirklich noch im Detail auseinandersetzen?«.

Am Konzept des »Psychologischen Vertrags« lassen sich solche »Abrieb-Prozesse« sehr gut nachvollziehen. Jede ArbeitnehmerIn schließt im Kopf einen psychologischen Vertrag (im Gegensatz zu einem verschriftlichten, juristisch fundierten Arbeitsvertrag) mit seinem Unternehmen ab. Dieser beinhaltet im Wesentlichen die Frage »Was gebe ich in unsere Zusammenarbeit hinein, was bekomme ich von meinem Unternehmen dafür heraus?«, mit dem Ziel, persönlichen Einsatz und »Ertrag« aus dem Unternehmen in Balance zu halten. Was zum Erlangen dieses Equilibriums in die Waagschale geworfen wird, ist individuell sehr unterschiedlich: z. B. gezeigter Einsatz, freiwillige Zusatzarbeit, zügige Bearbeitung, Teamverhalten, Respekt und Loyalität oder Lernbereitschaft. Ebenso wird sehr individuell wahrgenommen, was das eigene Unternehmen als »Gegengewicht« bietet: beispielsweise Karrierechancen, Ausgleichszeiten, flexible Arbeitszeiten, Entwicklungsmöglichkeiten oder auch Wertschätzung durch den Vorgesetzten. Aber auch hier lässt sich bei MitarbeiterInnen mit der Zeit ein deutlicher »Abrieb« in der Wahrnehmung des psychologischen Vertrags nachweisen (Raeder & Grote, 2012): Beim Einstieg in das Unternehmen spielen noch Gedanken eine Rolle wie »Das ist ja toll, was die mir hier alles bieten, das motiviert mich!« Diese können sich dann mit der Zeit entwickeln in Richtung »Naja, das ist aber auch das Mindeste, was mir zusteht, das kann man ja auch erwarten!« Und wenn diese »Abrieb-Spirale« über die Jahre weiter läuft, kommt bei manchen Menschen vielleicht irgendwann auch der Gedanken auf: »Andere Unternehmen machen viel mehr für ihre MitarbeiterInnen – da muss ich mich jetzt also auch nicht mehr krumm machen!« Und so zieht man sich mit der Zeit mehr und mehr zurück und verliert auch die Lust an der eigenen Entwicklung. In der folgenden Abbildung haben wir einen solchen Verlauf beispielhaft illustriert.

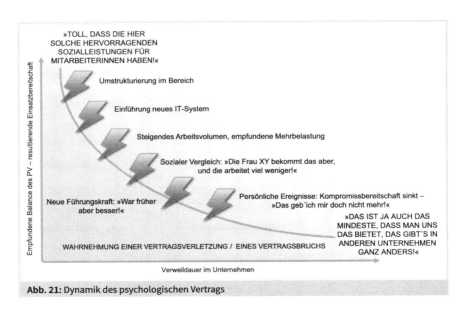

Abb. 21: Dynamik des psychologischen Vertrags

Der beschriebene »Abrieb« stellt also einen wesentlichen Faktor dar, wie sich Menschen in ein »Entwicklungsloch« selbst hineinarbeiten können. Der zweite Faktor beschreibt die sozialen Wahrnehmungsprozesse, die eine solche Situation oftmals nach sich zieht.

Verfestigte gegenseitige Bilder
Lässt sich der beschriebene »Abrieb« durch das Umfeld der Betreffenden beobachten, so führt dies unweigerlich dazu, dass Bilder von der Person entstehen, die wiederum die Erwartungen dieses Umfeldes beeinflussen. Eine Führungskraft, die sich an einer MitarbeiterIn, die am Tiefpunkt dieser Abwärtsspirale angekommen ist, »die Zähne ausgebissen hat«, kommt irgendwann zu dem Schluss »Da machst du nichts mehr!«. Und natürlich kann diese Führungskraft zahlreiche frustrierende Situationen in den schillerndsten Farben schildern, wie sich diese MitarbeiterIn verhalten hat, wie wenig sie lernen möchte, dass sie nicht mehr mitdenkt, sich zurückzieht, nicht mehr ins Team passt, nur noch für einfachste Tätigkeiten einsetzbar ist – und aufgrund der erlebten Frustration ist die betroffene Führungskraft mehr als bereit, ihre Geschichten mit anderen zu teilen, so dass sich das Bild auch im erweiterten Umfeld, beispielsweise im Personalbereich, festigt: »Hast du schon gehört, was der wieder gemacht hat – das ist mal wieder typisch!« Zunehmend wird dann bei den beschriebenen »Härtefällen« mit »Workarounds« gearbeitet, sie bekommen »Schonarbeitsplätze« oder landen auf anderen Abstellgleisen. Selbst wenn der oder die Betreffende dann in eine neue Abteilung kommt oder die Führungskraft wechselt, gibt es im Vorfeld oftmals ein Briefing: »An der sind schon ganz andere gescheitert, lass da am besten die Finger davon, die verbrennst du dir sonst nur!« – und schon hat sich die Negativspirale »tradiert« und wird weiter gelebt.

Und auch auf Seiten der betroffenen MitarbeiterIn verfestigen sich Bilder vom anderen. Auch sie erlebt ihre Führungskraft, hat vielleicht den Eindruck »Hier will man mir ja gar nicht mehr helfen!«, so falsch dieser auch sein mag. Der gezeigte Einsatz sinkt dann *tatsächlich* (»Lohnt sich ja nicht, hier Energie zu investieren, meine Führungskraft nimmt das sowieso nicht wahr!«) und die Abwärtsspirale der selbsterfüllenden Prophezeiung nimmt ihren Lauf, da die Führungskraft wiederum die bereits erwartete verminderte Leistungsfähigkeit bestätigt sieht. Die Abwärtsspirale wird also weiter befeuert – beide Seiten halten an den verfestigten Bildern fest und man landet schlussendlich in einer Sackgasse: Die beschriebene Entwicklungs-Patt-Situation hat sich manifestiert.

Wie damit umgehen?
Auch als am Thema »Personalentwicklung« interessierte LeserIn könnten Sie nun berechtigterweise fragen »Warum soll ich mir über eine solche MitarbeiterIn *überhaupt* so viele Gedanken machen?«. Natürlich besteht theoretisch immer die Möglichkeit, sich von jemandem zu trennen. Dann wird natürlich auch die Frage »Wie entwickelt

man diesen Menschen?« hinfällig. Allerdings erleben wir in sehr vielen Organisationen, dass man dieses letzte Mittel erstaunlich selten nutzt, und das aus vielerlei Gründen: weil man nicht »so hart sein will«, weil das nicht so einfach geht, weil es eine schlechte Signalwirkung hat, weil das nicht der Unternehmenskultur entspricht oder schlicht-weg einfach, weil man keinen Ärger haben will. Also arrangiert man sich eher mit einer »schwierigen Person«, entwickelt die beschriebenen »Workarounds« oder stellt einen »Schonarbeitsplatz« bereit.

Abgesehen davon, dass wir der festen Überzeugung sind, dass eine Trennung nicht der erste Ansatz in einer solchen Situation sein kann, steht dieses Vorgehen selbstver-ständlich jedem Unternehmen frei. Dies ist aber nicht Thema dieses Crashkurses. Uns interessiert hier nicht die Lösung »Entlassung«, sondern die Frage »Wie können wir damit umgehen, wenn diese Person nun einmal Teil unseres Unternehmens ist und ihren Beitrag zu unserem Erfolg liefern sollte?«.

Wenn wir mit einer solchen Frage konfrontiert sind, arbeiten wir mit zwei Grundge-danken:
- Wir ziehen eine Linie und schauen nach vorne.
- Wir arbeiten den kleinsten gemeinsamen Nenner als Basis für weitere Entwick-lungsschritte heraus.

Schritt 1: Linie ziehen
Wir haben zwei Mechanismen kennengelernt, die die Entwicklungssackgasse zemen-tieren: der persönliche Abrieb und die verfestigten gegenseitigen Bilder. Beides ist Teil eines »Prozesses«, der irgendwann gestartet ist und somit eine »Historie« aufweist. Aus diesem Grund ist es sicherlich sinnvoll, sich die Historie aller Beteiligten, also sowohl der vermeintlich schwierigen Person als auch ihres Umfeldes, zu Beginn anzuhören. Damit gibt man aufgestauten Emotionen ein Ventil und würdigt zugleich das, was bis dato unternommen wurde, um eine Verbesserung der Situation herbeizuführen. In dieser Historie kann man sich aber auch »verlieren«. Daher spielt sie für uns in der nachfolgen-den Ausrichtung der Entwicklung derjenigen keine (oder nur eine sehr bedingte) Rolle.

Stattdessen treffen wir mit der betreffenden Person eine Vereinbarung, die sinnge-mäß so lautet:

!   Vereinbarung

»Die Vergangenheit und die daraus entstandenen gegenseitigen Bilder haben genau zu die-ser Sackgasse geführt, in der Sie und Ihr Unternehmen sich nun befinden. Diese Vergangen-heit bekommen wir nicht ›aufgedröselt‹. Jede Seite hat ihren ganz eigenen Blick darauf, wie sich das Ganze entwickelt hat. Jetzt haben wir aber die Möglichkeit, von diesem Punkt neu zu starten, indem wir einen Strich ziehen und gemeinsam festlegen, welche Entwicklungs-ziele Sie von nun an und in Zukunft verfolgen möchten. Können Sie sich darauf einlassen?«

Es geht also darum, die Beteiligten, allen voran natürlich die betreffende Mitarbei-terIn, von dem »Verbeißen in Vergangenes« wegzuführen und dadurch ein zukunfts-gerichtetes Chancendenken zu etablieren: »Wenn wir die Vergangenheit jetzt ruhen lassen – was können wir dann ab jetzt positiv gestalten?« ist die Grundhaltung dahin-ter. Wir schaffen dann gute Voraussetzungen, diese Frage offen und konstruktiv zu bearbeiten, wenn die Person sich wertgeschätzt fühlt und sich vorstellen kann, die Situation selbstwirksam ins Positive zu verändern.

Natürlich müssen sich alle Beteiligten auf diese Vereinbarung einlassen können. Wir müssen das Commitment aller bewusst abholen, bevor wir von hier aus den nächsten Schritt angehen, sonst wird dieser nicht erfolgreich sein.

Schritt 2: Der kleinste gemeinsame Nenner als Basis für weitere Entwicklungs-schritte

Als Nächstes wollen wir mit der MitarbeiterIn herausarbeiten, wie die Basis für ihre oder seine Weiterentwicklung aussehen kann. Mit anderen Worten: Wir wollen gemeinsam mit der anderen Seite feststellen, was im Hinblick auf die eigene Entwick-lung »noch geht« und noch erstrebenswert für sie ist.

Vielfach lässt sich in derart gelagerten Entwicklungssackgassen gar nicht mehr her-leiten, ob bei der betreffenden Person eine »Wollens- oder Könnensproblematik« vor-liegt. Wenn man sich lange genug vom eigenen Lernen abgekoppelt hat, wird die Lücke zu dem, was das Umfeld kann, immer größer und die eigene Verunsicherung steigt von Monat zu Monat, von Jahr zu Jahr. Gedanken wie »Eigentlich *will* ich das gerne noch hinbekommen, aber ich hänge so hinterher, ich *kann* das einfach nicht mehr!« treiben die Betroffenen dann um, auch wenn sie diese anderen gegenüber vielleicht nicht so klar formulieren möchten.

Und umgedreht kommt es auch zu motivationalen Blockaden mit selbstimmunisie-renden Gedanken wie »Ich *kann* das einfach nicht mehr, das ist mir über den Kopf gewachsen … und ich *will* nicht, dass die anderen das merken, also versuche ich es lieber gar nicht mehr!« Also bleibt man lieber bei seinen »altbekannten Aufgaben«, vermeidet die Teilnahme an Trainings, übernimmt das Projekt lieber nicht.

Ebenso begegnen uns bei Menschen, die sich abgekoppelt fühlen, auch Gedanken-gänge wie »Ich *könnte* mich schon noch verändern, aber ich *will* das nicht, weil es eh keinen Sinn mehr ergibt.« Auch das »immunisiert« natürlich gegen aktive, selbstge-steuerte Entwicklung.

Aber *irgendetwas will* eine MitarbeiterIn noch, wenn sie ihren Arbeitsplatz aufsucht; ggf. will sie auch irgendetwas ganz definitiv *nicht* haben. Vielleicht will man »einfach in Ruhe arbeiten«, »immer noch Teil des Teams sein«, »die Zeit bis zur Rente noch angenehm gestalten« oder auch »keinen Ärger mit der Führungskraft haben«, »nicht aus dem Team herausdriften«, »nicht mit Aufgaben konfrontiert werden, die man nicht kann«. Und genau dies gilt es, in gemeinsamen Gesprächen herauszuarbeiten. Die Kernfrage lautet also: »Was willst du mindestens noch?« oder, mit einem etwas anderen Blickwinkel: »Wenn du das *nicht* willst, was willst du *dann*?«

Hilfsfragen in diesem Zusammenhang lauten:
- Was ist dir auf der Arbeit wichtig? Was bringt dich täglich in die Arbeit?
- Was macht dir (nach wie vor) Spaß an deiner Arbeit, was motiviert dich?
- Wie stellst du dir deine (verbleibende) Arbeitszeit vor? Wie ist dein inneres Bild dazu? Mit welchen Aufgaben setzt du dich in deiner Arbeit noch auseinander?
- Worauf legst du im Zusammenspiel mit deinen KollegInnen wert?
- Was ist dir im Zusammenspiel mit deiner Führungskraft wichtig?

Wir haben also mit den bisherigen Schritten sichergestellt, dass wir »die Vergangenheit wertschätzend ruhen lassen«, festgefahrene Bilder ebenfalls, da sie nichts zur Weiterentwicklung beitragen. Wir haben definiert, wie die erste Entwicklungsbasis aussehen könnte, von der aus wir »ab jetzt« in die Zukunft starten. Wenn wir dann diesen kleinsten gemeinsamen Nenner herausgearbeitet haben, kommt wiederum ein ganz entscheidender Punkt, von dem aus die konkreten Entwicklungsschritte ansetzen: das erneute Commitment des Gegenübers, auf dieses Entwicklungsziel auch wirklich hinzuarbeiten. Wir brauchen jetzt also eine klare Aussage zu der Frage: »Wenn es das ist, was du willst (oder nicht mehr willst), bist du bereit, dieses Ziel aktiv und selbstverantwortlich zu verfolgen?« Nur wenn wir hier eine echte Zusage erhalten, ist es letztendlich sinnvoll, den eigentlichen Entwicklungsprozess (neu) zu starten. Hier greifen also ähnliche »innere Verpflichtungsprozesse« wie in einem Coaching (s. Kapitel 4.4, Abschnitt »Kontrakt zwischen Coach und Coachee«).

Wenn dies erreicht ist, können gemeinsame Maßnahmen definiert werden, um die betreffende Person wieder »in Bewegung« zu bringen. Hier ist sicher die Methode der kleinen Schritte die richtige Wahl, um Überforderung zu vermeiden: Man trifft gemeinsam überschau- und verdaubare Entwicklungsziele in Form von Vereinbarungen, die dann regelmäßig überprüft werden. Um dies nochmals an unserem obigen Beispiel zu spiegeln: Vielleicht macht man mit der MitarbeiterIn aus, in den kommenden vier Wochen zwei Termine wahrzunehmen, die im näheren Umkreis liegen, so dass die Fahrtzeit und damit die Rückenbelastung nicht erheblich anders ist, als wenn sie ins Büro fahren würde. Oder man vereinbart eine individualisierte Inhouse-Schulung, damit die MitarbeiterIn an einigen grundlegenden Fachthemen wieder besser anknüpfen kann. Diese Ansätze sollten in jedem Fall darauf abzielen, dass die andere Seite langsam an Herausforderungen herangeführt wird und so die Chance erhält, sich ein Gefühl des »Meisterns« (englisch: »Mastery«) zurückzuerobern – und das motiviert und macht in der Regel wieder Lust auf mehr.

Uns ist vollkommen klar, dass das beschriebene Vorgehen nicht unerheblichen Aufwand bedeutet und dass dieser Aufwand noch nicht einmal eine Erfolgsgarantie mit sich bringt. Wir stellen hier ein Chancendenken in den Vordergrund, mit dem Ziel, aus einer Sackgasse in der Personalentwicklung herauszuführen, die uns im Alltag immer wieder begegnet. Manifestierter Abrieb, historische Betrachtungen von vergangenen Verfehlungen und Leistungseinbrüchen, ebenso wie die daraus entstehenden festgefahrenen gegenseitigen Bilder führen ganz sicher zu einem Ergebnis: dass nichts mehr passieren *wird*. Unser Ansatz zielt dagegen darauf ab, dass noch etwas passieren *kann*.

3 Schritt 2: Personalentwicklungs-Konzeption – Entwicklung von PE-Maßnahmen

Wir möchten Ihnen in diesem Kapitel als Erstes eine Arbeitsdefinition von Lernen vorstellen, gefolgt von der Entwicklung/Umsetzung von PE-Maßnahmen anhand klar definierter Schritte. Anschließend zeigen wir Ihnen an Hand von ausgewählten Lerntheorien die didaktischen Implikationen auf und enden in diesem Kapitel mit Checklisten zur Kurserstellung. Wir befinden uns nun im Schritt 2 des PE-Prozessmodells.

3.1 Lernen und Wissensdimensionen

Bisher haben wir uns intensiv mit der Analyse des PE-Bedarfs beschäftigt. Nun geht es um die Entwicklung und Umsetzung von geeigneten PE-Maßnahmen, die durch einen wie auch immer gearteten Lernprozess die gewünschten Veränderungen in der Person hervorbringen sollen. Wir sprechen also von der bewussten Gestaltung eines Lern- oder Erfahrungsprozesses, der in der Person zu einer Veränderung im Verhalten führen soll. Die verschiedenen Instrumente und Methoden, die sich dafür einsetzten lassen, beschreiben wir ausführlich im anschließenden Kapitel 4.

Wie Sie sicherlich schon sehen, haben wir eine klare Vorstellung von Lernen als einen Prozess, »der zu relativ stabilen Veränderungen im Verhalten oder im Verhaltenspotential führt und Erfahrungen aufbaut. Lernen ist nicht direkt zu beobachten. Es muss aus den Veränderungen des beobachtbaren Verhaltens erschlossen werden« (Zimbardo, 1995, S. 301). Das Verhaltenspotenzial bezieht sich auf die Veränderung der Fähigkeiten, kognitive und körperliche Leistungen hervorzubringen. Siehe Kapitel 4.1.3 »Potenzialanalysen/Assessments« für weitere Ausführungen zum Thema. Lernen beinhaltet also den Erwerb von Dispositionen, die sich in neuen Verhaltens- und Handlungsmöglichkeiten äußern. Bei der Betrachtung einschlägiger lernpsychologischer Lehrbücher (Gagné, 1965; Edelmann, 1996; Schunk, 2000; Seel, 2000), lassen sich unterschiedliche Stufen/Arten von Lernen finden (s. Tabelle 13). Diese reichen von klassischem Reiz-Reaktions-Lernen über instrumentelles Lernen bis hin zu metakognitivem Lernen. Problemlösen wird als die komplexeste Form von Lernen verstanden.

Aufteilung in Lernarten in Anlehnung an Seel (2000)			
Gagné (1965)	Edelmann (1996)	Schunk (2000)	Seel (2000)
Reiz-Reaktions-Lernen	Reiz-Reaktions-Lernen	Reiz-Reaktions-Lernen	
	Instrumentelles Lernen	Instrumentelles Lernen	
Nicht-sprachliche Ketten Sprachliche Ketten			Assoziatives bedeutungsbezogenes Lernen
Diskriminationslernen			
Begriffslernen	Begriffsbildung und Wissenserwerb	Begriffslernen	Begriffslernen
Lernen von Regeln		Lernen von Regeln	Prozedurales Lernen
			Inferenzielles Lernen
		Metakognitives und konzeptuelles Lernen	Metakognitives Lernen
Problemlösen	Handeln und Problemlösen	Problemlösen und Transfer	Problemlösen

Tab. 13: Aufteilung in Lernarten in Anlehnung an Seel (2000)

Lernen ist somit ein äußerst komplexer Prozess, bei dem viele Aspekte Berücksichtigung finden müssen. Seel (2000) gliedert wesentliche Determinanten des Lernens in seiner Übersicht in sozial-kulturelle Bedingungen (demografische Faktoren, Sozialisation in Schule, Familie und Beruf, Bezugsgruppen), die als Randbedingungen wirksam werden, und in anthropogene Bedingungen (kognitive, motivationale und affektive Faktoren), die den Ausgangszustand für das Lernen bilden. Das bedeutet für die Entwicklung einer PE-Maßnahme beide Bedingungsfelder zu berücksichtigen. Zum Beispiel sollte die Entwicklung einer Trainingseinheit für die Nachkriegsgeneration auf Grund des Alters und der damit einhergehenden Veränderungen von Lernen (z. B. kürzere Aufmerksamkeitsspanne (Wöstmann et al., 2015), schwierigere Verknüpfung von Wissenselementen (Naveh-Benjamin et al., 2004)) einen anderen Aufbau haben als für die Generation Z. Auch die unterschiedlichen motivationalen Voraussetzungen spielen eine Rolle. Denken Sie an die Teilnahme von verordneten Seminaren und an Seminare, die Sie selber ausgewählt haben. Wie haben Sie sich beteiligt? Wie sind Sie dem Trainer begegnet? Die Zugangsbedingungen sind somit ebenfalls beim Design der PE-Maßnahme zu berücksichtigen.

Lassen Sie uns wieder zu theoretischen Überlegungen zurückkommen, nämlich der Frage nach unterschiedlichen Wissensdimensionen. Grundsätzlich lassen sich als Lernergebnisse von PE-Maßnahmen vier allgemeine Wissensdimensionen definieren:

1. Faktenwissen (knowing what)

Basiswissen, um mit einer Fachdisziplin vertraut zu sein. Haben Sie schon einmal einem Automechaniker zugehört? Wie viel haben Sie davon wirklich begrifflich verstanden?

Untertypen

- Kenntnis der Terminologie (Grundbegriffe der psychologischen Motivationsmodelle kennen bzw. betriebswirtschaftliche Begriffe kennen)
- Kenntnis spezifischer Details und Elemente (über vertieftes fachliches, begriffliches Wissen verfügen bzw. fachspezifische Quellen kennen)

2. Begriffliches Wissen

Wissen über die Zusammenhänge der einzelnen Elemente des Faktenwissens innerhalb eines größeren Ganzen, dass ein gemeinsames Funktionieren sichert. Wie viel von den Erklärungen eines Automechanikers haben Sie verstanden?

Untertypen

- Kenntnis der Klassifikation und Kategorien (Verschiedene Klassifikationen von Wissen oder Kategorien von Organisationsmodellen)
- Kenntnis der Prinzipien und Verallgemeinerungen (Theoreme, Gesetze, Heuristiken)
- Kenntnis der Theorien, Modelle und Strukturen (Kommunikationsmodell nach Schulz von Thun (2014) und Motivationsmodell von Kehr (2005))

3. Verhaltensorientiertes Wissen (knowing how)

Wissen darüber, wie man etwas tut. Wissen über Methoden des Nachforschens, sowie Anwendungskriterien für Fähigkeiten, Techniken und Methoden. Haben Sie verstanden, was der Automechaniker genau gemacht hat und warum?

Untertypen

- Kenntnis fachspezifischer Fähigkeiten: Verschiedene Interventionen zur Lösung eines Motivationsproblems im Team kennen
- Kenntnis fachspezifischer Techniken und Methoden: Verschiedene Techniken zur spezifischen Problemlösungsfindung kennen
- Kenntnis der Kriterien zur Anwendung bestimmter Verfahrensweisen: Kriterien kennen, wann welche Intervention/Vorgehensweise in einem Team sinnvoll ist

4. Metakognitives Wissen

Generelles Wissen über den Erkenntniszuwachs als auch das Bewusstsein und Wissen über den persönlichen Erkenntniszuwachs (z. B. Selbstreflexion und Selbstkritik).

Untertypen
- Strategisches Wissen: Kenntnis allgemeiner Lern, Denk- und Problemlösungsstrategien
- Wissen über kognitive Aufgaben unter Einbeziehung des kontextuellen Wissens: Zusammenfassen oder Paraphrasieren können zu einem tieferen Verständnis der Materie führen
- Wissen über die eigenen Stärken und Schwächen: MitarbeiterInnen, der weiß, dass er besser präsentieren als schreiben kann

Die verschiedenen Wissensdimensionen bilden einen wichtigen Pfeiler zur Entwicklung der konkreten Ziele einer PE-Maßnahme. Wie diese formuliert werden, finden Sie unter Kapitel 3.2.2 »Lernziele«.

Nachdem Sie nun ein Grundverständnis über unterschiedliche Wissensdimensionen haben, möchten wir nun konkret in die Entwicklungsschritte einer PE-Maßnahme übergehen.

3.2   PE-Maßnahmenentwicklungsschritte

Den Entwicklungsprozess möchten wir anhand der häufigsten PE-Angebote nämlich Schulungen, Training und Weiterbildungen verdeutlichen. Der Prozess unterteilt sich in sechs konkrete Schritte (s. Abb. 22), die wir nacheinander bearbeiten werden.

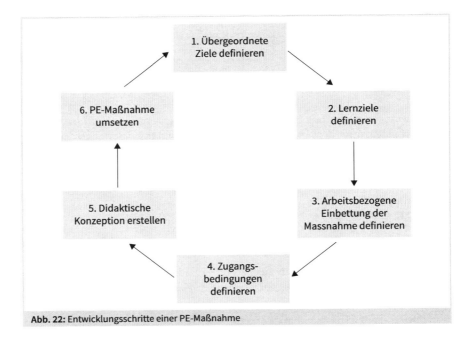

Abb. 22: Entwicklungsschritte einer PE-Maßnahme

3.2.1 Übergeordnete Ziele

Im ersten Schritt geht es um das übergeordnete Ziel, welches Sie mit der PE-Maßnahme erreichen wollen, wie z. B.

*   Verbesserung der Führungskompetenz
*   Veränderung des Kommunikationsverhaltens
*   Stärkung der Kundenorientierung
*   Intensivierung der Kooperation zwischen bestimmten Geschäftseinheiten
*   Erhöhung der Qualitätsorientierung im täglichen Arbeiten
*   Verbesserung der Selbstreflexion und Selbstkritik von Führungskräften
*   Ausbau der individuellen Stressresistenz
*   Vertiefung des Wissens über Compliance Thematiken

Sie stecken damit die grobe inhaltliche Richtung Ihrer PE-Maßnahme ab, die Sie später in konkrete Lernziele herunterbrechen.

3.2.2 Lernziele

Je konkreter Sie die übergeordneten Ziele fassen, desto einfacher wird die Ausarbeitung der Lernziele der PE-Maßnahme. Hier geht es um die konkreten inhaltlichen/thematischen Lernziele der PE- Maßnahme. Allgemein betrachtet verstehen wir unter Lernzielen Aussagen darüber, was eine Person nach der Absolvierung der PE-Maßnahme in der Lage ist zu tun, welche Handlungsfähigkeit bei der Person initiiert worden ist.

Was kann die Person tun? Zum Beispiel ein Mitarbeitergespräch wertschätzend führen; Konflikte in seinem Team lösen; das Wissen im Team gezielt für die Lösungsentwicklung aktivieren; Kunden von der Produktidee überzeugen

Als Unterstützung zur Bestimmung und Klassifikation von Lernzielen können Sie die von Anderson und Krathwohl (2001) entwickelte Lernzieltaxonomie nutzen, die wir im Folgenden umsetzungsbezogen beschreiben.

Lernziele werden in Form von Aussagen beschrieben.

»… MitarbeiterInnen werden in der Lage sein + [Nomen] + [Verb]«

Das entscheidende Kriterium bei der Beschreibung von Lernzielen liegt dabei in der Benutzung von Aktivverben.

*   Es ist eine Formulierung zu wählen, die sich ausdrücklich auf die zu erlangenden Fähigkeiten, Fertigkeiten oder Kompetenzen der TeilnehmerInnen bezieht.
    Die TeilnehmerInnen sind in der Lage …

- Es ist ein Nomen zu wählen, das als Indikator für die Wissensdimension auftritt.

  … in der Lage, verschiedene Entwürfe von Strategischen Stoßrichtungen des Unternehmens in Bezug auf die Erfolgsfaktoren (z. B. EBIT, DEBIT, Marktanteil) und möglichen Herausforderungen (z. B. Investitionen) sowie unter Veränderungsnotwendigkeit der MitarbeiterInnen zu bewerten.

- Es ist ein Verb zu gebrauchen, das den kognitiven Prozess beschreibt, der zur Erreichung des Lernzieles notwendig ist.

  … in der Lage, verschiedene Entwürfe von Strategischen Stoßrichtungen des Unternehmens in Bezug auf die Erfolgsfaktoren (z. B. EBIT, DEBIT, Marktanteil) und möglichen Herausforderungen (z. B. Investitionen) sowie unter der Veränderungsnotwendigkeit der MitarbeiterInnen zu bewerten.

Die vorher beschriebenen vier Wissensdimensionen lassen sich nun mit der Lernzieltaxonomie verbinden (s. Tabelle 14) und daraus entsprechende Lernziele für Ihre PE-Maßnahmen formulieren.

Wissensdimensionen und Lernzieltaxonomie						
Wissensdimension	Lernzieltaxonomie					
	1. Erinnern	2. Verstehen	3. Anwenden	4. Analysieren	5. Bewerten	6. Erschaffen
A. Faktenwissen						
B. Begriffliches Wissen						
C. Verfahrensorientiertes Wissen						
D. Metakognitives Wissen						

Tab. 14: Wissensdimensionen und Lernzieltaxonomie

Dabei werden die Untertypen anhand von Synonymen in Form von Aktivverben beschrieben.

1. Erinnern
Relevantes Wissen aus dem Langzeitgedächtnis abrufen.

Synonyme: Erkennen, Identifizieren, Wiederaufrufen, Wiederherstellen, Abrufen, Reproduzieren, Auflisten, Wiederholen, Darlegen

Beispiel: Die vier zentralen Elemente des Kommunikationsmodells von Schulz von Thun (2014) darlegen.

2. Verstehen
Bedeutung und Relevanz von Wissen erkennen und herstellen indem zum Beispiel neues mit altem Wissen verknüpft wird.

Synonyme: Interpretieren, Klären, Paraphrasieren, Darstellen, Übersetzen, Erläutern, Illustrieren, Veranschaulichen, Realisieren, Klassifizieren, Kategorisieren, Subsumieren, Zusammenfassen, Abstrahieren, Generalisieren, Folgern, Schließen, Interpolieren, Extrapolieren, Voraussagen, Vergleichen, Kontrastieren, Abbilden, Anpassen, Erklären, Modellieren, Erkennen, Diskutieren, Beschreiben

Beispiel: Den Zusammenhang zwischen Sach- und Beziehungsaspekt in der Kommunikation erläutern.

3. Anwenden
Bestimmte Verfahren in bestimmten Situationen ausführen/verwenden.

Synonyme: Ausführen, Benutzen, Implementieren, Durchführen, Übertragen, Handhaben Umsetzen, Lösen, Demonstrieren

Beispiel: Das Kommunikationsmodell von Schulz von Thun (2014) im Mitarbeitergespräch anwenden.

4. Analysieren
Gliederung eines Themas in seine konstituierenden Elemente und Bestimmungen ihrer Zusammenhänge und/oder Reaktion zu einer übergeordneten Struktur.

Synonyme: Differenzieren, Unterscheiden, Kennzeichnen, Charakterisieren, Auslesen, Auswählen, Erfassen, Organisieren, Auffinden, Zusammenhänge erkennen, Hervorheben, Unterstreichen, Strukturieren, Beifügen, Aufteilen

Beispiel: Einzelne Elemente der Kommunikationstheorie unterscheiden und die Beziehung der Elemente untereinander erkennen.

5. Bewerten
Urteile anhand von Kriterien und Standards fällen.

Synonyme: Überprüfen, Abstimmen, Ermitteln, Überwachen, Testen, Beurteilen, Evaluieren, Auswerten, Schätzen

Beispiel: Unterschiedliche Kommunikationstheorien auf ihre Anwendbarkeit hin untersuchen und vergleichen.

6. Erschaffen
Elemente zu einem neuen, kohärenten, funktionierendem Ganzen zusammenführen/ reorganisieren.

Synonyme: Generieren, Kreieren, Zusammenstellen, Zusammenführen, Entwerfen, Produzieren, Konstruieren

Beispiel: Eine neue Kommunikationstheorie mit hohem Praxisbezug entwickeln.

Nehmen Sie sich genügend Zeit für die Definition der konkreten Ziele der PE-Maßnahme. Damit steht und fällt die anschließende didaktische Konzeption, weil Sie immer wieder in Bezug zu den definierten Lernzielen, den sozial-kulturellen Bedingungen und anthropogenen Bedingungen in Bezug gesetzt werden muss. Dabei gilt es zu prüfen, ob Sie mit der Intervention, unter den gegebenen Randbedingungen, die definierten Lernziele mit den Personen erreichen oder ob es geeignetere Interventionen gibt.

3.2.3   Arbeitsbezogene Einbettung

Nach der Definition der Lernziele geht es um die arbeitsbezogene Einbettung der PE-Maßnahme:
- Ist sie Teil eines längeren Ausbildungs-/Trainingsprogramms oder eine Einzelmaßnahme?
- Gibt es eine Verknüpfung zwischen PE-Maßnahme und der täglichen Arbeit der TeilnehmerInnen?
- Welche arbeitsbezogenen Rahmenbedingungen müssen beachtet werden, damit ein Lerntransfer gefördert wird?

Diesem Teil wird häufig zu wenig Aufmerksamkeit gewidmet. Das führt dazu, dass in vielen Fällen PE-Maßnahmen, verzeihen Sie uns den Ausdruck, dekontextualisierte Einzelaktionen sind und somit einen Großteil ihrer möglichen Wirksamkeit nicht entfalten können.

3.2.4   Zugangsbedingungen

Die Zugangsbedingungen bilden einen wichtigen Boden für die didaktische Konzeption, weil Sie damit die sozial-kulturellen (demografische Faktoren, Sozialisation in Schule, Familie und Beruf, Bezugsgruppen) und anthropogenen Rahmenbedingungen (kognitive, motivationale und affektive Faktoren) soweit wie möglich berücksichtigen.

- Welche Zugangsvoraussetzungen (Führungskraft, MitarbeiterInnen, bestimmte Altersgruppen, SpezialistenInnen, Geschlecht, Talente usw.) müssen die TeilnehmerInnen erfüllen, um an der PE-Maßnahme teilzunehmen?
- Gibt es bestimmtes Vorwissen oder Vorerfahrungen die relevant sind? Muss die PE-Maßnahme durch den Vorgesetzten bewilligt werden?

Hier gibt es übrigens kein Richtig oder Falsch, sondern für Ihr jeweiliges Lernziel sinnvollere oder weniger sinnvolle Kriterien. Es kann durchaus Sinn machen, ein Führungstrainingsprogramm über verschiedene Führungsstufen mit unterschiedlichsten Geschäftsbereichen anzubieten, wenn es um die Entwicklung eines gemeinsamen, unternehmensweiten Führungsverständnisses geht. Wollen Sie aber Führungshandwerk auf einem bestimmten Niveau in einem bestimmten Kontext (z. B. Führen von AußendienstmitarbeiterInnen oder Führen auf Distanz im internationalen Projektgeschäft) vermitteln, dann wäre die oben beschriebene Zusammensetzung sicherlich nicht sinnvoll. Das Zusammenführen von unterschiedlichen TeilnehmerInnen mit unterschiedlicher Erfahrung und unterschiedlichen Aufgaben kann man somit nicht per se als sinnvoll erachten. Ihre Lernziele sind die entscheidenden Kriterien für die Definition der Zugangsbedingungen.

3.2.5   Didaktische Konzeption anhand ausgewählter Lerntheorien

Wie schon beschrieben, bilden die Lernziele, in Verbindung mit den Zugangsbedingungen, die Ausgangsbasis für die didaktische Konzeption der PE-Maßnahmen. An diesem Punkt scheiden sich oft die Geister, weil man entweder stark erfahrungsbasiert und/oder lerntheoriebasiert die Konzeption erstellen kann. Es ist natürlich aktuell so und wird es wohl auch in Zukunft bleiben, dass es nicht eine Lerntheorie gibt, die eine vollumfassende Erklärung für Lernprozesse liefern wird. Nichtsdestotrotz gibt es theoretische Modelle, die helfen, wirksame Lernszenarien zu entwerfen und auf einer empirischen Basis als wirksam abgestützt sind. Wir wollen Ihnen an dieser Stelle die drei prominentesten Theoriekonzepte und deren Umsetzung in Lernszenarien aufzeigen.

Behaviorismus
Der Behaviorismus interessierte sich für den Zusammenhang von einem Reiz (z. B. eine verbale Anweisung), der beobachtbaren Reaktion (z. B. Knopf drücken) und der Konsequenz (z. B. Keks als Belohnung). Die zwischen dem Reiz und der Reaktion ablaufenden Prozesse waren für die Vertreter dieser Richtung nicht von Bedeutung. Man sprach und spricht hier von der Black Box. Zwei sehr prominente Vertreter dieser Theorie waren Watson (2007) und Skinner (1978). Die darin entwickelten Verhaltensanalysen und Konditionierungspläne (klassisches und operantes Konditionieren) bildeten den Ausgangspunkt für die Verhaltenstherapie. Die Lernauffassung ist, dass man

durch geeigneten Input und geeignetes Feedback die »richtigen« Verhaltensweisen erzeugen kann. Die Grundüberlegungen der entwickelten Konditionierungsvarianten fanden in vielen Lernprogrammen Einzug. Denken Sie dabei nur an Apps zum Lernen von Faktenwissen (z. B. Vokabeln, Bedeutung von Verkehrsschildern), bei denen Sie für gute Leistungen Punkte bekommen und bei schlechten Leistungen keine oder sogar mit Punktabzug »bestraft« werden. Sie können damit gut Faktenwissen trainieren, eben zum Beispiel Vokabeln, aber die aktive Anwendung dieses Wissens wird dadurch nicht gut gelernt. Im Unternehmenskontext werden häufig auf diese Art und Weise z. B. Compliance-Themen geschult. Doch ob das zu dem gewünschten Verhalten führt, bleibt fraglich. Nichtsdestotrotz kann die didaktische Konzeption sehr sinnvoll sein, je nach Lernziel!

Kognitivismus

Im Laufe der Zeit und mit dem Aufkommen von Computern und Ideen zu Künstlicher Intelligenz begann man sich mit der Black Box zu beschäftigen. Dabei wird der Mensch als eine »Informationsverarbeitungsmaschine« betrachtet, die Informationen aufnimmt, speichert und wiedergibt. Zentraler Forschungsgegenstand ist die Analyse der Regeln für derartige Prozesse. Wissen wird danach im Gedächtnis in Form von mentalen Modellen repräsentiert und Lernen als mentaler (Problemlöse-)Prozess, analog zur Informationsverarbeitung im Computer, verstanden. Ein bekanntes, darauf basierendes kognitives Modell ist das Gedächtnismodell von Anderson (1996). Die Aneignung von Wissen und dessen Anwendung sollte danach optimalerweise in 4 Schritten stattfinden:

- **Schritt 1: theoretische Ausbildung**: Hier findet die Aneignung von deklarativem Wissen (knowing what) statt. Man lernt die Begriffe und Konzepte eines bestimmten Gebietes kennen, z. B. das Kommunikationsmodell von Schulz von Thun mit seinen 4 Seiten einer Nachricht. Das geschieht häufig in Form des Frontalunterrichts oder des Eigenstudiums. Betrachten wir die heutige Praxis der »Folienschlacht« versus die frühere Wandtafel, so muss man feststellen, dass die zu vermittelnde Wissensmenge in vielen Fällen viel zu groß ist und man davon ausgeht, dass ein kurzes Zeigen der Folien zum Wissenserwerb genügt.
- **Schritt 2: praktische Systemerfahrung**: Im Folgenden steht das Erwerben der Fertigkeitsausführung mit Anknüpfungen an das deklarative Wissen und Ausbildung von prozeduralem Wissen (knowing how) im Vordergrund. Das kann aktiv-motorisch erfolgen, indem bestimmte Handlungen aktiv ausgeführt werden (z. B. einen Motor auseinanderbauen, eine Software schreiben) oder observativ gelernt werden (Lernen durch Beobachtung von Bandura, siehe Kapitel 4.2 »Training/Seminare/Schulungen«). Eine weitere Möglichkeit ist verbal (z. B. das Kommunikationsmodell von Schulz von Thun mit anderen Personen besprechen). Eine weitere Möglichkeit ist das mentale Üben oder mentale Probehandeln (z. B. sich eine Kommunikationssituation im Kopf vorstellen und sich situationsadäquate Antworten überlegen ohne diese auszusprechen).

- **Schritt 3: Übung**: Beim Üben geht es um die Automatisierung der erworbenen Fertigkeiten, Fähigkeiten und Kompetenzen. Diese führt zu einer größeren Schnelligkeit und Genauigkeit in der Ausführung und zu einer geringeren Fehleranfälligkeit. Beispielsweise werden die vier Ebenen des Kommunikationsmodells systematisch geübt, bis sie den TeilnehmerInnen, wie man so schön sagt, in Fleisch und Blut übergegangen sind. Ab einem bestimmten Zeitpunkt wird es für die TeilnehmerInnen schwer, das erworbene Wissen noch zu verbalisieren. Das bezieht sich sowohl auf prozedurales Wissen im aktiv-motorischen Bereich als auch im mentalen Bereich. Versuchen Sie mal einen sehr erfahrenen Automechaniker erklären zu lassen, warum er den Fehler gerade dort sucht bzw. was er genau für einen Schaden am Motor hört, wenn er vor der geöffneten Motorhaube steht. Das wird ihm nicht möglich sein, weil es sich um höchst automatisiertes und erfahrungsbasiertes Wissen handelt. Dasselbe gilt für kognitive Leistungen. Ein erfahrender Softwareentwickler kann Ihnen auch nicht mehr erklären, wie er nun genau auf die Lösungsidee gekommen ist, insbesondere wenn es sich um sehr komplexe Sachverhalte handelt.
- **Schritt 4: Wissenserweiterung/-veränderung**: Nun gilt es, das erworbene Wissen systematisch weiterzuentwickeln, man spricht hier von Wachstum. Die mentalen Modelle oder Schemata werden ausgebaut. Es können auch Anpassungen stattfinden, d. h. die mentalen Modelle und Schemata werden den aktuellen Gegebenheiten angepasst. Oder es findet, als letzte Möglichkeit, eine Umstrukturierung der mentalen Modelle und Schemata statt und es kommt zu einer Ausformung von neuen Schemata.

Diese vier Schritte lassen sich direkt in eine didaktische Konzeption eines Kurses/Trainings überführen. Stellen Sie sich vor, Sie erhalten als Personalentwickler den Auftrag, ein Kurs für alle MitarbeiterInnen zum neuen Windows Betriebssystem zu konzipieren und durchzuführen. In einem ersten Schritt vermitteln Sie den TeilnehmerInnen die zentralen Begriffe und Vorgehensweisen, die für das neue Betriebssystem relevant sind. Anschließend geben Sie den TeilnehmerInnen die Möglichkeit Systemerfahrungen zu sammeln und stellen Ihnen einfache Übungsaufgaben, die in Teilschritten eingeübt werden. Im nächsten Schritt schicken Sie die TeilnehmerInnen zurück an ihren Arbeitsplatz und lassen sie das Erlernte im Alltag üben. Nun bilden sich Nutzungsroutinen bei den TeilnehmerInnen aus. Wenn das bisherige Systemwissen zur Bewältigung der Arbeitsaufgaben genügt, kommt es zu keiner großen Wissenserweiterung oder -veränderung mehr.

Eine Kritik, die diesen kognitiven Modellen immer wieder vorgeworfen wird, ist die Entwicklung von trägem Wissen (Renkl, 1996), also Wissen, welches nicht angewendet werden kann. Die Vertreter der konstruktivistischer Perspektive gehen sogar einen Schritt weiter und stellen die Annahme von Faktenwissen und deklarativen Wissen, als von der Person und Situation unabhängig grundsätzlich in Frage.

Konstruktivismus

Der Konstruktivismus (Simon, 2017) geht davon aus, dass Realität nicht unabhängig von BeobachterInnen wahrnehmbar ist. Wirklichkeit, wie zu Beginn unseres Buches formuliert, ist individuell und sozial konstruiert. Das Gehirn wird dabei als ein autopoietisches System verstanden und Lernen ist ein eigenaktiver, konstruktiver und selbstorganisierter Prozess. Die sich daraus ableitenden didaktischen Konsequenzen bedingen, authentische und situierte Lernsituationen zu schaffen. Lernen findet an Hand von realen (simulierten) und komplexen Problemsituationen statt und zwar im Prozess der Bewältigung authentischer Aufgaben. Dieses kann durch die episodisch-narrative Veranschaulichung – Beschreibung eines echten Problems in Form einer Geschichte – geschehen. Es ist wichtig, den Lernenden multiple Kontexte und Perspektiven zu geben, d.h. viele Problemsituationen aus verschiedenen Perspektiven/ Sichtweisen. Zusätzlich ist die soziale Eingebundenheit zu beachten, d.h. die problemorientierte Kooperation zwischen Lernenden/TeilnehmerInnen und den problemkompetenten Partner/Coach/Trainer ist bewusst zu gestalten. Zusätzlich sollte eine Expertengemeinschaft eingebunden werden, d.h. bei Bedarf sollten Lernende/TeilnehmerInnen auf Experten zurückgreifen können.

Die folgenden Prinzipien sollen helfen, die Lernaufgaben und den Lernprozess gemäß konstruktivistischen Überlegungen zu designen (Blumstengel, 1998; Ernest, 1995; Honebein, 1996; Jonassen, 1991a, 1991b, 1994; Schaumburg, 2002).

Die Lernaufgaben sollten folgendes berücksichtigen:
- Lernaufgaben sind Teil einer PE-Maßnahme. Bitte geben Sie genau die Einbettung der Lernaufgabe an, damit sie von TeilnehmerInnen kontextualisiert werden kann.
- Aufgaben sollen möglichst komplexe, lebens- und berufsnahe, ganzheitlich zu betrachtende Problembereiche darstellen. Die Beschreibung (Instruktion) des Problems soll daher auf möglichst authentischer Ebene in eben diesem Kontext erfolgen und nicht auf Ebene der abstrakten, allgemeinen Instruktion.
Background-Story zur Einbettung in ein »real life setting«: Entwickeln Sie bitte für jede Aufgabe eine möglichst authentische Geschichte, die den TeilnehmerInnen hilft zu erkennen, in welchem betrieblichen Rahmen dieses Problem, diese Aufgabe auftreten kann (real life problem). Z.B. »… Die Firma Meyer mit 500 Beschäftigten ist u.a. Zulieferer für die Autoindustrie in Deutschland und damit beauftragt, Radlager zu liefern. Aufgrund der Konkurrenzbedingungen unter den Zulieferfirmen, versucht Firma Meyer diese besonders kostengünstig anzubieten, mit dem Ziel, marktführend in der Branche zu werden. Dieses Ziel soll mit einer Steigerung der Produktivität erreicht werden und damit einhergehend mit Maßnahmen der Automatisierung. Der Betriebsrat der Firma ist bei der Produktionsumstellung mit möglichem Personalabbau gegenüber der Firmenleitung hellhörig geworden. Daraufhin wird beschlossen eine unabhängige Beratungsfirma zu beauftragen

den Veränderungsprozess zu begleiten und mit allen MitarbeiterInnen nach Möglichkeiten für den Erhalt der Arbeitsplätze zu suchen ...«

- Bei der Auswahl der Aufgaben/Probleme sollten die Vorerfahrung und Interessen der TeilnehmerInnen berücksichtigt werden. Zum Beispiel stellt die Führung eines Call Centers vollkommen andere Anforderungen an den Vorgesetzten als die Führung eines Expertenteams. Das Thema Motivation ist möglicherweise bei der Führung von Call Center MitarbeiterInnen von höherem Interesse als bei der Führung von Experten. Hier steht eventuell die Frage der Verbindlichkeit von Abmachungen oder das Finden einer gemeinsamen Entscheidungsgrundlage im Vordergrund. Folgende Fragen können Ihnen helfen:
  - Mit welchen Problemen könnten die TeilnehmerInnen in ihrem Betrieb konfrontiert werden?
  - Über welche Vorerfahrung verfügen die TeilnehmerInnen?
- Bei der Analyse des Problems soll es möglich sein, verschiedene Perspektiven einzunehmen, um Lösungen zu erarbeiten. Dadurch soll der Transfer des Wissens auf andere, ähnliche aber nicht identische Probleme erleichtert werden. Man will damit Träges Wissen (Renkl, 1996) verhindern.

  Hier ein konkretes Beispiel: Was muss bei der Preisfestlegung eines LKWs aus Sicht der Finanzabteilung beachtet werden, was aus der Sicht der VerkäuferIn und was aus der Sicht des Kunden, und schlussendlich, was muss in einer ganz konkreten Situation, in einem aktuellen Markt mit echten Konkurrenten beachtet werden?
- Das Problem sollte auf mehrere, unterschiedliche Arten repräsentiert, dargestellt werden. Unterstützende Hilfesysteme, Informationsquellen sollen auch unterschiedliche Repräsentationsarten aufweisen.

  Hier könnte man eine graphische Visualisierung des Problems und eine Textbeschreibung oder einen Film zur Problembeschreibung verwenden.

Der konstruktivistisch orientierte Lernprozess soll folgendermaßen gestaltet sein:

- Das Lernen wird als aktiver Prozess gestaltet, dadurch kann Handlungs- und Anwendungswissen erworben werden. TeilnehmerInnen führen »mehr oder weniger« praktische Aktivitäten durch.

  Für das Erlernen von Sozialkompetenzen können Sie unterschiedlichste Rollenspiele (Mitarbeitergespräch, Konfliktgespräch mit einem Kunden, Geschäftsleitungssitzung mit kritischen Mitgliedern) bestens dazu einsetzen.
- Man sollte gezielt kollaboratives Lernen unterstützen, indem in Gruppen gemeinsam an der Lösung der dargestellten Probleme gearbeitet wird. Lösungen/Wissen können so gemeinsam konstruiert werden.

  Nutzen Sie dazu Fallstudien, die in Gruppen gelöst werden und stellen Sie unterschiedliche Hintergrundinformationen (Faktenwissen) zusammen, welches die TeilnehmerInnen eigenständig, je nach ihren Bedürfnissen und Vorwissen, nutzen können.

- Die TeilnehmerInnen strukturieren und kontrollieren den Problemlöseprozess selber. Sie wählen die Vorgehensweise und Methode mit welchem sie das Problem lösen wollen.

  Stellen Sie den TeilnehmerInnen möglichst viele, unterschiedliche Informationsmaterialien zur Verfügung.

- Der Lernprozess soll zu einer eigenständigen Wissenskonstruktion führen. Die TeilnehmerInnen sollen eigene Ideen und Vorgehensweisen zur Problemlösung entwickeln. Erster Schritt dazu ist die Identifikation eines Konfliktes bzw. Widerspruchs in der Aufgabenstellung.

  Geben Sie Aufgabenstellungen, die in sich widersprüchlich sind, d. h. z. B. Kommunikationspartner verfolgen unterschiedliche Ziele; der Kunde möchte die beste Qualität zu niedrigem Preis und das Unternehmen den besten Preis für die beste Qualität, der Kunde möchte alles on demand und das Unternehmen möchte längerfristige Abnahmen vom Kunden planen.

- Ein sehr wichtiger Teil des Lernprozesses ist die Reflexion und Artikulieren über das Gelernte. Die TeilnehmerInnen untersuchen ihr Lernen hinsichtlich Methoden zur Informationsorganisation und -interpretation und bilden so systematisch metakognitives Wissen aus.

  Stellen Sie den TeilnehmerInnen unterschiedlichste Reflexionsfragen: Wie sind wir vorgegangen? Wo sind wir nicht weitergekommen? Welche Kriterien haben wir zur Beurteilung des Prozesses herangezogen? Wie haben wir zusammengearbeitet? Wie haben wir das Vorgehen strukturiert? Wie ist der Diskussions-/Lösungsprozess verlaufen?

- Die TeilnehmerInnen analysieren und bewerten selbst ihre Ergebnisse hinsichtlich Stärken und Schwächen.

  Folgende Fragen können Ihnen dabei helfen: Was haben wir gut/schlecht gemacht? Was können wir beibehalten? Was sollten wir bei einer erneuten Aufgabenbearbeitung anders machen? Wie gut beurteilen wir unsere Lösung hinsichtlich Qualität, Kundenorientierung, Preis, Kosten, Neuigkeitsgrad, ...?

Rolle des Trainers

Nun wollen wir uns mit der Rolle des Trainers auseinandersetzen. Auf was sollten Sie bei Konzeption achten?

- Der Trainer fungiert als Coach und weniger als Instruktor/klassischer Lehrer.
- Der Trainer analysiert Strategien der TeilnehmerInnen während des Problemlöseprozesses, diagnostiziert Fehler und Missverständnisse zwischen den TeilnehmerInnen und greift unterstützend ein – generell soll aber der Problemlöseprozess von den TeilnehmerInnen kontrolliert werden.
- Der Trainer diagnostizierte »Fehler« als Mittel des Feedbacks hinsichtlich des Problemverständnisses der TeilnehmerInnen.
- Der Trainer ist nicht mehr alleiniger Wissensträger, sondern vielmehr Lernprozessbegleiter. Sein Lösungsweg ist nicht mehr der einzig richtige, sondern nur der, der

seiner eigenen Wissenskonstruktion entspringt. Trainer sollten somit lösungs-/ ergebnisoffen in den Problemlösungsprozess mit den TeilnehmerInnen einsteigen.

- Bei der Vorbereitung von Lerneinheiten geht es vielmehr um die Entwicklung von »echten« Problemstellungen und Material, welches das Lernen unterstützt, als um die Aufbereitung von Wissensinhalten, die frontal präsentiert und nach dem Prinzip des Nürnberger Trichters den TeilnehmerInnen »verabreicht« werden.

Problemlöseaufgabe konstruieren

Zum Abschluss wollen wir uns noch damit beschäftigen, wie Sie ein Problem / eine Problemlösungsaufgabe (Dörner, 1995; Hussy, 1993) systematisch konstruieren können. Dazu unterscheiden wir erstmal ein Problem und eine Aufgabe.

1. Definition von Problem

Ein Problem ist gekennzeichnet durch drei Komponenten:

- unerwünschter Ausgangszustand
- erwünschter Endzustand
- Barriere, die eine Transformation von Ausgangszustand in Endzustand im Moment verhindert

Ein TeilnehmerInnen steht einem Problem gegenüber, wenn er sich in einem inneren oder äußeren Zustand befindet, den er aus irgendwelchen Gründen nicht für wünschenswert hält, aber im Moment nicht über die Mittel verfügt, um den unerwünschten Zustand in den wünschenswerten Zielzustand zu überführen.

2. Definition der Aufgabe

Im Gegensatz zu Problemen sind Aufgaben geistige Anforderungen, für deren Bewältigung Methoden bekannt sind. Die Division von 134 durch 7 ist für die meisten kein Problem, sondern eine Aufgabe, da dafür Lösungsmethoden bekannt sind. Aufgaben erfordern nur reproduktives Denken, beim Problemlösen muss etwas Neues geschaffen werden (Dörner, 1995). In der Lernzieltaxonomie von Krathwohl (2002) wird in diesem Zusammenhang von Erschaffen gesprochen. Was für TeilnehmerInnen ein Problem und was eine Aufgabe ist, hängt von seinen Vorerfahrungen ab, weshalb die Definition der Zielgruppe so ungemein wichtig ist.

Problemtypen: Es lassen sich verschiedene Problemtypen unterscheiden, die sich vor allem dadurch ergeben, dass man es mit unterschiedlichen Arten von Barrieren zu tun hat, die die Transformation des Anfangszustandes in den Endzustand verhindern:

- Interpolationsbarriere
- Synthesebarriere
- Dialektische Barriere

Interpolationsbarriere: Ausgangszustand und Endzustand sind bekannt, genauso die Operatoren zur Erreichung des Endzustands. Bei diesen Problemen geht es darum, die richtige Kombination oder Folge aus der Reihe bekannter Operatoren zu finden.

Beispiele: Zusammenbauen eines Motors in der Motorenproduktion eines Autoherstellers. Vorgehen für eine Teamentwicklung entwerfen. Mitarbeitergespräch durchführen.

Unter Operatoren wird alles verstanden, was die TeilnehmerInnen zur Verfügung haben, um eine Konstellation zu verändern (z. B. rhetorische Mittel zur Steuerung eines Gesprächsverlaufes, Werkzeug, Arbeitsmittel). Konstellation ist das, was für die TeilnehmerInnen zu einem bestimmten Zeitpunkt gegeben ist (z. B. eine unmotivierte MitarbeiterIn, ein Kunde, der sich beschwert, ein unzufriedener Vorgesetzter).

Synthesebarriere: Ausgangszustand und Endzustand sind bekannt, wichtige Einzeloperatoren sind hingegen unbekannt oder werden nicht in Betracht gezogen. Hauptaufgabe ist hier die Zusammenstellung eines brauchbaren Inventars von Operationen.

Beispiele: Der Vorgesetzte möchte einen MitarbeiterIn beruhigen, weiß aber nicht wie. Der Kundenbetreuer versteht das Anliegen des Kunden und seinen Wunsch, ist sich aber darüber im Unklaren, wie er den Wunsch erfüllen kann.

Dialektische Barriere: Der Ausgangszustand und die Operatoren sind bekannt, der Zielzustand ist unbekannt. Höchstens bestimmte Kriterien des Zielzustands sind bekannt. Man spricht von einer dialektischen Barriere, da die Lösung solcher Probleme meist einen dialektischen Prozess erfordert. Die Überwindung innerer bzw. äußerer Widersprüche führt zu einer sukzessiven Veränderung des ersten Lösungsvorschlags. Hier werden z. B. mit dem Gegenüber immer wieder klärende, präzisierende Gespräch gesucht, bis sein Anliegen verstanden wird.

Beispiele: Verbessern der Führungsqualität der Teamleiter. Veränderung der Kundenorientierung im Call Center. Steigerung der Mitarbeiterzufriedenheit. Weiterentwicklung der Kommunikationskompetenz der MitarbeiterInnen.

Wenn Sie nun authentische, konstruktivistische Lernaufgaben entwickeln wollen, so beachten Sie die verschiedenen Barrieremöglichkeiten der Problemstellungen und verwenden Sie diejenigen, die der Realität der TeilnehmerInnen am nächsten kommt.

Tabelle 15 gibt Ihnen eine kondensierte Übersicht über die drei beschriebenen Grundmodelle und ihre praktischen Implikationen für die Entwicklung von PE-Maßnahmen.

Grundmodell für Lernen und Kursdesign			
	Behaviorismus	**Kognitivismus**	**Konstruktivismus**
Lern-Paradigma	Reiz-Reaktion	Problemlösen	Konstruieren
Strategie der Trainer	Frontalunterricht	Beobachten und Helfen	Kooperation
Zentrales Element	Reflexion	Kognition	Interaktion
Problemlösen ist ...	aufgabenzentriert	lösungszentriert	prozesszentriert
Trainerrolle	autoritärer Experte	Tutor, Mentor, Ratgeber	verantwortlicher Coach
Lernziele	Produzieren korrekter Input-Output-Relationen	Entdecken von Methoden zur Lösungsfindung	Umgehen mit komplexen Problemsituationen
Beurteilung der TeilnehmerInnen erfolgt über ...	Leistung (klares Abfragen von Fakten)	Wissen (Überprüfung von Konzepten)	Kompetenz (Erkennen des Gesamtproblems)
Präsentation des Lernmaterials in ...	kleinen, dosierten Portionen	komplexen Umgebungen	unstrukturierter Realität
Wissen ist ...	objektiv	objektiv	subjektiv
Wissen wird ...	gespeichert	verarbeitet	konstruiert
Mensch-Maschine-Interaktion	strikt fixiert, streng vorgegeben	dynamisch, adaptiv	selbstreferentiell und autonom

Tab. 15: Grundmodell für Lernen und Kursdesign

3.2.6   Umsetzung

Je nach Art der PE-Maßnahme ergeben sich sehr unterschiedliche Umsetzungsvorgehensweisen, die z. B. bei einem Training mit Kursausschreibung, Teilnehmermanagement, Organisation der Räumlichkeiten und des Trainers verbunden sind während für ein Coaching vielmehr die Entwicklung eines Coach-Pools, das Matching zwischen Coachee und Coach und die Gestaltung eines Coachingkontraktes im Vordergrund stehen. Die Organisation von Räumlichkeiten beispielsweise spielt bei einem Coaching gegenüber einem Training deutlich untergeordnete Rolle. Schauen Sie sich in Ihrem Unternehmen genau um und finden Sie heraus, welches das übliche Vorgehen ist.

!   **Arbeitshilfe: Checklisten zur Durchführung von PE-Maßnahmen**

Bei den Arbeitshilfen online auf mybook.haufe.de halten wir für Sie zwei Checklisten und einen Leitfaden parat:
- Checkliste: Auftragsklärung
- Checkliste: Vorbereitung der konkreten PE-Maßnahme
- Trainerleitfaden: Vorlage mit Beispiel

3.3   Blended Learning

Wir möchten Ihnen an dieser Stelle nur ein Grundverständnis von Blended Learning vermitteln, weil es dazu einschlägige Standardwerke (z. B. Kerres, 2018; Petko, 2020) gibt. Unter Blended Learning versteht man die Kombination von unterschiedlichsten didaktischen Settings (Face-to-face-Unterricht, Selbstlernprogramme, Online-Gruppenarbeiten etc.) zu einer Gesamtveranstaltung. Die verschiedenen didaktischen Settings basieren auf den unterschiedlichen Lerntheorien, die wir im vorherigen Kapitel beschrieben haben.

Als Orientierung und zur Entwicklung von Ideen für Blended-Learning-Maßnahmen sind in Tabelle 16 deren wesentlichen Online-Elemente aufgeführt. Grundsätzlich lassen sich für den Online-Teil drei Zielsetzungen unterscheiden:
1. Distribution von Informationen
2. Elektronische Selbstlernelemente
3. Kommunikation und Kooperation im Netz

Kernelemente	1. Distribution von Information	2. Elektronische Selbstlernelemente	3. Kommunikation und Kooperation im Netz (synchron/asynchron, größere/kleinere Gruppen)
Umschreibung mit Beispielen	ermöglicht das Bereitstellen von: • administrativen und organisatorischen Informationen • unterschiedlichsten Kursmaterialien (z. B. Texte, Filme, Bilder) • Beiträgen von KursteilnehmerInnen	mögliche Elemente: • Selbstständiges Bearbeiten von via Internet bereitgestellten Lerneinheiten • Adaptive Selbsttests, die auf Grund der Ergebnisse den Lernenden angemessene Aufgaben zur Verfügung stellen	mögliche Elemente: • Diskussionsforum (asynchron) • Chat (synchron) • Wiki (gemeinsames Verfassen von Texten, vgl. Wikipedia) • Video-Conferencing • Online-Tutorial • E-Mail • Kombinationsmöglichkeiten bis hin zum reinen Online-Seminar

Kernele-mente	1. Distribution von Information	2. Elektronische Selbstlernelemente	3. Kommunikation und Kooperation im Netz (synchron/asynchron, größere/kleinere Gruppen)
Einsetzbare Technologien	• Learning-Management-Systeme (z. B. OLAT, WebCT, Cornerstone Learning Suite, Clix, Ilias) • Kooperations-Tools mit unterschiedlichsten Funktionalitäten und technischen Voraussetzungen (z. B. SharePoint, Zoom, MS-Teams, Skype) • Kostenlose Tools für ausgewählte Funktionalitäten (z. B. Wiki, Concept Mapping, Diskussionsforum, Quiztool Hot Potatoes)		

Tab. 16: Zentrale E-Learning-Elemente

Man geht davon aus, dass die Zurverfügungstellung bzw. Nutzung einer Vielzahl an didaktischen Optionen individuelleres Lernen und individuelle Lernbegleitung ermöglichen und sich deshalb ein größerer Lernerfolg gegenüber der Nutzung eines einzelnen didaktischen Settings einstellen sollte. Die empirische Evidenz dazu ist nicht eindeutig. Auch der große E-Learning-/bzw. Blended-Learning-»Hype« zur letzten Jahrtausendwende hat für viele Unternehmen und Bildungsinstitutionen (z. B. Berufsschulen, Fachhochschulen und Universitäten) nicht die erhoffte Breitenwirkung gebracht. Die Mehrzahl der PE-Veranstaltungen in Unternehmen sind immer noch klassische Face-to-face-Seminare. Das Gleiche gilt auch für Bildungsinstitutionen. Es gibt zwar schon eine Vielzahl von kommerziellen Anbietern von »Learning-Management-Systemen« (LMS-Anbieter), die heute in Unternehmen weit verbreitet sind. Wenn man aber genau hinschaut, ist festzustellen, dass das didaktische Potenzial / die Schulungsmöglichkeiten, also die konkreten Lernangebote, die auf diesen LMS den MitarbeiterInnen dargeboten werden, bei Weitem nicht ausgenutzt werden. So gibt es meistens einfach aufgebaute E-Learning-Veranstaltungen zu Themen, die die gesamte Mitarbeiterschaft betreffen (z. B. Compliance, Weisungen, Produktschulungen), kombiniert mit Multiple-Choice-Testfragen. Hier macht man sich die Skalierbarkeit solcher Veranstaltungen zunutze: Statt z. B. 100 einstündige Seminare des gleichen Inhalts anzubieten, wird eine einstündige Selbstlernsequenz mit Selbsttest entwickelt und den MitarbeiterInnen online zur Verfügung gestellt. Eine der zentralen Gründe für die beschränkte Potenzialausschöpfung ist der immer wieder unterschätzte Entwicklungsaufwand für ein Blended-Learning-Szenario und der häufig höhere Aufwand für die Betreuung der KursteilnehmerInnen. Nichtsdestotrotz gibt es unterschiedlichste Potenziale, wie z. B. Skalierbarkeit in der Darbietung, Individualisierbarkeit durch adaptives Testen, Arbeiten mit Simulationen, verteiltes Lernen in Gruppen, die man als Personalentwickler gezielt nutzen kann – und das mit kalkulierbarem Aufwand.

Beim Aufsetzen von solchen Blended-Learning-Veranstaltungen sollten Sie sich mindestens sechs Fragen stellen.

- Wie groß ist die Zielgruppe?
- Wie breit ist der fachliche Hintergrund der TeilnehmerInnen in Bezug zu den Lernzielen?
- Wie lange bleibt der Lerninhalt aktuell? Wie veränderlich ist der Lerninhalt?
- Mit welchen technischen Systemen/Tools sind die TeilnehmerInnen vertraut?
- Gibt es Lernziele, die sich für ein bestimmtes didaktisches Setting besonders eignen?
- Wie sieht das Verhältnis von Entwicklungsaufwand, Durchführungshäufigkeit und Notwendigkeit der Aktualisierung von Lerninhalten aus?

Über viele Projekte hinweg, die wir begleitet haben, zeigt sich immer wieder eine klare Unterschätzung des Entwicklungsaufwandes. Ein gutes Lehrvideo oder ein guter Selbsttest ist nicht in wenigen Minuten erstellt, sondern kann Tage oder sogar Wochen in Anspruch nehmen. Ein solcher Aufwand ist dann gerechtfertigt, wenn sehr viele Personen als Zielgruppe online an der Veranstaltung teilnehmen werden. Ein weiterer Punkt ist die Möglichkeit der Aktualisierung von Lerninhalten: Auch hier zeigt sich, dass das Anpassen von Online-Tutorials mit Tests, Filmen etc. relativ aufwendig ist. In solchen Situationen ist eine Face-to-face-Veranstaltung mit einem Experten deutlich flexibler. Auch die Bedeutung vom Lerntransferabstand zwischen Training und Praxis kann entscheidet für die Frage sein, ob man ein bestimmtes Blended-Learning-Setting entwirft und durchführt. So kann es z. B. in der Ausbildung von Polymechanikern sinnvoll sein, mit theoretischem Basiswissen im Klassenzimmer zu beginnen, anschließend mit einer Simulation erste Praxiserfahrungen zu sammeln (ohne einen großen Schaden anrichten zu können) und erst dann mit den komplexen, realen technischen Anlagen zu arbeiten. Zusätzlich könnte die Betreuung durch den Lehrer via Video auch punktuell direkt am Arbeitsort des Auszubildenden erfolgen. Es gibt eine Vielzahl von praktischen Handbüchern (Kerres, 2018 oder Häfele & Maier-Häfele, 2016), die Sie für E-Learning- oder Blended-Learning-Ideen und Anregungen konsultieren können.

Wir möchten Ihnen an dieser Stelle ein praktisches Beispiel aus einer Schweizer Hochschule schildern, welches Ihnen die enge Verzahnung und Abstimmung verschiedenster didaktischer Settings klar vor Augen führt. Der Blended-Learning-Kurs in der Betriebswirtschaftslehre (s. Korner, 2001; Lautenschlager, Albione & Grund

2002) wurde so aufgebaut, dass kurze Präsenz- und längere »virtuelle« Lernphasen alternieren und sich gegenseitig ergänzen. Die Präsenzphasen dienten klärenden und vertiefenden Diskussionen und primär nicht der Wissensvermittlung im Stile einer traditionellen Lehrveranstaltung. Die Konzeption des webbasierten Teils des Kurses ermöglichte den Lernenden zum einen, Lernpfade zu verfolgen. Diese Lernpfade setzten sich aus folgenden Elementen zusammen: Ziel der Lerneinheit, Inhaltsübersicht, Einführung (Fallbeispiele, Zeitungsartikel, Video oder Vortest), Darstellung der Inhalte (Texte und Simulationen), Umsetzung und Verarbeitung der Inhalte (Aufgaben, Beispiele, Gruppenarbeit, Fallstudie, Diskussion etc.), Lernfortschrittskontrolle mit Multiple-Choice-Fragen und Rückblick (Zusammenfassung und Denkanstöße). Zum anderen konnten sich die Lernenden eigenständig Themen aussuchen und bearbeiten, d. h. sie konnten sich außerhalb vorgegebener Lernpfade nach eigenen Fragestellungen und Interessen im virtuellen Informations- und Medienraum bewegen. Für die Interaktion zwischen den Lernenden standen E-Mail, Chat und Diskussionsforen zur Verfügung. Die Lernenden wurden während der gesamten Zeit durch Coaches betreut, wobei jeder Coach eine Gruppe von 24 Personen via E-Mail, Diskussionsforum und in virtuellen Gruppentreffen begleitete.

Innerhalb von sechs Wochen wurden folgende Schritte durchlaufen:
1. Präsenzveranstaltung und Einführung in die Konzeption des Kurses und in das Web-System
2. Eigenständiges Online-Lernen (allein und/oder in Gruppen)
3. Präsenzveranstaltung mit Ausgabe einer Gruppenaufgabe
4. Bearbeitung der Aufgabe in virtuellen Gruppen
5. Eigenständiges Online-Lernen (allein und/oder in Gruppen)
6. Abschluss und Fortsetzung des Kurses als traditionelle Vorlesung

Die Veranstaltung wurde umfangreich evaluiert (s. Grund & Grote, 2004; Gerber, Grund & Grote, 2008). Es konnte gezeigt werden, dass eine höhere Online-Aktivität der Studierenden einen positiven Einfluss auf die Abschlussnote hatte (Affolter, Gerber, Grund & Wagner, 2020).

4 Schritt 3: Instrumente der Personalentwicklung

Mit diesem Kapitel begeben wir uns auf ein Terrain, das eine riesige Spielwiese an möglichen Ansätzen der PE bietet. Wir haben uns vorgenommen, Ihnen eine pragmatische Übersicht über handhabbare PE-Instrumente und -verfahren zu liefern – daher mussten wir beim Schreiben dieses Kapitels schweren Herzens in Kauf nehmen, dass wir hier nach dem Pareto-Prinzip vorgehen. Uns ist klar, dass wir einen erheblichen Teil vorhandener PE-Instrumente aus dem Kreise aller existierenden Verfahren auslassen müssen. Wir setzen aber gleichzeitig darauf, dass wir Ihnen einen fundierten Querschnitt vorstellen, damit Sie sich ein Bild machen können, welche PE-Instrumente in Ihrem eigenen Unternehmen sinnvoll einsetzbar sein könnten. Dieser kleine Querschnitt sollte – gemäß Pareto – einen großen Hebel darstellen, mit dessen Hilfe Ihnen die Suche nach weiteren, weniger bekannten oder sehr spezifischen Instrumenten erleichtert wird. Und wenn Sie durch unsere Beschreibungen der zentralen Verfahren der PE angeregt werden, sich noch tiefer in die Welt der PE-Maßnahmen hineinzubegeben, so werden wir Sie sicher nicht zurückhalten wollen.

Es gibt viele verschiedene Einteilungsversuche für PE-Instrumente und -verfahren, die, das haben Sie nun schon öfters in diesem Crashkurs gelesen, mit unterschiedlichen Vor- und Nachteilen versehen sind. Eine Unterteilung von PE-Maßnahmen, aus der Ihnen einige der Begriffe sicherlich bekannt sind, ist diejenige von Conradi (1983), die entlang Zeitpunkt und vor allem Ort des Geschehens gefasst ist:

- **into the job**: PE-Maßnahmen zur Übernahme einer neuen Aufgabe oder Position
- **on the job**: PE durch Gestaltung von Arbeitsbedingungen bzw. in arbeitsbezogenen, »ökologisch valide« gestalteten Lernumgebungen; damit ist auch die Entwicklung gemeint, die wir durchlaufen, wenn wir einfach in unserer eigenen Aufgabe tätig sind.
- **along the job**: (auch »laufbahnbezogene PE«): PE mit dem Ziel, regelmäßiger, systematischer Wechsel von Aufgaben und Positionen in der beruflichen Laufbahn.
- **near the job**: PE-Maßnahmen in enger räumlicher und/oder zeitlicher und/oder inhaltlicher Nähe zur eigenen Aufgabe oder Position.
- **off the job**: PE-Maßnahmen in räumlicher und/oder zeitlicher und/oder inhaltlicher Distanz zur eigenen Aufgabe oder Position; hierbei denkt man meist an klassische Trainings, z. B. aus dem »Soft Skills-Bereich«; diese sind natürlich inhaltlich nicht »in Distanz« zu dem, was man in der täglichen Arbeit macht, aber es sind eben auch keine unmittelbaren Fachtrainings.
- **out of the job**: PE im Rahmen des Übergangs vom Erwerbsleben in den Ruhestand bzw. auch im Falle des Verlassens des Unternehmens (z. B. bei Abbauprozessen), mit dem Ziel des erleichterten Übergangs in eine Neueinstellung bei einem anderen Unternehmen (»Outplacement«).

Diese Einteilung gibt einem schon ein Gefühl für die Vielfältigkeit der Ansatzpunkte von PE-Maßnahmen, es handelt sich dabei aber trotzdem nicht um trennscharfe Kategorien. So kann z. B. ein Coaching off-the-Job stattfinden, z. B. bewusst in den Räumlichkeiten des Coaches, um den Abstand des Coachees von seinem Unternehmen zu gewährleisten; ein Coaching kann aber auch genauso »on-the-job« stattfinden, z. B. wenn der Coach seinen Coachee bei einem Meeting begleitet, im Hintergrund bleibt und dann hinterher Feedback zu beobachtetem Verhalten gibt. In beiden Fällen handelt es sich um das PE-Instrument »Coaching«.

Wir haben uns für eine andere Einteilung entschieden. Diese hat zunächst einen modularen Fokus, d. h. wir schauen uns zuerst Verfahren an, die auch einzeln eingesetzt werden können. Beginnen wollen wir mit einem kurzen Blick auf feedbackbezogene Verfahren, also Instrumente mit einem stark diagnostischen Bezug: Potenzialanalysen und Assessments, Selbstbild-Fremdbild-Abgleiche und psychometrische Testverfahren. Auf diese sind wir bereits im Kapitel 2 »Analyse des PE-Bedarfs« und hier im Abschnitt zur Personenanalyse ausführlich eingegangen. Aus diesem Grund wollen wir hier in erster Linie rekapitulieren und im Besonderen darauf verweisen, was für den Einsatz dieser Verfahren in einer Umsetzungsmaßnahme relevant ist (zu Aufbau und Inhalten der Instrumente finden Sie die wesentlichsten Punkte im Kapitel 2.3 »Personenanalyse«).

Danach folgt dann ein Kapitel zum Thema Training/Seminare/Schulungen, in dem wir beispielhaft auf einige »gängige Trainingstitel« wie »Konfliktmanagementtraining«, »Präsentationstraining« oder »Führungstraining« eingehen. Wir stellen Ihnen hier eine ganze Reihe Trainingstitel in tabellarischer Übersichtsform vor, auch hier, ohne Anspruch auf Vollständigkeit zu erheben.

Daran schließt das Kapitel »Maßnahmen mit prozessbegleitendem Charakter« an. Hiermit sind Themen gemeint, die nicht in einem klassischen 2-Tages-Schulungsrahmen behandelt werden können, sondern die neben der Vermittlung von Inhalten vornehmlich Moderationsfähigkeiten der begleitenden Experten erfordern: Team- oder Bereichsentwicklungen, Konfliktbearbeitung/Mediationen und Spezialthemen wie Leitbildentwicklung, die bereits einen starken »Organisationsentwicklungs-Touch« haben (s. Kapitel 1.1 »Definition Personalentwicklung«).

Bei den bis dato genannten Instrumenten sind meist mehrere TeilnehmerInnen involviert. Als Kontrast dazu blicken wir dann auf das Thema Coaching, das in aller Regel eine Eins-zu-eins-Situation beinhaltet. In diesem Kapitel schauen wir aber auch auf »coachingnahe« Themen wie Supervision und kollegiale Fallberatung – diese wiederum verlassen die Eins-zu-eins-Situation und finden meist in Gruppen statt.

Nach den bis zu diesem Zeitpunkt genannten Maßnahmen, die nach Conradis Eintei-lung häufiger im Off-the-Job-Kontext stattfinden als on-the-Job, wollen wir gerade auf letztere nochmals das Gewicht legen und vor allem die PE-Maßnahmen anschauen, die nicht durch Training, Prozessbegleitung oder Coaching realisiert werden können. Hier stehen Themen wie Verantwortungsübernahme/Projektleitung, Fachlaufbahn, Jobrotation, Einsatz als Mentor u. Ä. im Vordergrund.

Den »On-the-Job-Gedanken« weiterverfolgend richten wir dann noch das Augenmerk auf führungsbezogene, meist im unmittelbaren Unternehmenskontext eingesetzte PE-Instrumente wie Mitarbeiter- und Zielvereinbarungsgespräche sowie Mitarbeiter-beurteilungen. Hier berühren wir also Bereiche, die genauso gut in einem Lehrbuch zum Thema »Führung« oder »Management« auftauchen könnten.

Im letzten Teil schließlich beleuchten wir, wie wir die bisher erwähnten Module »in einen Guss bringen« können, um daraus gesamte PE-Programme zusammen zu stel-len. In einem solchen PE-Programm kommen dann beispielsweise ACs, Feedbackge-spräche mit Führungskräften, Schulungen, Coachings und Mentoring in Rahmen eines Gesamtprozesses methodisch fundiert zum Einsatz. Klassischerweise fallen einem hier sicherlich spontan Führungskräfteentwicklungsprogramme ein, auf die wir bei-spielhaft einen Blick werfen möchten.

Lassen Sie uns zunächst mit den feedbackbezogenen PE-Instrumenten starten und so die Brücke zu unserem Kapitel 2.3 »Personenanalyse« schlagen.

4.1 Feedbackbezogene Verfahren

4.1.1 Selbstbild-Fremdbild-Abgleich

In Kapitel 2.3 »Personenanalyse« hatten wir Ihnen ein Instrument zum Selbstbild-Fremdbild-Abgleich gezeigt, das sich gleichermaßen in der Phase der Anforderungs-analyse wie auch in der Umsetzungsphase des PE-Zyklus einsetzen ließe.

Anhand der Anzahl der zugrundeliegenden Quellen unterscheidet man verschiedene »Gradwinkel« eines Selbstbild-Fremdbild-Abgleichs:
* Beim »klassischen« Selbstbild-Fremdbild-Abgleich – man wird aus einer Richtung (meist von »oben« oder von »unten«) eingeschätzt und schätzt zugleich sich selbst ein – spricht man von einem **90°-Feedback**. Hierunter fallen auch Mitarbeiter- oder Vorgesetztenbeurteilungen, aber auch sog. Peer-Feedbacks (also Einschätzungen auf Kollegen-Ebene).
* Beim **180°-Feedback** ist der oder die Beurteilte sozusagen der Sandwich-Belag, denn er oder sie bekommt sowohl von oben als auch von unten eine Einschätzung

und schätzt sich zugleich selbst ein. Bei dieser Feedbackform ebenso wie bei der als nächstes beschriebenen 360°-Variante spricht man auch von Multi-Rater-Feedbacks.

- Beim **360°-Feedback** wird der Gedanke der unterschiedlichen Einschätzungs-blickwinkel konsequent weiterverfolgt und es können Feedbacks von allen Seiten einfließen: von eigenen MitarbeiterInnen, KollegInnen auf derselben Ebene, Führungskräften und, sofern integrierbar und dafür offen – Rückmeldungen von Kunden.

In der Umsetzungsphase hat ein Selbstbild-Fremdbild-Abgleich als PE-Instrument immer einen sehr stark entwicklungsfördernden Charakter, der sich am Idealbild des Rückmeldungsprozesses orientiert: mit offenen Ohren nimmt man auf, wie einen andere sehen, um daraus zu lernen und positiv rückgemeldetes Verhalten beizubehal-ten oder auszubauen, während man kritisch bewertetes Verhalten versucht »abzustel-len« oder im Sinne eines »ich arbeite daran« nach und nach zu verbessern.

Doch selbst, wenn Sie sich strukturiert an eine Kriterienliste halten (s. Kapitel 2.2.4 »Anforderungs- oder Kompetenzprofil«) und um Objektivität in der Einschätzung bemüht sind, ist so ein »einfacher« Selbstbild-Fremdbild-Abgleich ein komplexes soziales Geschehen – wie könnte es auch anders sein? Hier treffen nämlich Wahrneh-mungen aufeinander, die jeweils bei Ihnen selbst genauso wie bei Ihrem Umfeld durch die eigene Sozialisation, gemachte Erfahrungen und das eigene Werte- und Normen-system geprägt sind. Und so zeigen sich auch bei Selbstbild-Fremdbild-Abgleichen immer wieder spannende Trends:

- Man hat festgestellt, dass Frauen dazu neigen, sich in der Selbsteinschätzung im Durchschnitt etwas niedriger einzuschätzen als der Mittelwert der Fremd-einschätzungen, die sie erhalten, während Männer in der Selbstbetrachtung im Schnitt eher darüber landen (zur geschlechtsbedingten Einschätzungs-Bias s. z. B. Sieverding, 2003).
- Wenn Führungskräfte ihre MitarbeiterInnen einschätzen, fällt auf, dass bei stark mit der eigenen Führungsrolle verwobenen Themen eine Tendenz zur Strenge in der Beurteilung aufkommen kann: so finden sich in Anforderungsprofilen, die Kri-terien wie »Strategische Fähigkeiten«, »Entscheidungsstärke« oder »Unternehme-risches Denken« enthalten, bei »Top down-Bewertungen« an diesen Stellen des MitarbeiterInnen-Profils oftmals »Dellen nach unten«.
- Aus einer Spezialistenrolle heraus wird man unserer Erfahrung nach die fachlichen Stärken eines Gegenübers immer kritischer betrachten, weil man sich selbst als Bezugspunkt nimmt – SpezialistInnen sind also oft strenger, was die Einschät-zung der Fachkompetenz bei KollegInnen betrifft.

So ließen sich noch einige Beispiele nennen, in denen bei einem Wahrnehmungsab-gleich zwischen Menschen »typische Tendenzen« zu verzeichnen sind. Diese sind aber kein echtes Problem, denn sie sind ja menschlich und zu erwarten. Darüber hinaus haben Instrumente wie ein Selbstbild-Fremdbild-Abgleich gar nicht den Anspruch, die »objektive Wahrheit« abzubilden, sondern sie sollen genau das bewirken: einen Abgleich zwischen *Wahrnehmungen*. Bei einem Selbstbild-Fremdbild-Abgleich geht es methodisch nicht darum, wer »Recht hat«, sondern dass man gemeinsam herausarbeitet, wie ein Bild einer Person entsteht, was sich daraus schließen lässt und wie man damit oder auch daran arbeiten kann.

4.1.2 Psychometrische Verfahren zum Einsatz in Training, Teamentwicklung, Beratung

Die Voraussetzungen zum Einsatz psychometrischer Instrumente wurden im Kapitel 2.3 »Personenanalyse« bereits sehr ausführlich beschrieben.

Im Zusammenhang mit dem Einsatz dieser Verfahren in Trainings-, Teamentwicklungs- und Beratungssettings wie Coaching oder Supervision sind die Anforderungskriterien aber bei weitem nicht so hoch anzusetzen wie in Fällen der Diagnostik. So dienen die Instrumente z. B. im Coaching eher zur Hypothesenbildung auf dem der weitere Beratungsprozess aufbaut oder sie sollen z. B. beim Einsatz im Training für bestimmte Fragestellungen sensibilisieren.

Dennoch sollte der Personalentwickler sich einiger Grundgesetzmäßigkeiten beim Einsatz psychometrischer Instrumente auch in diesem Kontext klar sein. Beginnen wir mit einem einfachen Beispiel:

Beispiel: Kommunikationstraining

Stellen Sie sich vor Sie möchten den TeilnehmerInnen eines Kommunikationstrainings vor Augen führen, dass Menschen sehr individuell und unterschiedlich sind. Um Ihren TeilnehmerInnen dies nicht nur theoretisch, sondern möglichst praxisnah zu vermitteln, haben Sie sich dazu entschlossen, ein psychometrisches Instrument einzusetzen, das menschliche Verhaltensstile in 4 Kategorien unterteilt. Das Instrument ist ein Fragebogen, den jeder TeilnehmerInnen zunächst einmal für sich selbst ausfüllt. Nach der Auswertung werden die Ergebnisse im Plenum veröffentlicht. Sie haben als gewissenhafter Trainer die TeilnehmerInnen selbstverständlich darauf hingewiesen, dass es keine »guten oder schlechten« Ergebnisse gibt, dass Kategorisierungen streng vermieden werden sollten, schließlich gibt es jede Menge Mischtypen, dass es sich um Verhaltensstile und nicht um Persönlichkeitsmerkmale handelt, und dass es zunächst einmal nur darum geht zu verstehen, dass jeder Mensch »aus einem anderen Fenster« auf die Wirklichkeit schaut.
Was glauben Sie geschieht? Die Reaktionen nach Sichtbarwerden der Testergebnisse weisen nach unseren Erfahrungen einen sich wiederholenden Automatismus auf:

- »Das habe ich mir gedacht, dass Paul ein x-Typ ist ...«
- »Ich kenne da eine, die ist typisch z ...«
- »Jetzt weiß ich auch, warum ich mit y-Typen nicht klar komme ...«

Ihre Bemühungen im Vorfeld der Testdurchführung waren umsonst. Was ist geschehen? Zuschreibungen, Typisierungen und Schubladen werden zum Hilfsmittel stereotyper Erklärungsmodelle. Und den TeilnehmerInnen geht es gut dabei.

Bei vielen Feedbacks zu durchgeführten Seminaren mussten wir die Erfahrung machen, dass genau dieser Einsatz typenbildender »psychometrischer« Verfahren als eigentliches Highlight des Seminars beschrieben wurde. Noch Wochen später wird auf den Gängen von Unternehmen kolportiert: »Hast du die Reaktion von Hans im Meeting bemerkt, typisch y ...«

Warum aber erfreuen sich die typenbildenden Verfahren einer so großen Beliebtheit?

Sie sind einfach. Einfach in der Durchführung, einfach in der Interpretation und einfach in die eigene Wirklichkeitskonstruktion zu übertragen. Sie reduzieren Komplexität und geben Sicherheit.

Aber werden Sie dem Menschen auch gerecht? Es gibt auf dieser Welt 7,6 Milliarden Menschen, von denen behauptet wird, jeder sei einmalig. Trotzdem versuchen wir ihre Individualität auf 4 Kategorien zu reduzieren? Oder gilt die Unterschiedlichkeit nur für die Fingerabdrücke?

Neben den einfachen Erklärungsmustern sind typenbildende Verfahren auch wunderbare Instrumente, um Unveränderbarkeit («... bin halt so ...«) in den Raum zu stellen und PE-Maßnahmen von Beginn an jeden »Treibstoff« zu nehmen. Darüber hinaus implizieren sie häufig das »Stigma der Unveränderbarkeit«, das sich mit den jüngeren Erkenntnissen der Neuroplastizität nicht wirklich gut verträgt.

Kritisch betrachtet bedienen typenbildende Verfahren also genau jene Stereotypen, die man im Sinne von Selbstreflexion und Differenziertheit (»es gibt nicht die (r)eine Wahrheit«) zu überwinden trachtet.

Stellen Sie einmal als Alternative zu den 4 oben erwähnten Verhaltensstilen folgende Überlegung an: Wir bleiben einfach bei den 4 Konstrukten von Verhalten und bilden jedes einzelne dieser Konstrukte auf einer 6-stufigen Skala ab (dimensionales Instrument). Schon ergeben sich annähernd 1.300 unterschiedliche Möglichkeiten unterschiedlicher Kurvenkombinationen. Das macht jetzt zugebenermaßen die Interpretation schwieriger und auch hier kann es Ihnen passieren, dass es zu Zuschreibungen und Kategorisierungen kommt, aber es bildet in unserer Weltsicht die Vielfältigkeit der menschlichen Persönlichkeit deutlich besser ab. Und das war doch Ihr Ziel, oder?

Andererseits gilt: natürlich bedienen typenbildende Fragebogen einerseits eine stereotype, »schubladige«, musterartige Betrachtung unseres Gegenübers; andererseits stellen wir als Menschen immer wieder fest, dass wir uns auch in lieb gewonnen Mustern *verhalten*, wir sind also, zumindest teilweise, in genau diesen Mustern identifizierbar. So gibt es eben tatsächlich Menschen, die es als Affront und fehlende Wertschätzung empfinden, wenn jemand bei ihnen zu spät kommt, während andere das gar nicht stört. Diejenigen, die so etwas gar nicht stört, finden es vielleicht ganz normal auch einmal zu spät zu kommen, weil sie auf dem Weg bei einem interessanten Gesprächspartner »hängen geblieben« sind. Solche Menschen finden es dann wiederum eher irritierend, wenn sie einem solchen interessanten Gesprächspartner begegnen und der mit einem »Hab keine Zeit, sonst komme ich zu spät zum Termin!« an ihnen vorbeirauscht. Dies sind eben Muster, die uns im Zusammenspiel mit anderen Menschen immer wieder begegnen. Und so sucht unser Gehirn nach schnellen Entscheidungen, nach Komplexitätsreduktion und das zeigt wiederum einen berechtigten alternativen Blickwinkel zu einer »Jeder Mensch ist einzigartig-Betrachtungsweise« auf:

- Ist die Aggregation von Attributen der Persönlichkeit auf drei, vier oder fünf übergreifende Merkmale wirklich so verwerflich und falsch?
- Haben die 2 »Jungschen« Einstellungstypen (Extraversion/Introversion) und 4 Funktionstypen (Denken/Fühlen/Empfinden/Intuieren), die ja vielen »Mehrfelder-Instrumenten« zugrunde liegen, nicht einen hohen Wiedererkennungswert und hat man sich selbst nicht auch schon dabei ertappt zu sagen: »Da ist schon etwas dran?«
- Sind die feingliedrigen Differenzen auf den dimensionalen Instrumenten in der Realität überhaupt wahrnehmbar?

Wie Sie sicherlich bemerkt haben, bewegen wir uns hier auf einem widersprüchlichen und nicht mit simplen Rezepten zu beantwortendem Feld. Die Ambiguitätstoleranz des Personalentwicklers ist ebenso gefragt wie seine Expertise und seine alle Vor- und Nachteile abwägende Entscheidungsfindung.

Wir möchten uns bewusst nicht an den in den einschlägigen Gazetten seit Jahren geführten »Glaubenskriegen« beteiligen. Auch der Einsatz eines typenbildenden Instruments kann Sinn und Zweck machen. Der Personalentwickler sollte nur immer sorgfältig prüfen, mit welchem Ziel und in welcher Zielgruppe eher das eine oder das andere Instrument verwendet wird.

Sollten Sie sich aber zum Einsatz eines dimensionalen Instruments entscheiden, macht es Sinn, die Ausprägung auf den Skalen auch entsprechend interpretieren zu können. Hilfreich ist hier das Vorhandensein einer Normstichprobe, also einer repräsentativen Vergleichsgruppe, mit der das eigene Ergebnis abgeglichen werden kann (z. B. »Bin ich im Sinne des Fragebogens belastbarer als der Durchschnitt der Menschen meiner Alterskohorte?«).

Wie schon in der Diagnostik spielt bei der Auswahl eines psychometrischen Instruments im Anwendungsfeld von Training, Teamentwicklung, Beratung usw. natürlich eine große Rolle, *was* denn eigentlich gemessen werden soll. Geht es um das Maß der Belastbarkeit im Rahmen eines Seminars zur Stressbewältigung, geht es um die Motivation im Rahmen einer Karriereberatung oder um die innere Werthaltung im Rahmen eines Coachings mit einer angehenden Führungskraft? Jede dieser Situationen, derer Beispiele sich lange fortsetzen ließen, setzt den Einsatz eines alternativen Instruments voraus. Der Personalentwickler kommt also gar nicht umhin, sich mit dieser Thematik auseinanderzusetzen, wenn denn solcherart Instrumente eingesetzt werden sollen. Dabei ist unerheblich, ob er selbst der Durchführende ist oder ob externe Trainer und Berater diese Aufgabe übernehmen. Der verantwortungsbewusste Personalentwickler kann eben nicht davon ausgehen, dass die externen Dienstleister immer das richtige Instrument zur Hand haben und/oder einsetzen. Es bleibt in seiner Verantwortung, dies in jedem Einzelfall zu überprüfen.

4.1.3   Potenzialanalysen und Assessments

Auch auf Assessmentverfahren sind wir im Kapitel 2.3 »Personenanalyse« schon ausführlich eingegangen. Sie finden dort alle notwendigen Informationen über Ziele, Aufbau und Entwicklungsschritte von ACs sowie zahlreiche Checklisten und Arbeitsinstrumente, die sich sowohl für den Einsatz in Personalselektions- als auch bei internen Entwicklungsverfahren nutzen lassen.

Assessments, die als PE-Instrumente der Umsetzungsphase vorwiegend einen Entwicklungscharakter haben, werden auch als Potenzialanalysen, Entwicklungs-ACs oder Development Center (DC) bezeichnet. Wir hatten bereits in Kapitel 2.3 »Personenanalyse« auf die Wichtigkeit der sozialen Validität nach Schuler & Stehle (1983) hingewiesen. Gerade bei internen ACs sollten Sie besonders auf Aspekte wie Transparenz und potenzialorientiertes Feedback achten, denn im Zweifel verbleiben diejenigen MitarbeiterInnen, für die sich keine weiteren Karriereschritte nach dem Assessment ergeben, weiter in Ihrem Unternehmen – und sollten sich nicht als Verlierer fühlen müssen (was im Umkehrschluss nicht bedeuten soll, dass das bei ACs mit externen BewerberInnen »o. k.« wäre – die angesprochene soziale Validität darf allen zuteilwerden, die ein AC Ihres Unternehmens durchlaufen).

Interne ACs verstehen sich meist als Verfahren zur Einschätzung des Potenzials und werden gerne als »Baselinemessung« vor Beginn eines aus mehreren Modulen bestehenden, anschließenden Entwicklungsprogramms, z. B. für Trainees oder angehende Führungskräfte, eingesetzt. Damit versuchen sie also eine »Vorhersage« zu machen, eine Prognose – und das bringt uns wieder zum Thema der Eignungsdiagnostik, wie wir es im Kapitel 2.3 »Personenanalyse« besprochen hatten.

Bei ACs steht dabei oft eine zentrale Frage der Eignungsdiagnostik im Raum: messen wir mit einem gegebenen Verfahren die *Leistung* oder das *Potenzial* einer KandidatIn? Hier besteht sehr viel Raum für Missverständnisse, denn der Begriff »Potenzial« wird nicht von allen, noch nicht einmal von allen Personalentwicklern, gleich verstanden. Viele setzen diesen gleich mit der Formulierung »Du hast da aber noch viel Potenzial!«, was so viel heißt wie »Das ist heute bei dir noch nicht gut ausgeprägt – also eine *Schwäche* – und daher solltest du dich in diesem Bereich noch weiterentwickeln!«

Unserer Definition nach bedeutet hohes Potenzial etwas anderes: es beschreibt eine *hohe Wahrscheinlichkeit*, zukünftige Anforderungen einer ausstehenden Zielposition zu erfüllen – es stellt also eine Vorhersage einer Wahrscheinlichkeit dar, *Fähigkeiten* in Zukunft zu realisieren und beleuchtet damit das Gegenteil der Aussage »Da hast du aber noch viel Potenzial!« Hohes Potenzial heißt auf den Einzelnen übertragen, dass man zu einem späteren Zeitpunkt wenig Probleme damit hat, dieses Potenzial zu realisieren und eine gute Leistung bezogen auf die erhöhten Anforderungen der angestrebten Zielposition zu erbringen. Niedriges Potenzial dagegen ist gleichzusetzen mit einem deutlich höheren Aufwand, diese spätere Leistung gemessen an dem zukünftigen Anforderungsprofil abzurufen. Passend dazu kann man formulieren, dass niedrigeres Potenzial auch ein größeres Risiko birgt, dass man in der späteren Position hinsichtlich der Erfüllung der Anforderungen nicht erfolgreich ist – mit anderen Worten, dass die Wahrscheinlichkeit geringer ist, dass man sein Potenzial *realisieren* kann.

In der untenstehenden Tabelle finden Sie eine Gegenüberstellung der Begriffe »Leistung« und »Potenzial«.

Vergleich: Leistung vs. Potenzial	
Leistung	**Potenzial**
• Ist-Leistung heute • Wie hoch/gut ausgeprägt wird ein gegebenes Kriterium bei einer Person in ihrer täglichen Arbeit eingeschätzt?	• Kann-Leistung ($\neq$ Soll-Leistung) – Wahrscheinlichkeitsannahme • Vorhersage: Wie hoch wird die *Chance* eingeschätzt, das eine Person eine zukünftige Anforderung erfüllt, indem sie ihre Fähigkeiten *in Zukunft* ausbauen/weiterentwickeln/verbessern/realisieren kann? • Ressourcenorientierte, stärkenfokussierte Betrachtungsweise

Tab. 17: Vergleich Leistung vs. Potenzial

Etwas formelhaft könnte man die Themen Leistung und Potenzial folgendermaßen miteinander abgleichen:
- Entwicklungsbedarf$_{MA}$ = erwünschte Leistung$_{MA}$ – reale Leistung$_{MA}$
- Potenzial$_{MA}$ = zukünftige Anforderungen – vorhandene Fähigkeiten$_{MA}$

Übersetzt in eine Grafik ist der Unterschied zwischen Leistung und Potenzial vielleicht noch prägnanter darstellbar (s. Abb. 23). Die ganz linke Säule repräsentiert MitarbeiterIn 1 (MA 1), die eine Leistungseinschätzung erhält. Diese wird abgeglichen mit der aktuell in ihrer Aufgabe erforderlichen Ist-Anforderung (unterer Querbalken). Es ist zu erkennen, dass sie diese noch nicht gänzlich erfüllt, insofern besteht hier noch Entwicklungsbedarf (s. obenstehende Formel).

Die beiden rechten Balken stehen für zwei MitarbeiterInnen (MA 2 und MA 3), für die wir eine Potenzialeinschätzung vornehmen, d. h. diese beiden werden hinsichtlich ihres Potenzials bezogen auf die potenziellen, zukünftigen Anforderungen einer von beiden noch nicht bekleideten Zielposition hin eingeschätzt. Hier sehen wir, dass MA 3 ganz rechts hinsichtlich der zukünftigen Anforderungen ein höheres vorhandenes Potenzial aufweist als MA 2, d. h. die Chance (Wahrscheinlichkeitsvorhersage!), dass MA 3 diese Anforderungen in Zukunft erfüllen kann, erscheint größer als bei der KollegIn, die links daneben betrachtet wird. Umgedreht heißt das für die MitarbeiterIn mit dem niedrigeren Potenzial, dass der antizipierte Aufwand für sie höher erscheint, die zukünftigen Anforderungen zu erfüllen – ihr Potenzial ist also niedriger ausgeprägt. Um die Zweideutigkeit des Potenzialbegriffs hier aufzugreifen, aber klar zu differenzieren, unterscheiden wir in der Grafik das »vorhandene Potenzial« vom »zu realisierenden Potenzial«: je höher ersteres ausgeprägt, desto niedriger letzteres und desto weniger muss man noch »investieren«, um in die zukünftigen Anforderungen später mit hoher Wahrscheinlichkeit erfolgreich zu erfüllen.

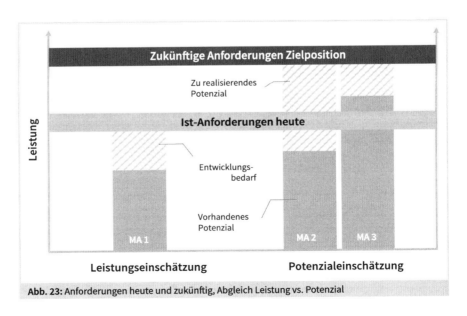

Abb. 23: Anforderungen heute und zukünftig, Abgleich Leistung vs. Potenzial

Theoretisch ist das zunächst sicherlich nachvollziehbar. Aber was passiert, wenn Sie oder die Führungskräfte Ihres Unternehmens angehalten sind, das Potenzial von MitarbeiterInnen tatsächlich *einzuschätzen*? Letztendlich passiert genau das, was einem auch in der Abbildung 23 bei den beiden Potenzialsäulen ins Auge springt: man schaut sich die Ist-Leistung einer MitarbeiterIn an und wenn diese hoch ausfällt und die derzeitigen Anforderungen – wie in Grafik bei MA 3 der Fall – erreicht oder überschreitet, so nimmt man zugleich hohes Potenzial für die Erfüllung zukünftiger Positionen an. Die Formel lautet »Die besten MitarbeiterInnen heute = die besten PotenzialkandidatInnen für zukünftige Positionen«, und das Maß dafür ist einfach die aktuelle Ist-Leistung.

Nach dieser Logik funktionieren auch viele Potenzial-Assessments. Im Prinzip simuliert man durch die dort eingesetzten Aufgaben die Anforderungen einer potenziell höher angesiedelten Zielposition. Man lässt also z. B. MitarbeiterInnen ohne aktuelle Führungsverantwortung Aufgaben einer Führungskraft in Form von Rollenspielen wie Mitarbeitergesprächen oder Teamübungen mit besonderen Verhandlungs- und Entscheidungssituationen durchführen und misst ihre Leistungen an dem für die Führungsposition relevanten Anforderungsprofil. Aber natürlich betrachtet man dabei auch nur, wie gut die Einzelnen durch deren aktuelle Leistung in den geforderten Kriterien an dieses Profil herankommen – auch hier steht also die Ist-Leistung im Vordergrund. In der Regel hat auch jemand, der seine derzeitigen Leistungsanforderungen bereits gut erfüllt oder gar übertrifft (s. Abb. 23, MA 3 im Abgleich zum unteren Querbalken), mehr Ressourcen zur Verfügung, um hinsichtlich weiterführender Anforderungen gut zu »performen«, als jemand, der noch mit den heutigen Ist-Anforderungen seines eigenen Aufgabenfeldes zu kämpfen hat. Insofern ist diese Betrachtung keinesfalls verkehrt, sie legt aber beide Dimensionen, Leistung und Potenzial, sozusagen auf ein Maßband.

Versucht man aber, beides getrennt voneinander zu betrachten, so stößt man auf einige Schwierigkeiten, denn es ist sehr anspruchsvoll, die Dimensionen »im Kopf« wirklich auseinander zu halten. Wir haben festgestellt, dass es für die Mehrzahl der Führungskräfte gar nicht so einfach ist, ein scheinbar »logisches Instrument« wie ein Leistungs-Potenzial-Portfolio nach Odiorne (1984, s. Abb. 24) für eine Zielgruppe von MitarbeiterInnen zu bearbeiten.

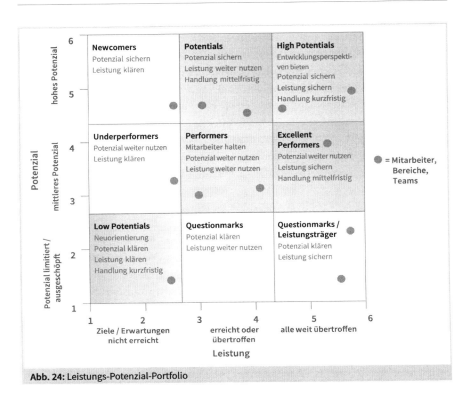

Abb. 24: Leistungs-Potenzial-Portfolio

Im dargestellten Portfolio ist man angehalten, Leistung von Potenzial von Mitarbeite-rInnen (oder Teams oder Bereichen) getrennt zu erfassen und so mit einer Markierung beider Werte Einzelnen einen Platz auf einem Koordinatenkreuz zuzuweisen. Da gibt es dann z. B. Menschen mit hohem Potenzial, die aber vielleicht noch unerfahren sind und daher noch nicht die volle Leistung abrufen können. Oder solche, die eine tolle Leistung erbringen, aber kein Potenzial mehr für weiterführende oder neue Aufgaben haben – mit dem Risiko, dass sich bei diesen die »ökologische Nische« nicht verändern darf, die aktuelle Aufgabenstellung sollte dann optimalerweise bis zur Rente unver-ändert bestehen bleiben. Und es gibt ggf. auch diejenigen, die mit dem Begriff »High Potentials« oder kurz »High Pots« gemeint sind: die bereits eine tolle Leistung erbrin-gen und noch »das Zeug für mehr« haben. Diejenigen, die sich links unten in dem Port-folio befinden, haben nach dieser Logik ggf. das falsche Aufgabenfeld für das eigene Fähigkeitsprofil und sind einfach falsch eingesetzt.

Mit welchen gedanklichen Hilfestellungen man die beiden Dimensionen unabhängig voneinander einschätzen kann, sei an folgendem Beispiel, hier für die Einschätzung des Kriteriums »Innovationsfähigkeit«, illustriert:

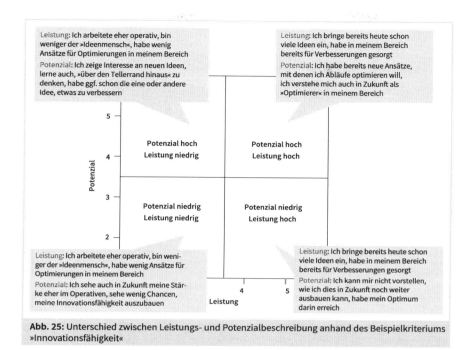

Abb. 25: Unterschied zwischen Leistungs- und Potenzialbeschreibung anhand des Beispielkriteriums »Innovationsfähigkeit«

Sie sehen, wie aufwendig es alleine schon für ein Kriterium ist, sich zu überlegen, wie eine Ist-Leistung und eine potenzielle Leistung ausgeprägt sind. Fragt man nun MitarbeiterInnen oder Führungskräfte, z. B. im Rahmen eines Selbstbild-Fremdbild-Abgleichs (s. o.), nach einer solchen Einschätzung für eine größere Anzahl Kriterien, so findet sich oft das folgende Bild:

Man kann schnell erkennen, dass die Kurven nahezu gespiegelt sind. Die Einschätzung unterliegt der Formel »In den Bereichen, in denen ich eine hohe Leistung habe, ist mein Potenzial eher niedrig und in denjenigen, in denen ich eine niedrige Leistung habe, ist mein Potenzial hoch«. Im Prinzip ist die Potenzialkurve ein »Entwicklungs-bedarfsanzeiger« im Sinne eines »Hier sollte ich noch etwas tun« und birgt somit keinerlei Zusatzinformationen gegenüber der Leistungseinschätzung, denn sie stellt dasselbe dar, nur mit umgedrehten Vorzeichen. Insofern könnte man auch auf die Darstellung der Potenzialkurve verzichten.

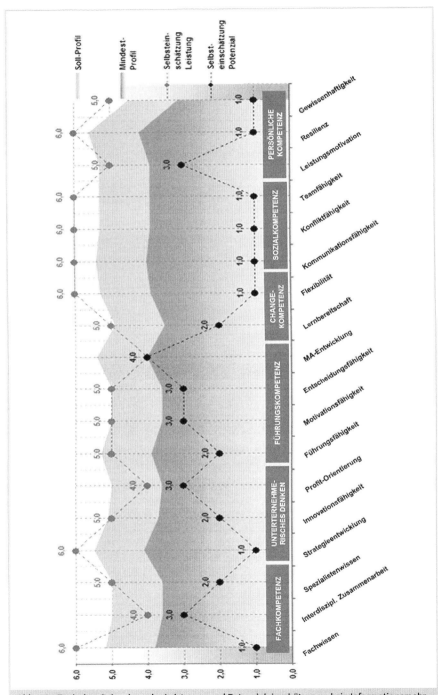

Abb. 26: »Typische« Spiegelung der Leistungs- und Potenzialeinschätzung – kein Informationsmehrwert zwischen der Leistungs- und der Potenzialeinschätzung

Letztendlich haben wir Ihnen bis dato nur vermittelt, dass es a) einen Unterschied zwischen Leistung und Potenzial gibt und b), dass dieser in der Praxis extrem schwer auseinander zu dividieren ist. Was kann man also tun, um das Potenzial von MitarbeiterInnen pragmatisch zu erfassen?

Mit Blick auf das Anforderungsprofil vieler Unternehmen finden sich einige Kriterien, die darauf Hinweise liefern, ob jemand »Potenzial für mehr« haben kann. Ohne den Anspruch auf Vollständigkeit zu erheben, liefert Ihnen folgende Kriterienliste bereits einen sehr guten Suchraum für Potenzialträger:

- **Hohes Qualitätsverständnis der eigenen Arbeit**: z. B. eigener Wille, sich zu verbessern, selbstmotivierte Korrekturschleifen, Fähigkeit, Verbesserungspotenziale in der eigenen Arbeit zu erkennen und zu benennen
- **Bereitschaft, Verantwortung zu übernehmen**: Interesse daran, über den Tellerrand zu schauen, Suche nach herausfordernden Aufgaben/Wachstumssituationen
- **Bereitschaft, Initiative zu zeigen**: gerade in »fest gefahrenen« Situationen, in denen sich das Gros der KollegInnen zurückhält, »loslegen«
- **Zielorientierung/Durchhaltevermögen**: Ziele im Blick halten können (dies müssen nicht »Kaminkarriereziele« sein!), sich dafür engagieren, »am Ball bleiben«, auch Durststrecken aushalten, weil man das große Ganze im Blick hat
- **Selbstreflexionsfähigkeit**: eigene Entwicklung betrachten können, Feedback aufnehmen, eigene Wirkung erkennen können
- **Lernfähigkeit/Lernbereitschaft**: Reflexion der eigenen Lernziele, Bereitschaft, »an sich zu arbeiten«, dazu zu lernen

Viele der genannten Kriterien haben einen Bezug zum Thema »Reifegrad einer MitarbeiterIn«, wie ihn Hersey & Blanchard (1982) in ihrem Modell zur situativen Führung formuliert haben.

Arbeitshilfe: Leitfragen zur Potenzialeinschätzung   **!**

Um die beschriebenen Potenzialkriterien in einem Gespräch mit einer MitarbeiterIn durchgehen zu können, haben wir Ihnen in den Arbeitshilfen online auf mybook.haufe.de eine entsprechende Checkliste zusammengestellt.

Wenn Kriterien wie Qualitätsverständnis, Verantwortungsbereitschaft oder Initiative Bestandteil Ihres aktuellen Unternehmensanforderungsprofils sind, so kann man diesen auch bei einer »eindimensionalen« Leistungsbeurteilung eine besondere Gewichtung verleihen. Sollten bei einer eingeschätzten MitarbeiterIn mehrere der »potenzialnahen« Ist-Leistungskriterien Ihres unternehmensspezifischen Anforderungsprofils über einem – zu definierenden – Cut-off liegen und besonders hoch ausgeprägt sein, so kann dies eine gute Grundlage sein, um mit dieser MitarbeiterIn über weitere Entwicklungsschritte zur Potenzialrealisierung zu reden.

Beispiel »Lern-AC« – Assessment einmal anders

Nachdem wir nun im Kapitel 2.3 »Personenanalyse« dargestellt haben, wie ein Assessment-Center aufgebaut ist und in diesem Abschnitt über die Erfassung von Potenzialen gesprochen haben, wollen wir jetzt die Gelegenheit nutzen, um Ihnen die methodische Verquickung dieser beiden Themen anhand eines konkreten Beispiels zu vermitteln. Wie könnte ein Assessment-Center aussehen, in dem die TeilnehmerInnen zugleich auch gemachte Entwicklungen nutzen und abbilden können – ein Verfahren also, das man als Entwicklungs-Assessment oder Lern-AC bezeichnen könnte?

Ziel des Verfahrens ist es, dass die TeilnehmerInnen einerseits einen bereits vor dem eigentlichen Lern-AC startenden individuellen Entwicklungsprozess erleben, bei dem unternehmerisches Denken und Handeln sowie selbstverantwortliches Lernen im Vordergrund stehen. Zum anderen ist das Szenario des Lern-AC, in das der vorgeschaltete Entwicklungsprozess mündet, so aufgebaut, dass das Anforderungsprofil des Unternehmens realitätsnah, greifbar und dynamisch abgebildet wird.

Methodisch wird dies so erreicht, dass man das Verfahren auf Basis der realen Unternehmenssituation entwickelt, indem die TeilnehmerInnen darin echte Projekte bearbeiten, die bereits im Vorfeld des Lern-AC definiert und vergeben werden. Die Potenzial-Kandidaten werden vor dem Lern-AC – mit einem Vorlauf ca. 3 bis 6 Monaten – benannt und von ihren Führungskräften für den Prozess angemeldet. Schon zu diesem Zeitpunkt erhalten sie einen gemeinsamen, realen Projektauftrag, z. B. ein aktuelles Prozessoptimierungsthema des Unternehmens, eine anstehende Change-Thematik, Ergebnisse einer aktuellen Kundenbefragung mit abzuleitenden Optimierungen in den operativen Einheiten (oder mehrere Projektaufträge für Untergruppen) – deutlich vor den terminierten Lern-AC-Tagen. Die Projekte sollten optimalerweise »management attention« haben, d. h. interessant und wichtig für das Unternehmen sein. Die Projektlaufzeit entspricht dann dem Vorlauf vor dem Lern-AC, mindestens also mehrere Wochen. Währenddessen kommen über verschiedene Informationsquellen (z. B. webbased, im Rahmen von Sitzungen, Rückmeldungen von Führungskräften oder der Geschäftsführung usw.) zusätzliche Aspekte auf, die in der Projektbearbeitung berücksichtigt werden müssen.

In der Projektphase können entsprechend noch weitere Entwicklungsmethoden wie beispielsweise Selbstbild-Fremdbild-Einschätzungen und psychometrische Testverfahren eingesetzt werden. Diese können sowohl »analog« als auch online als EDV-Tool stattfinden.

In der Übersicht sieht der Prozess des Lern-AC (LAC) gesamthaft folgendermaßen aus:

Benennung der Kandidaten

Benennung der Kandidaten ca. 3 bis 6 Monate vor Durchführung des LACs

Prozessübersicht, Ziele, Ablauf

Erster Selbstbild-/Fremdbildabgleich Kandidat / Führungskraft – fließt später ins LAC ein

Definition von individuellen Lernzielen – fließt später ins LAC ein

Analog/Online
Selbstbild-Fremdbild-Abgleich
Lernziele

Projektinitiierung

Alle Teilnehmer erhalten kurz nach der Benennung Projektaufträge in Unterteams

Mögliche Themen:
Prozessoptimierungen, Changevorhaben, Kundenbefragungen, Mitarbeiterumfragen …

Zentral: reale Projekte mit „management attention"

Bearbeitung: nur bis zur Projektdefinition / Vorbereitung für den Projektauftrag – dieser Erarbeitungsstand dient dann als Basis für die Arbeit im LAC

Optional: Peer-Feedback

Ebenfalls im Vorfeld des Verfahrens integrierbar:
Kandidaten erhalten den Auftrag, sich Feedback aus ihrem Umfeld abzuholen

Dieses muss nicht zwingend öffentlich gemacht werden, kann aber in die Lernziele der Teilnehmer einfließen und so auch im LAC eine weitere Reflexionsfacette abbilden

Analog/Online
Peer-Feedback

Laufende Projektinformationen

Teilnehmer/Projektgruppen erhalten zwischenzeitlich (auf dem Weg Richtung LAC) Informationen zu den Projekten, die im späteren LAC berücksichtigt werden müssen

Ziel: Abbild dynamische Umwelt, auf die agil reagiert werden muss

Analog/Online
Zwischeninformationen zum Projekt online

Online-Tool

Mögliche psychometrische Testverfahren:

ASK
F-DUP
Leadership Style Indicator
Career Anchor

Lern-Assessment Center

Dynamisches Verfahren, basierend auf der realen Situation des Unternehmens

2 Tage plus 1 Tag für Feedbacks

8 Teilnehmer und
4 Beobachter

Grundlegendes Szenario: Bearbeitung der im Vorfeld vergebenen Projekte, z.B. gegenseitige Vorstellung, kritisches Hinterfragen, Ableitung weiterer Schritte

Teamübungen, Präsentationen und Rollenspiele

Optimal: echte Ansprechpartner aus dem Unternehmen als Gesprächspartner/ Präsentationspublikum

Lernschleifen und Selbstreflexion als Teil des LACs

Rückmeldung und Bericht am dritten Tag

Analog/Online
Einschätzung der LAC-Beobachter

Analog/Online
Selbsteinschätzung Kandidaten

Reflexion des Entwicklungsprozesses

Nach dem LAC:
Reflexionsgespräch zwischen Kandidat und Führungskraft (eventuell plus Vertreter aus der Personalentwicklung)

Rückmeldung zum wahrgenommenen Potenzial

Reflexion der Lernziele und der Entwicklung im Verlauf des Prozesses

Entwicklungsausblick, weitere Schritte

Projektcoaching: Definition der weiteren Schritte im Projekt

Abb. 27: Beispiel für den Implementierungsprozess eines Lern-ACs

Das Projektgeschehen stellt das grundlegende Szenario des Lern-AC dar. Aus diesem ergeben sich dann »abzuleistende« Assessment-Übungen, die im Lern-AC selbst von den TeilnehmerInnen unter Beobachtung strukturiert gemeinsam und in Einzelübungen bearbeitet werden. Sie sind inhaltlich (nicht von den Beobachtungen her!) und dynamisch miteinander verknüpft und bauen aufeinander auf, wie es den Maßgaben eines dynamischen ACs entspricht. Als Beispiel: es gibt z. B. eine Teamsitzung, in der die Vorstellung der aktuellen Projektstände und die Ableitung weiterer Umsetzungsschritte als Teamentscheidung abgefragt wird; zusätzlich finden Präsentationen der Teamentscheidung vor Führungskräften statt (optimal: »echte« Ansprechpartner aus dem Unternehmen, z. B. die eigentlichen Projektmentoren, statt Rollenspieler, die diese Position nur abbilden) und die TeilnehmerInnen führen Einzelgespräche zu den Projektinhalten, -ständen und zielen.

In der folgenden Abbildung finden Sie die grafische Übersicht über die drei Durchführungstage des Lern-ACs.

TAG 1	TAG 2
Übung 1: Teamsitzung 2 Viererteams parallel Gegenseitige Vorstellung unterschiedlicher Projekte oder Vorstellung der Teilprojekte untereinander Leitfragen: Was sind die Chancen/Risiken unseres Projekts? Welche Hebel haben wir für das Projekt bzw. welche müssen wir noch entwickeln? Welche Stakeholder müssen wir ansprechen? Fokusanforderungen: Unternehmerisches Denken, Problemlösefähigkeit, Flexibilität	**Übung 4: Teamsitzung** 2 Viererteams parallel Verarbeitung der am Vortag gewonnenen Informationen, z.B. Auftrag, die Akzeptanz und Partizipation der Mitarbeiter zu sichern Entwicklung eines entsprechenden Marketing- und Kommunikationskonzeptes Fokusanforderungen: Steuerung, Führungsverhalten, Problemlösefähigkeit
Übung 2: Präsentation 4 Teampräsentationen (je 2 Teilnehmer gemeinsam) Projektpräsentation in der Führungsrunde plus Rückfragen/Kritikpunkte Fokusanforderungen: Unternehmerisches Denken, Führungsverhalten, Flexibilität	**Übung 5: Rollenspiel Mitarbeiter (opt.: Kunde)** 8 Einzelgespräche (parallele Sitzungen) Gespräch mit Mitarbeiter, um Projekt erfolgreich zu platzieren Erlebte Widerstände, erfolgreicher Umgang damit Fokusanforderungen: Steuerung, Führungsverhalten, Flexibilität
Übung 3: Rollenspiel Führungskraft 8 Einzelgespräche (parallele Sitzungen) Projektdarstellung im Einzelgespräch, kritische Rückfragen Fokusanforderungen: Unternehmerisches Denken, Führungsverhalten, Problemlösefähigkeit	**Übung 6: Gemeinsamer Prozess-Review** Gemeinsame Teamsitzung Reflexion der beiden LAC-Tage – Stärken als Team und Verbesserungsansätze Fokusanforderungen: Unternehmerisches Denken, Führungsverhalten, Flexibilität

TAG 3
Einzelfeedbacks 8 Einzelfeedbacks (parallele Sitzungen) 30 min mit Fokus auf Entwicklung Integration der Fremdeinschätzung aus der Vorphase des LAC sowie der Selbsteinschätzung aus der Vorphase und während des LAC Entwicklungsausblick

Abb. 28: Beispiel für den Ablauf eines Lern-ACs

Der Nutzen dieser Methode besteht darin, dass die TeilnehmerInnen in ihrer Rolle als Führungs-Potenzialkandidaten echte Lösungen für tatsächliche Herausforderungen des Unternehmens erarbeiten – sie bringen ihr Potenzial auf diese Weise greifbar, agil und problemlösungsorientiert ein. Die TeilnehmerInnen selbst durchlaufen also ein Verfahren, in dem sie eine spürbare Übersetzung des unternehmensspezifischen Anforderungsprofils, einen hohen »Aufforderungscharakter« der Übungen, hohe »ökologische Validität« und niedrige Transferdistanz zwischen den Assessment-Aufgaben und den in einer möglichen späteren Führungsrolle anzuwendenden Themen erleben.

4.2   Training, Seminare und Schulungen

Trainings sind oft das Erste, was einem im Zusammenhang mit »PE-Maßnahmen« einfällt, nicht zuletzt, weil es für viele Führungskräfte das »Mittel der Wahl« ist, wenn es darum geht, erkannte »Defizite« bei einer MitarbeiterIn zu beheben.

»Wir können doch die MitarbeiterIn mal auf ein Training schicken!« heißt es dann schnell. Dabei steht oftmals eine Art »Reparaturgedanke« im Vordergrund und die PE-Abteilung eines Unternehmens wird dann gerne als »Kataloganbieter« genutzt, der nur das richtige Seminar heraussuchen muss. Hier muss man natürlich die Frage stellen, wie viel Zeit eine MitarbeiterIn bei Schulungen verbringt und, im Vergleich dazu, an ihrem Arbeitsplatz. Und natürlich kommt dann auch die berechtigte Frage auf den Tisch, wo denn die Entwicklung der MitarbeiterIn am intensivsten stattfindet – off-the-job im Training oder on-the-job in der eigenen Tätigkeit und den damit verbundenen Herausforderungen?

Gerade bei Trainings ist die Wahrscheinlichkeit daher auch etwas höher, dass sich dort nur »bedingt motivierte TeilnehmerInnen« tummeln, insbesondere wenn der Grund der Teilnahme entweder nicht geteilt wird oder einfach nicht transparent ist. Ein einfaches »Geh doch mal da hin, auch wenn ich nicht weiß, ob das was bringt.« führt eben bei manchen zu einem »Nicht schon wieder ein Training!« oder »Muss ich da echt hin?« Bei Trainings, die nach dem »Gießkannenprinzip« (»Die brauchen alle einfach mal wieder irgendwie ein Training!«) oder als »Heftpflaster« (»Die brauchen einfach ein Training, damit sie das Gefühl haben, dass man mal wieder was für sie tut!«) appliziert werden, kann sich die Teilnehmermotivation daher als schwierig erweisen.

Das soll aber keinesfalls bedeuten, dass Trainings sowieso nichts bringen. Im Gegenteil, sie stellen eben eine Facette des Lernens in Unternehmen dar, deren »Impact« und Güte, wie bei so vielen PE-Themen, von den dahinterstehenden Zielen, der vorgeschalteten Analyse und der didaktischen Aufbereitung abhängig ist. Und gerade die Ansätze aus den verhaltensbezogenen Trainings schauen auf eine lange Forschungstradition zurück und sind methodisch durchaus sauber fundiert.

Die Methode von Trainings ist stark auf die Aufnahmekanäle des Erlebens und Beobachtens ausgerichtet. Die im Zusammenhang mit Trainings genannten Lernformen gehen auf Banduras (1986) »Modell-Lernen« zurück, das folgende zentrale Mechanismen beschreibt:

- **Beobachtungslernen**: Es werden Verhaltensweisen durch Beobachtung erlernt, die zuvor nicht im eigenen Verhaltensspektrum waren.
- **Hemmung und Enthemmung**: Erwünschtes, aber noch nicht gezeigtes Verhalten kann »enthemmt« und damit freigesetzt werden, während nicht erwünschtes Verhalten durch Hemmung »zurückgehalten« wird.
- **Soziale Veranlassung**: Man zeigt im eigenen Repertoire vorhandenes Verhalten eher, wenn man sieht, dass andere dies auch tun und wenn man sich von einem »Mitziehen« positive Konsequenzen verspricht.
- **Reaktionsauslösung**: Auch kurzfristig kann die soziale Situation Verhalten auslösen, ohne dass man sich davon positive Konsequenzen verspricht oder meint, negative Konsequenzen vermeiden zu können.
- **Aufmerksamkeitslenkung**: Durch die Beobachtung eines Modells fokussiert man auch auf bestimmte Situationen oder Settings, in denen das Verhalten wahrscheinlich gezeigt wird (oder werden darf).
- **Übertragung emotionaler Erregung**: Nicht nur das bloße Verhalten löst Beobachtungslernen aus, sondern auch beobachtete Emotionen werden von den beobachtenden Personen emotional mitdurchlebt.

Decker & Nathan (1985) haben schon vor vielen Jahren im Menschen ablaufende Prozesse beschrieben, die bei Beobachtungslernen wirksam werden und die auch für die »Versatzstücke« von Verhaltenstrainings eine große Rolle spielen (s. Tabelle 18).

Prozesskomponenten des Beobachtungslernens nach Decker & Nathan (1985)	
Prozesskomponenten des Beobachtungslernens	**Vorgehen im Trainingssetting**
Aufmerksamkeitsprozesse – Wahrnehmung und Exploration des Modellverhaltens	• Trainer führt das Thema / die Aufgabenstellung / das »Problem« ein • Optional wird die Methode und die Vorteile »Verhaltensmodellierungstrainings« (Behavior Modelling Training – BMT) vorgestellt • Es werden gemeinsam Lernziele (sog. Lernpunkte) entwickelt oder vorhandene vorgestellt • Das Modellverhalten wird mittels Videofilm oder einer Rollenspielsequenz dargestellt
Gedächtnisprozesse – Aufbau einer mentalen Repräsentation des Modellverhaltens im Gedächtnis	• Das Training zielt darauf ab, die Lerninhalte systematisch im Gedächtnis zu verankern (»Kodierung«), durch Gruppendiskussionen zur Effektivität des Verhaltens oder symbolische Wiederholung (mentales Training)

Prozesskomponenten des Beobachtungslernens nach Decker & Nathan (1985)	
Prozesskomponenten des Beobachtungslernens	Vorgehen im Trainingssetting
Reproduktionsprozesse – Integration von Teilhandlungen in die neu erworbene Gesamthandlung	• Das Verhalten wird durch wiederholtes Ausführen eingeübt: Rollenspiele
Motivationsprozesse – externe / stellvertretende Verstärkung und Selbstverstärkung: durch Belohnungserwartung wird erworbenes Verhaltens eher wiederholt gezeigt	• Im Modelllernen enthalten ist auch die soziale Verstärkung in Form von Rückmeldungen durch den Trainer und die Trainingsgruppe (wiederum mit dem inneren Ziel, positive Erlebnisse zu verstärken und negative zu vermeiden)

Tab. 18: Prozesskomponenten des Beobachtungslernens nach Decker & Nathan (1985)

> **Exkurs 11: Forschung zu Effekten von Verhaltenstrainings**
>
> Bei den Arbeitshilfen online bieten auf mybook.haufe.de wir Ihnen in einem Exkurs weitere Informationen zu diesem Thema.

Die beschriebenen Prozesskomponenten, ebenso wie die im Online-Exkurs dargestellten Methoden und Forschungsergebnisse, beziehen sich vornehmlich auf die sog. »Soft skills«-Trainings, aber viele Aspekte sind natürlich ebenso in fachlichen Schulungen (z. B. im Rahmen von Ausbildungsprogrammen) anwendbar. Die vier Stufen, die Decker und Nathan beschreiben, wirken hier genauso (s. a. Kapitel 3.1 »Lernen und Wissensdimensionen«).

Worauf sollten Sie nun bei der Durchführung von verhaltensbezogenen Trainings achten? In der Regel empfiehlt es sich, diese im Rahmen einer größeren OE- oder PE-Maßnahme einzubetten, also strategisch als Teil eines übergeordneten Entwicklungskonzepts zu implementieren. In einem modularen Aufbau (z. B. »Grundlagen Kommunikation« – »Wenn Kommunikation schwierig wird – Konfliktmanagement« – »Ergebnisorientierte Kommunikation – Verhandlungen erfolgreich führen«) und mit einem übergeordneten Entwicklungsziel verbunden (z. B. »Ich brauche dieses Wissen auf meinem Weg Richtung ›internationale Projektleitung‹.«) sind Soft Skills-Trainings für die TeilnehmerInnen am wirkungsvollsten. Im Umkehrschluss bedeutet das nicht, dass es sich nicht auch lohnen kann, Einzelmaßnahmen (z. B. die klassischen 2 Tage »Kommunikation«) anzubieten, um für bestimmte Themen zu sensibilisieren. Sowohl in der einen wie auch in der anderen Implementierungsform sind bestimmte Trainingsinhalte (z. B. aktives Zuhören bei Kommunikations- oder »Win win« bei Verhandlungstrainings) ein »standardmäßiger« Bestandteil: wo immer möglich, sollten solche Bestandteile jedoch an die konkreten Arbeitsgegebenheiten und Erfahrungen der TeilnehmerInnen angepasst werden – z. B. in Form von spezifischen Rollenspielszenarien, die im Vorfeld auf Basis von Critical Incidents-Workshops entwickelt wurden.

Das bedeutet, dass sinnvollerweise ein Vorabkontakt mit den TeilnehmerInnen oder Prozessverantwortlichen einer Maßnahme stattfindet, um deren Aufgaben- und Arbeitsrealität kennen zu lernen. Hierzu eignen sich z. B.

- **Kurz-Interviews** – mit einem repräsentativen Querschnitt der TeilnehmerInnen: Dies kann durch den Abfragenden – die PE-Abteilung selbst oder der beauftragte externe Trainer – relativ schlank gestaltet werden, z. B. mit folgenden Fragen (hier am Beispiel »Kundenorientierung« dargestellt):
  - An welchen Stellen spielt unser Trainingsthema »Kundenorientierung« in Ihrer Arbeit die größte Rolle?
  - Woran merken Sie, dass die Kundenorientierung Ihres Bereichs funktioniert, woran merken Sie, dass sich noch etwas verbessern sollte?
  - Welche Vorerfahrung haben Sie mit dem Thema (z. B. in Form von Trainings, Schulungen, Workshops)?
  - Was ist Ihnen für das Training wichtig? Was würden Sie gerne mitnehmen? Was soll sich danach bei Ihnen in der Arbeit verändern?
- **Experten-Workshops**: Erarbeitung der zentralen Anforderungen und Ziele eines Trainings im Rahmen eines Workshops mit Beteiligten aus unterschiedlichen Ebenen
- **Arbeitsplatzbeobachtungen**: Vollschicht-Begleitung zur Erarbeitung der konkreten Anforderungen und Handlungsabläufe einer Position (s. Kapitel 2.2.2 »Arbeitsplatzbeobachtung«).
- **Kick-off**: Abholen der Beteiligten, Vermittlung der Maßnahmenziele, des Inhaltes und Ablaufs des gesamten Prozesses; zentrales Ziel: Information und Transparenz für die Beteiligten; ggf. inklusive Workshopelementen, um Erwartungen zu spezifizieren und Konzeptanpassungen zu realisieren.

Einzelne Elemente dieser Vorabkontakte können auch bei Einzeltrainings stattfinden, aber natürlich müssen Aufwand und Ertrag passen – für ein 2-tägiges Training mit 10 TeilnehmerInnen wird man im Vorfeld sicher keine Vollschicht-Arbeitsplatzbeobachtung gekoppelt mit einem 1-tägigen Experten-Workshop durchführen, aber Telefonate mir 4 bis 5 TeilnehmerInnen im Vorfeld sind hier ggf. durchaus sinnvoll.

Die Ergebnisse dieser Vorab-Analysen fließen dann wie erwähnt in die Ausgestaltung von Fallbeispielen, Rollenspielen, Szenarien, Workshops usw. ein, die Teil des Trainings werden. Ziel dieses Vorgehens ist, dass sich die TeilnehmerInnen in den Trainings mit ihren Inhalten wiederfinden und dass sie die Kursinhalte effektiv in ihre Arbeit transferieren können. Zudem zeigt die Erfahrung, dass die Integration realistischer Beispiele die Akzeptanz, die Teilnehmerzufriedenheit und Wirksamkeit der Trainingsmaßnahme erheblich steigert.

Wenn Sie mit der Konzipierung oder Implementierung von Trainings betraut sind, geben Ihnen folgende methodische Eckpunkte eine gute Orientierung zur Sicherstellung des späteren Trainingserfolges:

- **Unternehmensspezifischer Bedarf:** Die Inhalte der einzelnen Trainings sollten an den Bedarf des Unternehmens, ggf. der einzelnen Bereiche angepasst werden. MitarbeiterInnen haben aufgrund der unterschiedlichen Gewichtungen in ihren verschiedenen Bereichen durchaus voneinander abweichende Arbeitsrealitäten. Dies sollte in der Trainings-Konzeption berücksichtigt werden.
- **Partizipation und Transparenz:** Aus diesem Grund ist es wichtig, im Vorfeld abzufragen, wie die Erfahrungen der MitarbeiterInnen mit Trainings allgemein sind und welche Erwartungen bestehen. In einer Vorabbefragung von Trainingsteilnehmern erhalten diese die Möglichkeit, ihr Wissen und ihre Impulse in den Trainings zu integrieren. Bei mehrstufigen Trainingseinheiten kann die Maßnahme so zusammen mit allen Ebenen des Unternehmens entwickelt werden, d. h. dass nicht nur die Führungsebene entscheidet, wie die trainingsbezogenen Anforderungen an die MitarbeiterInnen aussehen, sondern dass die MitarbeiterInnen selbst im Rahmen einer Anforderungsanalyse ebenfalls ihre Sicht der Dinge einbringen. Die Transparenz der Maßnahme bedingt auch eine hohe Akzeptanz, denn die Entwicklung von Anforderungskriterien, Inhalten der Trainingseinheiten, Fallanalysen u. Ä. ist wesentlich von den Inputs der MitarbeiterInnen bestimmt – sie finden sich dann also in den Trainings wieder.
- **Methodenmix:** Um Trainings lebendig zu gestalten, empfiehlt sich eine Mischung aus Rollenspielen, Fallanalysen, Diskussionen, (Peer) Feedback- und Workshopelementen. Auf diese Art werden unterschiedliche Lernpräferenzen der TeilnehmerInnen berücksichtigt und die Inhalte werden besser in das eigene Repertoire integriert. Die eigentlichen Trainingseinheiten können zudem durch weitere flankierende Maßnahmen wie Telefoncoachings, Einzelberatungen und Trainings on-the-job ergänzt werden, ebenso wie durch Blended-Learning-Elemente (Online-Texte, Online-Coaching usw.).

Bei Trainings im Rahmen von komplexeren Begleitprozessen längerfristig konzipierter PE-Programme (s. Kapitel 4.3 »Maßnahmen mit prozessbegleitendem Charakter« und 4.7 »Modulares PE-Programm – am Beispiel eines Führungskräftenachwuchs-Pools«) kommen folgende Gestaltungspunkte hinzu:

- **Prozessorientierung:** Mehrstufige, modular aufgebaute Trainings erlauben eine kontinuierliche inhaltliche, konzeptionelle und organisatorische Anpassung an den Bedarf des durchführenden Unternehmens, da sie durch regelmäßige Zwischenabsprachen in Form von Projektgruppen / steering committees usw. gesteuert werden.
- **Integration wiederholter Trainingseinheiten:** Der Vorteil von modularen Einheiten besteht darin, die TeilnehmerInnen mit Hilfe von in das tägliche Geschäft integrierbaren Sequenzen mit den relevanten Themen vertraut zu machen. 4- bis 16-stündige Seminare sind i. d. R. »leichter verdaulich« als 5-Tages-Trainings und sie umgehen eine Übermüdung der TeilnehmerInnen oder gar »thematische Sättigung« durch zu lange Einheiten. Die wiederholten Module erleichtern darüber hinaus auch die Übertragung des Gehörten in den Alltag, denn diese kann ggf. noch am selben Tag stattfinden. Hinzu kommt, dass die Verarbeitungstiefe eines Lernstoffs

bei wiederholten Einheiten größer ist als bei längeren Blockeinheiten (s. hierzu Taylor, Russ-Eft & Chan, 2005; Exkurs 6 prognostische Validität bei den Arbeitshilfen online). Außerdem können die Inhalte der einzelnen Module prozesshaft betrachtet werden und eine Anpassung ist jederzeit möglich. Die Wünsche, Ideen und Anregungen der TeilnehmerInnen können für die nächste Einheit vorbereitet und in diese integriert werden, so dass durch diese Anpassung eine optimale Bearbeitung der relevanten Thematiken gewährleistet wird (s. a. Prozessorientierung).

Wie viele TeilnehmerInnen gehören in eine Trainingsmaßnahme? Hierzu gibt es unterschiedliche Philosophien und die Frage ist sicherlich immer auch in Abhängigkeit des Trainingsthemas zu beantworten – ab davon, dass hier natürlich auch Budgetfragen zum Tragen kommen. Die meisten Trainingsanbieter gehen bei der Durchführung von verhaltensbezogenen Trainings mit *einem* Trainer von einer max. Teilnehmeranzahl von 12 aus. Bei Trainings mit stärkerem Fachbezug oder höheren Anteilen von Inhaltsvermittlung kann die Zahl entsprechend erheblich höher sein.

Bei einer höheren Anzahl von TeilnehmerInnen im Soft Skills-Trainingsbereich sollten idealerweise 2 Trainer eingesetzt werden. Um eine tatsächliche »Lernatmosphäre« aufrecht zu erhalten (statt einer Großveranstaltungsatmosphäre mit »Vortragsstil«) empfiehlt es sich, die Teilnehmeranzahl von max. 18 nicht zu überschreiten. Es besteht sonst die Gefahr, dass den Lernzielen gegenläufige soziale Prozesse (Bildung von Untergruppen, Nicht-Beteiligung insbesondere »zurückhaltender TeilnehmerInnen« usw.) zum Tragen kommen können.

Nun haben wir viel über methodische Rahmenbedingungen von Trainings gesprochen, aber noch nicht darüber, was inhaltlich in den Trainings passiert. Im folgenden Abschnitt wollen wir Ihnen einige ausgewählte Themen in Form von Übersichten mit der Unterteilung in »Ziele«, »Inhalt«, »Dauer«, »Methoden« und »Beispielübungen« darstellen – wie immer ohne den Anspruch auf Vollständigkeit, aber im Sinne eines repräsentativen Ausschnitts möglicher Trainingsinhalte. Wir müssen hier also in Kauf nehmen, dass Sie an der einen oder anderen Stelle denken werden »Warum ist denn dieses Training nicht beschrieben?« Uns geht es hier nicht um die Abbildung eines vollständigen Kataloges, sondern um breit gefächerte Beispiele, die gleichzeitig auch etwas »Generisches« haben, sich also auch als »Blueprint« für den Grobaufbau spezifischerer Trainingsinhalte verwenden lassen.

Die verschiedenen, im Folgenden dargestellten Trainings lassen sich recht gut den Kompetenzdimensionen eines Unternehmens-Anforderungsprofils zuordnen. Zum Bereich der sozialen Kompetenz gehören beispielsweise Kommunikations- und Konfliktmanagementtrainings, Präsentations- und Moderationstrainings lassen sich im Bereich der Methodenkompetenz verorten und Trainings aus den Themenfeldern »Stressmanagement« und »Selbst- und Zeitmanagement« unterstützen die Entwicklung des Einzelnen in der persönlichen Kompetenz.

4.2.1   Kommunikationstraining

Wer kennt sie nicht, die vier Seiten einer Nachricht, die Friedemann Schulz von Thun 1981 in seinem Klassiker »Miteinander reden« (Neuauflage 2014) beschrieben hat? Die Inhalte von Kommunikationstrainings sind sicherlich zwischenzeitlich so weit verbreitet, dass sie schon fast zum Allgemeinwissen, zumindest im Kontext von Arbeit und Zusammenarbeit, gehören. Viele Menschen winken schon gelangweilt ab, wenn diese Modelle angesprochen oder abgefragt werden.

Andererseits ist es doch erstaunlich, wie oft Missverständnisse zwischen Menschen in Organisationen entstehen, wenn sie miteinander kommunizieren und das, obwohl sie mit den besagten Modellen kognitiv vertraut sind. Es passiert eben doch immer wieder, dass man beispielsweise eine Sachbotschaft (»Kannst du dich um das Thema kümmern?«) als »Du-Botschaft« hört (»Warum denkt der eigentlich immer, dass ich zu wenig zu tun habe?«) – oder andere nicht zweckdienliche Kombinationen aus Schulz von Thuns Vier-Seiten-Modell.

Darüber hinaus wird allenthalben festgestellt, dass man in Unternehmen »mehr« oder »besser« miteinander reden sollte. Ein Bonmot aus der Moderation besagt, dass man bei jeder Teamentwicklung eigentlich gleich zu Beginn auf ein Ergebnis-Flipchart »Wie müssen mehr miteinander kommunizieren!« schreiben kann, denn das komme ja auf jeden Fall am Ende heraus.

Offensichtlich haben also auch scheinbar »angestaubte« Themen wie Kommunikation ihre Berechtigung, sei es zur Auffrischung dessen, was man schon einmal gehört hat, zur Reflexion, wie man die bekannten Modelle nun tatsächlich »praktiziert« oder um auch anspruchsvolle Gesprächssituationen in einem geschützten Lernraum einfach wieder einmal zu üben.

Kommunikationstraining	
Thema	**Beschreibung**
Ziel	• TeilnehmerInnen werden mit den zentralen Techniken der Gesprächsführung vertraut gemacht. • Das persönliche Kommunikationsverhalten wird reflektiert und individuell gefördert; eigene Wirkung auf den Gesprächspartner wird bewusst; Ansatzpunkte für persönliche Entwicklung werden identifiziert. • TeilnehmerInnen sind in der Lage, Gespräche strukturiert und zielorientiert zu führen. • Sie können die wichtigsten Werkzeuge effektiver Gesprächsführung sinnvoll einsetzen.

Kommunikationstraining	
Thema	**Beschreibung**
Inhalt	• Grundlagen der Kommunikationspsychologie: Sach- und Beziehungsebene, Sender-Empfänger-Modell, vier Seiten einer Nachricht, aktives Zuhören, partnerzentrierte Gesprächsführung, Kernvariablen der Kommunikation: Kongruenz, Empathie, Akzeptanz • Neue Entwicklungen in der Kommunikationsforschung, z. B. »Embodied Communication« • Verbale, nonverbale und paraverbale Kommunikation • Umgang mit herausfordernden Kommunikationssituationen: Ich- und Du-Botschaften, Beschwerden in Themen verwandeln • Fragetechniken (z. B. offene, geschlossene, Alternativfragen in Abhebung von »schwierigen Fragearten« wie Suggestiv-, rhetorische Fragen) und Fragen-trichter • Gesprächsaufbau und -struktur: Vorbereitung, Einleitung/Warm-up, Orientie-rungsphase, Vertiefungsphase, Handlungsorientierung, Nachbereitung • Smalltalk: Ansatzpunkte • Persönliche Kommunikationsstrategie: Vor- und Nachteile offener vs. ge-schlossener Kommunikation
Dauer	1 – 3 Tage
Methoden	Wissens-Input, Diskussionen, Gruppenarbeit, Rollenspiele, kollegiale und mode-rierte Fallanalysen, Peer- und Video-Feedback, Supervision
Beispiel-übung	TeilnehmerInnen schätzen anhand des Vier-Seiten-Modells ihre eigenen Hör- und Sprechgewohnheiten ein, besprechen diese in der Kleingruppe – Grundlage für ein gegenseitiges Feedback am Ende der Veranstaltung

Tab. 19: Kommunikationstraining

4.2.2   Konfliktmanagementtraining

Auch Konfliktmanagementtrainings gehören zu den »Klassikern« aus dem verhaltensbezogenen Trainingsbereich. Dies liegt im Wesentlichen daran, dass Menschen in Organisationen regelmäßig, man könnte fast sagen permanent, Konflikte *haben*. Diese sind teils schon in der Organisationsstruktur angelegt und damit durchaus gewollt (z. B. Vertrieb/Projektabwicklung oder Kundenbetreuung/Kreditvergabe), um sicherzustellen, dass keine einseitigen Schnellschusslösungen entstehen. Dass Konflikte in Unternehmen vorhanden sind, ist also normal.

Schwierig ist in erster Linie, wie wir damit umgehen. Denn oftmals werden Sachkonflikte personalisiert, es kommt mit der Zeit zu negativen Unterstellungen (»Der will uns doch einen reinwürgen!«), zunehmend zu Schwarz-Weiß-Denken und Lagerbildung und irgendwann ist der Konflikt dann so weit eskaliert, dass man sich Hilfe von außen (entweder außerhalb des eigenen Bereichs oder tatsächlich in Form eines externen Konfliktberaters, s. Kapitel 4.3.2 »Konfliktberatung/Mediation«) holen muss.

Um genau diese Form von Eskalation so unwahrscheinlich wie möglich werden zu lassen, gibt es Konfliktmanagementtrainings: sie zielen zum einen darauf ab, dass man Konflikte erkennen und analysieren kann. Dies ist ein erster wichtiger Schritt, um sich nicht vom Konfliktgeschehen treiben zu lassen, sondern selbst zu steuern. Und zum anderen vermitteln Konfliktmanagementtrainings entsprechende Kompetenzen, um Konflikte anzugehen und zu lösen.

Konfliktmanagementtraining	
Thema	**Beschreibung**
Ziel	• Die TeilnehmerInnen lernen unterschiedliche Konfliktarten und -formen kennen, um diese erkennen und analysieren zu können. • Sie lernen, mit diesen Konflikten interessenorientiert umzugehen. • Die TeilnehmerInnen erkennen den Nutzen von konfliktären Situationen: Neueinschätzung von Problemen, Entwicklung innovativer Lösungsansätze. • Sie lernen, auch in anspruchsvollen Konfliktsituationen Ansatzpunkte für Lösungen zu entwickeln.
Inhalt	• Konfliktarten und -formen: Grundlagen der Konfliktanalyse; Verteilungs-, Beurteilungs-, Bewertungs- und Beziehungs-Konflikte; Konfliktsymptome • Erkennen persönlicher Konfliktbearbeitungsmuster • Konflikt-Lösungsansätze und deren Wirksamkeit: Jeder gewinnt-Modell von Gordon; Vertagung; Bearbeitung mittels Interessenausgleich, Recht, Macht; Konflikteskalationsmodelle • Kriterien einer optimalen Konfliktlösungsstrategie • Typische Konflikte beim Kunden / im Unternehmen: Fallanalysen; Identifikation vorhandener/zukünftiger Konflikte • Umgang mit aufgeregten Gesprächspartnern: Deeskalationsleitfaden • Erfolgreiche Konfliktkommunikation, z. B. Überschriften von Konflikten finden und auf ihren Kern reduzieren; Vermeidung von negativen Unterstellungen in der Formulierung; direkte Kommunikation vs. »Lösung« per Email
Dauer	1 – 3 Tage
Methoden	Wissens-Input, Diskussionen, Gruppenarbeit, Rollenspiele, kollegiale und moderierte Fallanalysen, Peer- und Video-Feedback, Supervision
Beispiel-übung	TeilnehmerInnen lösen in einem Rollenspiel einen Verteilungskonflikt mittels des »Jeder gewinnt-Modells«; Vorher/Nachher-Instruktion: sie beginnen zunächst ohne Kenntnis des Modells, erhalten einen Zwischeninput dazu und bearbeiten die Aufgabenstellung dann nochmals

Tab. 20: Konfliktmanagementtraining

4.2.3 Verhandlungstraining

Verhandlungstrainings bieten sich als logische Fortsetzung von Kommunikations- und Konfliktmanagementtrainings an, denn in ihnen vereinen sich sowohl Inhalte der partnerzentrieren Kommunikation als auch des Umgangs mit konfliktbezogenen

Gesprächssituationen. Bei Verhandlungen geht es immer um gemeinsame *und* gegenläufige Interessen.

Auch bei Verhandlungstrainings geht es einerseits um Grundhaltungen (als Verhand-
ler) und andererseits um Verhandlungstechniken. Wie in der Kommunikation allgemein funktionieren letztere nicht ohne die richtige Einstellung zu meinem Gegenüber.

Verhandlungstraining (oft im Rahmen von Vertriebstrainings)	
Thema	**Beschreibung**
Ziel	• Die Wahrnehmung der TeilnehmerInnen in Hinblick auf Verhandlungs- und Überzeugungsprozesse wird geschärft. • Sie lernen in anspruchsvollen Interaktionssituationen adäquat und konstruktiv zu kommunizieren, auf den Gesprächspartner zuzugehen und seine Bedürfnisse zu erkennen. • Gleichzeitig erarbeiten sie die Fertigkeiten, geeignete Gesprächs- und Verhandlungsstrategien anzuwenden und Einwänden und Widerständen wirkungsvoll zu begegnen (z. B. im Rahmen von Claim-Management, Vertragsverhandlungen, Preisverhandlungen usw.). • Sie lernen, Absicht und Anwendung eigenen Gesprächsverhaltens in Übereinstimmung zu bringen.
Inhalt	• Grundlagen der Verhandlung: Was heißt erfolgreich verhandeln? Gewinner-Verlierer-Modell vs. Win-win-Situation; grundlegende Darstellung des Harvard-Modells • Feedback: Eigene Wirkung als »Verhandler«; innere Einstellung zum Thema »partnerschaftliches Verhandeln« • Anwendung des Harvard-Modells: Vorbereitung, Checklisten, Positionen und Ziele, Kuchen vergrößern, Einstellen auf die Bedürfnisse des Verhandlungspartners • Umgang mit schwierigen Gesprächspartnern: Erkennen und Abfangen von unfairen Verhandlungstechniken • Abschlussorientierung: Erkennen von »Kaufsignalen«; Choreographie einer Verhandlung
Dauer	1 – 3 Tage
Methoden	Wissens-Input, Diskussionen, Workshops/Gruppenarbeit, Rollenspiele, kollegiale und moderierte Fallanalysen, Peer- und Video-Feedback, Supervision
Beispiel-übung	• XY-Spiel der Verhandlung – vorgegebene Verhandlungssituation, in der beide Seiten partnerschaftlich oder selbstbezogen agieren können • Workshops (Beispielthemen): Herausarbeiten von partnerschaftlichen Langfristzielen bei Großprojekten; Kundentypen und -rollen definieren; typische »Gegenargumente« von Kunden definieren; Lost order-Analyse – Ableitung von erfolgsorientierten Verhandlungsstrategien; Vertragsgestaltung – Möglichkeiten der Kundenbindung durch kaufmännische Bedingungen • Kollegiale Fallbesprechung: Fallvorstellungen von TeilnehmerInnen werden im Kollegenkreis auf mögliche Hintergründe und Lösungsansätze hin besprochen

Tab. 21: Verhandlungstraining

4.2.4   Führungstraining

Führungstrainings vereinen meist zwei inhaltliche Achsen miteinander: Zum einen sollten sich (angehende) Führungskräfte hinsichtlich ihrer eigenen Haltung als Führende reflektieren. Es ist beispielsweise grundsätzlich nicht schädlich, wenn man sich als Führungskraft für Menschen interessiert. In diesem Teil der Trainings geht es also viel um Menschenbilder, eigenes Rollenverständnis, persönliche Ziele, Selbstverständnis und Werte in der eigenen Führungsarbeit.

Zum anderen geht es natürlich auch um die »Führungsarbeit« an sich, also das Einsetzen entsprechender Instrumente (oft mit einem engen Bezug zu den Inhalten von Kommunikations- und Konfliktmanagementtrainings). Als Stichworte seien hier genannt: Mitarbeitergespräche führen, Lob und Kritik, Delegation oder auch strategische Führungsinstrumente.

Führungstraining	
Thema	**Beschreibung**
Ziel	• Den eigenen Führungsstil kennen lernen und reflektieren. • Unterschiedliche Führungsinstrumente anwenden (Mitarbeitergespräche, Zielvereinbarungen, Kritikgespräche). • Verbesserung der eigenen Kommunikations-, Coaching-, Feedback- und Teamentwicklungsfähigkeit. • Mitarbeiterpotenziale erkennen und fördern lernen (strategische Personalentwicklung). • Führungskultur in der Organisation kennen lernen/ausfüllen/entwickeln.
Inhalt	• Führungsstile: aufgabenbezogen/personenbezogen, situative Führung, Reifegrad-Modell, Managerial grid (Blake & Mouton), transformationale/werteorientierte/gesundheitsorientierte Führung • Neue Trends: agiles Führen, Führen virtueller Teams, Führen in der Matrix • Persönlichkeitsbezogene Führungsformen: autoritär, patriarchalisch, partizipativ, kooperativ, partnerschaftlich; McGregors XY-Theorie (Reflexionsübung) • Umgang mit Rollenkonflikten als Führungskraft • Einschätzung persönlicher und partnerschaftlicher Muster: Werte-Quadrat, Kausal-Attribution • Führungsinstrumente: Mitarbeitergespräch und -beurteilung (Anerkennungsgespräch, Korrekturgespräch, Gehaltsgespräch, Feedback-Gespräch), Zielvereinbarungsgespräche (Prozess der Zielvereinbarung, Arten und Formen von Zielen, Gewichtung, gegenseitige Beeinflussung); Kritik- und Motivationsgespräche

Führungstraining	
Thema	**Beschreibung**
	• Delegation: als Führungs- und als Organisationsprinzip; Hinderungsgründe; Elemente: Planung, Ganzheitlichkeit, Erklärung, Ergebniskontrolle • Strategisches Personalmanagement: Personalplanung, Teamaufbau und -entwicklung, Evaluation strategischer Schritte • Besondere Führungsaufgaben ohne disziplinarischen Hintergrund: Mentoring und Coaching • Anwendung strategischer Führungs-Instrumente: SWOT, Szenario-Technik, Aktionspläne, Balanced Scorecard usw.
Dauer	2 – 5 Tage (je nach Spezialisierung/Vorerfahrung)
Methoden	Wissens-Input, Diskussionen, Gruppenarbeit, Rollenspiele, kollegiale und moderierte Fallanalysen, Peer- und Video-Feedback, Supervision, ggf. führungsbezogene Reflexions-Fragebogen
Beispiel-übung	TeilnehmerInnen überlegen für sich, welche Führungssituationen oder Führungskräfte sie erlebt haben, die sie beeindruckt haben (oder gerade nicht!); sie leiten im zweiten Schritt die wesentlichen Erfolgselemente dieser Führungsstile heraus; daraus entwickeln sie im dritten Schritt einen Satz, der Führung für sie beschreibt; dieser wird im Plenum präsentiert und diskutiert

Tab. 22: Führungstraining

4.2.5   Training zum Thema Motivation

Auch der Themenkreis »Motivation« mit all seinen Fragen (»Kann man andere Menschen tatsächlich motivieren oder können sie das nur selbst?«, s. Sprenger, 2014) und Fallen (abgedroschene »Tschakka-Formeln« und Tipps zwielichtiger Motivationsgurus wie »Umgeben Sie sich nur mit positiven Menschen und brechen Sie alle Kontakte zu negativ gepolten Personen ab!«) wird oftmals im Rahmen von Führungstrainings behandelt.

Wir sprechen hier bewusst von »Trainings zum Thema Motivation«, um eine Verwechslung mit der Kategorie der »Motivationstrainings« zu vermeiden: bei letzteren steht das Motivieren der TeilnehmerInnen vor Ort im Vordergrund (z. B. durch motivierende Ansprachen, aktivierende Übungen mit resultierenden, erlebbaren Erfolgen, Ausblicke auf mögliche zu erreichende Ziele, Verteilen von Motivatoren im Rahmen der Veranstaltung usw.), bei dem, was wir hier ansprechen, geht es um Fragen wie »Was motiviert mich und andere und wie kann man diese Motivation erkennen, auslösen und/oder ausbauen?« Das dahinterstehende Ziel ist ein der Bewegung der »Humanisierung der Arbeitswelt« naheliegendes, nämlich die eigene Arbeit – oder als Führungskraft unterstützend die Arbeit der MitarbeiterInnen – so zu gestalten, dass sie einem nachhaltig Spaß macht und erfüllt.

Training zum Thema Motivation (oft im Rahmen von Führungstrainings)	
Thema	**Beschreibung**
Ziel	• TeilnehmerInnen lernen psychologische Grundkenntnisse über Motivation und deren Einfluss auf Handlungen kennen und praktisch anwenden. • Selbstreflexion der eigenen Motivationsstrukturen – Selbstmotivation
Inhalt	• »Klassische« Modelle der Motivation: Maslows Bedürfnispyramide, Herzbergs Modell (Dissatisfaktoren und Satisfaktoren), Erwartungs x Wert-Theorie (Atkinson) • Motivation in der agilen Arbeitswelt: Werthaltung der Generations Y und Z, Wertekompass, Identifikation mit sinnvollen Aufgaben, neue Arbeitszeitmodelle als Motivationsfaktoren • Push- und pull-Motivation: Der Einsatz von Sanktionen und Belohnung • Intrinsische und extrinsische Motivation • Gestaltung von motivierenden Arbeitsbedingungen • Erkennen von Bedürfnissen, Werten, Antrieben und Motiven des Gegenübers im Gespräch und Ableitung von langfristigen Motivations-Strategien • Analysieren von Motivstrukturen als Personalführungsstrategie: Neigungsmanagement, Talentmanagement-Systeme und Einsatz von Interessen in der Organisation • Selbstmotivation (Elemente des Selbstmanagements): Reflexion der eigenen Interessen, Ziele, Wünsche und der notwendigen Schritte zu deren Realisierung
Dauer	1 – 2 Tage
Methoden	Wissens-Input, Diskussionen, Gruppenarbeit, Rollenspiele, kollegiale und moderierte Fallanalysen, Peer- und Video-Feedback, Supervision
Beispiel-übung	Rollenspiel »demotivierter MitarbeiterInnen«: TeilnehmerInnen haben die Aufgabe, in einem Gespräch herauszuarbeiten, warum einer ihrer MitarbeiterInnen in letzter Zeit sinkende Leistungen zeigt und mit ihm gemeinsam ein Modell zu entwickeln, aus der eigenen Arbeit wieder Motivation zu ziehen

Tab. 23: Training zum Thema Motivation

4.2.6   Changemanagement für Führungskräfte

Im Folgenden möchten wir noch auf zwei spezielle Themen aus dem Bereich der Führungstrainings eingehen, zum einen, weil sie die veränderten Anforderungen an moderne Führungsarbeit abbilden, zum anderen, weil die Themen auch für sich genommen interessante Seminarinhalte darstellen.

Das Thema »Changemanagement« berührt irgendwann eigentlich jeden, der sich in der Arbeitswelt bewegt. Wir alle wissen ob der heute immer mehr um sich greifenden VUCA-Welt (»Volatile/uncertain/complex/ambiguous«), wir erleben die Auswirkungen von immer kürzeren Innovationszyklen und Produktlebenszeiten, schnellerer Multikanal-Kommunikation und schierer Menge an verfügbaren Informationen am eigenen Leibe. Dies zieht – und nicht erst seit es Begriffe wie Agilität und Holacracy gibt – auch Veränderungsprozesse in Unternehmen nach sich, die sich sowohl auf Strukturen und Prozesse als auch auf die darin arbeitenden MitarbeiterInnen auswirken. Vereinfacht kann man sagen, dass die Menschen einer Organisation diesen Change rein als »Betroffene« verspüren oder als Betroffene mit dem zusätzlichen Auftrag, hier auch steuernd mitzuwirken (wenn nicht gar, den Change an sich zu initiieren).

Für die zunächst rein als »Betroffene« eines Change zu bezeichnenden MitarbeiterInnen finden meist keine Trainings statt, sondern hier greifen Changemanagement-Begleitungsstrukturen in Form von Workshops – mit dem zwar abgedroschen klingenden, aber inhaltlich nichtsdestotrotz richtigem Ziel, diese zu »Beteiligten« zu machen. Solche Maßnahmen gehören also eher in das später folgende Kapitel 4.3 »Maßnahmen mit prozessbegleitendem Charakter«.

Diejenigen, die Change-Prozesse im Unternehmen steuern, unterstützen, »promoten« oder sonst irgendwie vorantreiben sollen, sollten darüber informiert werden, wie das vonstattengehen kann. Hier setzt mal also eher mit einer Trainingsmaßnahme zum Thema »Change« an, die in der untenstehenden Tabelle beschrieben ist.

Changemanagement für Führungskräfte	
Thema	**Beschreibung**
Ziel	• Sich mit der eigenen Rolle als »Change Agent« auseinandersetzen. • Die Angst vor Veränderungsprozessen verlieren und auf die Chancen fokussieren. • Veränderungsprozesse im eigenen Bereich initiieren, steuern und begleiten. • Konstruktiv mit Widerständen im eigenen Bereich umgehen.
Inhalt	• Change Agent – was steckt dahinter, welche Bedeutung haben Veränderungen für Führungskräfte? Welche Rolle nimmt eine Führungskraft als Change Agent ein (z. B. Prozessberater, Fragensteller, Sicherheiten-Geber)? Welche Anforderungen kommen auf Führungskräfte in Veränderungsprozessen zu (visionäre Fähigkeiten, Denken in Systemen, Unsicherheitstoleranz usw.) • Hintergründe: Changemanagement – was ist das? Prozessgestaltung in veränderlichen Umweltumgebungen, lernende Organisationen

Changemanagement für Führungskräfte	
Thema	**Beschreibung**
	• Wesentliche Charakteristika und Anforderungen von Veränderungsprozessen; Aufbau eines Veränderungsprozesses (Orientierungsphase/Kontrakt, Klärungs-phase/Diagnose, Veränderungsphase/Aufbrechen (»unfreezing«), Abschluss-phase/Etablieren (»refreezing«), Evaluation • Systemische Ansätze des Veränderungsmanagements • Neue Change-Modelle: Veränderungen durch die VUCA-Welt, Agilität als Chan-gemanagement-Strategie; Werteverankerung/»Kompass« in einer agilen Welt • Konkrete Praxistechniken aus dem Changemanagement: Workshopplanung und -gestaltung; zirkuläres Fragen; Übersetzung; Wünsche formulieren; Kontrakte aushandeln (Commitmentstrukturen); Umgang mit subjektiven Konstrukten und Erklärungshypothesen, narratives Interview, Reframing • Kommunikationsstrukturen im Rahmen von Veränderungsprozessen • Umgang mit Widerständen und negativen Emotionen in der eigenen Mann-schaft, »Not invented here«-Symptom, Beharrungstendenzen – »House of Change«, emotionale Phasen des Change-Prozesses • Unternehmenskultur als zentraler Bestandteil bei Change-Prozessen: Ziel und Aufbau von Kulturspiegelungs- und Kooperationsworkshops • Begleitung von Integrations- und Fusionsprozessen im eigenen Bereich
Dauer	2 – 3 Tage (je nach Spezialisierung/Vorerfahrung)
Methoden	Wissens-Input, Diskussionen, Gruppenarbeit, Fallanalysen, Workshops
Beispiel-übung	TeilnehmerInnen bearbeiten einen Unternehmensfall und agieren selbst als »Ver-änderungsberater«

Tab. 24: Changemanagement für Führungskräfte

4.2.7   Strategische Personalentwicklung für Führungskräfte

Im Zuge der veränderten Rolle der Personalentwicklung im Unternehmen weg vom »Katalog-Seminarvermittler« hin zu einem strategischen Partner – sowie aufgrund der wissenschaftlich belegten Erkenntnis, dass wesentliche Erfolge von Personalentwick-lungsmaßnahmen auf das Agieren der direkten Führungskräfte der »zu Entwickeln-den« zurückzuführen sind, findet auch das Thema »Strategische Personalentwicklung für Führungskräfte« immer mehr Einzug in die Welt der Führungstrainings.

Hierbei geht es nun nicht darum, dass Führungskräfte die gesamten Aufgaben der PE, wie wir sie hier in diesem Buch als Praxisübersicht darstellen, übernehmen sollen. Aber sie sollten mit den wichtigsten strategischen Aspekten der PE-Arbeit vor dem Hintergrund des Phasenmodells vertraut sein und sich ihrer eigenen Rolle als » Perso-nalentwickler vor Ort« bewusst werden.

Strategische Personalentwicklung für Führungskräfte	
Thema	**Beschreibung**
Ziel	• Erkennen der Bedeutung einer langfristigen, systematischen Personalentwicklung in der täglichen Führungsarbeit • Reflektieren der eigenen Rolle als Führungskraft und Neudefinition • Strategische Personalbedarfs- und Ausbildungsplanung durchführen können • Instrumente der Personalentwicklung erfolgreich einsetzen (Anforderungsanalysen durchführen, Auswahlinterview führen, Beurteilung anhand von verhaltensverankerten Einstufungsskalen) • Erkennen der Mitarbeiterpotenziale und gezielte Förderung (strategisches Personalmanagement)
Inhalt	• Grundlagen der Personalentwicklung • Personalbedarfsplanung: Ableitung von der Unternehmensstrategie und Definition spezifischer Anforderungen • Stellenbeschreibung, Referenzprofil und Anforderungsprofil auf der Basis von Arbeitsanalysen erstellen • Lernkultur und Unternehmenskultur • Anforderungsanalyse durchführen, von der Anforderungsanalyse zum Kriterium und vom Kriterium zur Interviewfrage • Führen eines Personalselektions- und Personalbeurteilungsinterviews • Von der Interviewfrage zur Einschätzung/Beurteilung • Typische Beurteilerfehler/Bezug zum persönlichen Wertesystem • Einschätzung von Verhalten mittels Verhaltensbeurteilungsbogen • Das Assessment-Center als Potenzialeinschätzungsinstrument – Übersicht und Hintergründe • Potenziale bei den eigenen MitarbeiterInnen systematisch erfassen • Soziogrammanalyse • Personalportfolio-Erstellung
Dauer	2 – 4 Tage (je nach Spezialisierung/Vorerfahrung)
Beispielübung	Auswertung eines Beispiel-Soziogramms und Ableitung strategisch fundierter PE-Maßnahmen für das Team und Einzelne im Team

Tab. 25: Strategische Personalentwicklung für Führungskräfte

4.2.8   Präsentationstraining

Ähnlich wie Kommunikationstrainings stellen auch Präsentationstrainings beliebte und häufig stattfindende Schulungsthemen dar, trotz der Tatsache, dass der Großteil der Kommunikation in Unternehmen gar nicht mehr »face-to-face« läuft. Beruhigenderweise zeigen aber auch die Forschungsergebnisse von Big Data- und Reality Mining-Untersuchungen, die in erster Linie über eine Unzahl von über Smartphones und »Badges« gewonnenen Daten ausgewertet werden, dass sich die Produktivität von Menschen, z. B. in Call Centern oder in IT-Support-Abteilungen, steigert, wenn sie öfters informelle Face-to-Face-Berührungspunkte haben (Pentland, 2015). Virtuelle

Kontakte können also direkte Kommunikation nicht ersetzen, wohl aber vorbereiten oder ergänzen.

Bei Präsentationstrainings spielt neben der Vermittlung von Werkzeugen vor allem die eigene Wirkung eine große Rolle. Daher wird hier immer ein hoher Anteil an Feedbackelementen enthalten sein und die Chance ist groß, dass man als TeilnehmerInnen auch videobasierte Rückmeldungen erhält.

Präsentationstraining	
Thema	**Beschreibung**
Ziel	• Die TeilnehmerInnen bauen ihre Präsentationsfähigkeit aus und lernen Material inhaltlich und visuell optimal zu gestalten. • Sie erhalten sowohl Informationen über die formale Gestaltung einer Präsentation als auch Hinweise auf die eigene Wirkung vor Publikum. • Sie üben die rhetorisch versierte Darstellung von Inhalten und Argumentationslinien sowie den Umgang mit schwierigen Präsentationssituationen (z. B. vor kritischem oder unaufmerksamem Publikum).
Inhalt	• Die eigene Person als Gestaltungsmittel in Präsentationen: Mimik, Blickkontakt, Stand, Gestik; Körpersprache allgemein • Vor- und Nachbereitung von Präsentationen: Einstellen auf das Publikum, Raum, Technik, Zulassen von Fragen, Organisation/Ablauf, Dokumentation • Aufbau und Inhalte von Kurzpräsentationen: Einleitung, Hinführung zum Thema, Argumentationslinien (hierarchisch, chronologisch, dialektisch), Appell • Aufbau und Inhalt von komplexen Präsentationen: Aufmerksamkeit, Brücke bauen / Aufgabenstellung, Lösung und Botschaft, Vorteile/Nutzen, Aktionsplan • Umgang mit Lampenfieber und Stress • Rhetorik: Satzlänge, Intonation, Stilmittel • Präsentationsaufbau: Formen/Farben/Schriftarten • Umgang mit Fragen/Einwänden in Präsentationen • Präsentation zu zweit: Besonderheiten • Visualisierungstechniken: Flipchart, Moderationskarten, Medienwechsel • Mindmapping
Dauer	2 – 4 Tage
Methoden	Wissens-Input, Selbst- und Beispielpräsentationen, Stegreifpräsentationen, Peer- und Video-Feedback
Beispielübung	TeilnehmerInnen erarbeiten eine Stegreifpräsentation zu einem bestimmten Themenfeld; anschließend Peer-Feedback aus der Runde. TeilnehmerInnen visualisieren am Flipchart unterschiedliche Aussagen, z. B. »mit 20 % der Produkte erzielen wir 80 % des Umsatzes«, »unterschiedliche Wege führen zum selben Ziel« usw.

Tab. 26: Präsentationstraining

4.2.9   Argumentations- und Rhetoriktraining

Zum Themenkreis der Präsentationstrainings passen auch Argumentations- und Rhetoriktrainings, bei denen die TeilnehmerInnen lernen, Inhalte prägnant, spannend und fundiert zu vermitteln – sei es in Präsentations- oder in Gesprächssituationen.

Argumentations- und Rhetoriktraining (meist im Rahmen von Vertriebstrainings)	
Thema	**Beschreibung**
Ziel	• Wahrnehmung der TeilnehmerInnen in Hinblick auf Überzeugungsprozesse wird geschärft. • Sie erarbeiten Fertigkeiten, um Argumente wirkungssteigernd einzusetzen, geeignete Gesprächsstrategien anzuwenden und Einwänden und Widerständen wirkungsvoll zu begegnen. • Sie lernen, Absicht und Anwendung eigenen Gesprächsverhaltens in Übereinstimmung zu bringen.
Inhalt	• Argumentationsmuster: hierarchische, chronologische, dialektische und »Ja, aber«-Argumentation; nutzenorientierte Argumentation; Umgang mit Preis- und Wettbewerbsargumenten; Einwandbehandlung; Überzeugungssequenzen (Abholen, durch Fragen zum Thema führen, Nutzen darstellen) • Umgang mit schwierigen Gesprächspartnern: Erkennen und Abfangen von rhetorischen Tricks; Umgang mit Killerphrasen und »ja, aber« • Einstellen auf ein unsympathisches Gegenüber: Akzeptanz und Empathie; schlechte Nachrichten überbringen; Beschwerdemanagement: Beschwerden in Themen umwandeln; Deeskalationsleitfaden • Einstellen auf unterschiedliche Gesprächspartner; eigene »Argumentationspräferenzen« erkennen
Dauer	1 – 2 Tage
Methoden	Wissens-Input, Diskussionen, Workshops/Gruppenarbeit, Rollenspiele, kollegiale und moderierte Fallanalysen, Peer- und Video-Feedback, Supervision, Einzelpräsentationen vor Publikum (Standpunkt vertreten)
Beispielübung	TeilnehmerInnen verteidigen eine Aussage auf dem »heißen Stuhl«; das Plenum versucht, diese Aussage mit Killerphrasen und rhetorischen Tricks auszuhebeln.

Tab. 27: Argumentations- und Rhetoriktraining

4.2.10 Vertriebskommunikations- und Kundenorientierungstraining

Ebenfalls im Themenkreis Präsentation und Argumentation/Rhetorik lassen sich Vertriebskommunikations- und Kundenorientierungstrainings verorten. Sie gehen allerdings noch einen Schritt weiter und haben teils schon den Charakter einer Organisationsentwicklungsmaßnahme. Die Grundlage wirtschaftlichen Erfolgs ist die Beziehung eines Unternehmens zu seinen Kunden. Was für VerkäuferInnen (hoffentlich) schon lange selbstverständlich ist – die Ausrichtung und Erfolgsmessung aller Aktivitäten in Richtung Kunde – gilt inzwischen längst für jeden einzelnen MitarbeiterInnen im Unternehmen. Nicht nur VertriebsmitarbeiterInnen, sondern auch Servicetechniker, Monteure oder Logistikleiter haben direkten Kontakt zu externen Kunden. Und jede MitarbeiterIn wiederum stellt einen internen Kunden für ihre KollegInnen an der nächsten Schnittstelle dar: intern gelebte Kundenorientierung ist die Voraussetzung für externe Kundenorientierung.

Aus diesem Grund bedeutet die Implementierung einer Maßnahme zum Thema »Vertrieb« oder »Kundenorientierung« auch immer, einen Selbstreflexionsprozess im Unternehmen zu durchlaufen. Dabei müssen sich die TeilnehmerInnen z. B. fragen, wie wichtig jedem einzelnen oder dem eigenen Unternehmen überhaupt die Problemlösung, Reaktionsgeschwindigkeit oder das Beschwerdemanagement für Kunden sind. Kundenorientierungstrainings, die sich nur auf auswendig gelernte Verhaltensformeln reduzieren und die Rahmenbedingungen, in denen dieses Verhalten stattfindet, außer Acht lassen, greifen unserer Wahrnehmung nach zu kurz. Was nützt Ihnen die schönste Telefonbegrüßungsformel, wenn Ihre Prozesse im Unternehmen so angelegt sind, dass Sie Ihren Kunden am Telefon bei Problemen wiederholt mitteilen müssen, dass Sie momentan noch gar nicht sagen können, wer für das Thema zuständig ist? Insofern geht es beim Thema Vertrieb und Kundenorientierung einerseits um das kundenbezogene, individuelle Verhalten, andererseits spielt aber auch die Reflexion der gelebten Kundenorientierung im gesamten Unternehmen eine Rolle.

Vertriebskommunikations-/Kundenorientierungstraining	
Thema	**Beschreibung**
Ziel	• TeilnehmerInnen lernen effektive Gesprächsführung in Richtung Kunden kennen. • Sie lernen die erfolgreiche Darstellung von Produkt- und Dienstleistungen. • Sie erlernen den Aufbau und die effektivere Nutzung von Kundenkontakten. • Sie setzen sich mit dem Thema »Kundenorientierung« aktiv auseinander: der Aufbau dauerhafter, partnerschaftlicher und belastbarer Kundenbeziehungen durch die konsequente Ausrichtung der eigenen Aktivitäten am Bedarf und Nutzen der Kunden.
Inhalt	• Grundlagen der kundenbezogenen Gesprächsführung: Kundennutzen erkennen, Fragen stellen, aktiv zuhören • Partnerschaftliche Gesprächsführung: Gesprächsvorbereitung, -durchführung und Nachbereitung; Phasen des Erstgesprächs; Fragetechniken und Selbstpräsentation • Telefonische Kontaktaufnahme: Vorbereitung, Checkliste und Telefonleitfaden; »Warm-up« vor dem Telefonat, Generalproben; Umgang mit vorgeschalteten Assistenzen; Aufbau von Verbindlichkeit; Wiedervorlage und zeitliches Investment; Umgang mit Frustration; innere Einstellung beim Telefonat (»anbiedern« vs. »anbieten«); nachhaltige Motivation in der Kundenakquise • Kundenbezogene Einwandbehandlung: Umgang mit typischen Gegenargumenten (»keine Zeit«, »kein Geld«, »Wettbewerb«, »zu teuer« usw.) • Kundentypen und -rollen: Einstellen auf unterschiedliche Gesprächspartner; eigene »Argumentationspräferenzen« erkennen • Workshops (Beispielthemen): Mögliche Zielbereiche für Neukundengewinnung; Definition der sales lead time; Zieldefinition »Anzahl Neukunden«, Auftragseingang usw.; Ressourcenbedarf und -planung; Design und Einsatz von möglichen Unterstützungs-Tools im Vertrieb • Feedback: Eigene Kommunikationsgewohnheiten kennenlernen; eigene Wirkung im Kundengespräch reflektieren • Kundenorientierung: Kundenorientierungs- und Zufriedenheitsbegriff, Abgleich von Soll-Standard und Ist-Leistung; Vorteile von Kundenorientierung für Organisation und MitarbeiterInnen • Kundenzufriedenheit, -loyalität, -bindung; eigene Person als Kunde wahrnehmen • Beschwerdemanagement • Kundenorientierung als »Problemlösungsmentalität« • Kundenbindungsmaßnahmen (Vertragsgestaltung, Marketing, Give-aways, Service, Leistungsübernahmen usw.) • Workshop: Spezifische Kundenbindungsansätze herausarbeiten
Dauer	1 – 3 Tage
Methoden	Wissens-Input, Diskussionen, Workshops/Gruppenarbeit, Rollenspiele, kollegiale und moderierte Fallanalysen, Peer- und Video-Feedback, Supervision
Beispiel-übung	TeilnehmerInnen erleben sich selbst als Kunden, indem sie ein Servicetelefon in Anspruch nehmen; Reflexion der Ergebnisse und Ableitung von Maßnahmen für die eigene Organisation; Fragestellung: »Wie möchte ich als Kunde behandelt werden und was heißt das für meine Arbeit mit meinen Kunden?«

Tab. 28: Vertriebskommunikations-/Kundenorientierungstraining

4.2.11   Training zur Teamentwicklung und -steuerung

Ähnlich wie bei Trainings zum Thema »Changemanagement« muss bei diesem Thema zwischen einer Workshopvariante und dem eigentlichen, hier im Fokus stehenden Training unterschieden werden. Eine Teamentwicklung ist ebenfalls eine PE-Maßnahme, allerdings mit einem stark prozesshaften Ansatz. Hier erlebt ein Team, z. B. eine Abteilung, eine Maßnahme, die ihm hilft, das eigene Teamprofil zu schärfen, die gemeinsame Ausrichtung zu optimieren, vorhandene Konflikte konstruktiv anzugehen oder sich schlicht untereinander besser kennen zu lernen (s. hierzu Kapitel 4.3 »Maßnahmen mit prozessbegleitendem Charakter«).

An dieser Stelle interessieren uns aber zunächst nur die Trainings zum Thema »Teamentwicklung« und »Steuerung von Teams« – es geht nicht darum, mit den TeilnehmerInnen eine Teamentwicklung durchzuführen, sondern ihnen zu vermitteln, was sie in ihrer Rolle (z. B. als Teamleitung) zur Teamentwicklung tun können oder wie sie ein Team leiten/steuern.

Training zur Teamentwicklung und -steuerung	
Thema	**Beschreibung**
Ziel	• TeilnehmerInnen lernen den Teambildungsprozess kennen und lernen, sich bezüglich ihrer Position im Team einzuschätzen. • Die Vorteile von Teamarbeit bei komplexen Problemlösesituationen werden verdeutlicht. • Sie erkennen die teamspezifischen Kommunikationsstrukturen, so dass die Teams Optimierungsbedarf identifizieren und mittels Intrateam-Feedback-Methoden wie 360°-Feedback und Peer-Feedback bearbeiten können.
Inhalt	• Grundlagen der Teamarbeit: Ziel und Arten von Teams; Team vs. Gruppe: Unterschiede und Gemeinsamkeiten; Teamentwicklungsphasen/Teamstufen, Wirkung von Faktoren wie Umfeld, Kohäsion, Heterogenität auf Teams • Teamanalyse: das Team als Teil der Organisation, die Organisation als Menschen beschreiben – welches Organ/Körperteil bildet das Team ab? Einsatz von Teamanalyse-Fragebogen • Teamrollen: welche individuellen Teamtypen gibt es und wie sind sie im jeweiligen Team vertreten; Team-Feedback-Strukturen • Entscheidungsfindung in Teams: Konformität, Gruppendruck, Groupthink, »Advocatus Diaboli«, Kleingruppen, die von der Hauptgruppe getrennt Entscheidungen fällen, Minoritäten-Meinung, Identifikation von Mindguards und Querdenkern, Meinungsbildner • Besonderheiten der Teamsteuerung: Reifegrad des Teams, Rollen und Aufgaben des Teamleiters (Kohäsions- und Lokomotionsfunktion) • Gestaltung von Team-Workshops: Herausarbeiten von Verbesserungspotenzialen / Teamzielen / Leitlinien im Team / Schnittstellendefinition, Appreciative Inquiry • Team erleben: Outdoor-Übungen, Vertrauensübungen, Koordinationsübungen

Training zur Teamentwicklung und -steuerung	
Thema	**Beschreibung**
Dauer	2 – 5 Tage (je nach Spezialisierung/Vorerfahrung)
Methoden	Wissens-Input, simulierte Gruppensituationen (anhand von aktuellen/organisationsbezogenen Themen), Peer- und moderiertes Feedback, Fallanalysen, erlebnisorientierte Übungen (Outdoor-, Aktivitätsübungen), Einsatz von Analyse-Fragebogen
Beispiel-übung	TeilnehmerInnen geben sich bezogen auf unterschiedliche Teamrollen (Teamleitung, Prüfer der Realität, Berater, Teamplayer usw.) gegenseitig vor einem moderierten Ablaufplan Feedback und definieren Entwicklungsziele Erlebnisorientierte Übung »der große Eierfall«: TeilnehmerInnen entwickeln in unterschiedliche Kleingruppen und mit begrenzten Mitteln eine »Maschine«, die es erlaubt, ein rohes Ei aus einer Höhe von 2 m fallen zu lassen, ohne dass es kaputt geht

Tab. 29: Training zur Teamentwicklung und -steuerung

4.2.12   Moderationstraining

Ähnlich wie bei Präsentationstrainings handelt es sich bei Trainings zum Thema »Moderation« um Methodenseminare. Die TeilnehmerInnen erfahren hier etwas zur Rolle, den Aufgaben und den Werkzeugen eines Moderators. Die Zielgruppe eines Moderationstrainings hat in der Regel eine fachliche (z. B. Teamleitung) oder disziplinarische Führungsfunktion. Natürlich ist es auch absolut sinnvoll, im Zuge immer flacherer Hierarchien Moderationsrollen auf nicht-hierarchische Ebenen zu erweitern.

Moderationstraining (oft im Rahmen von Teamsteuerungs- oder Führungstrainings)	
Thema	**Beschreibung**
Ziel	• TeilnehmerInnen werden mit den Grundzügen der Moderation vertraut gemacht, um Kommunikationsprozesse im Team effektiv zu steuern. • TeilnehmerInnen verfügen über ein umfassendes Repertoire von Techniken und Instrumenten des Moderierens. • Sie lernen die Rolle des Moderators im Team und die Dramaturgie einer moderierten Besprechung kennen. • Sie üben den Einsatz von Moderationsfragen und entsprechenden Visualisierungs- und Präsentationstechniken zur professionellen Gestaltung interner und externer Termine.

Moderationstraining (oft im Rahmen von Teamsteuerungs- oder Führungstrainings)	
Thema	**Beschreibung**
Inhalt	• Rolle des Moderators: Gestaltungsmittel und Katalysator für die Teamleistung; Zeit- und Strukturgeber; Aufgabe: Methoden bereitstellen, nicht Inhalte beitragen • Dramaturgie einer moderierten Besprechung: Vorbereitung, Durchführung und Nachbereitung; Sitzordnung, Agenda, Zieldefinition, Zeitfenster, Themenbearbeitung, Protokollierung, Ergebnissicherung; Checklisten • Moderations-Fragetechniken und -mittel: Erwartungsabfrage, Brainstorming/Ideenfindung, Kartenabfrage, Problemanalyse-Plan, Vier-Felder-Schema, Ursachen-Wirkungs-Diagramm, Priorisierung/Bewertung, Flowcharts, Workshopfragen, Aktionspläne, Stimmungsbarometer • Umgang mit schwierigen TeilnehmerInnen, Vielrednern / Kontakt zur Gruppe
Dauer	1 – 2 Tage
Methoden	Wissens-Input, Simulierte Gruppenmoderationen (anhand von aktuellen/organisationsbezogenen Themen), Peer- und moderiertes Feedback, Fallanalysen
Beispielübung	TeilnehmerInnen arbeiten an einem Thema (z. B. »Ausfallraten in der Produktion«) mit wechselnden Moderationsrollen und unter Einsatz verschiedener Moderationsmittel; nach jeder Runde Zwischenfeedback für den Moderator und in der Gruppe.

Tab. 30: Moderationstraining

4.2.13   Problemlöse- und Kreativitätstraining

Trainings zur Entwicklung von Problemlösestrategien und kreativen Arbeitsansätzen können ebenfalls den Methodenseminaren zugerechnet werden. Sie vermitteln Strategien, mit denen Arbeitsinhalte neu entwickelt, strukturiert, ausgebaut, analysiert, aus unterschiedlichen Blickwinkeln betrachtet, in bearbeitbare Bestandteile zerlegt und zu einem besseren, anderen, neuartigen Ergebnis geführt werden können.

Problemlöse- und Kreativitätstraining	
Thema	**Beschreibung**
Ziel	• Die TeilnehmerInnen kennen verschiedene Problemlöse- und Kreativitätstechniken. • Sie können diese im Arbeitsalltag anwenden. • Sie kennen ihren bevorzugten Problemlösestil und wissen diesen sinnvoll zu nutzen. • Sie kennen die Merkmale von Problemen und deren Bearbeitung.

Problemlöse- und Kreativitätstraining	
Thema	**Beschreibung**
Inhalt	• Kreativitätstechniken: PNI-Technik (positiv, negativ, interessant), Brainstorming • Wissensgenerierung: 6-Hüte-Technik, Synektik • Wissenssystematisierung: Morphologischer Kasten, Attributeliste • Visualisierungstechniken: Mindmapping oder Concept mapping • Merkmale von Problemen und Problemlösungen nach Dörner • Problemlösestrategien: heuristisch, algorithmisch, Trial & Error, Vorwärtssuche, Rückwärtssuche, Tiefe-zuerst-Strategie, Verwendung von Makrooperatoren • Identifikation der zentralen Problemelemente • Problemlöseprozessschritte: Problemraum, Situationsanalyse, Suchraum, Lösung, Evaluation • Merkmale und Funktionen von Transfer
Dauer	1 – 2 Tage
Methoden	Wissens-Input, Diskussionen, Workshops/Gruppenarbeit, Rollenspiele, kollegiale und moderierte Fallanalysen, Peer- und Video-Feedback, Supervision, psychometrische Tests
Beispiel-übung	Die TeilnehmerInnen füllen einen Fragebogen zu Problemlösestilen aus und diskutieren die Ergebnisse für die Zusammenarbeit im Team und daraus entstehende Widersprüche bei der gemeinsamen Problembewältigung.

Tab. 31: Problemlöse- und Kreativitätstraining

4.2.14   Selbst- und Zeitmanagementtraining

In den Bereich der Entwicklung der persönlichen Kompetenz lassen sich Selbstmanagementtrainings einreihen. Wir hatten im Zuge der Beschreibung von Changemanagementtrainings auf die sich immer schneller drehende Arbeitswelt verwiesen. Verständlicherweise wächst hier auch der Bedarf, die Arbeit mit den entsprechenden »Tools« immer schneller erledigen zu können – um dann trotz des hohen Arbeitsdrucks immer noch Zeit für anderes zu haben.

Für viele TeilnehmerInnen von Selbstmanagementtrainings ist es daher zunächst einmal ernüchternd zu erfahren, dass sie nach Besuch des Seminars nicht jeden Tag schon um 16.00 Uhr zu Hause sind statt wie bis dato um 18.00 Uhr. Denn auch hier gilt: die »Tools« funktionieren, aber nur vor dem Hintergrund einer geistigen Grundhaltung, die man sich erarbeiten muss. Dies geschieht, indem man sich Fragen wie »Wofür will ich Zeit haben?«, »Was muss ich wirklich alles machen, was will ich machen, was kann ich machen?« und auch »Wo muss ich auch lernen, nein zu sagen?« stellt.

Oftmals beginnen Trainings mit einem Selbstreflexionsbestandteil auch mit diesem (z. B. bei Führungstrainings: Reflexion der eigenen Führungsrolle) und danach erlernt man die Werkzeuge, die man vor dem Hintergrund der eigenen Selbstreflexion richtig einzusetzen weiß. Bei Selbstmanagementtrainings bewährt sich in der Regel aber der umgekehrte Weg: zunächst bedient man den »Werkzeugbedarf« der TeilnehmerInnen, damit sie schon einmal etwas »in der Hand haben« (z. B. Priorisierungstechniken und Tagesplanung), und danach reflektiert man »Wofür und wie wollen Sie diese Werkzeuge jetzt einsetzen?« (also die eigene »Lebensplanung«, die Identifikation von Wichtigem im eigenen Leben).

Selbst- und Zeitmanagementtraining	
Thema	**Beschreibung**
Ziel	• TeilnehmerInnen lernen Selbstmanagement als einen fortlaufenden Prozess der persönlichen Entwicklung zu identifizieren. • Sie lernen, konkrete Methoden und Verhaltensweisen in den Alltag zu integrieren, und so diesen Entwicklungsprozess zu steuern. • Sie lernen, die eigenen Ressourcen effektiv einzuteilen, einzusetzen und mit Belastungen konstruktiv umzugehen.
Inhalt	• Arbeitsbezogenes Selbstmanagement: Aufgabenplanung und Prioritäten in der täglichen Arbeit, 80/20-Regel, Eisenhower-Prinzip, ABC-Aufgaben; Delegation/ Arbeitsteilung; Zeitmanagement: Tages- und Wochenplanung, Monats-, Jahresplanung; Umgang mit E-Mail-Flut / Info-Overload • Personenbezogen: Leistungskurven, Morgen-/Abendmensch, Störkurven; Aufschieberitis; Nein Sagen-Können; Lern- und Arbeitsstile • Persönliche Ziele: was kann ich, was will ich, was motiviert mich, wo will ich hin? Balance Privat- und Arbeitsleben; Selbstmotivation und -steuerung • Gruppen-Workshops: Ansatzpunkte für die Verbesserung von Prozessen in der Teamarbeit / bei Arbeitsabläufen / in Meetings • Organisationsbezogene Analyse: Anpassung der Organisationsstrukturen – Sabbaticals, Gesundheitsmanagement, Teilzeitarbeit, Homeoffice
Dauer	1 – 2 Tage
Methoden	Wissens-Input, kollegiale und moderierte Supervision, Gruppendiskussionen, Einsatz von Analyse-Fragebogen, Workshopstrukturen
Beispielübung	TeilnehmerInnen planen einen Arbeitstag unter Zuhilfenahme einer Störkurvenanalyse. TeilnehmerInnen priorisieren die Tagesaufgaben nach Eisenhower. TeilnehmerInnen reflektieren die eigene Leistungskurve über 1 Tag / 1 Woche.

Tab. 32: Selbst- und Zeitmanagementtraining

4.2.15   Stress- und Gesundheitsmanagementtraining

Thematisch nahe verwandt und oftmals Bestandteil eines Selbstmanagementtrainings sind Stress- und Gesundheitsmanagementtrainings. Der Weg vom Wunsch der Bewältigung gestiegener Arbeitsanforderungen und erhöhter Geschwindigkeit im Job mittels entsprechender Arbeitstechniken hin zur erfolgreichen Bewältigung der negativen Auswirkungen, wenn ersteres nicht gelingt, ist nicht weit. Lassen Sie uns die hier zur Verfügung stehenden wenigen Zeilen möglichst effizient nutzen, um ein »knackiges« negatives Bild der diesbezüglichen Trends in der Arbeitsweilt zu zeichnen: Burn-out-Diagnosen steigen seit Jahren zahlenmäßig an und sind nicht mehr nur bei Berufen im sozialen Bereich zu finden, sondern brechen sich beispielsweise auch bei Sachbearbeitern, Servicetechnikern und Kfz-Monteuren Bahn; der Anteil psychischer Erkrankungen ist gegenüber den altbekannten Krankheitsgründen (Atemweg und Skelett-/Muskelerkrankungen) in den Krankenstandsstatistiken seit Jahren überproportional gestiegen – die Zahlen sprechen leider für sich, selbst wenn man einige statistische Verzerrungen durch Phänomene wie »Labeling« (das Ansteigen eines neuen Krankheitsbildes nach Einführung eines neuen Namens hierfür) einrechnet. Insofern wundert es nicht, dass insbesondere Trainings zum Thema Gesundheitsmanagement derzeit ein »hot topic« sind. Wie Sie an den Inhalten der Tabelle erkennen können, ist es mit einem reinen Training meist nicht getan. Gesundheitsmanagement umfasst auch weiterführende Prozessschritte wie Arbeitsplatzgestaltung und betriebliche Gesundheitsprogramme (bewegte Pausen, Obstschale statt Süßes bei Besprechungen, Sport-Belohnungsprogramme usw.).

Stress- und Gesundheitsmanagementtraining	
Thema	**Beschreibung**
Ziel	• Die TeilnehmerInnen lernen das Stessmodell von Lazarus kennen und können damit eigene Stresssituationen analysieren. • Die TeilnehmerInnen kennen die bio-psycho-sozialen Grundlagen von Stress und deren Konsequenzen. • Die TeilnehmerInnen erhalten ein weitgefächertes Instrumentarium zur Weiterentwicklung der individuellen Stresskompetenz. • Sie lernen Belastungsfaktoren im eigenen Bereich frühzeitig zu erkennen: Mobbingstrukturen, Belastungsfaktoren am Arbeitsplatz. • Sie setzen sich mit Salutogenesefaktoren auseinander und erkennen deren Bedeutung für betriebliche Kennzahlen: verringerter Krankenstand, erhaltene Leistungsfähigkeit, Mitarbeitermotivation, verbessertes Betriebsklima, verbessertes Personalmarketing und Image.

Stress- und Gesundheitsmanagementtraining	
Thema	**Beschreibung**
Inhalt	• Gesundheit – Krankheit – Stress – was ist das? Definition von Stress, Abgrenzung zu Burnout • Stressmodell von Lazarus • Stressampel • Burnout-Zyklus • Arten von Stressoren/Bewertungsprozesse/Verhaltensveränderungen • Psychologische und physiologische Auswirkungen von Stress am Arbeitsplatz • Ansätze zur Stressbewältigung • Regeneratives Stressmanagement: Erholen – aber richtig • Mentales Stressmanagement 1: Stressverschärfende und förderliche Denkmuster • Mentales Stressmanagement 2: Förderliche Gedanken entwickeln • Instrumentelles Stressmanagement: Anforderungen aktiv angehen • Gesundheitsmanagement: ein unternehmerisches Konzept zur ganzheitlichen Arbeitsplatzgestaltung und Salutogenese • Circardiane Rhythmen, Morgen-/Abendmensch, Schlafrhythmen • Pausengestaltung • Stress am Arbeitsplatz; Arbeitsunfälle, Modell des persönlichen Risikoverhaltens • Krankenstand, Fluktuation, Arbeitsausfall – statistische Grundlagen und Bestimmungsfaktoren • Rückkehrgespräche – wie werden sie implementiert und durchgeführt? • (De-)Motivation und innere Kündigung • Mobbing – was ist das und wie muss die Führungskraft reagieren? • Psychische Auffälligkeiten im Beruf, Umgang mit Suchtkranken • Konkrete Ansatzpunkte des Gesundheitsmanagements: Arbeitsplatzgestaltung, betriebliche Programme, Check-up Gesundheit, Heimarbeitsplätze, Teilzeitarbeit, Sabbaticals
Dauer	2 – 4 Tage (je nach Spezialisierung/Vorerfahrung)
Methoden	Wissens-Input, Diskussionen, Gruppenarbeit, Fallanalysen, Rollenspiele, Workshops
Beispiel-übung	TeilnehmerInnen reflektieren ihre eigenen Stressmuster und arbeiten im Team Ressourcen und Gegenstrategien heraus. TeilnehmerInnen führen ein Rückkehrgespräch mit einem regelmäßig auffallenden »Montagskranken«. TeilnehmerInnen entwickeln in Workshops Ansätze zur betrieblichen Gesundheitsförderung.

Tab. 33: Stress- und Gesundheitsmanagementtraining

4.2.16   Training zur sozialen Wahrnehmung

Vor dem Hintergrund, dass wir als Menschen »Wahrnehmungstierchen« sind, die schon aufgrund der Funktionsweise unseres Gehirns auf schnelle Entscheidungen und Stereotypisierungen bei der Betrachtung und Einschätzung anderer Menschen gepolt sind, kann man Trainings zur sozialen Wahrnehmung schon fast als Grundlagenthema bezeichnen, das jeder durchlaufen sollte, der mit Menschen zu tun hat. Diese Trainings enthalten spannende Übungen, um den TeilnehmerInnen Wahrnehmungsverzerrungen, denen wir alle vorbewusst und »zuverlässig« unterliegen, vor Augen zu führen (s. hierzu auch unser Exkurs 8 Eignungsdiagnostik als soziale Situation zum Thema »Beobachterfehler« – Interview und Einsatz als AC-BeobachterInnen als »On-the-Job-Maßnahme« in Kapitel 4.5 »On-the-Job-Maßnahmen«).

Training zur sozialen Wahrnehmung	
Thema	**Beschreibung**
Ziel	• TeilnehmerInnen werden sich ihrer eigenen Wahrnehmungstendenzen (Abkürzungen, Stereotypisierungen, Schubladendenken usw.) bewusst. • Sie lernen ihre eigenen Beurteilungsmechanismen kennen und reflektieren diese. • Sie lernen Methoden, mit denen sie diese Mechanismen steuern können. • Sie können Situationen und MitarbeiterInnen bzw. KollegInnen besser beurteilen und führen objektivere Diskussionen. • Sie lernen, den subjektiven Anteil in der Beurteilung anderer so gering wie möglich zu halten.
Inhalt	• Soziale Wahrnehmung: Die Bedeutung des ersten Eindrucks • Soziale Informationsverarbeitung: Welche Information nehmen wir von anderen war und worauf richten wir unsere Aufmerksamkeit • Soziale Urteilsbildungsbildung: Primacy-/Recency-Effekt, Halo-Effekt, Tendenz zur Mitte, Vertrautheitseffekt, Akteur-BeobachterInnen-Verzerrung, Äußerlichkeitseffekte (Schönheit, Ähnlichkeit), fundamentaler Attributionsfehler • Implizite Persönlichkeitstheorien • Attributionstheorie von Heider, Inferenztheorie von Jones und Davis, multidimensionales Attributionsmodell von Kelly • Verzerrung auf Grund von Stereotypisierung und Kategorisierung • Erfolgs- und Misserfolgsattribution nach Weiner • Rosenthal-Effekt • Einfluss momentaner Bedürfnislagen auf soziales Urteil • Körpersprachliche Effekte der Beurteilung: Lateralflexion, Mimik, Gestik, Haltung, Stimmlage • Wahrnehmungsorganisation des Gehirns: gute Gestalt, Vereinfachungs- und Stereotypisierungstendenzen als notwendige Informationsfilter • Gegenstrategien für und Bewusstmachung von sozial verzerrter Wahrnehmung
Dauer	1 – 2 Tage
Methoden	Wissens-Input, Diskussionen, Workshops/Gruppenarbeit, Rollenspiele, kollegiale und moderierte Fallanalysen, Peer- und Video-Feedback, Supervision

Training zur sozialen Wahrnehmung	
Thema	**Beschreibung**
Beispiel-übung	TeilnehmerInnen beurteilen in der Runde aus dem Bauch heraus »Bewerbungsfotos« von ein und derselben Person (in der Kürze schwer erkennbar), allerdings mit unterschiedlicher Kleidung und Frisur – es entstehen extrem unterschiedliche Urteile. TeilnehmerInnen interviewen sich gegenseitig: der Interviewte hat die Aufgabe, bei 3 von 10 Fragen zu lügen. Die Interviewer notieren sorgfältig alle körpersprachlichen Signale und Antwortformen und entscheiden dann, bei welchen Fragen gelogen wurde.

Tab. 34: Training sozialer Wahrnehmung

4.2.17 Führen auf Distanz

Das Thema »Führen auf Distanz« gewinnt seit Jahren zunehmend an Bedeutung, da Experten für virtuelle Kooperation prognostizieren, dass der Großteil der arbeitenden Bevölkerung in naher Zukunft die eigene Arbeit aus dem Homeoffice heraus erledigen wird. Es zeigt sich zwar, dass die Anzahl derjenigen Menschen in Deutschland, die wirklich »von zu Hause« oder von anderen, nicht arbeitsplatzbezogenen Orten aus arbeiten, diesen sehr weitgreifenden Prognosen von Jahr zu Jahr erneut hinterherhinkt – sei es, weil nicht jedes Unternehmen einen »Telearbeitsplatz« ermöglicht, oder einfach, weil eben nicht jeder als »Wissensarbeiter« tätig sein kann und es noch genügend Aufgaben gibt, die sich nicht »virtualisieren« lassen – der Trend zeichnet sich dennoch ab (s. z. B. https://de.statista.com/infografik/21078/nutzung-von-home-office-in-europa/;https://de.statista.com/infografik/16711/anteil-der-unternehmen-die-homeoffice-erlauben/). Es steht sicher außer Frage, dass virtuelle Kooperation für eine Vielzahl deutscher Unternehmen fester Bestandteil des organisationalen Handelns ist und damit immer mehr Führungskräfte die Herausforderung erleben, MitarbeiterInnen zu führen, die sie nicht täglich persönlich erleben können (Herrmann, Hüneke & Rohrberg, 2012). Und die Corona-Pandemie 2020 wird das Thema sicherlich noch weiter vorantreiben.

Trainings zu diesem Thema zielen vor allem auf die Führung sogenannter virtueller Teams ab, d. h. auf Teams, die im Rahmen einer Matrixorganisation meist zeitlich begrenzt, auf unterschiedliche, oft internationale Standorte verteilt, vernetzt an einem Projektziel arbeiten und sich danach wieder auflösen bzw. im Rahmen neuer Projekte wieder neu vernetzen (»dispersed«, »distributed«, »spatial«, »temporal teams«). Ebenso werden natürlich Führungskräfte angesprochen, in deren Organisation mobiles Arbeiten bzw. Homeoffice eingeführt wird oder bereits wurde – wie es z. B. in der öffentlichen Verwaltung in den letzten Jahren vermehrt geschehen ist – und die nun mit den kommunikations- und organisationsbezogenen Herausforderungen und Potenzialen dieser Situation umgehen sollen.

Führen auf Distanz	
Ziel	<ul><li>Die TeilnehmerInnen erhalten unternehmensspezifisches Hintergrundwissen zum Thema »Führen auf Distanz« und können dieses auf ihre eigene Führungssituation anwenden.</li><li>Sie erhalten so Sicherheit in einer für viele Führungskräfte immer noch verunsichernden Ausgangssituation.</li><li>Sie lernen die Risiken von Distanz-Führungssituationen kennen und können diesen erfolgreich begegnen.</li><li>Sie nutzen die Entwicklungschancen, die virtuelle Kooperation für das gesamte Team bietet.</li><li>Sie arbeiten mit Fallbeispielen und bekommen auf dieser Basis konkrete Hinweise zum erfolgreichen Umgang mit herausfordernden Distanz-Führungssituationen.</li><li>Sie leiten gemeinsam aus der eigenen virtuellen Führungssituation handhabbare Werkzeuge in den Bereichen Planung, Steuerung, Kommunikation ab.</li></ul>
Inhalt	<ul><li>Teamdynamik/Teamentwicklung im virtuellen Kontext:<ul><li>Vertrauensbildung gerade in der Startphase von virtuellen Teams / soziale Vernetzung</li><li>Gegenseitiger Erwartungsabgleich: offenes Ansprechen von Nutzen und Vorteilen von Homeoffice- bzw. Distanzsituationen, aber auch der potenziellen Risiken und der daraus entstehenden Missverständnisse</li><li>Abgleich mit dem »psychologischen Vertrag« der oder des Einzelnen</li><li>Ableitung gemeinsamer Spielregeln der virtuellen Zusammenarbeit</li><li>Führungsrolle(n) in der virtuellen Kooperation sowie Reflexion der eigenen Haltung als Führungskraft</li><li>Was tun, wenn jemand die Freiheiten zu sehr ausnutzt bzw. aus dem Team »driftet« (Motto »Aus den Augen, aus dem Sinn …«) etc.?</li></ul></li><li>Planung und Steuerung der Zusammenarbeit und der Aufgaben:<ul><li>Kick-off / gemeinsame Projektplanung / Meeting-Frequenz</li><li>Einführung und Gestaltung von Teamplattformen</li><li>Ressourcenbereitstellung und Steuerung im virtuellen Umfeld</li><li>Dokumentenbearbeitung und -bereitstellung</li><li>Anwesenheits-/Abwesenheitspläne, Verteilung der Aufgaben</li><li>Vereinbarung/Festlegung des Outputs im Rahmen der virtuellen Kooperation</li><li>Sicherstellung der zeitgerechten Kundenkommunikation</li><li>Wissensmanagement</li><li>Virtuelle Einarbeitung / Personalentwicklung</li><li>Generell: Umgang mit Zeit, persönliche Steuerung (rollierender Start? Feste Arbeitszeiten? Arbeitszeiten »wie im Büro« oder frei flottierend?)</li></ul></li><li>Kommunikation:<ul><li>Umgang mit Medien / medial vermittelte Kommunikation</li><li>Abstimmung der Homeoffice-MitarbeiterInnen im Team / mit der Führungskraft: wann, wie oft, welche Dringlichkeitsstufen?</li><li>Kommunikations- bzw. Informationszeiten</li><li>Kommunikationsmedien</li><li>Festgelegte Rückmeldungsschleifen, virtuelle An- und Abmeldung, Erreichbarkeit u. Ä.</li></ul></li></ul>

Führen auf Distanz	
Dauer	1 – 2 Tage
Methoden	Wissens-Input, Diskussionen, Gruppenarbeit, Rollenspiele, kollegiale und moderierte Fallanalysen, Supervision
Beispielübung	**Workshop:** Unterteilung in Unterteams, die Werkzeuge für das Führen auf Distanz entwickeln, z. B. Kommunikations-Tools, Spielregeln der Zusammenarbeit, Strukturierungs-Werkzeuge u. Ä. **Analyse eines Fallbeispiels:** Umgang mit einer MitarbeiterIn, die seit mehreren Wochen zu spät liefert, öfter nicht am Homeoffice-Platz ist, obwohl sie anwesend sein müsste, morgens zunächst nicht erreichbar ist etc.

Tab. 35: Führen auf Distanz

4.3   Maßnahmen mit prozessbegleitendem Charakter

Trotz unserer oben genannten Empfehlung, die im vorherigen Kapitel behandelten Trainings nicht als »Ein-Schuss-Maßnahme« einzusetzen, sondern sie wirksamer in eine Gesamt-PE-Konzeption einzubetten, gilt grundsätzlich: sie lassen sich als »isolierter 2-Täger« durchführen. Bei den in diesem Kapitel beschriebenen PE-Maßnahmen mit prozessbegleitendem Charakter funktioniert dies nicht: sie bedürfen einer gewissen Orchestrierung und es greifen mehrere Prozesselemente und -schritte ineinander.

Was meinen wir mit prozessbegleitendem Charakter? Bei einigen Maßnahmen benötigt man nicht sehr viele »Vorerklärungen« gegenüber den TeilnehmerInnen, warum diese stattfinden und warum man an diesen teilnehmen sollte. An einem Beispiel festgemacht: wenn Sie in Ihrer neuen Position vermehrt Präsentationen vor dem Vorstand halten dürfen, bisher aber wenig Gelegenheiten hatten, überhaupt Präsentationen zu halten, werden Sie sich wahrscheinlich nicht lange mit dem »Warum?« aufhalten, wenn Ihre Führungskraft Ihnen vorschlägt, doch ein Präsentationstraining zu besuchen.

Bei den in diesem Kapitel beschriebenen Maßnahmen ist das anders. Wenn Sie z. B. eine Teamentwicklung durchführen wollen, braucht es eine Zielausrichtung, ein Bild davon, was sich dadurch verändern soll, was die Maßnahme bewirken soll. Dieses Bild sollte gemeinsam mit den Teammitgliedern entworfen werden, oder sie sollten zumindest dahingehend abgeholt werden, wie die definierten Ziele aussehen. Zudem sollten Sie sich überlegen, wie Sie nach Durchführung der Teamentwicklung überprüfen wollen, ob die geplanten Veränderungen im Team eingetreten sind – Sie evaluieren die Maßnahme also. Im Prinzip durchläuft man mit der Prozessbegleitung eine Art »Mini-PE-Zyklus« wie wir ihn im ersten Kapitel in Abbildung 4 dargestellt haben.

Es bedarf also entsprechender methodischer Elemente wie eine auf die Maßnahme hin abgestimmte Führungskommunikation, unterstützt durch die Kommunikation von Seiten der PE. Möglicherweise sind Vorgespräche mit den TeilnehmerInnen nötig, um deren Ideen für die Inhalte der Maßnahme abzuholen oder in einem dialogischen Setting über die Ziele, Risiken und Chancen des Prozesses zu diskutieren. Bei größeren Prozessen ist vielleicht auch eine Steuerungsgruppe notwendig, die sich in regelmäßigen Abständen trifft, um den Verlauf der Maßnahme zu beobachten und die Zielverfolgung entsprechend zu unterstützen und es können flankierende Kommunikationsinstrumente wie Newsletter zum Einsatz kommen.

Im Folgenden Abschnitt haben wir für Sie einige der methodischen Grundprinzipien als Checkliste aufgeführt, die für den Erfolg prozessbegleitender PE-Maßnahmen wichtig sind.

- **Prozessorientierung:** Dass dieser Aspekt dazugehört, wird Sie nicht überraschen. Dennoch wollen wir hier kurz umreißen, was das heißt: prozessbegleitende PE-Maßnahme sollten modular gestaltet werden und so eine inhaltliche, konzeptionelle und organisatorische Anpassung an den aktuellen Qualifizierungsbedarf innerhalb der einzelnen Module und während des Prozesses erlauben. Dies wird durch enge Abstimmungszyklen zwischen den Prozessträgern des Unternehmens bezüglich der Zwischenergebnisse der einzelnen Schritte gewährleistet, bis hin zum Abschluss des Prozesses.

- **Information und Transparenz:** Um die betreffenden MitarbeiterInnen abzuholen, empfiehlt es sich bei prozessbegleitenden Maßnahmen, dass die Führung und die PE alle Beteiligten im Vorfeld des eigentlichen Prozesses rechtzeitig über die Ziele der jeweiligen Maßnahme informiert und sich mit diesen darüber austauscht. Hierbei ist auch die Einbettung der Maßnahme in die strategische Gesamtausrichtung oder die zentrale Aufgabenstellung des betreffenden Bereichs sinnvoll und zielführend. Diese Art der Transparenz fördert die Akzeptanz der Beteiligten für die Inhalte und Ziele der Maßnahme: für die MitarbeiterInnen geht es einfach darum, zu verstehen, woran sie sich beteiligen und was ihr Anteil an der Erreichung der intendierten Ziele sein kann. Die Rolle, die bei der Sicherstellung des gemeinsamen Zielverständnisses den Führungskräften zukommt, ist nicht zu unterschätzen.

- **Partizipation:** Dieser Aspekt der Prozessbegleitung hängt eng mit den vorherigen Aspekten der Transparenz und Akzeptanz zusammen: es zahlt ebenso auf diese beiden Punkte ein, die Erfahrungen der MitarbeiterInnen und ihre Erwartungen mit in das Maßnahmen-Design einfließen zu lassen. Daher sollten die TeilnehmerInnen in entsprechenden Vorabbefragungen die Möglichkeit erhalten, Impulse für die Inhalte der Maßnahme einzubringen, indem Fragen wie »Was ist Euch für unsere Maßnahme wichtig? Was soll sich dadurch für uns verändern?« gestellt werden. Dieses Vorgehen unterstützt, dass die TeilnehmerInnen selbst zu den »Ownern« des Prozesses werden und sich aktiv für die eigene Entwicklung im

Rahmen desselben engagieren: die Identifikation aller Beteiligten mit den Zielen des Prozesses ist so gesichert.

- **Selbstverantwortliche Entwicklung**: Auch dieser Methodenansatz ist mit dem vorherigen Punkt verknüpft: die MitarbeiterInnen, die in einer prozessbegleitenden Maßnahme involviert sind, sollten nicht nur an deren Zielausrichtung mitwirken, sondern auch während der Maßnahme selbst Einfluss auf ihre eigene Entwicklung nehmen können. Dies kann durch Integration von Feedbackelementen wie einem Selbstbild-Fremdbild-Abgleich (s. Kapitel 4.1 »Feedbackbezogene Verfahren«) geschehen, durch Übernahme von Prozessverantwortung (z. B. in der Gestaltung von Zwischenpräsentationen für das Topmanagement) oder durch eigenverantwortlich gesetzte Lernziele. Hier spielen Aspekte wie selbstverantwortliches Lernen, Selbstreflexion und Lernfähigkeit eine Rolle.
- **Evaluation, Transfersicherung und Ableitung von Folgemaßnahmen**: Eine PE-Maßnahme soll immer eine Veränderung – zum Positiven! – für die Beteiligten erreichen, sei es hinsichtlich der Zusammenarbeit im Team, der Bearbeitung eingefahrener Konflikte, der Optimierung von Prozessen oder der Ergebnisverbesserung. Hierzu liefert die PE-Maßnahme selbst das Grundgerüst, um sich auf die entsprechenden Ziele zuzubewegen. In der Folge sollte aber sichergestellt werden, dass die geplanten Aktionen, z. B. die neuen Ansätze in der Zusammenarbeit, die veränderten Prozesse oder die vereinbarte Neuausrichtung, auch umgesetzt werden. Dies kann z. B. in Form von Reviewterminen geschehen. Den Führungskräften kommt hier wieder eine wichtige Rolle für die Transfersicherung zu: es empfiehlt sich, dass sie während des gesamten Prozesses immer wieder Transfersicherungsgespräche mit ihren MitarbeiterInnen führen, die die Erreichung der intendierten Maßnahmenziele unterstützen. Das Ergebnis eines solchen Transfersicherungsprozesses kann auch die Ableitung weiterer möglicher Umsetzungsschritte sein, womit wir wieder bei Punkt 1, der Prozessorientierung, wären.

Um das Ganze nach den etwas trockenen methodischen Grundprinzipien mit etwas mehr Leben zu befüllen, wollen wir Ihnen in den folgenden Abschnitten einige PE-Maßnahmen mit prozessbegleitendem Charakter vorstellen, angefangen mit einem Thema, das fast alle Menschen berührt, die in Unternehmen arbeiten: der Entwicklung von Teams.

4.3.1   Teamentwicklung

Auf die Wichtigkeit des Themas »Stimmung im Team, das »Teamklima«, haben wir bereits in Kapitel 2.1 »Organisationsanalyse« hingewiesen. Die meisten von uns arbeiten nicht für sich alleine, sondern sind Bestandteil eines Teams, einer Abteilung oder eines Bereichs. Das ist für uns eine Quelle der Motivation und Ressource im Arbeitsleben, zugleich kann die Zusammenarbeit mit anderen aber auch »demotivieren« und »stressen«, wenn sie nicht gut läuft.

Hier kommt das Thema »Teamentwicklung« (oder wenn man es weiter fassen will, auch als Bereichsentwicklung bezeichnet) zum Tragen. Vereinfacht zusammengefasst könnte man formulieren, dass Teamentwicklungen meist vor dem Hintergrund zweier Ausgangssituationen durchgeführt werden:

- **Wenn es nicht gut läuft**, wenn also Konflikte im Team vorherrschen, Ziele oder »Zukünfte« unklar sind, wenn man sich konsolidieren will oder muss. Hier kann eine Teamentwicklung durchaus auch Elemente einer Konfliktklärung oder Mediation beinhalten (s. nächstes Kapitel).
- **Wenn es gut läuft**, wenn also positive Entwicklungs- und Wachstumsthemen im Vordergrund stehen, z. B. eine selbst gesteuerte Neuausrichtung oder eine Erweiterung des Teams um neue Mitglieder und der damit verbundenen Idee, sich im Rahmen einer solchen Maßnahme intensiver kennen zu lernen. Gerade bei diesem Aspekt passt also der Begriff »Teamentwicklung« perfekt.

Themen bei Teamentwicklungen

Beispielhaft seien hier einige typische »Aufhänger« und Themen bei Teamentwicklungen genannt:

- Der Bereich oder das Team ist neu und man möchte sich näher kennenlernen.
- Der Beginn eines gemeinsamen Projektes steht an und die Teammitglieder sollen mit einem gemeinsamen Erlebnis starten.
- Es kommen neue KollegInnen ins Team und man will diese frühzeitig integrieren und mit den Zielen und den Spielregeln des Teams vertraut machen.
- Das Team möchte sich untereinander vor dem Hintergrund eines systematischen Rahmens Feedback geben.
- Das Team oder der Bereich plant eine Neuausrichtung, z. B. hinsichtlich der eigenen Positionierung im Unternehmen.
- Es geht um Abstimmungsthemen untereinander, z. B. basierend auf unterschiedlichen Auffassungen von Aufgaben und daraus resultierenden Konflikten.
- Es geht um Abstimmungsthemen mit den Schnittstellen eines Teams oder Bereichs und die daraus resultierenden Konflikte.
- Man will im Team ein neues oder einfach nur gemeinsames Aufgaben- und Qualitätsverständnis entwickeln.
- Das Team will untereinander und/oder mit der Führungskraft des Teams gegenseitige Erwartungen und Rollen klären.

Ziele von Teamentwicklungsprozessen

Die generellen Ziele von Teamentwicklungsprozessen lassen sich, natürlich jeweils in der Betonung ausgerichtet an den oben genannten »Aufhängern«, folgendermaßen zusammenfassen:

- **Sich als Team analysieren und »verstehen«:** Das Team lernt sich untereinander besser kennen, alle Teammitglieder verstehen die Aufgabenstruktur und die Rollenanforderungen der jeweiligen Partner und entwickeln eine klare Sicht bezüglich der eigenen Stärken und Schwächen. Zudem reflektieren sie die eigenen Arbeits- und Qualitätssicherungsmechanismen, analysieren die Verteilung der Teamrollen und finden so Hebel, die eigene Teamkultur positiv zu beeinflussen.
- **Als Team zusammenwachsen, Wir-Gefühl entwickeln:** Das Team klärt gegenseitige Erwartungen, definiert Spielregeln der Zusammenarbeit, entwickelt ein gemeinsames Selbstverständnis und damit auch ein neues Selbstbewusstsein. Durch die Vertiefung der Beziehungen untereinander wird das Teamklima dauerhaft verbessert und die Basis für eine offene Feedbackkultur gelegt.
- **Schnittstellenklärung:** Das Team definiert gemeinsam, wie die Zusammenarbeit untereinander und/oder mit anderen Bereichen optimiert werden kann und klärt diesbezügliche gegenseitige Erwartungen.
- **Gemeinsame Zieldefinition:** Die Teammitglieder erarbeiten gemeinsam, welche Ziele sie erreichen wollen. Durch diese gemeinsame Zieldefinition steigt die Kohäsion der Gruppe, der Einzelne fühlt sich als Bestandteil eines schlagkräftigen Teams. Aus den erarbeiteten Zielen wird ein konkreter Aktionsplan entwickelt, der das Commitment der Teammitglieder in der gemeinsamen Zielverfolgung unterstützt.
- **Strategische Ausrichtung:** Das Team arbeitet den Stand des eigenen Bereichs innerhalb des Gesamtunternehmens heraus und definiert die eigene strategische Ausrichtung, um sich selbst Richtung zu geben.

Wie eine Teamentwicklungsmaßnahme gestaltet werden kann

Im Folgenden beschreiben wir, wie eine quasi »generische« Teamentwicklungsmaßnahme gestaltet sein kann, damit Sie sich ein griffiges Bild einer möglichen Umsetzungsmaßnahme in diesem Bereich machen können.

Nach den oben beschriebenen prozessbegleitenden Maßnahmen wie Vorabinformationen zu den Zielen und den Inhalten der Teamentwicklung, Kick-offs oder Kurz-Interviews mit den MitarbeiterInnen des Teams kann der Teamworkshop selbst stattfinden. Teammaßnahmen sollten mindestens 1,5-tägige bis 2-tägig sein, damit die gewollte Entwicklung im Team auch tatsächlich Zeit und Raum hat, um stattzufinden. Da ein wichtiges Thema vieler Teamentwicklungen darin besteht, das Netzwerk der Teammitglieder untereinander zu festigen, macht es auch meistens Sinn, entsprechende Maßnahmen off-the-job, z.B. in einem Seminarhotel außerhalb des bekannten Arbeitsumfelds stattfinden zu lassen. Bei mehrtägigen Teamentwicklungen werden durch die gemeinsamen Gespräche am Abend auch informelle Beziehungen untereinander ausgebaut und die Teammitglieder werden nicht durch ihr Tagesgeschäft abgelenkt (z.B. »mal kurz ein paar E-Mails in der Mittagspause bearbeiten«).

Auch die einzelnen Workshopabschnitte einer Teamentwicklung sollten einem modu-laren Prinzip folgen, d. h. sie finden in mehreren Schritten statt, so dass zwischen den Abschnitten immer wieder Zeitfenster sind, in denen die Ergebnisse des jeweiligen Vor-Abschnitts verarbeitet und weiterentwickelt werden können. Methodisch wird hier vor allem klassische Workshoparbeit eingesetzt, aber auch situativ eingebettete Inputs durch den Moderator (z. B. zum Thema Konflikte in Teams, Team-Entwicklungsstufen usw.). In den Workshopabschnitten entwerfen die TeilnehmerInnen in Kleingruppen und vor dem Hintergrund klar definierter Fragestellungen gemeinsam Antworten, die danach im Plenum durch vertiefende Diskussionen »feingeschliffen« werden.

Bezüglich der Reflexion von typischen Zusammenarbeitssituationen bieten sich auch interaktive Methoden an, indem z. B. »typische Konfliktgespräche« zwischen zwei Bereichen vorbereitet und mittels Rollenspiel »aufgeführt« werden.

Ein weiterer interessanter Blickwinkel in Teamentwicklungen kann durch einen im Vorfeld eingesetzten Teamfragebogen (z. B. der Fragebogen zur Arbeit im Team (FAT) von Kauffeld (2004) oder der Teamperformance-Fragebogen (doc./ertragswerkstatt GmbH) mit den Dimensionen Zielorientierung, Aufgabenverteilung, Zusammenarbeit, Vertrauen, Weiterentwicklung, Teammeetings, Zusammenhalt) eingebracht werden, dessen Ergebnisse dann im Workshop rückgemeldet und diskutiert werden.

Teamentwicklungs-Workshops müssen nicht unbedingt in 2 Tagen »abgehandelt« sein – dies widerspräche ja auch dem, was wir weiter oben zum Thema »Maßnahmen mit prozes-sorientierten Elementen« geschrieben haben. Je nach Umfang und Komplexität der Fra-gestellung kann ein solcher Prozess auch aus mehreren wiederholten Modulen bestehen. Ein Thema wie »näheres Kennenlernen der Teammitglieder untereinander« rechtfertigt sicherlich keine Teamentwicklung mit 5 über ein halbes Jahr wiederholten 2-tägigen Blö-cken, die Neuausrichtung eines gesamten Bereichs mit der zugrundeliegenden Frage »Wie verändern wir unser Image im Konzern und wie erfinden wir uns neu?« ggf. aber schon.

Einerlei, ob es sich um eine einmalige Teamentwicklung oder einen Prozess mit meh-reren Modulen handelt: je nach Frage kann es sinnvoll sein, danach zu evaluieren, ob die Maßnahme die intendierten Ziele erreicht hat. Sicherlich ist dies bei dem Ziel, sich einfach nur näher kennen zu lernen weniger relevant als bei der Definition neuer Spiel-regeln der Zusammenarbeit. Ein zeitversetzter Review (z. B. ein halbes Jahr nach der Teamentwicklung) betont zum einen die Nachhaltigkeit des Prozesses, zum anderen hilft er auch, die Umsetzungsmotivation aller Beteiligten hoch zu halten. Relevante Fragestellungen für solche Reviews sind z. B.:

- Wie nehmen wir uns in unseren neuen Teamrollen wahr? Was läuft gut, was müss-ten wir noch verändern?
- Halten wir uns an die vereinbarten Spielregeln? Wenn nein, woran liegt das und was können wir hier tun?

- In welchen Bereichen haben sich unsere Prozesse verbessert? Was fehlt ggf. noch?
- Wie bewährt sich unsere Stellen- und Aufgabenbeschreibung? Haben wir alle notwendigen Kompetenzen?
- Wie gestaltet sich das Zusammenspiel untereinander, mit unseren Führungskräften und mit unseren Schnittstellen? Was hat sich verbessert, woran müssen wir noch arbeiten?
- Wie wollen wir unsere vereinbarten Aktionen noch ausbauen, wie wollen wir uns noch weiterentwickeln?

In der folgenden Abbildung stellen wir Ihnen einen Teamentwicklungsprozess in Form einer graphischen Übersicht dar. Bei dieser Maßnahme werden nahezu alle möglichen Ziele einer Teamentwicklung abgedeckt: die persönliche Position innerhalb des Teams, die Verbesserung des Zusammenspiels im Team sowie die Neupositionierung desselben innerhalb des Unternehmens.

1. Vorphase	2. Teamentwicklung	3. Review
• Vorabkommunikation durch die Führung: Information über die Ziele und Inhalte der anstehenden Teammaßnahme • Vorabeinzelgespräche mit allen Teammitgliedern: Warm-up und Abholen der individuellen Sichtweisen und der Erwartungen • Kick-off: erneut Darstellung der Inhalte und Ziele, Möglichkeit zur Diskussion • Im Vorfeld: Teamklima-Fragebogen • Abstimmungsgespräch mit der Führung • Option: Teilnehmer gehen mit Schnittstellenfragebogen in andere Bereiche	• Start-Input, Warm-up • Inputs zu Teamphasen, Umgang mit Konflikten etc. **1. Wir als Teamplayer** • Rollendefinition bzw. Steckbrief des eigenen Aufgabenfeldes, gegenseitige Vorstellung (Bedeutung, notwendige Kompetenzen, Aufgaben, Prozesse) • Persönliches Stärken-Schwächen-Profil **2. Wir als Team** • Stärken/Schwächen des Teams • Teamnormen/Teamidentität • Klärung gegenseitiger Erwartungen im Team/Feedback im Team • Definition von Teamzielen • Definition von Spielregeln der Zusammenarbeit • Ergebnisverpflichtung/Commitment **3. Unser Team im Unternehmen** • Workshop »Welches Körperteil sind wir?« • Workshop „Schnittstellendefinition" • Ableitung eines konkreten Aktionsplans	• Welche der Aktionen haben wir umgesetzt, welche nicht? Bei Nicht-Umsetzung: Warum nicht? • Wie nehmen wir uns als Team wahr? Wie haben wir uns weiterentwickelt? • Wie nehmen wir uns in der Zusammenarbeit wahr? Was hat sich nachhaltig verbessert? Woran wollen wir noch arbeiten? • Wie sehen wir unsere Position im Unternehmen? Was hat sich nachhaltig verbessert? Woran wollen wir noch arbeiten?

Abb. 29: Beispiel für einen Teamentwicklungsprozess

> **! Arbeitshilfe: Appreciative Inquiry und New Manager Assimilation**
> Bei den Arbeitshilfen online auf mybook.haufe.de stellen wir Ihnen zwei weitere Methoden der Teamentwicklung zur Verfügung, die aufzeigen, mit welchen Fragestellungen man den Prozess begleiten kann.
> * Methode: Interviewfragen für eine wertschätzende Befragung (Appreciative Inquiry)
> * Methode: New Manager Assimilation

4.3.2   Konfliktbearbeitung und Mediation

Im vorherigen Abschnitt hatten wir über die Entwicklung von Teams gesprochen, sowohl unter »Wachstumsbedingungen« als auch, um eventuelle Reibungspunkte untereinander zu verringern. Wenn wir nun auf Situationen schauen, in denen prozessbegleitende Maßnahmen zur Konfliktbearbeitung oder mit einem Mediationscharakter gefragt sind, hat es in der Regel schon einmal »richtig gekracht«. Bei allem Bestreben, ein gutes Klima untereinander herzustellen, gilt nichtsdestotrotz in jedem Unternehmen der Grundsatz »Wo gehobelt wird, fallen Späne!« Gerade bei hohem Arbeitsdruck und hohem »Durchsatz« an Kundenkontakten leidet in aller Regel – zumindest nach einer gewissen Dauer der Belastung – auch das Teamklima. Meist fällt es dann den MitarbeiterInnen in der Gruppe irgendwann einmal schwer, eine gute »Stimmung« untereinander aufrechtzuerhalten.

Ein gutes Teamklima wirkt wie ein Damm: es sorgt dafür, dass in Unternehmen allgegenwärtige Konflikte offen angesprochen und somit potenziell schneller einer konstruktiven Lösung zugeführt werden können – nicht zuletzt, weil man sich untereinander »zutraut«, das Thema erfolgreich lösen zu können. Gegenseitiges Vertrauen ist die Basis für erfolgreiches Konfliktmanagement. Im Umkehrschluss führt ein »angeknackstes« Teamklima viel schneller dazu, dass Konfliktthemen eskalieren, »breit getreten« oder im Gegenteil »unter den Teppich gekehrt werden«, um dann weiter zu schwelen und so eine produktive Lösung der Situation eher verhindern.

Werden solche Konfliktsituationen nicht aktiv aufgearbeitet und in eine konstruktive Lösung überführt, entwickeln sie oft ein nicht zielführendes »Eigenleben«. Dabei zeigen sich bei lange schwelenden oder dauerhaft eskalierten Konflikten diese häufig auftretenden Mechanismen:
* **Zunehmende Simplifizierung**: Schwarz-Weiss-Denken – »Entweder du bist für oder gegen uns!«
* **Zunehmende Personifizierung der Konflikte**: Es geht nicht mehr um die Sachlage hinter dem Konfliktthema, sondern um Angriffe auf Personen – »Das ist wieder *typisch* Müller! Der *will* doch gar nicht kooperieren!«

- **Wachsende Streitpunktlawine**: Immer neue Themen – Motto: »Naja, das haben sie vielleicht bearbeitet, aber in dem anderen Thema hat ja noch gar nichts geklappt ...«
- **Arena-Ausweitung**: Einzelne »Treiber« beziehen weitere Personen mit ein und ziehen diese in die Negativspirale hinein – »Hast du schon gehört, was die Maier wieder gemacht hat?«
- **Pessimistische Antizipation**: Man nimmt immer die schlechteste Vorhersage an und sorgt damit dafür, dass sich die negativen Prophezeiungen auf jeden Fall erfüllen – »Ich sag dir, der tut nur so! In *Wirklichkeit* will der uns einen reinwürgen!«

Wenn Konflikte über einen gewissen Zeitraum auf diese Art und Weise »gelebt« werden, fällt es den Beteiligten immer schwerer, aus eigener Kraft aus diesen Negativspiralen herauszufinden, nicht zuletzt, weil sich die beschriebenen Mechanismen gegenseitig verstärken und sich das »Bild vom anderen« immer mehr festigt. Dann ist es an der Zeit, das Thema in Form eines Konfliktbearbeitungsprozesses oder einer Mediation anzugehen.

Konfliktmoderator – ein neutraler Dritter

Hierzu benötigt man einen neutralen Dritten, der zu etwas in der Lage ist, was die Konfliktparteien nicht mehr schaffen: beide Seiten zu hören, die Motive hinter den Positionen wertfrei zu betrachten und optimalerweise noch den gemeinsamen Nenner zu finden, der den Betroffenen nicht oder nicht mehr zugänglich ist. Dieser Moderator kann unternehmensintern angefragt werden: hier eignet sich eine gut im Unternehmen gelittene PE durchaus für diese Rolle, ebenso wie ein tatsächlich neutral agierender Betriebsrat oder eine Führungskraft mit Seniorität und einem bereichsübergreifenden integren Ruf. Oftmals werden hier aber auch externe Berater eingesetzt.

Konfliktbearbeitungsprozesse und Mediationen in Unternehmen können unterschiedliche Zielgruppen betreffen:

- Innerhalb eines Teams, z. B. zwischen verschiedenen »Grüppchen«
- Zwischen unterschiedlichen Teams, gerade bei Schnittstellen mit hoher gegenseitiger Interdependenz
- Zwischen Einzelnen und Gruppen innerhalb eines Teams (hier mit dem Risiko, in den Themenkreis »Mobbing« herüber zu driften)
- Zwischen Einzelnen auf gleicher Ebene
- Zwischen Führungskraft und Team
- Zwischen Führungskraft und einem einzelnen im Team

Gerade Konflikte über hierarchische Stufen hinweg sind besonders anspruchsvoll in der Begleitung. Um unter den genannten Voraussetzungen Erfolge mit einer konfliktklärenden PE-Maßnahme erzielen zu können, bedarf es eines Vorgehens, das allen Beteiligten eine klare Struktur gibt, dabei aber gleichzeitig auch Offenheit für unterschiedliche Sichtweisen erlaubt. Insofern bildet eine entsprechende Begleitungsarchitektur immer ein enges Korsett ab, das zwar einerseits Orientierung gibt, aber andererseits auch einen gewissen Zwang darstellt, sich bewusst mit dem Konfliktthema auseinanderzusetzen und es nicht »schwelen zu lassen«. Ziel der Begleitung ist es zu verdeutlichen, dass nur alle Beteiligten gemeinsam eine Chance haben, hier zu einer nachhaltigen Lösung zu kommen.

Zielhierarchie von Konfliktbearbeitungsmaßnahmen
Die Zielhierarchie von Konfliktbearbeitungsmaßnahmen lässt sich folgendermaßen zusammenfassen:
1. Im ersten Schritt: die Grundsituation des jeweiligen Teams oder der Einzel-Konfliktpartner wird beleuchtet und der »Kernkonflikt« – falls vorhanden – wird klar herausgearbeitet.
2. Die ersten erkennbaren positiven Tendenzen in der Zusammenarbeit werden gesichert und ausgebaut.
3. Es entsteht eine Akzeptanz für unterschiedliche Blickwinkel (z. B. derjenige einer Führungskraft und derjenige einer MitarbeiterIn).
4. Die Beteiligten erkennen ihren jeweiligen eigenen Anteil am negativen Teamklima bzw. an der Konfliktsituation.
5. Sie treffen eine bewusste Entscheidung, wie sie sich in Zukunft im Team positiv platzieren können (oder dafür, dass sie mit den entsprechenden Konsequenzen umgehen können, wenn sie sich nicht dazu in der Lage sehen).
6. Die Negativ-Spiralen werden durchbrochen.
7. Die Basis für eine konstruktive Zusammenarbeit wird wiederhergestellt, indem das Vertrauen zueinander verbessert wird.
8. Das Teamklima normalisiert sich wieder, so dass sich alle Beteiligten wieder normal begegnen können.

Methodische Grundlagen des Konfliktbearbeitungsprozesses
Auch hier spielen einige grundlegende methodische Gedanken bei der Gestaltung des Konfliktbearbeitungsprozesses eine wichtige Rolle, die wir im Folgenden zusammengefasst haben:
- **Bedeutung der Maßnahme**: Meist finden Mediationen oder Konfliktbearbeitung statt, nachdem vorherige Ansätze nicht »gezündet« haben. Es haben sich dann schon einige Seiten bemüht (z. B. Betriebsrat oder die PE), man hat diverse Dinge versucht, um alle Seiten ins Boot zu holen, die Führungskräfte haben sich auch »gestreckt«, aber es hat nichts gefruchtet und trotzdem werden von den Konfliktparteien die alten Muster »aus der Tasche gezogen«. Wenn das eine Zeit lang so

gelaufen ist, kann es dazu kommen, dass die Konfliktpartner immer mehr in Muster verfallen und der irrigen Annahme unterliegen, dass ihr Verhalten »richtig« und vielleicht sogar »normal« sei. Insofern ist bei Start der Maßnahme wichtig, dass allen Beteiligten klar ist, dass sich die Konfliktsituation nachhaltig verbessern *muss*, dass es nicht so weiter gehen kann, dass es »dieses Mal drauf ankommt«, dass »kein Schuss mehr frei ist«. Die Prozesstreiber müssen in einer solchen Situation absolut klar machen, dass die Maßnahme nicht »wieder ein Versuch ist« und dass nicht gilt »wir schauen mal, ob's fruchtet«. Denn dann kann bei Einzelnen das Missverständnis aufkommen, dass man dies auch wieder nur über sich ergehen lassen muss, um danach in die alten Muster zu verfallen. Jeder MitarbeiterIn muss verdeutlicht werden, dass die Erwartungshaltung und Mindestanforderung ist, eine vernünftige Arbeitsbasis für alle zu etablieren. Dies muss im Vorfeld durch die Führung, den PE-Bereich und/oder den Betriebsrat eindeutig kommuniziert werden. Bei stark eskalierten Konflikten kann es sogar notwendig sein, dass die Führung vermitteln muss – ohne dabei in »Drohgebärden« zu verfallen –, dass man von einem Erfolg der Maßnahme ausgeht und dass dies die letzte Variante ist, die eingesetzt wird, um das Thema mit allen gemeinsam anzugehen.

- **Wertschätzung durch die Maßnahme:** Allen Beteiligten sollte klar sein, dass es sich bei der Maßnahme um etwas handelt, was das Unternehmen eigens für sie bereit ist durchzuführen und dafür auch »Geld in die Hand zu nehmen«; es handelt sich hierbei nicht um eine Selbstverständlichkeit, sondern um einen Ausdruck der Wertschätzung. Hinweise dieser Art sollten ebenfalls Bestandteil der Vorabkommunikation mit allen Beteiligten sein.

- **Selbstreflexion und Erkennen der eigenen Anteile:** Alle Beteiligten sollten eine grundsätzliche Bereitschaft entwickeln, sich einem solchen Prozess zu stellen und die notwendige Offenheit hierfür einzubringen. Jeder muss bereit sein, »sich selbst an die Nase zu fassen« und seine eigenen Anteile an der Situation zu benennen – dies wird der Kern für den Erfolg der Folge-Schritte der Maßnahme sein. Dazu gehört, dass man eigene Negativmuster bei sich erkennt, auch langfristige Auswirkungen des eigenen Verhaltens verstehen lernt und insgesamt einen Perspektivwechsel vornimmt (z. B. durch Moderationsfragen wie »Wie würden Sie Ihr Verhalten sehen, wenn Sie Führungskraft (oder MitarbeiterIn) wären ...?«; »Wie würde ein anderer Bereich das sehen, was hier passiert ...?«).

Ein Prozessbegleiter oder Moderator einer Konfliktbearbeitungsmaßnahme erfüllt parallel mehrere durchaus anspruchsvolle Rollen und Haltungen. In der folgenden Tabelle haben wir diese in der Übersicht zusammengestellt.

Verschiedene Rollen des Begleiters in der Konfliktbearbeitung	
Offene Rollen und Haltungen	**Rollen und Haltungen im Hintergrund**
• **Neutraler Gesprächspartner**: keine Partei ergreifen, keine Schuldigen suchen, Wahrnehmungen und Meinungen sammeln • **Blick nach vorne**: die Vergangenheit darf betrachtet werden, aber nicht mit dem Ziel, die »Wahrheit« oder »den Schuldigen« herauszufinden; es geht darum, die Zukunft zu sichern, Kooperation neu zu beleben, gemeinsame Ziele zu definieren • **Normalisierung**: Haltung »kann jedem passieren«, »kommt vor«, dem Konfliktberater ist nichts fremd, Konflikte passieren und gehören dazu • Gleichzeitig **Druck der Situation** verdeutlichen: man muss zu einem Ergebnis gelangen • **Positive Betrachtung**: ein offener Konflikt ist besser als ein schwelender; Themen kommen auf den Tisch • **Viktimisierung vermeiden**: in Konflikten findet sich meist eine Partei in einer unterlegenen Rolle; diese Rolle sollte nicht noch durch Mitleid oder Schutzverhalten verstärkt werden	• **Pendeldiplomatie**: gerade in der Explorationsphase zunächst mit allen Seiten separat, unter vier Augen sprechen, um sicher zu stellen, dass man sich nicht zurückhalten muss • **Überschrift für den Konflikt finden**, gemeinsame Sprache entwickeln • **Bessere Motive unterstellen** als ggf. derzeit schon da sind: »Ich kann mir kaum vorstellen, dass Sie wirklich wollen, dass die Situation auf diese Weise eskaliert ...« • Die **Konsequenzen** der eigenen **Handlungen** der Konfliktpartner **klarmachen**, »kognitive Kurzsichtigkeit« überkommen, aufzeigen, wie die Zukunft aussehen kann, wenn man ungebremst weiter macht

Tab. 36: Verschiedene Rollen des Begleiters in der Konfliktbearbeitung

Mehrstufiges Vorgehen

Auch für diese Art der PE-Maßnahme möchten wir Ihnen zur Ihrer Orientierung beispielhaft ein mehrstufiges Vorgehen beschreiben. In vorliegendem Beispiel lag ein Konflikt innerhalb des Teams, aber auch zwischen dem Team und dessen Führungskraft vor.

1. **Ansprache der Maßnahme im Team**: Wie bei den methodischen Grundgedanken unter »Bedeutung der Maßnahme« beschrieben sollte die obere Führungsebene und die PE das Team vor Start des Prozesses darüber informieren, dass man das Thema moderiert angehen wird und dass es wichtig ist, hier zu einem greifbaren Ergebnis zu kommen. Gleichzeitig sollte vermittelt werden, dass die Maßnahme auch als Wertschätzung gegenüber den Leistungen aller Teammitglieder, unabhängig von der aktuellen Konfliktsituation, gesehen wird.

2. **Einzelgespräche mit allen Teammitgliedern**: Hier tritt der Moderator in Form von Eins-zu-eins-Gesprächen erstmalig in direkten Kontakt mit den Beteiligten. Die Dauer der Gespräche liegt bei ca. 1,5 – 2 h pro MitarbeiterIn. Die Inhalte lassen sich grob folgendermaßen umreißen:

- **Persönliche Wahrnehmung der Situation**: Was läuft im Team und zwischen Führung und Team gut, was schlecht? Wie nehme ich die andere Seite wahr? Welchen eigenen Anteil habe ich an der Situation?
- Welche **Erwartungen** gibt es **in Richtung der Führung / der KollegInnen / der MitarbeiterInnen**? Was würde ich mir in Zukunft anders wünschen? Was müsste passieren, damit wir aus der Situation wieder herauskommen?
- **Eigene Verpflichtung**: Was bin ich dafür bereit einzubringen? Welche Veränderungen werde ich bei mir selbst vornehmen?

Aus den Aussagen der einzelnen Gesprächspartner lässt sich für den Moderator in aller Regel gut herausarbeiten, wie die gemeinsame Basis aller (»kleinster gemeinsamer Nenner«) aussieht. Zudem lassen sich so eventuelle Teamvereinbarungen vorbereiten.

Optional: falls notwendig, nachgelagerte vertiefende Gespräche mit Einzelnen (je nach Konfliktlage).

3. **Zwischenabstimmung:** Abstimmungstermin zwischen dem Moderator und den Prozesstreibern (Führung, PE und/oder Betriebsrat) bezüglich der wesentlichen Ergebnisse, die sich aus den Einzelgesprächen ergeben haben.

4. **Optional:** ggf. stellt sich nach den Einzelgesprächen heraus, dass die abzuleitende Folgemaßnahme weniger auf das gesamte Team fokussiert sein sollte, sondern dass die Notwendigkeit besteht, eine konkrete **Konfliktmediation zwischen einzelnen Konfliktpartnern** durchzuführen.

5. **Kooperations-Workshop Teamleitung/Team:** Auf Basis der Ergebnisse der Einzelgespräche und je nach Anzahl der identifizierten Konfliktsituationen wird ein ca. 1,5-tägiger Workshop durchgeführt; Fokus:
   - **Vereinbarung gemeinsamer, von allen getragener Ziele** für die **Zusammenarbeit** und daraus abgeleitet konkrete **Team-Spielregeln**; klares Commitment aller zu diesen Spielregeln; Ableitung von Einzel-Commitments (»Was werde ich bei mir ab heute abstellen / anders machen?«)
   - **Optional: Inputs** und Workshops zu Themen wie »Wie gehen wir in Zukunft erfolgreich mit Konflikten um?«
     Die Inhalte des entsprechenden Workshops hängen davon ab, was in den vorherigen Einzelgesprächen als zentrale Hebel für Verbesserungen identifiziert wurde. Im Rahmen des Workshops bietet sich der Besuch der oberen Führungsebene »zur Endabnahme des gemeinsamen Commitments« am Ende des letzten Workshoptages an, als ein wichtiges Zeichen für alle Beteiligten, dass die Ergebnisse ernst genommen werden.

6. **Optional: Zwischenabstimmung 2:** Abstimmungstermin zwischen dem Moderator und den Prozesstreibern bezüglich des aktuellen Standes nach dem Kooperations-Workshop; Entscheidung zu eventuell anstehenden weiteren Prozessschritten bzw. Bilanz zu Erreichtem.

7. **Gemeinsamer Review** zur Evaluation des Prozesses mit den Kernfragen nach ca. 4 Monaten:
   – Wie läuft unsere Zusammenarbeit?
   – Halten wir uns an die Spielregeln? Falls nein oder nur zum Teil: woran liegt das?
   – Was wollen wir noch angehen und verbessern?

4.3.3 Weitere prozessbegleitenden Maßnahmen: einige Beispiele

In diesem Abschnitt möchten wir den Gedanken der »prozessbegleitenden Maßnahmen« noch etwas weitertragen: nicht alles, was als prozessbegleitende PE-Maßnahme gestaltet wird, ist eine »reine Teamentwicklung« oder eine »reine Konfliktbearbeitung«. Es lassen sich natürlich noch eine Menge bedarfsspezifischer Inhalte und Themen in Organisationen identifizieren, die so vielfältig wie die Aufgaben selbst sind, die in dieser Organisation bewältigt werden. Solcher Art Maßnahmen zeichnen sich durch einen modularen Aufbau aus: sie enthalten zwar möglicherweise auch Teamentwicklungs- oder Konfliktbearbeitungselemente, integrieren darüber hinaus aber noch weitere Methoden wie Trainings, Feedbackstrukturen o. Ä.

Wir stellen Ihnen auf den kommenden Seiten drei PE-Maßnahmen mit prozessbegleitendem Charakter in Form von differenzierten Einzelschritten und zusammenfassenden Prozessgrafiken vor. Die Grafiken sind inhaltlich ebenfalls relativ detailliert beschrieben, so dass Sie in den einzelnen Modulen, den »Kästchen« in der jeweiligen Grafik, zugleich eine Art »Kurz-Checkliste« der Inhalte und Ziele des jeweiligen Schrittes erhalten.

4.3.3.1 Prozessbegleitung »Team: Optimierung der Zusammenarbeit und Neuausrichtung der Kundenorientierung«

Auf die Bedeutung einer strategisch ausgerichteten Kundenorientierung hatten wir bereits im Kapitel 4.2.10 »Vertriebs- und Kundenorientierungtrainings« hingewiesen. Um das dort Geschriebene nochmals zu untermauern: gelebte Kundenorientierung zahlt sich aus. Unternehmen, die Customer-Relationship-Management (CRM) wirklich leben, erzielen aufgrund stabiler und belastbarer Kundenbeziehungen auch in wirtschaftlich schwierigen Zeiten nachhaltig Gewinne. Die diesbezüglichen Anforderungen an die MitarbeiterInnen im Bereich der sogenannten »soft skills« sind in den letzten Jahren dementsprechend erheblich gestiegen. Die Fähigkeiten, den Kundenbedarf genau zu erfassen, Konflikte beim Kunden schnell und umfassend zu lösen oder innovative Lösungen bedarfsspezifisch zu entwickeln, werden in Zukunft immer mehr den Erfolg auf der »hard facts«-Ebene bedingen.

Unter umgedrehten Vorzeichen – wenn also aufgrund von Problemen im Team die Kundenorientierung leidet – bedeutet dies, dass nicht gelebte Kundenorientierung erheblichen Schaden für ein Unternehmen anrichten kann. Besonders häufig kommt dies bei Teams vor, die an einem Front desk im direkten, täglichen Kundenkontakt zusammenarbeiten und während des gesamten Arbeitstages »nicht planbaren Kundenverkehr« haben. Hier melden sich oft Kunden, die unter Druck stehen, ein akutes Problem haben oder die anderweitig Zeit und Geld verlieren. In solchen Fällen zum einen immer »problemlösungsorientiert«, d. h. partnerzentriert und gleichzeitig sachlich und klar zu agieren, und zum anderen zugleich auch untereinander »den richtigen Ton zu treffen«, stellt höchste Ansprüche an die kommunikativen Fähigkeiten des Einzelnen.

Gerade der direkte Kundenkontakt bringt also die Notwendigkeit mit sich, die eigenen emotionalen Reaktionen zu kontrollieren und, trotz genervter Kunden oder KollegInnen, nach außen hin ruhig und freundlich zu bleiben. Es gilt also, die eigenen Emotionen zu »regulieren«, »sich zusammen zu reißen«, sich zu »steuern«. Man spricht auch von der sogenannten »Emotionsarbeit« und unterscheidet hier das

*   »**Surface acting**«: Man empfindet die positive Emotion nicht wirklich, »lächelt aber trotzdem« (stereotypes Beispiel: die eigentlich vom Fluggast genervte, aber stets freundliche Flugbegleiterin) und das
*   »**Deep acting**«: Man entwickelt tatsächlich einen positiven Zugang zu seiner anspruchsvollen, kundenbezogenen Aufgabenstellung und kann dementsprechend auch in schwierigen Situationen immer noch zuversichtlich – und damit auch freundlich – agieren.

Und genau hier setzt der in der untenstehenden Grafik skizzierte Prozess an: in unserem Beispiel sind die beiden Ziele unterlegt, bei einem Team in einem Servicecenter mit durchgehendem direkten Kundenkontakt (face-to-face und Telefon) einerseits die Abstimmung und die Zusammenarbeit untereinander zu verbessern und zugleich aber auch an der eigenen Kundenorientierung zu arbeiten. Einige der methodischen Elemente erkennen Sie wieder, wenn Sie sich die Inhalte der vorherigen beiden Kapitel nochmals vor Augen halten: Einbeziehung der TeilnehmerInnen in die Maßnahmengestaltung, Vorabgespräche, Gestaltungselemente und Selbstverantwortung während der Maßnahme bis hin zu einem geplanten Review-Termin, um zu überprüfen, ob die erreichten Veränderungen nachhaltig waren.

Teamentwicklung im Service, Fokus Kundenorientierung – zentrale methodische Aspekte

- Bedeutung der Maßnahme
- Wertschätzung durch die Maßnahme
- Vertraulichkeit in der Analysephase
- Selbstreflexion und Erkennen eigener Anteile

Ansprache der Maßnahme
Im Team (Kick-off intern)

- Ziele der Maßnahme aus Sicht der Führung – Notwendigkeit der Veränderung
- Informationstransparenz und Motivation der MA – ohne externe Begleitung

Modul 1 – Einzelgespräche mit ausgewählten Mitarbeitern

- 1,5 bis 2 h, Vier-Augen
- Wahrnehmung der persönlichen Situation
- Erwartungen Richtung Kollegen/Führungskräfte
- Eigene Verpflichtung
- Gemeinsamkeiten/Hebel zur Veränderung identifizieren

Abstimmung 1

- Zusammenfassung wesentlicher Ergebnisse der Einzelgespräche
- Feinschliff / Definition der folgenden Prozessschritte

Modul 2 – Arbeitsablauf-Beobachtung

- »Vollschicht-Beobachtung« im Servicebereich, extern begleitet
- Ableitung von Optimierungsfeldern im Kundenumgang aus externer Sicht

Modul 3 – Kick-off

- Ziele/Schritte der Maßnahme
- Informationstransparenz
- Abholen der Fragen und Erwartungen, offene Diskussion – mit externer Begleitung

Modul 4 – »Wir als Kunden«

- Rotierender Kundenmonitor im Servicebereich (Front Desk, Verkauf, Innendienst)
- Ableitung Optimierungsfelder

Abstimmung 2

- Verhaltensveränderungen erkennbar?
- Ableitung von weiteren konkreten Umsetzungsmaßnahmen
- Umsetzungsverantwortung: Team; Feedback und Begleitung durch die Führungskräfte

Modul 5 – Team-Workshop, Fokus Kundenorientierung

- Detail-Inhalte basierend auf vorherigen Maßnahmenschritten
- Fokus: Ziele der Zusammenarbeit, Spielregeln, (Einzel-)Commitments
- Abnahme durch Führung/PE
- Transfersicherungs-Teams

Modul 6 – Review-Workshop

- Fokus: Nachhaltigkeit der Verbesserung der Kundenorientierung
- Wie läuft die Zusammenarbeit? Halten wir uns an die Spielregeln?

JAN	FEB	MÄRZ	APRIL	MAI	JUNI	JULI	AUG	SEPT	OKT	NOV	DEZ

Abb. 30: Beispiel-Prozess Teamentwicklung mit Fokus Neuausrichtung der Kundenorientierung

4.3.3.2   Prozessbegleitung »Neuausrichtung im Change: strategische PE und systematische Mitarbeiterentwicklung«

Ein weiteres Beispiel für eine PE-Maßnahme mit prozessbegleitendem Charakter haben wir bewusst gewählt, weil in diesem auch der Rolle der PE-Abteilung selbst eine große Bedeutung im Zusammenhang mit der Begleitung von Unternehmensveränderungen zukommt.

Das »Sich-Bewegen« in der VUCA-Welt ist für jedes Unternehmen mit der Notwendigkeit verbunden, Veränderungsprozesse zu durchlaufen. Die Restrukturierung einer Organisation oder die Erhöhung ihrer Agilität verfolgt dabei ein wesentliches Ziel: man möchte Synergien entwickeln und die Chancen am Markt effizienter nutzen.

Durch einen erfolgreich gestalteten Veränderungsprozess kann sich eine Organisation neue Geschäftsfelder erschließen, ihre Ertragskraft steigern, Abläufe verschlanken und dadurch verkrustete Strukturen durch ein innovatives, den Marktanforderungen gerecht werdendes System ersetzen. Doch die Veränderungen bedeuten nicht nur eine Anpassung von Strukturen, Strategien und Prozessen, sie haben auch konkrete Auswirkungen auf …

- die Führungs- und Unternehmenskultur
- das Commitment und die Identifikation »alter« und »neuer« MitarbeiterInnen
- die persönliche Entwicklung und Zukunftsperspektive jeder einzelnen MitarbeiterIn
- den Informationsfluss im Rahmen des Change-Prozesses
- den innerbetrieblichen Wettbewerb (individuell und zwischen Abteilungen)
- das vorhandene Know-how und die Wissenssicherung
- die Wahrnehmung der Kunden bezüglich des »neuen« Unternehmens

Die Komplexität dieses Change-Prozesses und seine vielschichtigen Auswirkungen werden in der ersten Euphorie neu etablierter Prozesse und Strukturen meist unterschätzt. Die beschriebenen Veränderungen führen zu Reaktionen auf Seiten der Beteiligten. Ein Veränderungsprozess ohne Widerstände kommt in der Praxis nicht vor. Die drei wesentlichen Quellen für Widerstand sind:

- Die MitarbeiterInnen haben Ziele und Hintergründe der Veränderung nicht verstanden.
- Die MitarbeiterInnen haben diese Ziele und Hintergründe verstanden, glauben aber nicht, dass das die »wahren Gründe« sind.
- Die MitarbeiterInnen können oder wollen nicht mitgehen, weil sie sich generell keine positiven Konsequenzen davon versprechen.

Wenn man die oben genannten Aspekte betrachtet, wird deutlich, dass ein Veränderungsprozess auch auf der Seite der »soft facts« bewusst gesteuert und begleitet werden muss. Das zentrale Steuerungsmittel hierfür ist ein strategisches Personalentwicklungskonzept, das dem Changeprozess für die betroffenen MitarbeiterInnen Struktur, Transparenz und Richtung gibt. Dieses Ineinandergreifen der Anforderungen eines übergeordneten Veränderungsprozesses mit den Anforderungen, die sich daraus an die Arbeit der PE-Abteilung eines Unternehmens ergeben, ist die Grundlage des unten beschriebenen PE-Prozesses.

Die Ausgangssituation des Unternehmens ist im Wesentlichen durch mehrere, mit einschneidenden Konsequenzen für die MitarbeiterInnen versehene Veränderungsprozesse aus der Vergangenheit geprägt, einer daraus resultierenden großen Skepsis der verbleibenden Belegschaft gegenüber allem Neuen und einer PE-Abteilung, die aufgrund eigener personeller Engpässe in erster Linie operativ agiert – und das alles bei einem weiteren anstehenden Change.

Daraus lassen sich folgende Ziele für eine begleitende Maßnahme ableiten: das Unternehmen muss eine strategisch ausgerichtete Personalentwicklung mit systematisch ineinandergreifenden PE-Prozessen etablieren. Dies ist die zentrale Plattform für ein darauf aufbauendes Ziel: die MitarbeiterInnen und mittleren Führungskräfte müssen darüber systematischer gefördert und weiterentwickelt werden, um den Anforderungen auch in Zukunft erfolgreich begegnen zu können. Dies zahlt natürlich auch auf das Vertrauen aller im Unternehmen in die Ziele und die Ausrichtung des neu anstehenden Veränderungsprozesses ein. Dieser ist nur bewältigbar, wenn alle eine größere Gestaltungsmotivation und »Entrepreneurship« als »Unternehmer im Unternehmen« entwickeln. Letztendlich geht es also darum, durch die Neuausrichtung der PE die MitarbeiterInnen und mittleren Führungskräfte zum Umdenken in Bezug auf den Change zu bewegen und sie als proaktive Treiber notwendiger Veränderungsprozesse zu gewinnen, um so die Zukunft des Unternehmens mitzugestalten, statt sie nur »über sich ergehen zu lassen«.

Um diese Ziele zu erreichen, ist es aus einem Prozessbegleitungsblickwinkel notwendig, beide Stränge – Changeprozess und PE-Konzept – inhaltlich miteinander zu verzahnen. Der Veränderungsprozess stellt gewissermaßen den »strategischen Hintergrund« dar, vor dem das neue PE-Konzept etabliert wird. Im Folgenden beschreiben wir zu Ihrer Orientierung für beide Stränge mögliche Implementierungsschritte, die wir dann in der untenstehenden Abbildung in einen Gesamtzusammenhang bringen.

Ebene 1: Implementierungsschritte im Veränderungsprozess
Auch hier gelten konsequenterweise dieselben methodischen Grundbedingungen wie wir sie in den oben beschriebenen Teamentwicklungsmaßnahmen dargestellt haben. Für den Erfolg einer derartigen Changemaßnahme ist eine transparente, durchgän-

gige und zeitnahe Kommunikation, insbesondere auf der Ebene der strukturellen und personellen Entscheidungen, ganz entscheidend. Der Leitsatz lautet auch hier »Betroffene zu Beteiligten machen«, denn wenn alle MitarbeiterInnen den Eindruck haben, dass der Veränderungsprozess professionell, nachvollziehbar und fair (»prozessural gerecht«) läuft, sind sie motivierter, diesen auch aktiv mitzugestalten. Insofern fokussieren die folgenden Module insbesondere auf Aspekte wie Transparenz und Partizipation im Prozess.

Kick-off / Kommunikation der Geschäftsführung zur neuen Ausrichtung
Die Geschäftsführung ist der entscheidende Treiber eines Veränderungsprozesses. Insofern ist es für alle Beteiligten von großer Bedeutung, welche Ziele und welche Ausrichtung des Unternehmens hier kommuniziert werden. Im Sinne einer »Initialzündung« halten wir es für sinnvoll, wenn zu Beginn des Prozesses ein Kick-off stattfindet, in dessen Rahmen die mittlere Führungsebene als zentrale Multiplikatoren über die Ausgangssituation und die geplanten Ziele der Neuausrichtung informiert wird. Zudem sollte hier ein erster Raum für mögliche, in diesem Fall noch »ergebnisoffene« Diskussionen zugelassen werden. Sinnvolle Inhalte eines solchen Kick-offs sind:
- Blick zurück: Was hat sich gerade in den letzten 3 bis 4 Jahren in unserem Unternehmen verändert? Was war gut, was war auch »schmerzhaft« – offenes Ansprechen von konfliktbesetzten Themen und Enttäuschungen in der Vergangenheit, Verdeutlichung, dass offene Diskussion erwünscht ist.
- Blick in die Gegenwart: Warum sind wir diesen Weg gegangen? Ziele der Veränderungen.
- Blick in die Zukunft: Warum werden wir diesen Weg weitergehen? Ziele der weiteren Ausrichtung.
- Hinweis auf die zentralen Stellhebel: MitarbeiterInnen und Führungskräfte müssen mit ins Boot, alle wirken in dem Prozess mit; vor diesem Hintergrund auch Neuausrichtung in der PE-Strategie; Ziel: übergreifende, langfristige Entwicklungskonzepte etablieren, aufzeigen, dass man gemeinsam mit allen vorankommen will.
- Ankündigung weiterer Maßnahmen, z. B. erste Seminare, »Change-Workshops« o. Ä. (s. u.)

Diese Form der Prozess-Initiierung kann kaskadierend auch auf die Ebenen unterhalb der angesprochenen Führungskräfte herunter gebrochen werden.

Etablierung von Multiplikatoren / Change Agents
In den darauffolgenden Schritten sollten diejenigen Führungskräfte identifiziert werden, die eine entscheidende Rolle als Multiplikatoren einnehmen. Dies können sowohl dem Veränderungsprozess gegenüber grundsätzlich positiv eingestellte Führungskräfte als auch kritische TeilnehmerInnen (in der richtigen Mischung!) sein, um auch diese »ins Boot zu holen«. Durch die Ansprache auch kritischer, aber insgesamt eher

aktiver Führungskräfte vermeidet man den Vorwurf von einseitiger Kommunikation (»Da werden ja sowieso nur die Neulinge/Lieblinge/Harmlosen usw. angesprochen!«). In Einzelgesprächen werden diese nochmals um Feedback zum initiierten Prozess und dessen Ausrichtung gebeten, können ihre Sichtweise einbringen und werden schlussendlich per »mündliches Commitment« auch als Multiplikatoren gewonnen.

Changeworkshop

Im Changeworkshop werden die Führungskräfte offiziell eingeladen, die laufenden Veränderungsprozesse mitzugestalten. Es geht hierbei darum, deutlich aufzuzeigen, dass die grundsätzliche Ausrichtung nicht »diskutabel« ist, wohl aber die Weggestaltung dahin. Zudem soll der Workshop nochmals Raum bieten, eigene Ängste und Befürchtungen auszusprechen sowie gegenseitige Erwartungen (Geschäftsführung – mittleres Management – MitarbeiterInnen) zu klären.

Meist bietet sich bei einem solchen Workshop ein dreischrittiges Vorgehen an, das ggf. auch auf mehrere Tage verteilt werden kann:

- **Schritt 1: Abholen der TeilnehmerInnen**
  Klären, was jeden einzelnen gerade bewegt; Möglichkeit für die Führungskräfte, sich zu äußern, Ängste zu benennen, »Dampf abzulassen« usw. Dies sollte man ggf. kanalisieren, indem man die Bearbeitung in zwei Gruppen unterteilt: die einen bearbeiten mögliche positive Konsequenzen, die anderen negative Konsequenzen des derzeitigen Veränderungsprozesses; wichtig ist, dass dieses »Dampf ablassen« Raum bekommt, aber zeitlich begrenzt ist; Widerstände anerkennen, nicht »wegerklären«
- **Schritt 2: Klären der Zielausrichtung und der gegenseitigen Rollenerwartungen**
  Erarbeitung in zunächst hierarchie-homogenen Teams, um auch die unterschiedlichen Erwartungshaltungen zu verdeutlichen
- **Schritt 3: Ableitung von Aktionsplänen und Aufgabenstrukturen**
  Übersetzung der Ziele in konkrete, überprüfbare Aufgabenstellungen

Begleitende Kommunikationsprozesse

Es empfiehlt sich, während des gesamten Prozesses Kommunikationsinstrumente wie Newsletter, Statusberichte, Prozess-Reviews o. Ä. einzusetzen, um die Transparenz des Prozesses im gesamten Unternehmen zu gewährleisten.

Ebene 2: Implementierungsschritte im Personalentwicklungs-Konzept

Der dargestellte Changeprozess stellt den Haupthebel der Veränderung dar. Gleichzeitig dient die Maßnahme auch dazu, eine Veränderung in der Personalentwicklungsarbeit herbeizuführen, indem diese eine Neuausrichtung erfährt. Man könnte also von einem PE-bezogenen »Change im Change« sprechen.

Die Vorgehensweise erfolgt in vier Schritten: Review der vorhandenen PE-Instrumente, Durchführung einer bedarfsbezogenen Anforderungsanalyse, Ableitung von kurzfristig umsetzbaren PE-Maßnahmen im Unternehmen, die für die MitarbeiterInnen im Change einen Anker darstellen, und Professionalisierung in den PE-Schlüsselprozessen der Organisation.

Schritt 1: Review der vorhandenen PE-Instrumente und -Prozesse

In einem ersten Schritt zum Ausbau und zur Professionalisierung der PE des Unternehmens sollte zunächst ein Review durchgeführt werden, welche Prozesse vorhanden sind und wie sich diese bewährt haben, z. B. der Potenzialkandidaten-Prozess oder das Mitarbeitergespräch. Zentrale Fragestellungen sind in diesem Zusammenhang:

- Was machen wir bereits und worin sind wir erfolgreich?
- Was fehlt uns merklich, worin müssen wir besser werden?
- Wie sieht unser Anforderungsprofil aus? Woran messen wir, wie jemand sich entwickeln kann (Kriterien)? Was müssen wir ggf. noch entwickeln, um eine gemeinsame Kriterienplattform zu haben?
- Wie greifen unsere einzelnen Konzepte ineinander (z. B. Mitarbeitergespräch und Ableitung von Entwicklungsmaßnahmen)?
- Woran messen wir den Erfolg unserer PE-Maßnahmen (Evaluation)?

Schritt 2: Anforderungsanalyse

Im nächsten Schritt, der inhaltlich eng mit dem vorherigen verbunden ist, sollten die derzeitigen Anforderungen an das Unternehmen und seine MitarbeiterInnen erfasst werden. Dies findet auf den aus Kapitel 2 »Analyse des PE-Bedarfs« wohlbekannten drei Betrachtungsebenen statt: Anforderungen an das gesamte Unternehmen (»organization analysis«), daraus abgeleitet Anforderungen an einzelne Aufgaben, Prozesse, Strukturen (»job analysis«) und daraus abgeleitet Anforderungen an die einzelnen MitarbeiterInnen (»man analysis«). Ziel ist es, daraus zu ersehen, was im Bereich PE getan werden muss, um diesen Anforderungen zu genügen. Zudem kann erfasst werden, welchen Bedarf die MitarbeiterInnen ggf. von sich aus geäußert haben (im Sinne individueller Qualifizierungsziele, z. B. »Ich wollte eigentlich schon immer mal was im Bereich … dazu lernen«). Dies hat den Vorteil, dass man daraus ggf. »quick wins« in der Umsetzung von Maßnahmen generieren kann (s. u.). Zentrale Fragestellungen für die Anforderungsanalyse sind:

- Welche Anforderungen ergeben sich in Zukunft an uns (technische Entwicklungen, Veränderungen im Unternehmensumfeld, rechtliche Auflagen, Kundenwünsche, Wettbewerb)? Was müssen wir bald können? Welche Kompetenzen müssen wir deshalb zentral ausbauen?
- Was sind die 3 bis 5 Kernaufgaben der jeweiligen MitarbeiterInnen?
- Wie sind die Fähigkeiten unserer MitarbeiterInnen bezogen auf die oben definierten Anforderungen, Ziele und derzeitigen/zukünftigen Aufgaben?
- Wie können wir die Potenziale am besten einschätzen?
- Was müssen wir mit welchen Mitteln schulen?

Schritt 3: »Quick win«-Maßnahmen

Die konkreten PE-Maßnahmen, die umgesetzt werden, sind in erster Linie von den beiden vorher genannten Schritten abhängig. Es ist aber sicherlich zielführend, hier im Sinne der »individuellen Bedarfsanalyse« ggf. mit anregenden, für die Mitarbeite-rInnen interessanten Maßnahmen zu beginnen, so dass diese »Lust auf mehr« bekommen. In der Startphase des gesamten Prozesses geht es darum herauszuarbeiten, dass Veränderung und damit auch eigene Entwicklung Spaß machen kann. Insofern ist es wichtig, gerade zu Beginn »die richtigen PE-Maßnahmen« zu schalten (seien es nun Coachings mit Schlüsselpersonen, Führungstrainings, interkulturelle Trainings o.Ä.), aus denen die MitarbeiterInnen mit etwas »Greifbarem«, »Positivem« herausgehen und so ebenfalls zu Multiplikatoren »in sich« werden.

Schritt 4: Professionalisierung von PE-Schlüsselprozessen

Weiterhin kann es notwendig sein, zunächst bei zentralen PE-Schlüsselprozessen anzusetzen, um diese zu etablieren oder zu überarbeiten. Als Beispiel sei hier der Bereich Personalselektion genannt: BewerberInnen haben derzeit in vielen Branchen einen vorteilhaften Markt, so dass sie selbstbewusst auftreten und sich ihr Unternehmen »aussuchen«. Insofern ist es für ein Unternehmen entscheidend, im Sinne des »Personalmarketings« attraktiv zu sein, um die richtigen Leute an sich binden zu können. Der erste intensivere Kontakt einer BewerberIn mit einem Unternehmen ist in aller Regel das Selektionsverfahren. Hier zeigt sich seit vielen Jahren, dass ein auf der einen Seite professionelles, aber gleichzeitig auch transparentes Verfahren die Akzeptanz die BewerberIn gegenüber dem Verfahren selbst steigert, die Bewertung des einstellenden Unternehmens verbessert und darüber hinaus sogar dafür sorgen kann, dass auch abgelehnte BewerberInnen im Umfeld positiv über das Unternehmen berichten. Daher bietet sich eine erste Verbesserung in diesem Bereich unserer Erfahrung nach für viele Unternehmen an, die sich in der Personalentwicklung neu ausrichten.

Changeprozess in unserem Unternehmen
- Etablierung strategische Personalentwicklung (PE)
- Systematische Förderung und Entwicklung von MitarbeiterInnen
- Vertrauen in Ziele des Veränderungsprozesses
- Erhöhung der Gestaltungsmotivation und des Entrepreneurships
- Zukunft gemeinsam gestalten

Workshop »STRATEGISCHE PE«
- Entwicklung einer gemeinsamen Change- und PE-Strategie
- Ableitung von Implementierungsschritten

Kick-off/Kommunikation mit der Führung
- Ziele des Change, Vermittlung neue Ausrichtung
- Informationstransparenz
- Abholen der Fragen/Erwartungen, offene Diskussion

Etablierung von Multiplikatoren
- Gewinnen von Change Agents/ Multiplikatoren durch direkte Gespräche
- Mischung positiv/kritisch eingestellte Führungskräfte

Change-Workshop
- Gemeinsame Gestaltung des Changeprozesses
- »Ängste aussprechen, »Dampf ablassen«
- Ziele definieren
- Konkrete Aktionspläne

Review PE-Prozesse und PE-Strukturen
- Welche PE-Maßnahmen sind vorhanden, welche fehlen?
- Anforderungsprofil und -kriterien

Anforderungsanalyse
- Organisationsanalyse
- Aufgabenanalyse
- Personenanalyse
- Individuelle Entwicklungsbedarfe

Begleitende Kommunikation
- Newsletter
- Prozess-Infos
- Statusberichte

»Quick win«-Maßnahmen
- Trainings/Coaching entlang der Bedarfe der MitarbeiterInnen
- Ziel: Lust auf eigene Entwicklung/Veränderung

Professionalisierung der Schlüsselprozesse
- Identifikation und Optimierung der PE-Prozesse mit Personalmarketing-Effekt, z.B. Personalselektion

Beispiel »Leitbild-Workshop«
- Mittelfristig: Fokus auf positiv konnotierte Themen, z.B. Entwicklung eines gemeinsamen Leitbildes, neuer Führungsleitlinien o.ä.

»Quick win«-Maßnahmen
- Trainings/Coaching entlang der Bedarfe der MitarbeiterInnen
- Ziel: Lust auf eigene Entwicklung/Veränderung

JAN	FEB	MÄRZ	APRIL	MAI	JUNI	JULI	AUG	SEPT	OKT	NOV	DEZ

Abb. 31: Beispiel-Prozess Changemanagement und neue Rolle der Personalentwicklung

4.3.3.3   Prozessbegleitung »Entwicklung eines neuen Führungsleitbildes«

In unserem dritten Beispiel schließlich werfen wir einen Blick auf eine »kulturbildende« Maßnahme: die Entwicklung eines Führungsleitbildes. Ein Unternehmen ist für die meisten MitarbeiterInnen mehr als nur ein »Arbeitgeber«. Die eigene Firma bildet eine persönliche Entwicklungsgeschichte für den Einzelnen ab, die Erfolge und Rückschläge beinhaltet. Sie stellt ein großes Ganzes dar, an dem man selbst viele Jahre mitgewirkt hat oder aber sie erscheint – gerade für neu dazu gewonnene MitarbeiterInnen – als ein neues Umfeld, vor dessen Hintergrund man sich selbst erproben und neue Kompetenzen erwerben kann. Kurzum: die Firma ist für viele eine berufliche Heimat, die eine eigene Kultur hat und eine Identität stiftet.

Dies ist auch der Grund, warum Berufseinsteiger ebenso wie langjährige MitarbeiterInnen Unternehmen bevorzugen, die ein eigenes Profil haben, mit dem sie sich identifizieren können. Dieses Profil kann sich auf vielerlei Weise ausdrücken: durch die Corporate Identity, eine angestrebte Vision, eine auf den Weg gebrachte Mission und nicht zuletzt durch ein gelebtes Leitbild.

Leitbilder, die auch als Unternehmensphilosophie, als Unternehmensgrundsätze oder als Unternehmensleitlinien bezeichnet werden, stellen immer ein »realistisches Idealbild« im Sinne einer Zielerwartung eines Unternehmens dar, das für die Strategie und Politik der Organisation Orientierung schafft. Ein Leitbild reflektiert zum einen die gemeinsame Wertebasis und die grundlegenden Überzeugungen und Ziele, die für ein Unternehmen und alle darin agierenden Menschen gültig sind. Zum anderen definiert ein Leitbild die Verantwortung gegenüber den verschiedenen Stakeholdern eines Unternehmens.

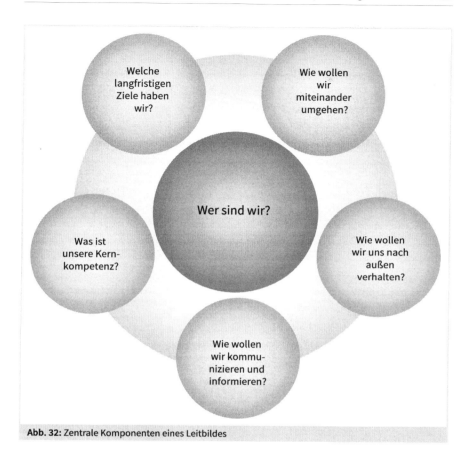

Abb. 32: Zentrale Komponenten eines Leitbildes

Leitbilder wirken in zwei Richtungen: Sie haben nach innen eine Integrationsfunktion, stiften Identität, geben Orientierung und fördern die Unternehmensintegrität. Dadurch wird das Commitment der MitarbeiterInnen erhöht. Extern schaffen Leitbilder Transparenz und dienen damit der Legitimierung des Unternehmens in seinem gesellschaftlichen Umfeld. Diese Transparenz stellt dabei eine Art »Selbstverpflichtung« dar und unterstützt die positive Außenwirkung des Unternehmens.

Gerade dem Führungsleitbild eines Unternehmens kommt hier eine besonders große Bedeutung zu. Denn nur wenn ein Leitbild hinsichtlich der in der obigen Grafik beschriebenen Aspekte Kommunikation, Umgang miteinander und Zieltransparenz für alle MitarbeiterInnen glaubhaft ist und nach innen hin funktioniert, kann es auch nach außen wirken. Und die Mehrzahl der MitarbeiterInnen macht die Überzeugung, ob das Unternehmensleitbild wirklich gelebt wird und spürbar ist, vor allem an einer Fragestellung fest: Wie empfinde ich den Umgang meiner direkten Führungskraft mit mir?

Insofern sollte jedes Unternehmen auf die »methodisch saubere« und ernst gemeinte Entwicklung eines Führungsleitbildes einen besonderen Wert legen. Wenn diese Entwicklung konsequent durchgeführt wird, bedeutet das, dass das Führungsleitbild:

- ein »echtes« Unternehmensziel sein muss, das zu allererst von allen Führungskräften des Unternehmens getragen werden muss – keine »Alibi-Veranstaltung«!
- durch einen Prozess eingeführt wird, der alle relevanten Führungsebenen einbezieht, aber auch die MitarbeiterInnen an der Entwicklung teilhaben lässt – nicht »von oben reindrücken«!
- mit der gesamten Unternehmensstrategie verknüpft ist, also auf Vision, Mission und übergeordnete Leitbilder fußt – nicht frei flottierend und losgelöst!
- in eine Form mündet, die gleichzeitig realistisch-pragmatisch ist, aber genauso als »Hausaufgabe« zu verstehen ist, um immer in Richtung eines Idealzustandes zu streben – kein abgehobenes Instrument zur Selbstbeweihräucherung, an das niemand wirklich glaubt!

Wenn diese Aspekte bei der Implementierung berücksichtig werden, tragen Führungsleitbilder zur Steigerung des Unternehmenserfolges bei, da sie die Identifikation und das Engagement der MitarbeiterInnen mit dem Unternehmen fördern und eine hohe Mitarbeitermotivation der entscheidende Faktor für Innovation und Produktivität und damit letztlich für wirtschaftlichen Erfolg ist.

Um den Erfolg der Implementierung eines Führungsleitbildes nachhaltig sicher zu stellen, empfiehlt es sich, einige zentrale methodische Aspekte zu berücksichtigen, die Ihnen zumindest teilweise aus den vorherigen Abschnitten bekannt sind.

Die Maßnahme ist modular aufgebaut, die einzelnen Schritte sind also im Sinne eines prozesshaften Geschehens miteinander verzahnt. Der Prozessaufbau berücksichtigt insgesamt, dass die Erstellungsphase eines Leitbildes für die Akzeptanz und somit für die Umsetzung die entscheidende Phase des gesamten Leitbild-Prozesses darstellt. Folgende methodische Voraussetzungen sind aus unserer Sicht für die erfolgreiche Entwicklung eines lebendigen Leitbildes in einem Unternehmen unverzichtbar:

- **Vorbildcharakter:** Das neue Führungsleitbild muss von den Prozesstreibern und damit von allen Führungskräften *gewollt* sein. Daher ist das kontinuierliche Engagement der oberen Führungsebene in der Entwicklung von entscheidender Bedeutung. Diese Signalwirkung unterstützt die Wahrnehmung der MitarbeiterInnen, dass das Leitbild eine wirkliche Bedeutung hat und dass sie eine Chance sehen, dass sich durch die »Anwendung« desselben für sie als »Betroffene« etwas Positives ergibt. Im Endeffekt ist das Vorleben des Leitbildes durch die Führung natürlich akzeptanzbildend.

- **Partizipation und Transparenz**: Hohe Akzeptanz ist darüber hinaus vor allem dann gewährleistet, wenn möglichst viele MitarbeiterInnen aus allen Hierarchieebenen bei der Erstellung des Leitbildes mitwirken. Damit wird zum einen eine hohe Transparenz des Entwicklungsprozesses und ausreichende Realitätsnähe des Leitbildes erreicht. Gleichzeitig wird zum anderen die Identifikation mit dem Leitbild als »Endprodukt« des Prozesses gefördert.
- **Pragmatismus**: Ebenfalls entscheidend ist, dass das resultierende Leitbild für die Führungskräfte selbst, aber vor allem für die MitarbeiterInnen, nicht zu »abgehoben« wird. Die Grundlage ist dabei, dass ein Leitbild, das auch operativ umsetzbar sein soll, aus Leitsätzen mit entsprechend eindeutigen, d. h. »operationalisierbaren« Beschreibungen bestehen muss. Grundsätzlich gilt hierbei, dass Führungsleitbilder eine eindeutige und gleichzeitig zukunftsorientierte und damit flexible Darstellung der zentralen Unternehmenswerte aufweisen sollten, um für alle eine eindeutige Handlungsrichtlinie darzustellen. Ähnlich wie bei der strategischen Ausrichtung eines Unternehmens, die auf veränderte Umweltanforderungen (Zukunftsausrichtung und Reagibilität der Strategie) jederzeit reagieren können muss, und aus der sich gleichzeitig eindeutig operationalisierbare Ziele formulieren lassen sollten (Aktions- und Handlungsaspekt der Strategie), verhält es sich auch mit dem Führungsleitbild einer Organisation. Letztendlich muss das Führungsleitbild »lebbar« und pragmatisch sein, um sowohl für Führungskräfte als auch für die MitarbeiterInnen ein echtes *Leit*bild zu sein, an dem man sich orientieren kann. Für die Führungskräfte muss das Leitbild die Frage beantworten »Was wird von mir in der Führung erwartet und durch welches Verhalten kann ich diese Erwartungen erfüllen, um im Sinne meines Unternehmens insgesamt zu agieren?« Für die MitarbeiterInnen wiederum sollte sich die Frage beantworten »Was darf ich von meiner Führungskraft erwarten, was muss ich dementsprechend einbringen und welchen Nutzen ziehe ich daraus für meine tägliche Arbeit?«

Um die oben beschriebenen methodischen Grundlagen zu integrieren, empfiehlt sich für die Leitbildentwicklung ein partizipatives Vorgehen. Da an der Erstellungsphase des Führungsleitbildes möglichst viele »Mitarbeiterschichten« aus den Funktionsbereichen und Hierarchieebenen teilnehmen sollen und das Leitbild in einem prozesshaften Geschehen erarbeitet werden soll, ist ein sogenanntes »Kaskaden-Modell« vorgesehen. Dieses Modell ermöglicht einen intensiven Reflexionsprozess, in dem die Sichtweisen aller Beteiligten eine entscheidende Rolle spielen. Die unteren drei Kästchen beschreiben drei mögliche Varianten, um das endgültig redaktionell abgenommene Leitbild in das Unternehmen hinein zu kommunizieren.

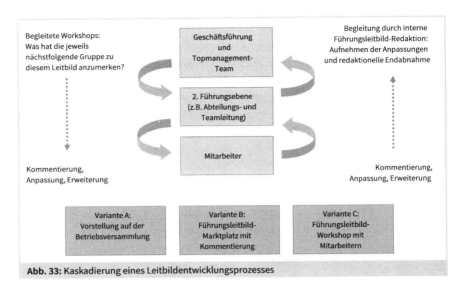

Abb. 33: Kaskadierung eines Leitbildentwicklungsprozesses

Die Umsetzungsschritte einer gesamten Leitbildentwicklungsmaßnahme sind in der folgenden Abbildung dargestellt.

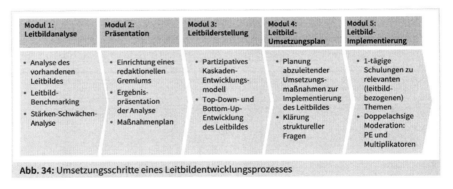

Abb. 34: Umsetzungsschritte eines Leitbildentwicklungsprozesses

Um das Leitbild lebendig zu halten, muss es nach der Entwicklung möglichst schnell in entsprechende Umsetzungsmaßnahmen übersetzt werden. Die »selbst auferlegten Hausaufgaben« aller Führungskräfte sollten optimalerweise in messbar veränderter Führungsarbeit resultieren – dies sichert die Glaubwürdigkeit und den Gesamterfolg des neu etablierten Leitbildes.

4.4   Coaching

Nachdem wir zuvor über PE-Instrumente gesprochen haben, in deren Rahmen meist mehrere »Leistungsnehmer« zusammenkommen, um gemeinsam an Themen zu arbeiten, wollen wir jetzt als Kontrast auf eine Methode schauen, die in aller Regel in einer Eins-zu-eins-Situation stattfindet: zwischen einem Coachee (der oder diejenige, die »gecoacht« wird) und einem Coach.

Greif (2008) liefert folgende Definition für Coaching: »*Coaching ist danach eine intensive und systematische Förderung ergebnisorientierter Reflexionen und Selbstreflexionen sowie Beratung von Personen oder Gruppen zur Verbesserung der Erreichung selbstkongruenter Ziele oder zur bewussten Selbstveränderung und Selbstentwicklung.*« (Greif, 2008: 69)

Greif schließt im selben Absatz übrigens Beratung und Psychotherapie psychischer Störungen aus dem Rahmen dessen, was Coaching leisten kann, vollkommen zurecht aus.

Zu Coachings ist in den letzten Jahren sehr viel geschrieben worden, sowohl in entsprechenden Ratgebern als auch in Fachzeitschriften. Der Fokus dieser Beiträge ist häufig »Was macht einen guten Coach aus?« oder »Wann funktioniert Coaching wirklich?« Die Menge der Veröffentlichungen hat einen Grund: Coaching erfreut sich als PE-Maßnahme in Unternehmen zunehmender Beliebtheit und »demokratisiert sich« mittlerweile auch, indem die Methode nicht mehr nur bei Führungskräften zum Einsatz kommt, sondern auch mehr und mehr auf Ebene von Fachkräften und »einfachen MitarbeiterInnen« Einzug hält.

Woran liegt das? Letztendlich, weil Coachings tatsächlich einen hervorragenden Hebel darstellen, um bei Menschen eine Veränderung auszulösen. Dies ist in Teilen auf die Eins-zu-eins-Situation zurückzuführen, die wir oben angesprochen haben. Hierbei spielt neben der durch das Setting gegebenen Intensität und der absoluten Bedarfsbezogenheit des Austauschs (sofern das Coaching richtig initiiert wird) vor allem eine Rolle, dass sich Coachee und Coach bewusst füreinander entscheiden können.

An einem einfachen Beispiel dargestellt: wenn Sie als TeilnehmerInnen zu einem Training *geschickt* werden, von dessen Nutzen Sie nicht überzeugt sind, so werden Sie die Seminartage mehr oder weniger »absitzen«. Dies ist in aller Regel nicht förderlich für persönliche Entwicklungsprozesse und Lerntransfer. Natürlich kann es Ihnen genauso passieren, dass Sie ein Coaching »verordnet« bekommen, das Sie gar nicht haben wollten – das kommt vor allem dann vor, wenn ein Coaching als »Reparaturmaßnahme« für Sie gesehen wird. Ein guter Coach wird aber auch dann in der Lage sein, mit Ihnen vollkommen authentisch zu klären, a) ob Sie trotzdem für sich etwas aus der Situation ziehen wollen und b) ob Sie sich tatsächlich vorstellen können, das mit ihr oder ihm zu tun. Wenn a) und/oder b) nicht der Fall ist, wird ein Coach, der etwas auf sich hält, das Coaching mit Ihnen nicht durchführen. Insofern findet vor jedem Beginn eines Coachings eine derart eindeutige Klärung statt, dass ein »Ich geh da mal hin, obwohl ich keine Lust habe-Coaching« nahezu ausgeschlossen ist – und sollte das dann doch der

Fall sein, würde ein guter Coach dies ebenfalls im Rahmen des laufenden Prozesses noch ansprechen.

Kontrakt zwischen Coach und Coachee
Basis eines jeden Coachings ist ebenjener Kontrakt, in dessen Rahmen Sie gemeinsam mit dem Coach aushandeln, welchen Nutzen Sie aus dem Coaching ziehen können und bei dem Sie frei entscheiden, ob Sie diesen Nutzen mit ebendiesem Coach erarbeiten wollen – wenn das nicht der Fall ist, findet kein Coaching statt. Und das ist wiederum der Grund, warum Coachings, die eben nur nach dieser offenen Klärung des gemeinsamen Kontrakts zustandekommen, in aller Regel zu großer »Teilnehmerzufriedenheit« führen (Evaluationen nach Coachings zeigen meist hervorragende Beurteilungen der Gecoachten in Bezug auf das Instrument »Coaching«) und auch für das Umfeld spürbare Effekte beim Coachee auslösen.

Insofern ist Coaching ganz vordergründig ein »people business«, denn das Bauchgefühl, der Nasenfaktor in der Zusammenarbeit muss stimmen, damit diese überhaupt zustande kommt. Wahrscheinlich ist das aber auch der Grund, warum so viele »people« als Coaches unterwegs sind. Im Rahmen dieses Kapitels Empfehlungen auszusprechen, welcher Coach denn die oder der Richtige für Ihre PE-Anforderungen sein könnte, hieße, sich auf ganz dünnes Eis zu begeben und sich potenziell eine Menge missmutiger Mitmenschen anzulachen. Schaut man in die entsprechenden Checklisten mit Titeln wie »So finden Sie den richtigen Coach!«, so finden sich Hinweise wie »Sollte eine Coachingausbildung oder eine andere Art von PE-relevanter Ausbildung haben.« Doch welche Ausbildung ist die richtige? Ein »Systemiker« wird immer empfehlen, dass ein Coach nur mit einer systemischen Ausbildung passt, ein Transaktionsanalytiker wird sicherlich einen »TA-ausgebildeten« Coach präferieren. Selbst als ausgebildete Psychologen sagen wir, dass ein Coach nicht notwendigerweise eine sozialwissenschaftliche Ausbildung genossen haben muss, um ein guter Coach zu sein. Es kann sehr wohl sein, dass jemand mit einem BWL- oder einem Schauspielhintergrund für bestimmte Themen ein Top-Coach ist (als Psychologe versteht man nur keinen Spaß mehr, wenn Nicht-Therapeuten anfangen im Rahmen von Coachings »rumzutherapieren« – selbst ein Psychologe wird in seiner Coachingrolle im Arbeits- und Organisationskontext auf einen klinischen KollegInnen verweisen, wenn er den Eindruck hat, dass der Coachee professionelle Unterstützung aus diesem Bereich benötigt).

Weiterhin wird gerne das Thema »Erfahrung« zitiert, das einem Orientierung bei der Coachauswahl geben soll – ein Coach soll *erfahren* sein in dem, was er tut. Ganz allgemein gesprochen tun wir uns bei dem Thema Erfahrung immer schwer, da es hier zwei philosophische Probleme gibt: erstens bekommt man sie ja nur, wenn man etwas macht und wenn niemand etwas machen dürfte, bevor er »Erfahrung darin« hat, würde man ja nie mit irgendetwas anfangen können und so nie Erfahrungen sammeln …; und zweitens: wenn Erfahrung ein Garant für gute Beratung wäre, woher kommt es dann, dass es genügend Leute mit sehr viel Erfahrung gibt, die trotzdem auch einmal Mist bauen? Darüber hinaus ist es auch fraglich, ob wir in diesem Kriterium einen Garant für die oder den passenden Coach haben. Wir kennen Situationen in Unternehmen, in denen gerade »erfahrenere« Führungskräfte bewusst junge Coaches auswählten, weil sie einen Kontrast zu ihrer eigenen Wahrnehmungswelt wollten. Um nicht falsch verstanden zu werden: Erfahrung ist in den meisten Fällen eine sehr gute Basis für alles, was man tut – aber sie ist keine Conditio sine qua non für einen Coach. Sie birgt durchaus auch Risiken: langjährige Erfahrung in der Beratung und als Coach kann auch zu einem gewissen »Abrieb« führen, der die Neigung mit sich bringen kann, zu schnell mit Lösungen aus der Hüfte zu schießen, Abkürzungen zu nehmen oder nicht mehr alle relevanten Fragen zu stellen, weil man sich »ja schon denken kann, was der andere antwortet«.

Aus unserer Sicht ist tatsächlich, wie bei jedweder Wahl eines Menschen, dem Sie sich in gewisser Weise anvertrauen (z. B. Ärzten und Rechtsanwälten), das Entscheidende, ob der oder die andere für Sie »einfach passt«. Wenn bei Ihnen bei der Auswahl des Coaches die fachliche Fundierung des Gegenübers den Ausschlag gibt, so ist das absolut in Ordnung – und wenn es das Gefühl ist, dass die andere Seite gute Fragen stellt und ebenso gut zuhört, so passt das genauso.

Die Methode »Coaching«
Was steckt nun konkret hinter der Methode »Coaching«, was versteht man darunter genau? Bei Coaching handelt es sich um einen personenzentrierten Einzelberatungsprozess eines Menschen durch einen *externen* Berater. Die Beratungsthemen dieser externen Begleitung sind z. B. das Annehmen und Gestalten von Rollenanforderungen, herausfordernde neue Aufgabenstellungen oder persönliche Entwicklungsschritte (hierzu weiter unten detaillierter).

Warum die Betonung der »externen Begleitung«? Eine Führungskraft kann ggf. »coachend agieren« (i. S. eines »MitarbeiterIn-zum-Erfolg-Führens«, indem sie die MitarbeiterInnen in der Entwicklung eigenständiger Lösungen unterstützt), sie kann aber kein echter Coach sein, da sie eine disziplinarische Verbindung gegenüber ihren MitarbeiterInnen hat. Dies kann nicht Grundlage einer echten, neutralen Betrachtung von außen sein.

Rolle des Coaches
Der externe Coach wird in einem Coaching hinsichtlich Gedanken, Gefühlen und Handlungsweisen zum Prozessbegleiter des Coachees. Unter Wahrung der Diskretion treten beide in eine auf Vertrauen basierende, professionelle Beziehung ein. Der Coach stellt seinen gesamten professionellen Hintergrund in der Beratung zur Verfügung, sowohl

hinsichtlich des Verständnisses der (Management-)Aufgabe des Coachees als auch seiner Ausbildung und Berufserfahrung. Ein Coach agiert in unterschiedlichsten Rollen:

- **Nachfrager:** Ein Coach stellt Fragen, um die Situation des Coachees zu begreifen, und setzt diese darüber hinaus auch als Methode ein, um dem Coachee zu helfen, auf eigene Lösungen zu kommen.
- **Zuhörer:** Er hat ein offenes Ohr für die Belange des Coachees und versucht, diesen in seiner gesamten Situation zu verstehen.
- **Sparringspartner:** Durch die gegebene Neutralität des Coachees kann der Coachee »probedenken« und Themen auf den Tisch bringen, die er gegenüber KollegInnen, MitarbeiterInnen oder der eigenen Führungskraft (noch) nicht platzieren würde. Der Coach »fordert« den Coachee auch, hinterfragt Sichtweisen und denkt gemeinsam mit ihm über Alternativen in einer Situation nach.
- **Nachhalter/»Bohrer«:** Da in einem Coachingprozess meist mehrere, wiederholte Sitzungen stattfinden, treffen Coachee und Coach von Termin zu Termin auch Umsetzungsvereinbarungen, die auf die im Kontrakt festgehaltenen Ziele einzahlen. Hier ist ein Coach auch in der Rolle, die vereinbarten Umsetzungsmaßnahmen nachzuhalten und zu reflektieren.
- **Wissensvermittler:** Es kann auch Teil eines Coachings sein, Hintergründe zu Themen wie sozialer Wahrnehmung, Muster (-durchbrechung), Führung oder Ähnlichem zu vermitteln.
- **Perspektivwechsler:** Gerade, wenn der Coachee sich in einer (Selbst-)Wahrnehmung »festbeißt«, wird ein Coach sich bemühen, andere mögliche Sichtweisen mit ihm herauszuarbeiten, um die Situation wieder zu öffnen (z. B. durch zirkuläres Fragen »Was würde jemand anderes sagen, wenn er Sie in der Situation beobachtet?«).
- **Rollenspielpartner:** Da ein Coaching dazu genutzt wird, erlebte Situationen nachzuempfinden oder zukünftige vorzubereiten, kann eine Methode der Wahl auch eine Simulation der Situation in Form eines Rollenspiels sein. Der Coach schlüpft dann in die Rolle eines Gesprächspartners.
- **BeobachterInnen:** Gerade bei On-the-job-Coachings (Begleitung des Coachees im eigenen Arbeitskontext) beobachtet der Coach das Verhalten des Coachees und gibt dazu Rückmeldung (s. nächster Punkt).
- **Feedbackgeber:** Coachees wollen oft einfach wissen, wie sie der Coach »sieht«, welches Profil er wahrnimmt, welche Besonderheiten, welche Wirkung man erzielt … der Coach ist also oft auch gefragt, seine Wahrnehmung zu seinem Gegenüber darzulegen.

Vertraulichkeit

Eine tatsächliche conditio sine qua non ist die absolute Vertraulichkeit des Coachings. Alle Gespräche und Aufzeichnungen zwischen Coachee und Coach verbleiben zwischen diesen beiden und werden niemals ungefragt nach außen gegeben. Dies wird Ihnen ggf. als Selbstverständlichkeit erscheinen, denkt man dabei z. B. an die die

Vertraulichkeit zwischen Arzt und Patient. Doch wir müssen hierbei berücksichtigen, dass wir es bei einem Coaching nicht mit einem Therapieverfahren zu tun haben. Es gibt in der Regel ein Unternehmen, das das Coaching anbietet oder vereinbart, damit klare Ziele und zu erwartende Ergebnisse verknüpft und dafür die Kosten trägt.

Insofern müssen sich alle 3 Seiten – Coachee, Unternehmen, meist vertreten durch die direkte Führungskraft und/oder die PE, und der Coach – darüber einig werden, wie sowohl die Ziele als auch die Ergebnisse des Coachings untereinander kommuniziert werden. Dabei muss dem Unternehmen klar sein, dass der Coach niemals die Interessen seines Coachees verletzen wird, d. h. er wird nicht »aus dem Nähkästchen plaudern« oder seine Eindrücke zu seinem Coachee weitergeben, ohne dies mit ihm vorher abzustimmen. Und dem Coachee muss klar sein, dass zu einem bestimmten Zeitpunkt ein »Reporting« ansteht, d. h. dass zu Beginn des Prozesses die Coachingziele in Richtung des Unternehmens dargestellt werden sollten, dass es ggf. ein Zwischenfeedback zum Fortschritt des Coachings gibt und dass am Ende vermittelt werden muss, was man im Coaching erreicht hat.

Beispiel für ein Coaching für eine Führungskraft

An einem konkreten Beispiel dargestellt: Nehmen wir an, eine Ihrer Führungskräfte soll ein Coaching erhalten. Der Vorgesetzte dieser Führungskraft hat festgestellt, dass sie nach einem Jahr in der neuen Führungsposition »zu viel selber macht«, kaum delegiert, abends oft zu lange da ist und daher auch des Öfteren sehr gestresst auf Schnittstellenanfragen reagiert. Neben der Frage, wie sie die eigene Führungsrolle versteht, scheint auch die Work-Life-Balance darunter zu leiden. Ziel des Coachings ist es daher, diese beiden Punkte zu bearbeiten und positiv zu verändern, indem die Führungskraft lernt, mehr Aufgaben entsprechend der Fähigkeitsprofile ihrer MitarbeiterInnen zu verteilen und zum anderen auch an ihrer Selbststeuerung zu arbeiten. Diese beiden Ziele und die entsprechenden Hintergründe sind Ihnen als VertreterIn der PE auch bekannt.

Im Coaching spricht die Führungskraft nun mit dem Coach über ihre diesbezüglichen Nöte und äußert letztendlich starke Zweifel an ihren eigenen Fähigkeiten. Sie fragt sich, ob Führung das Richtige für sie ist: »Ich habe schon X Mal daran gedacht, alles hinzuschmeißen!« Der Coach exploriert nun mit dem Coachee die persönliche Situation, erforscht innere Haltungen und Werte sowie das Stärken-Schwächenprofil der Führungskraft, und bekommt in den ersten Sitzungen den Eindruck, dass hier eher eine Person mit starker innerlicher Spezialistenausrichtung sitzt als eine disziplinarische Führungskraft … aber davon werden Sie nie etwas erfahren! Denn das ist zentrales Prozessgeschehen des Coachings, hier bewegt sich etwas, der Coachee öffnet sich, beide Seiten arbeiten intensiv, offen und vertraulich miteinander – und jetzt gilt es, die nächsten Schritte eins zu eins miteinander zu definieren, der Vorgesetzte des Coachees und KollegInnen aus der PE bleiben hier außen vor.

Im weiteren Prozess reflektieren die beiden, was der gecoachten Führungskraft wichtig ist, welche Ziele sie persönlich verfolgt. Nach und nach arbeitet man auch heraus, was ihr an der Spezialistenaufgabe Spaß macht, was aber auch an der Menschenführung faszinierend ist. Im Verlaufe der folgenden Sitzungen trifft der Coachee eine bewusste Entscheidung: »Das will ich auch weitermachen!« Daraufhin werden Strategien zur Delegation entwickelt und man vereinbart eine klare Grenzziehung für die Führungskraft, wie viele Themen sie am Tag hinbekommen möchte und ab wann sie sich Hilfe holt. In diesem Zuge besprechen Coach und Coachee, wie sie diese Ansätze und die sich einstellenden Erfolge in Richtung des Unternehmens vermitteln können, um zu zeigen, woran man arbeitet und wie dies auch führungsseitig unterstützt werden kann. Hierzu gibt es nun ein Treffen mit Ihnen und Sie bekommen den aktuellen Stand des Coachings zu hören, d. h. Sie erfahren etwas über den Zielerreichungsgrad und die daraus resultierende Ergebnisse (oder Notwendigkeiten, weiter an bestimmten Themen zu arbeiten), aber der detaillierte Prozess dahin fällt unter die Vertraulichkeitsklausel.

Dieses Beispiel zur Untermauerung, was mit Vertraulichkeit in einem Coachingprozess gemeint ist, beschreibt ja zugleich auch einige mögliche Inhalte eines Coachings. Im Rahmen des Coachings werden aktuelle Aufgabenstellungen oder Problemräume des Coachees skizziert. Daraufhin wird ein Ziel definiert und beide Coaching-Partner entscheiden darüber, welches Verhalten zielführend ist oder welche Ressourcen der Coachee zur Erreichung des Zieles aktivieren muss. Da Coachings in der Regel einer gewissen Dynamik unterliegen, ist eine mit Coachee und Unternehmen abgestimmte Zielanpassung während des Coachings nicht ungewöhnlich.

Ziel des Coachings

Ziel eines Coachingprozesses ist also, mit Hilfe geeigneter Interventionen beim Coachee Selbstorganisationsprozesse in Gang zu setzen, die es ihm ermöglichen, seine Fähigkeiten bei der Lösung von Problemen und der Bewältigung von Arbeitsaufgaben noch effizienter zu nutzen. Coaching zeichnet sich wie eingangs erwähnt durch eine große individuelle Spezifität aus, die sich auch in einer starken Prozessorientierung niederschlägt – gerade in dieser Flexibilität stecken die Stärken der Methode. Im Mittelpunkt steht immer der Coachee: Er bestimmt mit, in welche Richtung sich der Prozess bewegt, der individuelle Bedarf ist entscheidend für die Inhalte und Methode der einzelnen Sitzungen und Treffen.

Themen und Inhalte eines Coachings

Die Vielfalt möglicher Coachinginhalte ist riesig. Beliebte bzw. häufig vorkommende Coachingthemen sind:

- Begleitung bei Übernahme einer neuen Aufgabe (»Die ersten 100 Tage«)
- Reflexion der eigenen Aufgaben, insbesondere unter Berücksichtigung des Themas Führungsstil und -methoden

- Persönliche Work-Life-Balance
- Persönliche Entwicklungsziele/Karriereziele
- Selbst- und Fremdbild-Abgleich
- Gestaltung von Veränderungsprozessen
- Umgang mit herausfordernden sozialen Situationen (z. B. in der Führung)
- Bearbeitung von Konfliktsituationen
- Steigerung der persönlichen und beruflichen Leistungsfähigkeit
- Person-Job-Fit
- (Selbst-)Motivation
- Kooperationsstrukturen mit KollegInnen, MitarbeiterInnen und Führungskräften aus dem eigenen Bereich, bereichsübergreifende Schnittstellenarbeit

Konkreter Inhalt und Form der Einzelberatung erfolgt in Absprache mit dem Coachee und dem Unternehmen, das in aller Regel auch das Coaching initiiert.

Struktur eines Coachingprozesses

Wie sieht nun die Struktur eines Coachingprozesses aus, wie bahnt man ein Coaching an? Im Folgenden stellen wir Ihnen die einzelnen Schritte dar:

1. **Abstimmung Unternehmen / MitarbeiterInnen, Identifikation eines Bedarfs:** Der erste Schritt ist wie bei allen anderen PE-Prozessen: zunächst wird in Form einer PE-Bedarfsermittlung herausgearbeitet, worin der »Aufhänger« für ein mögliches Coaching bestehen könnte. Meist wird der Bedarf von Coachings von den potenziellen Coachees selbst oder durch deren direkte Führungskraft identifiziert, eben weil man sich in bestimmten Anforderungssituationen beobachtet oder von der Chefin beobachtet wird! Zu diesem Zeitpunkt wird dann meist auch die PE informiert, die dann den Prozess anstößt.

2. **Vorschlag möglicher Coaches:** Wenn sich MitarbeiterIn und deren Führungskraft einig sind, dass ein Coaching ein hilfreiches Instrument zur Bearbeitung der definierten Ziele wäre, folgt im nächsten Schritt die Erstauswahl durch die MitarbeiterIn. Viele Unternehmen halten mittlerweile Coach-Pools vor, so dass die MitarbeiterInnen sich aus mehreren möglichen Coaches einen zu einem Kennenlerngespräch einladen können (manchmal werden auch mehrere Coaches parallel eingeladen, um sich dann für einen zu entscheiden).

3. **Telefonisches / Face-to-face-Briefing des Coaches:** Der potenzielle Coach wird angesprochen und entweder telefonisch oder im direkten Gespräch darüber informiert, worum es in dem Coaching geht. Hier trifft der Coach zunächst eine inhaltliche Entscheidung, ob er für das Thema der Richtige ist.

4. **Kennenlernsitzung:** Dann gibt es das erste Treffen zwischen potenziellem Coach und potenziellem Coachee von Angesicht zu Angesicht, oftmals zu Beginn noch »anmoderiert« durch die PE, dann aber in eine Vier-Augen-Situation übergehend. Dieses Kennenlernen dauert zwischen 60 und 90 Minuten und dient tatsächlich dem Beschnuppern und in erster Linie der Entscheidung des Coachees, ob er

sich gut vorstellen kann, mit der anderen Seite zu arbeiten. Da man sich aber nun einmal nicht 1,5 Stunden lang nur anschauen und zu »spüren« versuchen kann, ob man zueinander passt, redet man eben auch über Dinge. Meist stellt sich der Coach vor, beschreibt seinen Hintergrund und die Coachingmethode. Der potenzielle Coachee berichtet dann von seiner Situation, wie es zu der Coachingidee kam und welche Ziele für ihn und eventuell – aus seiner Sicht – für Dritte (z. B. die eigene Führungskraft) dahinterstehen könnten.

5. **Entscheidung und Kontrakt:** Beide Seiten entscheiden sich mit ein paar Tagen Bedenkzeit dann bewusst für- oder gegeneinander. Wie wichtig das ist, haben wir bereits ausführlich beschrieben – die Freiheitsgrade des Coachees bei der Auswahl seines Coaches sind eine Erfolgsvoraussetzung, »verordnete Coaches« funktionieren nicht. Dass sich der Coachee entscheiden darf, liegt auf der Hand, aber auch der Coach geht hier bewusst heran. Entsteht bei ihm der Eindruck, dass der andere gar nicht wirklich »will« oder aber schätzt er die Situation als mit einem Coaching nicht veränderbar ein, steht es hier auch dem Coach frei, den Auftrag abzulehnen. Kommen beide aber zusammen, wird danach eine Vereinbarung / ein Kontrakt geschlossen, in dessen Rahmen die Ziele des Prozesses, der Umfang plus Abschluss und das »Reporting« in Richtung Führung festgehalten werden. Ebenfalls gerne eingesetzt werden in diesem Zusammenhang sog. Entwicklungspläne, die dem Nachhalten der vereinbarten Ziele dienen (s. Checkliste »Coaching-Entwicklungsplan« in den Arbeitshilfen online).

6. **Einbezug der PE und der direkten Führungskraft:** Oftmals gekoppelt mit der ersten Coachingsitzung werden in diesem Schritt für den Prozess relevante Dritte mit einbezogen. Vielleicht hat die Führungskraft noch etwas zu den Coachingzielen beizutragen und möchte diese schärfen. Vielleicht kann die PE noch Eindrücke aus Schnittstellenfeedbacks beisteuern. In der Regel findet hier eine gemeinsame Sitzung statt, es gibt aber auch Coachings, in denen man in »Pendeldiplomatie« startet (z. B. erst ein Vier-Augen-Start mit dem Coachee, dann darauf ein Zeitfenster für ein Vier-Augen-Gespräch mit dessen Führungskraft und dann direkt danach ein Gespräch zu Dritt, um die beiden Zielbeschreibungen zu vereinen).

7. **Start des eigentlichen Coachings:** Und dann beginnen erst die eigentlichen Coachingsitzungen.

8. **Reflexion:** Gemeinsame Sitzung mit dem Coachee, seiner Führungskraft, eventuell der PE und dem Coach zur Reflexion des Coachingverlaufs, der erreichten Ziele und möglicher weiterer Unterstützungsschritte für den Fortlauf der Entwicklung des Coachees.

! **Arbeitshilfe: Beispiel für einen Coaching-Entwicklungsplan**

Bei den Arbeitshilfen online auf mybook.haufe.de stellen wir Ihnen beispielhaft einen Coaching-Entwicklungsplan zur Verfügung.

Gegebenenfalls werden Sie jetzt fragen, wie lange denn so ein Coaching dauert. Grundsätzlich gilt: der Zeitumfang ist immer eine Budget- *und* eine Methodenfrage. In vielen der oben gelisteten potenziellen Coachingthemen lässt sich gut mit einem Umfang von 6 Sitzungen à 3 Stunden sowie einer entsprechenden Vor- und Nachbereitung von insgesamt 1 h pro Sitzung arbeiten. Die erste 1,5-stündige Kennenlernsitzung sollte nicht berechnet werden. Das hier beschriebene Stundenkontingent stellt natürlich nur einen zeitlichen Orientierungsrahmen dar, der unserer Einschätzung nach bei den beschriebenen Aufgabenstellungen als sinnvoller Umfang zur Bearbeitung derselben erscheint. Natürlich gibt es auch knapper umrissene Themen (z. B. Coachee hat im Potenzial-Assessment viele kritische Rückmeldungen bekommen und soll nun mit einem neutralen Coach reflektieren, wie diese zustande gekommen sein könnten) und weiter gefasste Coachingansätze (z. B. Coachee definiert seine Rolle als Führungskraft neu und überlegt zugleich, ob seine Erwartungen noch mit denjenigen des Unternehmens übereinstimmen), die einen geringeren oder höheren Umfang an Sitzungen rechtfertigen. Auch hier kann das Vorgehen als »prozesshaft« beschrieben werden: es kann in Coachings vorkommen, dass man Ziele schon vor Durchführung der letzten anberaumten Sitzung erreicht – und dann findet diese auch nicht mehr statt. Es kann genauso sein, dass sich im Verlaufe des Coachings herausstellt, dass die Ziele zwar erreichbar sind, dass der Weg dahin aber komplizierter ist als zunächst vermutet – hier sollte man auch die Offenheit besitzen, über ein oder zwei Sitzungen mehr nachzudenken.

4.4.1 Supervision

Das Thema Supervision ist nahe verwandt mit dem Begriff des Coachings. Die methodischen Ansätze sind bei beiden ähnlich, die Übergänge fließend. Die Unterschiede zwischen beiden bestehen im Wesentlichen darin, dass

- Supervisionen meist in Gruppensettings stattfinden, während Coachings – wie oben beschrieben – eher als Einzelmaßnahmen stattfinden (dies ist aber kein »lupenreines« Unterscheidungskriterium, denn es gibt sowohl Einzelsupervisionen als auch Team-Coachings)
- die Anwendungsfelder der beiden Methoden unterschiedlich sind: in der freien Wirtschaft spricht man eher von einem »Coaching«, während im sozialen Umfeld (z. B. Kindergärten, Familienberatungsstellen, Kitas) »Supervisionen« durchgeführt werden.

Unter Supervisionen versteht man einen moderierten Austausch zu im Beruf / im täglichen »Geschäft« erlebten Begebenheiten, die die TeilnehmerInnen einer solchen gemeinsamen Sitzung beschäftigen. Das Ziel einer Supervision ist einerseits die Reflexion, andererseits aber auch die Verbesserung des beruflichen oder auch privaten Handelns. Dabei geht man in der Regel von einem direkten Zusammenhang zwischen beiden Ebenen aus, wenn die beruflichen Anforderungen ausreichend intensiv sind (z. B. Umgang mit schwer kranken Menschen, Umgang mit Suchtkranken, die – für die Begleiter frustrierend – wieder rückfällig werden usw.). Fokus ist je nach Ziel der Supervision die Arbeitspraxis, die Rollen- und Beziehungsdynamik zwischen Supervisand und seinem oder ihrem Klienten, die Zusammenarbeit im Team der Supervisanden bzw. in der Organisation oder mit der Führung. Mögliche Themen von Supervisionen sind:

- Belastungen durch die Arbeit selbst (s. o., z. B. anspruchsvolle, leidende, kranke Klienten), Falldurchsprachen
- Umgang mit Gratifikationskrisen, fehlendem Feedback
- Burn-out-Prävention/Stressmanagement
- Teamzusammenspiel/Spielregeln im Team/Teamdynamik
- Feedback untereinander
- Befürchtungen/Ängste im Zusammenhang mit neuen Aufgabenanforderungen
- Gegenseitiges Lernen/Fallreviews (s. kollegiale Fallberatung, nächster Abschnitt) und Best practice
- Konfliktbearbeitung im Team
- Zusammenspiel mit der Führung

und noch zahlreiche andere denkbare Themen, die ein Team (oder einen Einzelnen) im Arbeitskontext beschäftigen können. Zu Beginn des Supervisionsprozesses sollte definiert werden, ob es den TeilnehmerInnen in erster Linie um »Psychohygiene« (»Ich habe viele belastende Situationen, und es tut mir einfach gut, diese in der Gruppe ›loszuwerden‹.«) bzw. »Sozialhygiene« (»Wir gehen uns manchmal gegenseitig auf die Nerven, aber wenn man das mal moderiert und offen anspricht, dann haben wir alle ein besseres Zusammenarbeiten.«) geht oder ob die Supervisanden unter einer Zielfokussierung abgeleitete Aktionen vereinbaren wollen.

Auch eine Supervisionsbegleitung stellt natürlich ein Prozessgeschehen dar, das in irgendeiner Weise implementiert werden muss. Da Supervision im sozialen Bereich ein seit langem bekanntes Verfahren ist, begegnet es einem ggf. als bereits langjährig etablierte Methode und bedarf gar keiner weiteren Einführung mehr. Sollte das aber nicht der Fall sein, sind folgende Schritte hierbei sinnvoll:

1. Ankündigung der Möglichkeit zur Supervision top-down (über die Führungskraft) oder Bedarfsmeldung bottom-up (von den potenziellen Supervisanden).
2. Vereinbarung eines Kennenlerntermins mit dem potenziellen externen Supervisor.
3. Vorstellung des potenziellen Supervisors im zu supervidierenden Team; Dauer ca. 1,5 h, alleine mit dem Team; Selbstvorstellung, persönlicher Hintergrund; Hinweise auf Inhalte, Ziele, Methode der Supervision; Vermittlung der eigenen »Philosophie« als Supervisor; Herausarbeiten der Erwartungen der TeilnehmerInnen (z. B. Fokus auf »Psychohygiene« oder Zielorientierung plus Aktionen?); bei Top-

down-Implementierungen ggf. auch nochmals Darstellung des potenziellen Nutzens der Supervisionen für die TeilnehmerInnen

4. Rückmeldung der Interessenten und Entscheidung, ob das »Go« für die Supervisionen stattfindet; Rückmeldung in Richtung des potenziellen Supervisors.
5. Start der Sitzungen; möglicher Rahmen z. B. 4 h Supervision ca. alle 4 Monate
6. Jährliche »Nutzenreviews«; Fragestellungen: »Bringt uns die Supervision etwas? Wollen wir weitermachen?«; Ziel: Sicherstellung der Motivation aller Beteiligten, da sonst die Methode nicht greifen kann.

4.4.2 Kollegiale Fallberatung

Kollegiale Fallberatung ist eine weitere Methode, die sich im weiteren Sinne dem »Formenkreis Coaching – Supervision« zuordnen lässt und die auch als PE-Methodik in vielen Unternehmen immer mehr zum Einsatz kommt. Hierbei geht es darum, dass ein Einzelner oder eine Einzelne einen eigenen, realen Fall in ein Team von KollegInnen, z. B. im Rahmen einer Supervision oder eines Trainings, einbringt. Wie der Name der Methode schon nahelegt, schlüpfen diese KollegInnen dann in die Rolle von »Beratern« und bearbeiten den Fall systematisch nach einem festen Schema. Es geht also um eine strukturierte Problemlösung im Rahmen eines kollegialen Settings, das einen interaktiven Lernprozess auslöst – nicht nur der Fallgeber trägt einen Nutzen davon, sondern auch diejenigen, die sich Gedanken zu dem Fall machen und ggf. auch eigene Situationen »unterlegen« können.

Voraussetzung für das Funktionieren einer kollegialen Fallsupervision ist, dass es sich um einen echten Fall handelt, dass dieser vor einer kooperativen Gruppe mit dem Willen, den Fall zu verstehen und dem Fallbringer zu helfen, behandelt wird und dass man sich an die einzelnen Schritte des Ablaufs hält, also:

- klare Trennung von Problembeschreibung (Fallgeber) und Hypothesengenerierung (Was könnte dahinterstehen? – Gruppe)
- klare Trennung von Hypothesenbildung und Lösung

Das »Voneinander lernen« stellt im Rahmen der Methode einen wichtigen Aspekt dar. Durch den strukturierten Aufbau der Fallbearbeitung möchte man klassische »Reflexe« vermeiden, denen wir alle unterliegen, wenn jemand mit einem »Problem« auf uns zukommt. Wir neigen ja in der Regel dazu, sofort einen »Tipp« oder eine schnelle Lösung aus der Hüfte zu schießen, nach dem Motto »Ach, das, was du mir erzählst, das ist mir auch schon passiert, da machst du am besten einfach mal Folgendes ...« Nicht, dass ein gut gemeinter Ratschlag nicht auch einmal helfen kann, aber es handelt sich dabei eben nicht um echte Beratung entlang des Bedarfs des Gegenübers. Es besteht zumindest eine gewisse Gefahr, dass die Antwort stärker an den eigenen Vorstellungen und Erfahrungen ausgerichtet ist als an dem, was für die andere Seite tatsächlich sinnvoll sein kann. Die kollegiale Fallsupervision setzt nun nicht voraus, dass nur solche Beiträge der KollegInnen akzeptiert werden, die »objektiv« und nicht subjektiv geprägt sind – das wäre nicht realistisch, denn natürlich haben wir unseren eigenen Blickwinkel. Aber mit dem methodischen Vorgehen (s. u.) vermeidet man zum einen die »Schnellschüsse«, also die ersten spontanen Reaktionen, die ja meist etwas über das Ziel hinausschießen (»Dem musst du mal richtig das Gas einstellen …«, »Ich würde dem schon zeigen, wo's langgeht …« usw.). Zum anderen bringt man auch bewusst viele unterschiedliche Blickwinkel zusammen, nach der Logik:

- Jeder hat eine individuelle Problemsicht.
- Jeder hat eigenständige Lösungsvorschläge.
- Gemeinsam entstehen so vielleicht zusätzliche/ungewöhnliche/neue Lösungswege.

Rollen in der kollegialen Fallsupervision
Welche Rollen werden für eine funktionierende kollegiale Fallsupervision benötigt? Natürlich braucht es einen Fallgeber, optimalerweise 1 bis 2 Moderatoren, die die Problemlösung steuern und den Prozess bzw. die erarbeiteten Inhalte dokumentieren. Die Moderatoren dürfen sich auch inhaltlich einbringen. Der Rest des Teams (mindestens 4) agiert als Berater, analysiert also und schlägt Lösungen vor. Es besteht grundsätzlich die Möglichkeit, auch Prozessbeobachter (1 bis 2) einzusetzen, die den Fallsupervisionsprozess betrachten und am Ende ein Feedback hierzu geben.

Vorgehensweise bei der kollegialen Fallberatung
Die kollegiale Fallberatung in den einzelnen Schritten:

Schritt 1: Problemdefinition und Ziel der Beratung (Zeitbedarf: ca. 5 Minuten): Der Moderator (aus den Reihen der KollegInnen) klärt gemeinsam mit dem Fallgeber das Problem und das Ziel der Beratung. Hier geht man noch nicht ins Detail, sondern fokussiert den Fall. Die Visualisierung des Ziels (für alle sichtbar) kann dabei hilfreich sein. Die anderen TeilnehmerInnen hören zu. Orientierungsfragen für die Moderation in diesem Schritt:

- Benennen Sie das Problem mit einem Satz.
- Wie lautet die Schlagzeile/Überschrift für den Fall?
- Was möchten Sie mit diesem Gespräch erreichen?
- Wenn das Gespräch für Sie einen Gewinn bringen würde, welcher könnte das sein?
- Auftrag: Welche Frage soll die Fallberatung für Sie beantworten (z. B. »Was soll ich hier überhaupt tun?« oder »Muss ich hier etwas anders machen?« oder »Welche Sichtweise neben der, die ich habe, könnte noch richtig sein? Was nehmt Ihr hier wahr?« usw.).

Schritt 2: Problembeschreibung und -analyse (Zeitbedarf: ca. 30 Minuten): Der Fallgeber beschreibt seine Situation. Der Moderator analysiert das Problem detaillierter anhand der untenstehenden Fragen. Dabei müssen nicht alle Fragen gestellt werden; sinnvoll ist es jedoch, alle Bereiche (Umfeld, Vorgeschichte, usw.) abzudecken. Zunächst hören die anderen TeilnehmerInnen dabei zu. Dann kann der Berater die Beratung für die anderen öffnen, indem hier Verständnisfragen aus der Runde gestellt werden. Es sind aber noch keine Hypothesen (»Ja, das kenne ich, das liegt bestimmt daran, dass …«) oder gar Lösungen (»Da hätte ich schon folgende Idee, mach doch einfach …«) erlaubt. Hier ist die strikte Trennung zwischen »Fall verstehen« und den weiteren Schritten besonders wichtig. Auch bei diesem Schritt kann Visualisierung Komplexität reduzieren (z. B. durch Erstellen einer Problemlandkarte). Es findet eine klare Trennung zwischen der Problembeschreibung und -bewertung statt.

Fragen, die auf das Problem und sein **Umfeld** zielen:
- Beschreiben Sie bitte eine konkrete Situation, in der sich das Problem zeigt.
- Benennen Sie alle beteiligten Personen.
- Schildern Sie den genauen Verlauf.
- Beschreiben Sie das Verhalten der beteiligten Personen.
- Beschreiben Sie Folgen/Auswirkungen dieses Problems.
- In welcher Situation und unter welchen Bedingungen tritt das Problem auf? / In welcher Situation und unter welchen Bedingungen tritt es nicht auf? / Worin besteht der Unterschied?

Fragen, die die **Vorgeschichte** des Problems konkretisieren:
- Seit wann besteht das Problem?
- Gab es wichtige Ereignisse im Umfeld?
- Wie entwickelte sich das Problem bis heute?
- Gab es Lösungsversuche? Was haben Sie bisher hierbei unternommen? Mit welchen Ergebnissen?
- Welche Gründe führten zur Nicht-Lösung?

Fragen nach den **Zusammenhängen**:
- Wozu oder wem könnte eine Aufrechterhaltung des Problems dienen?
- Wer oder was müsste sich wie verändern, wenn das Problem gelöst werden sollte?
- Wer könnte was tun, um das Problem aufrecht zu erhalten oder zu verstärken?

Fragen in Hinblick auf die **Zukunft**:
- Was wären die Folgen, wenn das Problem nicht gelöst werden würde (in 1, 2 ,3 Jahren)?
- Was wäre die Ideallösung?
- Welche Hindernisse werden eventuell bei einem Realisierungsversuch der Ideallösung auftauchen?

Schritt 3: Hypothesen bilden und bewerten (Zeitbedarf: ca. 15 Minuten): Alle TeilnehmerInnen bilden jetzt aufgrund der Problemanalyse Hypothesen zum Fall. In allen
Schritten, in denen das Team zusammen analysiert, gelten »Brainstorming«-Regeln:
jede Hypothese gilt, keiner redet dem anderen etwas aus. Die Idee dahinter ist, dass
ggf. auch eine »wild« erscheinende Hypothese eine neue Idee bei jemand auslösen
kann, die für den Fallgeber wiederum spannend ist. Das Ziel der Hypothesengenerierung ist ja gerade ein »Blumenstrauß« an Blickwinkeln statt des einen, auf den man
als Individuum als erstes und ggf. einziges springt. Der Moderator schreibt die Hypothesen für alle lesbar mit. Er kann natürlich auch eigene Hypothesen einbringen. Der
Fallgeber hört in diesem Schritt nur zu und gibt ebenfalls keine Kommentare zu den
Hypothesen ab. Dabei können die unten angegebenen Fragen hilfreich sein für die
Hypothesenbildung. Erst wenn alle Hypothesen gesammelt sind, fragt der Berater
den Fallgeber, welche Hypothesen ihn besonders ansprechen. Diese werden entsprechen markiert (z. B. mit einem Symbol wie + oder [x]).

Fragen für die Hypothesenbildung:
* Welche Gründe/Hintergründe könnten zu dieser Situation beigetragen haben?
* Welchen Blickwinkel haben wohl der oder die anderen auf die Situation?
* Welche Irritationen/Verletzungen liegen vor?
* Welche Emotionen sind hier im Vordergrund?
* Welche Zwänge spüren alle beteiligten Seiten ggf., was meinen sie tun zu müssen?
* Welche Befürchtungen liegen vor?
* Welche Art von Konflikt liegt hier vor? Eskalationsstufe?
* Welche Auswirkungen auf die Beziehungsebene?
* Welche dahinterstehenden Interessen auf beiden Seiten könnten vorliegen?

Schritt 4: Fallgeber gibt Feedback zu den Hypothesen (Zeitbedarf: ca. 5 Minuten):
Nun kommt der Fallgeber wieder zu Wort. Da sich durch die Hypothesen neue Perspektiven ergeben können (und sollen!), fragt der Moderator den Fallgeber im Anschluss
an die Hypothesenbildung, welche davon für ihn neu und interessant sind. Der Moderator markiert dann die Hypothesen, die der Fallgeber für verfolgenswert hält. Diese
bilden dann die Grundlage für die »kollegiale Denkarbeit« im nächsten Schritt.

Schritt 5: Lösungsideen sammeln (Zeitbedarf: ca. 15 Minuten): Alle TeilnehmerInnen
sammeln zu den Hypothesen, die den Fallgeber besonders ansprechen, Lösungsideen.
Dabei gelten genau wie in der Hypothesenbildung (und mit derselben methodischen
Begründung) »Brainstorming-Bedingungen«. Genau wie im 3. Schritt visualisiert der
Moderator die Lösungsideen für alle sichtbar. Er kann auch eigenen Lösungsideen einbringen. Der Fallgeber hört auch hier zunächst nur zu und gibt keine Kommentare zu
den Lösungen ab.

Schritt 6: Abschießendes Feedback zu den Lösungsideen (Zeitbedarf: ca. 10 Minuten): Erst wenn alle Lösungsideen gesammelt sind, fragt der Moderator den Fallgeber, welche Lösungen ihn besonders ansprechen. Diese werden entsprechen markiert (z. B. mit einem Symbol wie + oder [x]). Oft bietet es sich auch an, den Fallgeber die Lösungen priorisieren und/oder in eine zeitliche Reihenfolge bringen zu lassen.

Nun geht es natürlich auch darum, welche Lösungen der Fallgeber angehen wird, es geht sozusagen um die »Transfersicherung« der kollegialen Fallberatung. Folgende Fragen an den Fallgeber können hier interessant sein:
- Welche Lösungen haben Sie besonders überrascht?
- Was davon würden Sie gerne für sich übernehmen?
- Was möchten Sie als erstes angehen?
- Welche Schwierigkeiten könnten auftreten?
- Wie könnten Sie sich selbst erfolgreich an der Problemlösung hindern?
- Was könnten Sie oder andere tun, um die Realisierung zu unterstützen?

Schritt 7: Feedback des Fallgebers zur Beratung (Zeitbedarf: ca. 5 Minuten): Am Ende der Beratung gibt der Fallgeber allen eine Rückmeldung zur Beratung, z. B. anhand folgender Fragen:
- Was hat ihm die Beratung gebracht?
- Ist sein Ziel erreicht worden?
- Was an den Lösungen und Hypothesen war neu für Ihn?
- Was war eine Bestärkung für ihn?

Die Methode entbehrt nicht einer gewissen Komplexität. Daher kann es durchaus sinnvoll sein, sich für die Moderation zunächst Hilfe zu holen (z. B. damit vertraute KollegInnen aus der PE oder externe Berater). Zu Beginn wird die Methode also mit Hilfestellung durchlaufen, doch der »zugekaufte« Moderator kann seine Rolle im Verlaufe einiger Sitzungen zunehmend ausschleichen und so die Kompetenz der kollegialen Beratung mehr und mehr in die Hände der TeilnehmerInnen selbst übergeben.

Mit etwas Routine kann kollegiale Fallberatung ein wertvolles PE-Instrument zur Analyse, Strukturierung und Lösung von durchaus komplexen Anforderungen und Problemstellungen werden, das mit der Zeit in das »Tool-Repertoire« der MitarbeiterInnen übergeht. Es lässt sich auf horizontaler Ebene einsetzen, also bei Personen auf gleicher Funktionsstufe bzw. mit Leitungsfunktion, die Führungs-/Konfliktthemen oder andere Fragestellungen bearbeiten möchten. Es funktioniert auch auf vertikaler Ebene, also für Führungskräfte, die mit ihrem eigenen Team an Sachthemen (z. B. eine herausfordernde Kundensituation) arbeiten wollen. Nicht geeignet ist die Methode zur Klärung interner Teamkonflikte, da die Beteiligten dann »Betroffene« sind und nicht neutral Hypothesen und Lösungen bilden können.

4.5   On-the-Job-Maßnahmen

Kommen wir nun zu den PE-Maßnahmen, die nicht (oder zumindest nicht vornehmlich) in Zusammenhang mit Programmen oder eigens dafür entwickelten Begleitstrukturen stehen, sondern die direkt mit dem täglichen Tun der MitarbeiterInnen verbunden sind: den On-the-Job-Maßnahmen.

Wir alle bewegen uns täglich in unserem Arbeitsumfeld und erledigen die Aufgaben, die wir zu erledigen haben. Sofern diese uns nicht chronisch *unter*fordern (mit dem Risiko eines »Bore-out«) oder eben ständig *über*fordern (mit Risiken wie z.B. »Burn-out«) stellen unsere Aufgaben immer wieder Herausforderungen für uns dar, an denen wir wachsen können. Wir müssen uns überlegen, wie wir sie angehen, wir definieren hierzu Ziele, die Aufgaben verändern sich, entwickeln sich weiter, wir erleben Hindernisse, die es zu überwältigen gilt oder wir kooperieren mit anderen, um zu einem Ergebnis zu kommen. Wir rufen also in unserer täglichen Arbeit klassische Personalentwicklungsanforderungen wie Initiative, Zielorientierung, Veränderungsfähigkeit, Flexibilität, Problemlösefähigkeit oder Team- und Konfliktfähigkeit ab. Bei der Bearbeitung unserer Aufgaben lernen wir in all diesen Feldern permanent dazu, entwickeln uns in unserem organisationalen Umfeld weiter, verändern und verbessern uns. Was wäre das also anderes als »Personalentwicklung«?

Betrachtet man die Bedeutung der »On-the-Job-Kategorie« der PE-Instrumente für die Entwicklung jeder einzelnen MitarbeiterIn, so würde der vorliegende Abschnitt schon ein eigenes Buch rechtfertigen: Wir hatten bereits darauf verwiesen, dass MitarbeiterInnen die meiste Zeit ihres beruflichen Lebens nicht in Seminarräumen oder zusammen mit Coaches verbringen, sondern – eben beim *Arbeiten*. Schon aufgrund der schieren »Expositionszeit« im Lernumfeld steckt hier ein gewaltiges Entwicklungspotenzial, aber natürlich auch ein Risiko, dieses bei entsprechender Nicht-Passung zwischen Aufgabenanforderungen und Profil des Einzelnen nicht abzurufen oder gar verkümmern zu lassen.

Nicht alles, was wir in den folgenden Abschnitten beschreiben, ist unmittelbar mit der Bewältigung der eigenen Arbeitsaufgaben verbunden, kann dies aber mittelbar sein. Themen wie Mentoring, Patenschaften oder der Einsatz als BeobachterInnen in einem AC setzen in aller Regel voraus, dass man für das Ausfüllen dieser Rollen entweder Erfahrung vorzuweisen hat oder eine Führungsposition inne hat. In beiden Fällen gehört zur Aufgabe, die MitarbeiterInnen zu begleiten, Feedback zu geben, Wissen zu teilen und somit die MitarbeiterInnen in ihrer Entwicklung zu unterstützen. Auf genau solche Aspekte zielen Themen wie Mentoring und Tätigkeiten als AC-Beobachter ab, sie systematisieren nur noch mehr die Reflexion und das Lernen aus genau diesen definierten Rollen heraus. Man könnte also diese Maßnahmen als »On-the-Job-

Instrumente für Fortgeschrittene« bezeichnen: Wer Erfahrung hat mit dem Lernen anhand der eigenen Aufgaben, kann nun etwas davon weitergeben.

Im Folgenden gehen wir inhaltlich auf die einzelnen Überschriften unserer On-the-Job-Beispiele ein. Auch hier gilt wieder: wir haben eine Auswahl der Instrumente getroffen, die entweder unserer Wahrnehmung nach einen sehr großen Hebel darstellen oder uns in der täglichen Praxis häufiger begegnen. Damit akzeptieren wir im Umkehrschluss, dass wir, um den Rahmen eines »Crashkurses« nicht zu sprengen, auch auf einige mögliche Beispiele verzichten, die die eine oder der andere von Ihnen vielleicht vermissen wird.

4.5.1 Personalentwicklung durch Aufgabengestaltung

Lassen Sie uns zunächst einsteigen mit der unmittelbarsten Variante von PE on-the-job: der Entwicklungsförderung durch das Erfüllen der eigenen Aufgaben. Wie im vorherigen Abschnitt erwähnt: die Aufgaben, die Menschen in der täglichen Arbeit verrichten, bilden ein riesiges Spektrum an Anforderungen, Herausforderungen, Problemstellungen, Veränderungsbedingungen, Ambiguitäten und Entscheidungsnotwendigkeiten mit sich. Man muss überlegen, schlussfolgern, Neues entwickeln, organisieren, planen und natürlich auch einfach handeln, in Aktion treten. Ja nachdem, wie die oder der Einzelne gepolt ist, macht MitarbeiterInnen die »richtige Mischung« der entsprechenden Anforderungen Spaß. Ein Zuviel überfordert. Und ist die Arbeit vor allem durch Gleichförmigkeit und Repetition geprägt, lässt das in der Regel die innere Entwicklung stagnieren.

Man kann also sagen, dass Aufgaben eine »PE-relevante Qualität« besitzen. Hier möchten wir erneut das Job-characteristics-Modell von Hackman & Oldham (1976, 1980) zitieren, das wir schon im Kapitel 2.2 »Aufgabenanalyse« dargestellt haben. Die entwicklungsförderlichen Aspekte der Aufgabe beschreiben die Autoren als Anforderungsvielfalt, Ganzheitlichkeit, Bedeutsamkeit des eigenen Tuns, Autonomie und Feedback zu den Ergebnissen. Auch andere Autoren haben sich in der Folge an Hackmans und Oldhams Arbeit orientiert und sich Gedanken zu den qualifizierungsförderlichen Aspekten von Aufgaben gemacht, so z. B. Franke & Kleinschmidt (1987). Sie führen auf:

* **Problemhaltigkeit**: Ausmaß erforderlicher Denkprozesse in der Arbeit
* **Handlungsspielraum**: objektive Freiheitsgrade bei Verrichtung der Arbeit
* **Abwechslungsreichtum**: Häufigkeit der Veränderung der Arbeitssituation und des organisatorischen Umfeldes

- **Vollständigkeit:** Vielfalt und Vollständigkeit der Handlungsfunktionen i. S. von Planung – Ausführung – Kontrolle
- **Qualifikatorischer Nutzwert:** Verwertungschancen der Qualifizierung für zukünftiges Berufsleben
- **Soziale Unterstützung:** Anregung und Hilfe durch KollegInnen und Vorgesetzte

In einer »idealen Welt« braucht ein Unternehmen also »nur« dafür zu sorgen, dass alle MitarbeiterInnen in einem solchen Aufgabenumfeld arbeiten und hat damit dann schon den wesentlichen Teil der PE-Arbeit geleistet. Damit kommen auch Anforderungen auf die Führungskräfte des Unternehmens zu: Sie sind diejenigen, die ihren MitarbeiterInnen durch die entsprechende Zuweisung von Tätigkeiten genau diese Entwicklungsmöglichkeiten einräumen. Hier liegt die unmittelbare Verknüpfung mit Kapitel 4.6 »Führungsbezogene PE-Instrumente« vor: In der Regel sind es die direkten Führungskräfte, die einschätzen können müssen, ob jemand in seiner Aufgabe unterfordert, überfordert oder eben optimal gefordert ist. Und in einer »idealen Welt« beobachten sie aufmerksam und fördern die Entwicklung jedes Einzelnen durch das Führungsprinzip der »Delegation«, indem sie Verantwortung übergeben, Projektleitungen vergeben oder einfach besondere Aufgaben ausloben. Natürlich gehört genauso dazu, dass eine Führungskraft jeden Einzelnen vor Unter- oder dauerhafter Überforderung schützt, aber das wäre dann eher Inhalt eines Fachbuches zum Thema »Führung«.

Die »an sich erlebte« Delegation, die Übernahme von Verantwortung für eine Sonderaufgabe, die Erweiterung des eigenen Aufgabenspektrums um zusätzliche Tätigkeiten auf gleicher Qualifikationsebene (»job enlargement«), die Differenzierung des vorhandenen Stellenprofils um zusätzlich qualifizierende Tätigkeiten (»job enrichment«) oder die Leitung eines (Teil-)Projekts – all das führt dazu, dass man als MitarbeiterIn für etwas zuständig ist, Akzente setzt und Ergebnisse entstehen sieht. So herausfordernd und teils auch frustrierend z. B. Projektarbeit sein kann: am Ende blickt man auf ein fertiges Werk, das man gemeistert hat und kann stolz auf das Ergebnis sein. Letztendlich motiviert diese Art von persönlicher Entwicklung auch einfach, sie sorgt dafür, dass wir uns in unseren Leistungen einordnen können und wissen, wofür wir im Unternehmen »da sind«.

Dabei kommen psychologische Lern- und Verstärkungsmechanismen zum Tragen, die auf der Selbstregulationstheorie nach Kanfer (1990) basieren (s. Abb. 35, hier nach Porath & Bateman (2006) dargestellt).

Abb. 35: Selbstregulationstheorie nach Kanfer (1990), hier nach Porath & Bateman (2006)

Am Anfang des Lernens durch das Ausführen einer Aufgabe steht eine Zielorientie-rung – wie z. B. der Wille, etwas Neues zu beherrschen. Man spricht auch vom Ziel des »Meisterns« einer Aufgabe. Solche Ziele können auch mit einem gewissen Wett-bewerbsgedanken verbunden sein, sich selbst gegenüber (»Das beweise ich mir, dass ich das kann«) oder auch anderen gegenüber (»Das haben andere hinbekommen, das schaffe ich auch!«).

Und weil man das Ziel erreichen will, richtet man das eigene Tun in der Bewältigung der Aufgabe in eine bestimmte Richtung aus: man sucht sich Feedback, geht auf andere zu, fragt nach, ergreift Initiative, entwickelt eigene Ansätze, liest etwas nach, informiert sich – kurz, man tut ganz viel, um die Aufgabe »gut hinzubekommen«. Und natürlich ist man dann ab und zu genervt davon, dass es nicht weitergeht, kontrolliert sich aber in seinen Emotionen und bleibt am Ende doch am Ball – Aufgeben ist sozu-sagen »keine Option«, wenn man sich die Bewältigung der Aufgabe vorgenommen hat. Genau diese Aspekte meint der Begriff »Selbstregulation«: Das gerichtete Suchen nach Lösungen, das proaktive Handeln, das »Ausgerichtet-sein« auf die Lösung der Aufgabe, das »Sich-Zusammenreißen« selbst bei frustrierenden Erlebnissen, all das gehört dazu.

Und schließlich sollte sich dies dann auch in den entsprechenden Leistungsindikato-ren niederschlagen, die in Abbildung 35 nur beispielhaft aufgeführt sind: Der Verkäu-ferin wurde gesagt, dass sie eine bisher zahlenmäßig schwache Verkaufsregion über-nehmen soll und diese selbstverantwortlich neu aufbauen soll. Sie kniet sich rein und tatsächlich, ein Jahr später, sind die Absatzzahlen in diesem Gebiet um 32 % gestiegen. Die Produktionsmannschaft »Packaging« sollte sich als Team Gedanken dazu machen, wie man in diesem Prozessschritt Zeit einsparen kann. Sie finden Optimierungsan-sätze und die Arbeitsleistung in Form von Output an verpackten Einheiten steigt um 12 %. Die Fehlerquote bei Bauteil XYZ ist zu hoch und der Schichtmeister bekommt die Aufgabe, eine Qualitätsverbesserung im Vorrichtungsbau zu erreichen, ...

Hinter all diesen Beispielen steckt einerseits ein unmittelbarer Unternehmensnutzen, aber zugleich auch immer ein Entwicklungsfeld für diejenigen, die sich mit der jeweiligen Aufgabe auseinandersetzen.

Fast jeder kann wohl mindestens von Phasen seines Lebens berichten, in denen die eigene Arbeit nicht »entwicklungsförderlich« war – wir hatten in diesem Abschnitt mehrfach von einer »idealen Welt« gesprochen, in der wir uns in aller Regel ja nun leider nicht dauerhaft bewegen. Nicht jedes Unternehmen wird dafür sorgen, dass alle MitarbeiterInnen immer optimal durch ihre Aufgaben gefördert werden. Teils liegt das schon in der Natur mancher Tätigkeiten begründet. Und nicht jede Führungskraft beherrscht die Kunst der Delegation perfekt. Manche denkt sich vielleicht sogar »Warum soll ich die ganzen schönen Aufgaben an meine MitarbeiterIn geben, die mache ich doch lieber gleich selbst!«

Weil das erfolgreiche Durchführen der eigenen Aufgaben für die persönliche Entwicklung von großen Bedeutung ist, gilt hier natürlich auch das Prinzip »Selbstverantwortung«. Jede und jeder tut gut daran, nicht zu warten bis das Unternehmen einem die herausfordernde Aufgabe auf einem Teller serviert. Es geht darum, eigenverantwortlich nach Gelegenheiten des Wachstums zu suchen, Verantwortung einzufordern und selbst Entwicklungschancen in der Arbeit zu ergreifen. Das eigene Tun spielt bei der Realisierung der persönlichen Entwicklungspotenziale eine sehr große Rolle (s. a. Kapitel 4.1.3 »Feedbackbezogene Potenzialanalysen/Assessments«).

4.5.2   Fachlaufbahn

Eng mit dem vorherigen Abschnitt verknüpft ist auch das Thema Fachlaufbahn, geht es hier doch ganz vordergründig um die Frage »Wie entwickele ich mich entlang meiner inhaltlichen Aufgaben?«

Woher kommt das Thema? Organisationen erleben eine zunehmende, permanent stattfindende Vertiefung und Differenzierung des eigenen Fachwissens in allen Bereichen und dies ist nicht nur den Forschungs- und Entwicklungsabteilungen vorbehalten. Ob Einkauf, Finanzbereich, Produktion, Logistik oder Vertrieb – keiner dieser Bereiche sieht inhaltlich heute noch so aus wie noch vor 10 Jahren. Genau wie im wissenschaftlichen Diskurs führt die intensive Auseinandersetzung mit einem Fachthema dazu, dass man immer mehr Erkenntnisse darüber gewinnt. Diese Erkenntnisse werden wiederum noch genauer betrachtet (oder erforscht) und führen zu noch tieferen Erkenntnissen. Diese werden wiederum weiter betrachtet und führen zu noch tieferen Erkenntnissen. Und so setzt sich der Differenzierungsmechanismus der Themen weiter fort. Spezialisierung ist sowohl in der Wissenschaft als auch in Organisationen ein sich selbst verstärkender und sich immer weiter vorantreibender Prozess, Spezialwissen gebiert weiteres Spezialwissen.

Dies erklärt natürlich auch, dass es immer mehr Möglichkeiten für die MitarbeiterInnen eines Unternehmens gibt, sich als FachspezialistIn weiterzuentwickeln – es gibt einfach genügend spezialisierte Themen zu besetzen und es werden immer mehr!

Vertikale oder horizontale Karriere

Im Vergleich zur klassischen vertikalen oder auch »Kamin-Karriere« spricht man hier von horizontaler Karriere oder »Fachlaufbahn«. Dieses Thema haben gerade Großunternehmen bereits vor vielen Jahren für sich entdeckt, denn damit lassen sich gleich mehrere Fliegen mit einer Klappe schlagen: Neben der bereits beschriebenen Möglichkeit, entsprechende Spezialthemen in Unternehmen durch die fachliche Weiterentwicklung der MitarbeiterInnen überhaupt abdecken zu können, entzerrt die Möglichkeit einer Fachlaufbahn natürlich auch eine Ressourcenproblematik auf der vertikalen Karriereleiter. Es können nun einmal nicht alle Menschen mit Potenzial zu Führungskräften werden, sonst kommt irgendwann das gerne zitierte Problem »Wir haben bald mehr Häuptlinge als Indianer!« auf. Die Anzahl potenzieller Fachpositionen dürfte in der Tendenz immer höher sein als die Anzahl vorhandener vakanter Führungspositionen.

Die Idee hinter einer Fachlaufbahn besteht darin, MitarbeiterInnen zu fördern, die Potenzial in Richtung einer Spezialisierung zeigen. Dabei geht es aber nicht nur darum, dass jemand der »anerkannte Nerd« in einem Bereich X ist und das meiste Spezialistenwissen in sich vereint, sondern wie dieser Jemand damit umgeht. Wird das Spezialistenwissen zum Nutzen des Unternehmens eingesetzt, entwickelt die MitarbeiterIn daraus z. B. eine neue Produkt- oder Prozessidee? Gibt die MitarbeiterIn sein Wissen gut verständlich an den Schnittstellen weiter, damit der Wissensstand des gesamten Unternehmens wächst? Bringt die KollegIn neues Managementwissen ein, was sich in einem verbesserten Prozess niederschlägt? Ein Spezialist mit Potenzial hortet sein Wissen nicht und lässt das Umfeld auf diese Weise permanent spüren, wie unwissend es im Vergleich zu ihm ist, sondern er arbeitet damit aktiv, vernetzt sich darüber mit anderen und entwickelt es so – wie eine wissenschaftliche Disziplin – weiter.

Fach- oder Projektlaufbahn

Man kann unterschiedliche Formen von Fachlaufbahnen unterscheiden, wobei dies in erster Linie eine Frage der Nomenklatur ist. So kann man gegenüber einer Fachlaufbahn im Sinne einer inhaltlichen Spezialisierung sogenannte Projektlaufbahnen unterscheiden. Hier geht es, wie der Name schon sagt, darum, dass die Entwicklung des Einzelnen durch Projektarbeit geschieht. Mittlerweile gibt es viele Unternehmen, bei denen MitarbeiterInnen jahrelang immer wieder in aktuellen Projekten tätig sind (meist mehrere parallel) und dabei auch eine volle Auslastung erleben. Dennoch hört man oft bei dieser Zielgruppe die latent belastende Frage »Was wird aus mir, wenn die Projektphase vorbei ist?«

Hier tut sich jemand, der sich in der Linie, also im eigenen Aufgabenfeld spezialisiert, etwas leichter. Im Sinne der eigenen Jobsicherheit oder Employability gedacht, ist dies sicherlich die attraktivere Variante: Bei ausreichend erarbeiteter Expertise im eigenen Spezialgebiet kann man sich in den für den Unternehmenserfolg zentralen Bereichen fast schon unentbehrlich machen!

Fachliche Führung
Auch die Thematik der »fachlichen Führung« im Sinne einer horizontalen Karriere gewinnt seit vielen Jahren an Bedeutung. Viele Teamleiterfunktionen sind nicht mit einem disziplinarischen Führungsanteil ausgestattet und Begriffe wie »Matrix-Führungskräfte« halten immer mehr Einzug in Unternehmen. Menschen, die solche Funktionen bekleiden, verantworten oftmals extrem wichtige Unternehmensthemen (z. B. die Einführung neuer Technologien im Entwicklungsbereich oder der Produktion) und steuern eine hohe Anzahl an (Projekt-)Teammitgliedern und Stakeholdern (Vertreter anderer Unternehmensbereiche, behördliches Umfeld, Prüfinstanzen, Kunden usw.), ohne dass sie dabei »weisungsbefugt« wären. Wie unschwer vorstellbar ist, ist es äußerst anspruchsvoll, keine disziplinarische Macht zu besitzen, aber trotzdem auf andere einzuwirken und sie dafür zu gewinnen, etwas zu einem Thema beizutragen, das zunächst einmal für die meisten einfach nur Zusatzarbeit bedeutet. Gerade Fachführungskräfte in einem Matrixumfeld brauchen ein hohes Maß an emotionaler Intelligenz bei gleichzeitiger Frustrationstoleranz, um erfolgreich zu sein.

Wie alle Instrumente der PE bietet auch das Thema »Fachlaufbahn« potenzielle Vor- wie Nachteile – je nachdem, wie und mit welcher Intention man das Ganze handhabt. Bei der Bewertung, ob Positives oder Negatives für die MitarbeiterInnen, die eine Fachlaufbahn beginnen, überwiegt, spielen z. B. folgende Fragen eine Rolle:
* Welche Bedeutung wird der Fachlaufbahn im Unternehmen zugestanden?
* Welche Rollenposition hat die FachspezialistIn im Unternehmen?
* Wie ausdifferenziert sind die möglichen Hierarchiestufen der Fachlaufbahn (z. B. Junior-Spezialist – Spezialist – Experte – Senior-Experte)?

Tabelle 37 stellt potenzielle Vor- und Nachteile von Fachlaufbahnen in Unternehmen gegenüber.

Vor- und Nachteile einer Fachlaufbahn	
Vorteile	**Nachteile**
• Wirksame Anreiz- und Belohnungsfunktion • Zusätzliche Aufstiegschancen, Entzerrung der Engpässe bei reiner Führungskarriere, größere Flexibilität bei der Personalentwicklung • Entwicklung entlang der eigenen Stärken: kein Zwang mehr, die »beste Fachkraft« in eine disziplinarische Führungsposition zu befördern – wer möchte, kann sich im Unternehmen entwickeln, ohne »zwangsläufig« die Karriereleiter hinaufsteigen zu müssen • Möglichkeiten zur Berücksichtigung unterschiedlicher individueller Zielvorstellungen • Flexible Entgeltfindung • Bedeutung von notwendigem Spezialwissen für den Unternehmenserfolg wird unterstrichen	• Sinkende Einsatzflexibilität des Einzelnen bei zu einseitiger Spezialisierung • Wahrgenommene (oder auch intendierte!) Sackgasse/Einbahnstraße/Altersruhesitz/Treuebonus – Fachlaufbahn als Vorwand dafür • Verschärfung des Konkurrenzkampfes zwischen den MitarbeiterInnen, Förderung von Fachspezialisten-Silos; Leitfrage »Wer ist hier der Schlaueste?« – mit der Folge des Verlustes der internen Kundenorientierung • Unklare Weisungsbefugnisse (Wie viel darf die SpezialistIn anweisen?), fehlende Rollenklarheit für die Fachexperten • Job-Titel-Stilblüten (»Junior-Specialist Supply Chain Planning (national) & Strategy Implementation Management (USA/Poland)«)

Tab. 37: Vor- und Nachteile einer Fachlaufbahn

Kompetenzportfolio

Ein erster Schritt in Richtung Aufbau einer horizontalen Karrierelaufbahn in Unternehmen ist in der Regel das Aufstellen eines Kompetenzportfolios oder Competence-Mappings der MitarbeiterInnen. Dieses basiert auf den Stellenbeschreibungen, Jobprofilen und/oder dem Anforderungsprofil des Unternehmens (s. Kapitel 2.2.4 »Anforderungs- oder Kompetenzprofil«) und stellt letztendlich eine meist bereichsbezogene Tabelle dar, in der alle MitarbeiterInnen und deren Aufgabeninhalte abgebildet sind. Dies geschieht aber in einer Art und Weise, die besonders auf die »Skalierung« dieser Aufgabeninhalte abhebt, also folgende Fragen klärt:

• Was an dieser Aufgabe ist Basiswissen?
• Was ist Spezialwissen?
• Was davon ist Expertenwissen?

Durch diese Landkarte kann man mehrere Dinge zugleich erkennen:
• Ganz vordergründig natürlich, analog zu einer PE-Bedarfsanalyse, welche MitarbeiterIn weiß in welchem Thema wie gut Bescheid?
• In welchen Themen sind wir gut aufgestellt (= redundant, das Wissen wird von ausreichend Personen abgedeckt), in welchen nicht?

- Welche Themen müssen wir noch entwickeln? Welches Wissen fehlt uns insgesamt noch?
- Welche Wissensthemen müssen wir noch mehr miteinander vernetzen?
- Wer kann wem intern etwas beibringen? Wer kann z. B. als Pate tätig werden?

Dem Thema »Fachlaufbahn« muss unseres Erachtens jedes Unternehmen in den kommenden Jahren Aufmerksamkeit schenken. Man mag nun über die viel zitierten »Generations Y und Z« denken wie man will, aber es zeichnet sich in den letzten Jahren insgesamt ein »Motivationstrend« in Richtung der Aufgabeninhalte ab. Nicht, dass Hackman & Oldhams Job-characteristics-Modell (1976, 1980, s. Kapitel 2.2 »Aufgabenanalyse«) nicht auch schon vor 40 Jahren gegolten hätte – aber die jungen Nachwuchskräfte betonen die Bedeutung der Sinnhaftigkeit von Arbeit einfach expliziter. Hier zeichnen sich hervorragende Hebel für die Entwicklung dieser Menschen entlang einer entsprechenden inhaltlichen Karriere ab.

4.5.3   Jobrotation

In den Formenkreis der eng mit der täglichen Arbeit verbundenen PE-Instrumente gehört auch das Thema Jobrotation. Was versteht man darunter? Mit Jobrotation ist ein zeitlich begrenzter Wechsel eines Arbeitsplatzes in eine andere Organisationseinheit gemeint, um aktiv in dieser Organisationseinheit mit zu wirken und um zu verstehen, welche Tätigkeiten die KollegInnen dieser Einheit in Ihrem Aufgabengebiet ausüben und mit welchem Aufwand diese verbunden sind.

Perspektivwechsel – Schnittstellenprobleme überwinden
Anders als das im vorherigen Abschnitt beschriebene Thema der fachlichen Spezialisierung, bei der man sich immer tiefer in seine *eigene Aufgabenwelt* hineinentwickelt, geht es bei der Jobrotation gerade darum, »mal was ganz anderes zu machen«. Die Idee dahinter ist neben dem offensichtlich-vordergründigen qualifikatorischen Mehrwert und der Erweiterung des eigenen Spektrums häufig ein Perspektivwechsel im Sinne eines »Ich sehe die Welt mit deinen Augen«.

Bei dem hohen Ausmaß an Spezialisierung in jeder Organisation verstehen wir oftmals nicht mehr, was die KollegIn im benachbarten Bereich eigentlich genau macht. Das muss auch nicht unbedingt eine notwendige Bedingung sein, um die eigene Arbeit gut machen zu können – aber manchmal hilft es, um Schnittstellenprobleme zu überwinden. Unterschiedliche Schnittstelleninteressen sind meist angelegt in der Struktur eines Unternehmens und durchaus gewollt, z. B. bei Banken zwischen der Kreditvergabe und dem Vertrieb oder in Industrieunternehmen zwischen Projektplanern und Kundenbetreuern. Durch die »Reibung« aneinander soll sichergestellt werden, dass man insgesamt im besten Sinne für das Unternehmen und den Kunden agiert.

Manchmal entstehen hier aber auch Gräben zwischen den Bereichen und gerade hier eignet sich Jobrotation sehr gut, um diese zu überkommen. Die Aha-Erlebnisse sind bei allen Beteiligten recht groß, wenn z. B. der Innendienstkollege auch einmal mit zum Kundengespräch der Verkäuferin fährt oder die Forschungs- und Entwicklungsabteilung eine Woche in der Produktion hospitiert. Natürlich kann man Jobrotation auch ohne Not praktizieren, um sicherzustellen, dass die MitarbeiterInnen Teile oder gar die gesamte Wertschöpfungskette nachvollziehen können. In jedem Fall bekommt man so einen Blick für das, was die KollegInnen »auf der anderen Seite« so beschäftigt. Man kann die Rationalität einer Handlung der KollegInnen besser nachvollziehen (»Na klar, das müssen die so handhaben, denn sonst haben sie ein Problem mit der internen Revision!« statt »Das ist doch wieder typisch von denen, die wollen uns mit der ganzen Bürokratie nur das Genick brechen!«).

Und natürlich gilt auch hier, dass sich die persönliche »Employability« des Einzelnen erhöht, da er oder sie tendenziell in mehreren Bereichen einsetzbar wäre.

Vorgehensweisen

Grundsätzlich gibt es verschiedene Varianten, um eine Jobrotation zu realisieren, z. B.

- **Zeitgleicher, beidseitiger Tausch**: Zwei MitarbeiterInnen tauschen ihre Arbeitsplätze zeitgleich für denselben Zeitraum (»klassische« Jobrotation).
- **Zeitversetzte, beidseitige Begleitung**: In diesem Fall einigen sich zwei MitarbeiterInnen darauf, in den jeweils anderen Bereich hineinzuschauen, besuchen sich dabei aber in hintereinanderliegenden Zeitfenstern gegenseitig. Das bedeutet, einer läuft zunächst mehrere Wochen oder Monate beim anderen mit, geht dann wieder zurück an den eigenen Arbeitsplatz und im Anschluss an die Rückkehr kommt der Kollege zur Begleitung vorbei.
- **Einseitige Begleitung, vor allem zwischen Führungskräften und MitarbeiterInnen**: Immer öfter findet es sich in Unternehmen, dass auch Führungskräfte in das Aufgabenfeld ihrer MitarbeiterInnen eintauchen, um ein besseres Verständnis des operativen Geschäfts zu entwickeln. Während hingegen echte Jobrotation auf derselben hierarchischen Ebene natürlich gerade beinhaltet, dass beide Seiten in den Job der jeweils anderen Seite hineinschnuppern, ist das im Fall einer Rotation durch die Führungskraft meist nicht der Fall, d. h. es übernimmt dann *nicht* einer der MitarbeiterInnen die Führungsrolle.
- **Einmalige vs. regelmäßige Jobrotations**: Man kann einen Wechsel in einen anderen Bereich einmalig praktizieren oder aber institutionalisiert und regelmäßig (z. B. jedes Jahr zwei Mal für 3 Wochen).

Die Dauer einer Jobrotation ist ebenfalls nicht festgelegt, aber man würde bei Begleitungs- bzw. Durchführungszeiten von Stunden bis wenigen Tagen wahrscheinlich eher von »Shadowing« im Sinne von »Hineinschnuppern« sprechen, während man bei zwei Wochen bereits von Jobrotation sprechen kann.

Sonntag & Stegmaier (2007) zeigen positive Effekte von Jobrotation auf, z. B. bei der Karriereentwicklung, aber auch beim arbeitsintegrierten Lernen hinsichtlich technischer und geschäftlicher Aspekte (s. hierzu die Untersuchung von Campion, Cheraskin, & Stevens, 1994).

Menschen, die eine Jobrotation erlebt haben, berichten meist, dass sie sich dadurch verändert hätten, dass sie mal »auf der anderen Seite des Zaunes« gewesen sind. Da ist zum einen das Gefühl, besser begreifen zu können, was die andere Seite beschäftigt, aber zum anderen auch der gezielte Kompetenzausbau und die erlebte Stärkung der persönlichen Flexibilität. Hier greifen ähnliche Mechanismen wie der im obigen Abschnitt PE durch Aufgabengestaltung beschriebene Selbstregulationsmechanismus von Kanfer (1990).

Führungskräften, die in mehreren Bereichen gearbeitet haben, wird oft nachgesagt, dass sie integrativer und schnittstellenübergreifender agieren. Auch für die besuchte Seite ist der Austausch in aller Regel ein positives Erlebnis: letztendlich interessiert sich jemand für das, was man macht, nimmt einen ernst, hört aufmerksam zu, wenn man ihm etwas vermittelt – dies festigt auch das Verhältnis zu dem durch den Besucher vertretenen Bereich.

Jobrotation – Herausforderungen bei der Umsetzung

Der potenzielle Nutzen einer Jobrotation kann gewaltig sein, der dahinterstehende Aufwand ist natürlich auch entsprechend. Das wesentliche Problem bei Jobrotations sind in erster Linie die zahlreichen logistischen, aber auch vertragstechnischen Schwierigkeiten, die damit verbunden sind. Von Seiten der Personalabteilung und der PE müssen im Vorfeld sehr viele Fragen geklärt werden, gerade was die Sicherstellung der Arbeitsergebnisse des »fremdbetreuten« Bereichs betrifft. Viele können sich gar nicht vorstellen, wie es gehen soll, so lange von der eigenen Arbeit entfernt zu sein. Sie werden dann umgetrieben von Fragen wie »Was wird aus meinem Bereich oder meiner Arbeit, wenn ich nicht da bin?« Natürlich ist es für manchen auch ganz heilsam zu erfahren, dass alles noch steht, wenn man wiederkommt. Auch das Gefühl, zum einen inhaltlich nicht unentbehrlich zu sein und zum anderen auch in anderen, ggf. sogar fachfremden Bereichen zurechtgekommen zu sein, stellt ja eine innere Entwicklung für einen Menschen dar.

> **!** **Exkurs 12: Soziale Projekte – Rollentausch**
>
> Bei den Arbeitshilfen online auf mybook.haufe.de bieten wir Ihnen in einem Exkurs weitere Informationen zu einer besonderen Art der Jobrotation.

4.5.4 Mentoring und Patenschaften

Mit den hier folgenden Ausführungen zum Thema »Mentoring« und Patenschaften bleiben wir zwar im »On-the-Job-Bereich« der PE-Instrumente, verlassen aber den unmittelbaren Aufgabenbezug, der bei Themen wie »Qualifizierung durch die Arbeit« und »Jobrotation« ins Auge sticht, etwas. Beim Mentoring geht es darum, dass ein erfahrener Kollege einen »Neuling« an dessen Aufgabenfeld heranführt und dabei unterschiedlichste Ebenen berücksichtigt: nicht das Anlernen in der Aufgabe selbst steht im Vordergrund, sondern noch mehr das gesamte unternehmenskulturelle Gefüge, in das die Tätigkeit eingebettet ist. Im Folgenden gehen wir darauf ausführlicher ein.

Mentoring und Patenschaften werden vielfach als Synonyme benutzt. In unserer Beratungsarbeit hat sich eine Unterscheidung etabliert, die wir für passend halten, die man aber auch kritisch betrachten kann – sie hilft nur bei komplexeren Begleitstrukturen zu klären, was gemeint ist:

*   Unter **Patenschaften** verstehen wir die zeitlich klar auf die Einarbeitung begrenzte Begleitung einer neuen MitarbeiterIn in die Aufgabe durch eine erfahrene KollegIn aus demselben Bereich (Beispiel JuniorverkäuferIn und erfahrene VerkäuferIn). Hier steht das »Erlernen des Handwerks mit allem Drum und Dran« im Vordergrund.
*   **Mentoring** umfasst für uns potenziell noch ein bisschen mehr: es kann zeitlich deutlich länger sein, der Mentor kann aus anderen Hierarchieebenen und Bereichen kommen und legt naturgemäß ein etwas geringeres Gewicht auf die Inhalte der Aufgabe selbst als vielmehr auf die Einführung des »Neuen« in die Welt des Unternehmens.

Diese Differenzierung ist aber nicht »kriegsentscheidend« und von daher werden wir in den folgenden Zeilen auch keine methodischen Differenzierungen zwischen den Begriffen vornehmen – auch bei unserer Unterscheidung gilt, dass vieles, was ein Mentor mitbringen sollte, ein Pate genauso braucht – und umgekehrt.

Die Bedeutung von Mentoring klärt sich beim Blick in die griechische Mythologie: »Mentor« hieß ein Freund des Odysseus. Er war ein wohlwollender Lehrer und Führer in informellen Lebensweisheiten, der Odysseus' Sohn Telemach bei der Suche nach seinem Vater unterstützte. Er vereinte in seiner Art weibliche und männliche Eigenschaften.

Dementsprechend verstehen wir unter Mentoring die direkte und partnerschaftliche Beziehung zwischen einer beruflich erfahrenen und einer deutlich weniger erfahrenen Person mit Entwicklungspotenzial, die meist am Anfang ihrer beruflichen Karriere steht (Mentee, Protegé). Der Mentor gibt sein Wissen und seine Erfahrungen an eine noch unerfahrene Person weiter, um diese in ihrer persönlichen und beruflichen Entwicklung innerhalb des Unternehmens zu fördern. Ein Ziel ist dabei, das »Lernen aus eigenen Fehlern« abzukürzen. Der Mentee erhält praktische Tipps zu anforderungsrelevantem Verhalten, Beziehungsmanagement zu Kunden und innerhalb des Unternehmens, ungeschriebenen Regeln u. Ä. und kann sich so frühzeitig sicherer durch die Organisation bewegen als wenn er sich dies durch »trial & error« erarbeiten müsste. Wichtig ist dabei, dass der Mentor in keiner hierarchischen Beziehung zu seinem Mentee steht – so wie der griechische Mentor eben nicht der Vater Telemachs war und zur Familie gehörte, sondern ein Freund, der mehr »von der Seite« auf ihn schaute als von oben.

Lernthemen und -methoden

Welche Lernthemen und -methoden im gemeinsamen Prozess zum Tragen kommen, ist »Verhandlungssache« zwischen dem Mentor und seinem Protegé. Folgende Methoden können eingesetzt werden (zur weiteren Differenzierung der Funktionen des Mentoring s. Blickle & Wihler, 2013; Blickle, Witzki & Schneider, 2010):

- **Vorbildfunktion**: Der Mentor beschreibt, wie er in bestimmten Situationen vorgeht.
- **Erfahrungsaustausch**: Der Mentee beschreibt, was er erlebt hat, der Mentor kommentiert dies und bringt seine Erfahrungen ein.
- **»Lernen durch Beobachtung«**, **»Tandems«** (**»role-modeling«**): Mentor und Mentee vereinbaren gemeinsame Termine, der Mentee erlebt den Mentor in Aktion, z. B. durch Teilnahme an Meetings oder Kundenbesuchen.
- **Feedback**: Der Mentor gibt dem Mentee Rückmeldung zu wahrgenommenem Verhalten, liefert auf diese Weise auch ein Korrektiv.

Ebenen des Mentoring

Die Ebenen, auf denen Mentoring und Patenschaften greifen können, hat Scandura (1992) beschrieben. Sie unterscheidet zwischen psychosozialem, Karriere-Mentoring und role-modeling.

- **Psychosoziales Mentoring** beinhaltet die Einführung des weniger Erfahrenen in internen und externen Netzwerken, z. B. in Verbänden, bei Unternehmensveranstaltungen, Bekanntmachen in Abteilungen usw. Auch die Vermittlung eines »Stils des Hauses« oder besonderer Unternehmenskultur-Aspekte (Normen, explizite und implizite Regeln, »ungeschriebene Gesetze« usw.) gehören dazu.
- Hinweise zu persönlichen Entwicklungsmöglichkeiten für den Mentee werden als »**Karriere-Mentoring**« bezeichnet.
- **Role-modeling** beinhaltet wiederum das Vorleben von Verhalten und das damit verbundene Lernen für den Mentee.

Anforderungen an einen Mentor

Mentoring und Patenschaften stellen immer auch einen wichtigen Entwicklungsbaustein für die erfahrene Person, also den Paten oder Mentor selbst dar – Entwicklung findet also immer auf beiden Seiten statt! Die Anforderungen an einen geeigneten Mentor sind auch nicht ganz anspruchslos:

- Er oder sie braucht didaktische Kompetenz, muss in der Lage sein, Wissen zu aktivieren und personen- und aufgabenbezogen zu vermitteln.
- Der Mentor muss Geduld in der Vermittlung an den Tag legen.
- Er oder sie muss in der Lage sein, eine logische, widerspruchsfreie Darstellung von Fach- und Unternehmenswissen abzubilden.
- Auch die persönliche und soziale Kompetenz ist gefordert, etwa in Form von persönlichem Engagement und der Bereitschaft, Zeit zu investieren
- Partnerzentrierte Kommunikation ist wichtig: er oder sie muss aktiv zuhören, auf die Bedürfnisse des anderen eingehen, Feedback ausgewogen (positive und negative Anteile) vermitteln
- Der Mentor sollte Ruhe ausstrahlen, nicht drängen, dadurch Vertrauen aufbauen, Unsicherheiten aushalten (z. B. bei Mentees, die sich nicht sofort in »die richtige« Richtung entwickeln)
- Er oder sie muss vor allem in der Lage sein, eine Trennung von eigenen Zielen und denjenigen des zu beratenden Protegés vorzunehmen.
- Er oder sie braucht auch eine gewisse »Sandwich-Fähigkeit«, sollte sich also als Puffer bzw. Vermittler zwischen dem Unternehmen und dem Mentee verstehen, ohne sich dabei nur auf eine Seite zu schlagen
- Nicht zuletzt gehört dazu sicher auch eine fundierte Praxiserfahrung, optimalerweise langjährige Erfahrung im Zielbereich des Neuankömmlings, eine feste Verankerung in der Unternehmensstruktur / im Netzwerk und eine hohe Akzeptanz der eigenen Person in unterschiedlichen Hierarchiestufen; ggf. sogar eine »Vorbildfunktion« aufgrund besonderer Leistungen und/oder einer besonderen Persönlichkeit.

Da wir nicht davon ausgehen, dass es »haufenweise« Menschen gibt, die hier bei jedem einzelnen Punkt ein »Häkchen« setzen können, steckt in einigen dieser Aspekte sicherlich genau das Entwicklungspotenzial einer Aufgabe als Mentor – natürlich kann das nicht für alle der oben genannten Anforderungen gelten, denn dann muss man ggf. noch ein paar Jahre warten, bevor man für diese Rolle in Frage kommt.

Vorgehensweise
Wie implementiert man Mentoring oder eine Patenbegleitung? In der Literatur findet eine Unterscheidung zwischen informellem, sich freiwillig ergebendem, und formellen, als Ausbildungsbestandteil angelegtem Mentoring statt (Kram, 1985; Levinson, 1978; Ragins, Cotton & Miller, 2000; Allen, Eby & Lentz, 2006).

Kram (1985) fokussiert in ihrer Pionierarbeit zum Thema auf informelles, sich »natürlich ergebendes« Mentoring, bei dem sich Mentor und Mentee aufgrund von persönlichen Sympathien in einem mehrjährigen Austauschprozess mit gegenseitigem Nutzen finden. Sie unterscheidet vier Phasen des Mentorings:

1. **Initiationsphase**: Dies entspricht genau der angesprochenen Findungsphase, die zwischen einem halben und einem Jahr dauert.
2. **Kultivierungsphase**: In dieser Phase ist die Austauschbeziehung zwischen beiden auf dem Höhepunkt und läuft »selbstverständlich« ab, da beide in ihren Rollen eine perfekte Ergänzung abbilden: der Mentor erfüllt die oben beschriebenen Rollen und liefert die oben beschriebenen Vorteile, der Mentee zollt dem Mentor Anerkennung, ist loyal und versorgt ihn mit Informationen. Diese Phase dauert nach Kram 2 bis 5 Jahre.
3. **Separationsphase**: In dieser Phase kommt es nach und nach zu Problemen zwischen beiden Seiten, sei es, weil sich die Beziehung überlebt hat, der Mentee sich so entwickelt hat, dass er »flügge geworden ist« oder durch simple äußere Einflüsse wie veränderter Position des Mentees im Unternehmen. Diese Phase kann zwischen 6 Monaten und 2 Jahren dauern.
4. **Redefinitionsphase**: Nachdem sich in der vorherigen Phase die Mentor-/Menteebeziehung aufgelöst hat, kann es zu einer Neudefinition des Zusammenspiels kommen, z. B. in Form einer Freundschaft, aber auch zu einem Bruch.

Es ist sicherlich leicht nachvollziehbar, dass das freiwillige Zusammentreffen zwischen Mentee und Mentor – ähnlich wie bei der Beziehung zwischen Coachee und Coach (s. Kapitel 4.4 »Coaching«) – eine erfolgsunterstützende Grundbedingung des Zusammenspiels ist. Man »findet sich«, um in einer Art »Symbiose« mit beidseitigem Nutzen Ziele zu erreichen. Formelles, als strukturierte PE-Maßnahme angelegtes Mentoring kann natürlich allein schon aufgrund des reinen Zeitfaktors mit der informellen Variante nicht mithalten. Im Vergleich zu der von Kramer (1985) angeführten jeweiligen Phasendauer ist ein formeller Mentoringprozess auf ein halbes bis maximal 2 Jahre angelegt – in der Regel finden sich angelegte Begleitungen von ca. 1 Jahr, und damit liegt man deutlich unter den angenommenen Zeiten eines informellen Mentorings.

Erfolgsfaktoren

Dass informelles Mentoring daher reibungsloser vonstattengeht, überrascht nun sicher nicht sonderlich, aber zum Glück lassen sich auch für formelles Mentoring Erfolgsfaktoren identifizieren (z. B. Ragins et al., 2000; Viator, 1999, Chao, 2009, Allen, Eby & Lentz, 2006):

- **Einfluss(-gefühl) auf »Matching«** zwischen Mentor und Mentee: Wenn zu Beginn zumindest die Chance eines »Ausoptierens« besteht, verläuft das Mentoring in der Regel erfolgreich (auch wenn diese Option gar nicht gezogen wird, könnte man es tun, man steuert also mit).
- **Wahrnehmung des Mentoring freiwillig**: Hierzu gibt es gemischte Befunde und daher keine klare Sachlage. Unserer Erfahrung nach kommt hier wieder das Thema »Prozessgestaltung« zum Tragen: auch wenn die Teilnahme am Mentoring für die Mentees verpflichtend ist, kann man sie vom Nutzen überzeugen, indem dieser zu Beginn des Prozesses transparent dargestellt wird.

- **Regelmäßigkeit / Häufigkeit der Treffen**: Wie beschrieben: die meisten Mentorings scheitern daran, dass man sich zu selten sieht, um genau die notwendige Vertraulichkeit zu entwickeln, damit aus den Treffen Lerneffekte entstehen können.

- **Trainingsmaßnahmen / Hinweise auf Ziele des Mentoring**: Hier vor allem für die potenziellen Mentoren, so dass sie abgestimmt agieren und sich adäquat auf ihre Rolle vorbereiten können.

- **Geographische Nähe**: Auch hier ist die Ergebnislage aus der Forschung nicht eindeutig: ggf. liegen hier auch Vermischungen vor, denn geographische Nähe unterstützt natürlich die Regelmäßigkeit von Treffen und das ist definitiv ein Erfolgsfaktor (s. Punkt weiter oben). Dennoch gibt es auch funktionierende Mentorings trotz weiterer Anreisewege.

- **Gleicher Bereich**: Dies wirkt sich positiv aus, sicherlich, weil natürlich die Effekte des Karrierementoring und des psychosozialen Mentoring im eigenen Bereich größer sind.

- **Berücksichtigung von Hierarchien**: Hier gilt ein ähnliches Argument wie im vorherigen Punkt: höherrangige Mentoren haben potenziell mehr Hebel. Doch auch hier liegen gemischte, teils gegenläufige Befunde vor, denn ein zu hoher Rang kann auch wiederum zu »Hemmungen« beim Mentee führen, der sich dann vielleicht nicht mehr traut, alle Fragen zu stellen, die ihm auf der Seele brennen. Allerdings konnten Blickle, Witzki & Schneider (2009) nachweisen, dass eine hohe Machtposition des Mentors eindeutige Effekte auf ganz konkrete Nutzenaspekte wie Gehaltsanstieg in den ersten beruflichen Jahren hat.

Neben dem vordergründigsten Thema, dass der Mentor keine Zeit für regelmäßige Treffen findet, lassen sich »im Feld« auch noch weitere Risiken, die einen Misserfolg des Mentoringprozesses hervorrufen können, beobachten:

- Keine Ziele im Gespräch, die Vertrauensbeziehung baut sich nicht auf und der Mentee sieht keinen Zusatznutzen im Mentoring.

- Der Mentor wird von der Linienführungskraft des Mentee als »Störfaktor« gesehen, der diesem Zeit klaut.

- Der Mentor wird als Konkurrent des Führungskollegen wahrgenommen, der im schlimmsten Fall noch den Mentee »abgreifen« möchte.

- Der Mentor wird als »Spion« gesehen, der die Leistung der KollegIn als Führungskraft überprüft.

- Der Mentee wird als »schwach« wahrgenommen, weil er »einen Mentor braucht« und sich nicht direkt mit seinem Vorgesetzten selbst austauscht.

- Der Mentor missversteht seine Rolle und tritt als »Polizei« auf, indem er direkt zur Führungskraft des Mentees geht und diesen mit Fragen wie »Was ist denn da bei Euch im Bereich los?« konfrontiert. In der Folge wird der Mentee natürlich verunsichert und traut sich nicht mehr, offen zu sprechen oder »sitzt zwischen den Stühlen« und meidet das Mentoring.

- Blickle, Schneider, Meurs & Perrewé (2010) beschreiben darüber hinaus subjektive Hürden wie Befürchtungen auf Seiten des Mentees, wie vermuteter Neid der direkten KollegInnen, die keinen Mentor haben, und Angst vor Unterstellungen aus dem Umfeld, z. B. hinsichtlich der Natur der Beziehung zwischen Mentee und Mentor.

Mentoringsystem mittels Implementierungsprozess einführen

Ein Mentoringsystem (und nach unserem Verständnis gilt dies für eine Patenschaft nur in abgeschwächtem Maße, da diese noch etwas stärker an der Aufgabe orientiert ist) stellt zwar eine lohnenswerte Variante der On-the-Job-PE dar, weil sie Entwicklung in zwei Richtungen, für den Mentor und den Mentee abbildet, muss aber mit einem klar strukturierten Implementierungsprozess in das Unternehmen eingeführt werden. Hierbei sollte zuerst geklärt werden, ob die Führungskräfte mit einem solchen System zurechtkommen. Weiterhin muss man Zeit darauf verwenden, den intendierten Nutzen des Prozesses zu skizzieren, die richtigen potenziellen Mentoren zu finden und frühzeitig mit dem sogenannten Matching zwischen »Neuling« und erfahrener KollegIn beginnen, damit die eigentliche Begleitung während der Einarbeitungszeit ohne weitere »Warmlaufphase« beginnen kann. Und auch der Ausstieg aus dem Programm sollte bewusst gestaltet werden, indem man auf beiden Seiten, beim Mentor und beim Mentee, evaluiert, was man aus dem Prozess für sich ziehen konnte und welche der oben genannten Faktoren (Frequenz der Treffen, Position des Mentors, geographische Nähe usw.) am meisten dazu beigetragen haben.

Im Idealfall schaffen Sie es, den formellen Mentoringprozess so zu gestalten, dass sich nach dessen »offizieller Abrundung« (z. B. in Form einer gemeinsamen Abschlussveranstaltung) ganz ohne Ihr Zutun eine informelle Mentoren-/Menteebeziehung weiterspinnt. Wenn das geschieht, können Sie sicher sein, dass die PE-Maßnahme »Mentoring« perfekt gegriffen hat.

4.5.5   Einsatz als AC-BeobachterInnen

Schon im Kapitel 2.3.4 »Assessment-Verfahren« haben wir darauf hingewiesen, dass es einerseits nicht immer leicht ist, BeobachterInnen für ACs zu gewinnen, andererseits aber danach – bei fast allen Erstbeobachtern – wieder die Rückmeldung kommt »Das hat mir viel gebracht!«. Hierfür möchten wir an dieser Stelle nochmals sensibilisieren und Ihnen die Chancen näherbringen, die On-the-Job-PE-Maßnahmen dieser Art bieten.

Ähnlich wie beim Thema »Mentoring« handelt es sich auch hier um eine Entwicklungsmaßnahme, die nicht unmittelbar etwas mit der Verrichtung der täglichen Arbeit zu tun hat. Andererseits gehören das »systematische Beobachten« von Menschen und das Einschätzen ihrer Leistungen zu den Anforderungen aller Führungskräfte. Und obwohl dies so ist, berichten viele Führungskräfte, die erstmalig als BeobachterInnen an einem AC teilnehmen, dass das dortige Einschätzen »eine ganz andere Nummer« sei. Auch die Anforderung, einer KandidatIn am Ende eines ACs innerhalb von 30 Minuten ein kritisches, aber dennoch motivierendes Feedback zu geben, stellt für die meisten AC-BeobachterInnen eine echte Herausforderung dar.

Weitere Lernfelder, die immer wieder zitiert werden, sind:

- Schärfung der Wahrnehmung für Verhaltensmuster
- Sensibilisierung bezüglich der eigenen »Schubladentendenzen«, Transfer auf die persönlichen Wahrnehmungsverzerrungen bezogen auf die eigenen MitarbeiterInnen
- Besseres Verständnis für die Anforderungen des eigenen Unternehmens
- Erkennen von Suchräumen für verhaltensbezogenes Feedback, auch außerhalb eines AC-Rahmens (»Nach dem Kriterium könnte ich auch meinen MitarbeiterInnen öfters mal Feedback geben.«).
- Trennung von Verhaltensbeobachtung und -beurteilung
- Haltung und Einstellung anderen Menschen gegenüber: Offenheit für andere Sichtweisen und Perspektiven
- Sensibilisierung für das Qualitätsverständnis der PE und des Unternehmens im Zusammenspiel mit anderen Menschen, z. B. externen BewerberInnen

Letztendlich wollen wir mit der Darstellung dieser On-the-Job-Maßnahme auch für einen gewissen Pragmatismus plädieren: Wenn Sie als Personalentwickler ein AC planen, dann sollten Sie die gute Gelegenheit nutzen und Ihren Führungskräften das Lernen auf der Metaebene ermöglichen, indem Sie sie hierfür als BeobachterInnen gewinnen.

4.5.6 Feedback-/Reflexionstagebuch

Zur Abrundung des Kapitels 4.5 »On-the-Job-Maßnahmen« gehen wir noch auf eine Methode ein, die zwar ungewöhnlich erscheinen mag, tatsächlich aber ein wirksames Instrument zur Selbstreflexion für die sich entwickelnden MitarbeiterInnen ist: das Feedback- oder Reflexionstagebuch.

Wir hatten in den vorherigen Abschnitten von den qualifizierungsförderlichen Aspekten der Arbeit an sich gesprochen: Man hat eine Aufgabenstellung vor sich, die gelöst werden muss, man stimmt sich hierzu mit anderen ab, es funktionieren Dinge, dann wieder nicht, also muss man Hindernisse überwinden. Und so befindet man sich in einem operativen Fluss der Bearbeitung. Parallel laufen natürlich Wahrnehmungsprozesse und Reflexionen in uns ab, d. h. Gedanken wie »Habe ich das jetzt gerade gut im Team rübergebracht?«, »Warum reagiert sie jetzt so abweisend?«, »Jetzt habe ich die

Idee, wie wir das angehen können!« oder »Nur ein paar Wochen später und ich sehe das Thema jetzt mit ganz anderen Augen!« Dies seien jetzt nur ein paar ausgewählte Gedankenfetzen aus Abermillionen möglicher Erkenntnisse, die einen in der täglichen Arbeit begleiten. All diese Erkenntnisse sind unsere Basis für persönliche Lernprozesse – je bewusster wir damit umgehen, desto größer ist die Chance, dass wir hieraus für uns selbst einen Schluss ziehen können.

Die Antennen der emotionalen Intelligenz entwickeln
Und genau dort setzt eine Methode wie das Führen eines Feedback- oder Reflexionstagebuchs an: Es geht darum, diesen Gedanken und Wahrnehmungen mehr Bewusstsein zu verschaffen, als wir es sonst im operativen Fluss tun würden. Und es bedeutet, dass wir uns Zeit nehmen, diese Gedanken und Wahrnehmungen zu verschriftlichen, sei es »old school« auf Papier oder digital mittels App auf dem Smartphone. MitarbeiterInnen, die ein Reflexionstagebuch führen, erreichen damit ein tieferes Verständnis dessen, was sie tun, weil sie sich auf der Metaebene zusätzlich Gedanken dazu machen, *wie* sie es tun und wie sie dabei auf andere wirken. Sie verfeinern also die Antennen ihrer emotionalen Intelligenz.

Ein Feedbacktagebuch ist ein hervorragendes Instrument, um sich in den eigenen Entwicklungsphasen differenziert zu betrachten. Wir wollen aber auch keinen Hehl daraus machen, dass die Einführung eines solchen Tagebuchs, sei es im Rahmen eines Einzelcoachings oder als Teil eines Entwicklungsprogramms für eine Zielgruppe, für viele erst einmal irritierend ist. Man hört dann schon einmal »Wofür soll das denn jetzt gut sein, muss ich auch noch Tagebuch schreiben?« Aber auch hier erhalten wir dann nach einer gewissen Zeit die Rückmeldung »Hätte ich nicht gedacht, aber ich kann daraus doch einiges ziehen!«

Letztendlich können Sie als VertreterIn der PE gerade bei Entwicklungsprogrammen für (angehende) Führungskräfte auch einen gewissen Anspruch in den Raum stellen, dass sich die Zielgruppe selbst besser kennen lernt. Erfolgreiche Führungskräfte haben ein Gespür für ihre eigene Wirkung und ihr Umfeld und diese PE-Methodik unterstützt sie dabei, dieses Gespür zu entwickeln oder zumindest zu verfeinern.

Vorschlag für die Arbeit mit einem Führungstagebuch
Im folgenden Absatz finden Sie ein Beispiel für ein Führungstagebuch, bestehend aus mehreren Reflexionsabschnitten, die während eines 1-jährigen Ausbildungsprogramms zu 4 Zeitpunkten bearbeitet werden sollten. Das Tagebuch war wie ein Notizheft aufgebaut, d. h. zwischen den vier Abschnitten mit den untenstehenden Fragen waren leere Seiten, auf denen die Programmteilnehmer Erkenntnisse stichwortartig festhalten, sich vorgenommene Aktionen notieren oder reflexionswürdige Erlebnisse vermerken konnten.

Reflexionsfragen aus einem Führungstagebuch

1. Persönliche Lernerfahrungen
   - Welche Lernerfahrungen habe ich als Führungskraft gemacht?
   - Welche Erfahrungen möchte ich noch sammeln, was möchte ich noch lernen?
2. Stärken-/Schwächenanalyse
   - Welche Feedbacks zu meiner Person habe ich erhalten?
   - Förderliche Eigenschaften für mich als Führungskraft (Selbsteinschätzung / Einschätzung durch meine Führungskraft)
   - Hinderliche Eigenschaften für mich als Führungskraft (Selbsteinschätzung / Einschätzung durch meine Führungskraft)
3. Ziele/Maßnahmen/Entwicklungsmöglichkeiten
   - Welche Ziele habe ich mir seit dem letzten Mal gesetzt?
   - Wie gut habe ich diese Ziele erreicht (z. B. Schätzung in Prozent)? Wenn ich sie nicht erreicht habe: was waren die Hinderungsgründe?
   - Welche Ziele setze ich mir bis zum nächsten Mal, wenn ich in das Tagebuch schaue? Was kann ich konkret – im ersten Schritt – tun, um diese Ziele zu erreichen?
   - Welche Unterstützung wünsche ich mir hierfür? Wen aus meinem Umfeld (Führungskräfte, KollegInnen, Lern-Team ...) kann ich ansprechen, um mir Unterstützung zu holen?

Arbeitshilfe: Reflexionsfragen   !

Diese Reflexionsfragen finden Sie auch bei den Arbeitshilfen online auf mybook.haufe.de aufbereitet in einer Tabelle zum sofortigen Einsatz, am Bildschirm oder auf dem Ausdruck.

Beim Lesen der Fragen werden Sie bemerkt haben, dass diese ein relativ großes Spektrum an Anforderungskriterien abdecken: es geht vornehmlich um Selbstreflexion, aber auch um Selbststeuerung, Zielorientierung, Handlungsorientierung, Kritikfähigkeit, Teamfähigkeit, Kommunikationsfähigkeit – durch die Fragen ist der oder die Tagebuchführende angehalten, in Kontakt mit seinem Umfeld zu treten, sich durch Kommunikation zu vernetzen. Dadurch unterstützt diese Methode auch eine offene, moderne Feedbackkultur im Unternehmen.

Diese Art von Feedbackkultur ist auch eine Grundvoraussetzung für das Funktionieren der führungsbezogenen PE-Instrumente, auf die wir im folgenden Abschnitt eingehen.

4.6   Führungsbezogene Personalentwicklungsinstrumente

In diesem Abschnitt wollen wir der Tatsache Rechnung tragen, dass einer der wichtigsten »Hebel« für eine funktionierende Personalentwicklung die Führungskräfte eben jener zu entwickelnden Menschen sind:

Führungskräfte …
- erleben ihre MitarbeiterInnen in der täglichen Arbeit.
- vereinbaren Ziele mit diesen und überprüfen deren Erreichung.
- unterstützen, kritisieren und korrigieren, geben also Feedback.
- machen sich Gedanken über die notwendige Weiterentwicklung der Einzelnen und haben idealerweise ein Gesamtbild, in welche Richtung es für sie gehen soll.

Kurz: Führungskräfte sind Personalentwickler im operativen Geschäft! Und diese Rolle transportieren sie in erster Linie über die mit den MitarbeiterInnen geführten Gespräche hinsichtlich deren Leistungen und Potenzialen, meist im Rahmen von Mitarbeiterbeurteilungssystemen oder institutionalisierten Jahresgesprächen, aber auch anlassbezogen und spontan. Sowohl die Einzelleistung der MitarbeiterInnen als auch die reibungslose Zusammenarbeit verschiedener Unternehmenseinheiten, Abteilungen oder Projektteams sind Bestandteil dieses Austauschs.

Die Motivation und die Entwicklung der MitarbeiterInnen sind zu einem erheblichen Teil von genau diesem zeit- und ereignisnahen, regelmäßigen Feedback abhängig. Die MitarbeiterInnen eines Unternehmens benötigen eine Rückmeldung, um sich über Stärken und Schwächen, Entwicklungspotenziale und Perspektiven klar zu werden. Der Wunsch einer Organisation nach leistungsstarken MitarbeiterInnen deckt sich im Idealfall mit den Wünschen der MitarbeiterInnen, herausfordernde Aufgaben zu übernehmen und im Unternehmen zu wachsen (s. Kapitel 4.5.1 »Personalentwicklung durch Aufgabengestaltung«).

Differenzierung der Begriffe Mitarbeiterbeurteilung und Mitarbeitergespräch
Im Folgenden möchten wir näher auf die unterschiedlichen Varianten der führungsbezogenen PE-Instrumente eingehen, doch zunächst starten wir mit der Differenzierung einiger Begrifflichkeiten. Wir sprechen hier zum einen von Mitarbeiterbeurteilung, zum anderen von Mitarbeitergesprächen. Das eine kann oftmals ohne das andere nicht funktionieren, impliziert aber jeweils einen unterschiedlichen Umfang an Inhalten.

Am konkreten Beispiel dargestellt: Wenn Sie eine Mitarbeiterbeurteilung durchführen, dann werden Sie die Ergebnisse – optimalerweise dialogisch – in einem Gespräch mit den betreffenden MitarbeiterInnen durchgehen. Also findet bei nahezu allen Mitarbeiter*beurteilungen* auch ein Mitarbeiter*gespräch* statt (natürlich gibt es auch EDV-basierte Varianten der Mitarbeiterbeurteilung, aber auch bei einem 90°-Feedback-Onlinetool wird man als Führungskraft nicht umhinkommen, die Ergebnisse mit dem Gegenüber irgendwann zu *besprechen*).

Andererseits führen Sie natürlich nicht nur Mitarbeitergespräche im Rahmen von Beurteilungsmitteilungen. Mitarbeitergespräche können kurze, tägliche Rückmeldungen sein, Karriereentwicklungsgespräche, Zielvereinbarungen, ein kurzer Info-

Austausch – weiter unten geben wir Ihnen eine Übersicht über alle möglichen Formen des Mitarbeitergesprächs. Somit ist wiederum nicht jedes Mitarbeitergespräch
mit einer Beurteilung gleichzusetzen. Gleichzeitig ist es aber wiederum so, dass die
Summe aller Mitarbeitergespräche, die Sie über das Jahr hinweg führen, wahrschein-
lich ein Gesamtbild der MitarbeiterIn entstehen lassen, das wiederum auch in die
Gesamtbeurteilung am Ende des Jahres einfließt. So oder so kann man sagen, dass
Mitarbeitergespräche, egal welcher Natur sie sind, immer eine gewisse Zielrichtung
haben, bedeutungsvoll sind (auf jeden Fall für die MitarbeiterInnen) und auf lange
Sicht wiederum eine mittelbare oder unmittelbare Verknüpfung zur Einschätzung und
Beurteilung der MitarbeiterInnen haben.

4.6.1   Mitarbeiterbeurteilungssysteme

Lassen Sie uns zunächst einen Blick auf das Thema der Mitarbeiterbeurteilung werfen.
Das Ziel der Mitarbeiterbeurteilung lässt sich nach Schuler & Prochaska (1992) folgendermaßen zusammenfassen:

»Leistungs- und Potenzialdaten werden im organisationalen Kontext zum Zwecke der
individuellen Auswahl, Beurteilung und Förderung erhoben, um Über- und Unterforde-
rung von MitarbeiterInnen zu vermeiden, Entwicklungsmöglichkeiten zu sichern und
gleichzeitig die Effizienz von Organisationen zu steigern.«

Systematische Mitarbeiterbeurteilung kann sich grundsätzlich auf drei Ebenen voll-
ziehen, die sich bezüglich der zeitlichen Häufigkeit, der Funktion und der Verfahren
unterscheiden lassen (Schuler, 2004).

Drei Ebenen von Mitarbeiterbeurteilung (nach Schuler, 2004)		
Ebene	**Funktion**	**Verfahren**
1. Day-to-Day-Feedback (regelmäßig, ohne Terminierung)	• Verhaltensfeedback • Lernen • Unterstützung	»Spontanes« Gespräch, zeitnah nach Ereignis
2. Leistungsbeurteilung (1- bis 2-mal im Jahr, ggf. Zwischentermine)	• Leistungseinschätzung • Zielsetzung • Entwicklungsmöglichkeiten	• Jahres-/Mitarbeitergespräch • Mitarbeiterbeurteilungssystem
3. Potenzialanalyse (ca. alle 2 bis 5 Jahre)	• Fähigkeits- und Potenzialeinschätzungen • Differenziertes Feedback • Prognosen, Personalplanung • Karriereplanung	• Assessment-Center • Management-Audit • Strukturierte Interviews • 360°-Feedbacks • Potenzialeinschätzungsrunden

Tab. 38: Drei Ebenen von Mitarbeiterbeurteilung (nach Schuler, 2004)

Die **erste Ebene** bezieht sich auf das alltägliche Arbeitsverhalten und lässt sich als alltägliches Feedback umschreiben. Dieses funktioniert nach dem Prinzip der Kontingenz, d. h. das Day-to-Day-Feedback muss in unmittelbarem Zusammenhang mit der zu beurteilenden Arbeitshandlung stehen, um wirksam zu sein.

Die **zweite Ebene** besteht in regelmäßig stattfindenden, institutionalisierten Leistungsbeurteilungen, die in bestimmten Abständen zwischen Vorgesetztem und MitarbeiterIn stattfinden (z. B. 1-mal jährlich), und die meist in Form eines teilstandardisierten Gesprächs ablaufen. Inhalt dieser Gespräche sind neben konkret-objektiven Aspekten wie Verkaufs- und Umsatzzahlen oder Gehaltsfragen auch erstrebte Zielzustände, Fördermaßnahmen oder Karriereschritte (auf die unterschiedlichen Gesprächsformen gehen wir im Abschnitt Mitarbeitergespräche weiter unten ausführlich ein). Zur Unterstützung bei der Beurteilung werden Einstufungsverfahren genutzt (z. B. Skalen zur Verhaltensbeobachtung, s. Kapitel 2.3 »Personenanalyse«).

Auf der **dritten Ebene** spricht man von Potenzialanalyse. An diese Form der Personalbeurteilung werden besondere Ansprüche gestellt, da sie als Grundlage für gezielte Personalentwicklungsmaßnahmen genutzt wird und eine zeitliche Perspektive von einem Jahr oft deutlich übersteigt, etwa bei der Besetzung von höheren Führungspositionen (s. hierzu Kapitel 4.1.3 »Potenzialanalysen und Assessments«).

Diese Fragen klären Sie mittels der Mitarbeiterbeurteilung

Folgende Fragen werden mit Hilfe des Instruments Mitarbeiterbeurteilung geklärt:
* In welchen Bereichen liegen die Stärken und Schwächen einer MitarbeiterIn?
* Für welche Positionen ist eine MitarbeiterIn mehr oder weniger geeignet?
* Wird eine MitarbeiterIn den Anforderungen seiner Position gerecht?
* Auf welchen Gebieten besteht individueller Schulungsbedarf?
* Welche Potenziale besitzt die MitarbeiterIn und welche Karriereschritte sind einzuleiten?

Beim Lesen dieser Fragen werden Ihnen schnell die Parallelen zu dem auffallen, was wir in Kapitel 2.3 als Inhalte der »Personenanalyse« beschrieben haben. Die Einschätzung der MitarbeiterInnen im Rahmen von Beurteilungssystemen finden in aller Regel und idealerweise vor dem Hintergrund eines konkreten Anforderungsprofils statt (s. Kapitel 2.2.4 »Anforderungs- oder Kompetenzprofil«). Sie basiert also auf beschreibbaren und mit Verhaltensbeispielen unterlegten Kriterien.

Dieses Profil sollte in Form eines Beurteilungsbogens abgebildet werden, den die Führungskräfte zur Einschätzung ihrer MitarbeiterInnen nutzen können. Aufgrund bekannter Verhaltens-Erfolgs-Zusammenhänge werden bestimmte Verhaltensweisen angestrebt, deren Vorhandensein leicht überprüfbar und die bei Ausbleiben auch trainierbar sind – im Gegensatz zu dahinter vermuteten »Persönlichkeitszügen«. Diese

Form der Beurteilung ist informativer und motivationsförderlicher als eine »fest in Stein gemeißelte« Charakterisierung des Gegenübers (s. Kapitel 2.3 »Personenanalyse«, sog. Verhaltensbeobachtungs-Skalen oder verhaltensverankerten Einstufungsskalen mit Beispielen für erfolgsrelevantes und nicht-erfolgsrelevantes, beobachtbares Verhalten, basierend auf der CIT).

Arbeitshilfe: Mitarbeiterbeurteilung   **!**

Bei den Arbeitshilfen online auf mybook.haufe.de finden Sie einen Beispielbogen zur Mitarbeiterbeurteilung als Arbeitsgrundlage.

Die Implementierung eines individuellen Mitarbeiterbeurteilungssystems verfolgt mehrere strategische Ziele: Auswahl, Beurteilung und Förderung der MitarbeiterInnen. Eine differenzierte Beschreibung aller Funktionen der Beurteilung berücksichtigt die Ziele der MitarbeiterInnen *und* des Unternehmens. Idealerweise stimmen diese überein oder führen zum selben Ergebnis.

Verschiedene Funktionen des Mitarbeitergesprächs	
Funktion	**Individuelle und organisationale Ebene**
Interne und externe Personalselektion	Individuell: Auswahl, Platzierung, Beförderung, Versetzung, Übernahme, Kündigung
	Organisational: Strategische Personalplanung, Personalmarketing
Personalentwicklung	Individuell: Maßnahmen zur eigenen Entwicklung (Erhöhung der Verantwortung, soziale Kompetenzerweiterung, Entwicklung der beruflichen Fähigkeiten)
	Organisational: Strategische Personalentwicklung, Laufbahn-, Nachfolgeplanung usw.
Beratung und Förderung von MitarbeiterInnen	Individuell: Beurteilung; Förderung, individuelle Zielsetzung zur Weiterentwicklung im Beruf
	Organisational: Transparenz der Aufgabe, der Karrierepfade, der Entwicklungsmöglichkeiten
Darstellung des Anforderungsprofils der Position	Individuell: Transparenz der Anforderungen, Stellenbeschreibung
	Organisational: Transparenz der Organisation, Organigramm, Vergleichbarkeit der Beurteilung
Evaluation von Personalentwicklungsmaßnahmen, Organisationsentwicklungsprozessen und personellen Entscheidungen allgemein	Individuell: Rückmeldung zur eigenen Entwicklung im Gesamtkontext
	Organisational: Wirksamkeitsüberprüfung, Return on Investment (ROI) im HR-Bereich

Verschiedene Funktionen des Mitarbeitergesprächs	
Funktion	**Individuelle und organisationale Ebene**
Gehaltsabstimmung	Individuell: Meilenstein für die Verhandlung extrinsischer Motivationsfaktoren
	Organisational: Etablierung eines in der Beurteilung mit verankerten Gehaltssystems
Gestaltung der Arbeitsbedingungen	Individuell: Optimierung der vorhandenen Bedingungen
	Organisational: Feststellen von Maßnahmen zur Effizienz- und Qualitätssteigerung
Leistungsverbesserung durch Verhaltensfeedback der MitarbeiterInnen	Individuell: Klare und zeitnahe Hinweise auf Stärken und Schwächen, Rückmeldung
	Organisational: Kontinuierliche Optimierung des Mitarbeiterverhaltens

Tab. 39: Verschiedene Funktionen des Mitarbeitergesprächs

Die oben beschriebenen strategischen Ziele sollten allen Beteiligten bei der Implementierung eines Mitarbeiterbeurteilungssystems im Unternehmen transparent gemacht werden, um die Akzeptanz des gesamten Verfahrens zu sichern.

Checkliste: Implementierung eines Mitarbeiterbeurteilungssystems
Folgende Checklistenfragen helfen Ihnen für die Vorbereitung und Implementierung eines funktionierenden Mitarbeiterbeurteilungssystems:

- Beide Seiten, Führungskraft und MitarbeiterIn, sollten dem Beurteilungsgespräch mit Offenheit entgegentreten. Die Beurteilung sollte immer von demjenigen erteilt werden, der das Verhalten der MitarbeiterIn am besten kennt (in aller Regel die direkte Führungskraft).
- Die Beurteilung verläuft nicht einseitig, sondern ist als gemeinsames gleichberechtigtes Feedback-Gespräch zu sehen. Die MitarbeiterIn sollte zunächst immer eine Selbstbeurteilung abgeben. Beide Seiten können dann darlegen, warum sie zu der angegebenen Einschätzung gelangt sind. Es werden auf Basis der Beurteilungswerte Stärken und Schwächen der MitarbeiterIn diskutiert und der Verbesserungs- bzw. Veränderungsbedarf erörtert.
- Es werden konkrete Verhaltensweisen, keine Charakterzüge beurteilt. Verallgemeinerungen sollten in jedem Fall vermieden werden; das Feedback sollte differenziert, ausdrücklich und angemessen sein. Lob und Kritik müssen anhand von konkreten Beispielen begründbar sein. Es wird nicht nur Spitzen- sondern auch Dauerleistung beurteilt.
- Das Gespräch ist keine erzwungene Einigung. Es geht nicht um eine einseitige Veränderung. Die MitarbeiterIn sollte zu der Einschätzung der Führungskraft so stehen, dass es nicht um negative Kritik, sondern um eine Arbeitsbasis zur Verbes-

serung der gemeinsamen Zielverfolgung geht. Lösungsvorschläge sollten von der MitarbeiterIn und der Führungskraft gemeinsam erarbeitet werden.

- Beide Seiten verpflichten sich zur Verfolgung der angegebenen Ziele und zu diesbezüglich notwendigen Maßnahmen.
- Es muss im Vorfeld entschieden werden, ob die Beurteilung auch gleichzeitig eine Gehaltsabstimmung nach sich zieht. Halten Sie sich bitte vor Augen, dass leistungslohngekoppelte Mitarbeiterbeurteilungen naturgemäß anders verlaufen als solche, bei denen die Beurteilung und der Bonus zunächst getrennt sind.

Wie bereits weiter oben erwähnt: die Vermittlung einer Leistungsbeurteilung findet in aller Regel in Form eines Face-to-Face-Austauschs zwischen Führungskraft und MitarbeiterIn statt. Im folgenden Abschnitt gehen wir aufgrund der großen Bedeutung des Mitarbeitergesprächs als PE-Instrument nochmals ausführlich darauf ein.

4.6.2   Mitarbeitergespräche

Das Mitarbeitergespräch ist ein entscheidendes kommunikationsbezogenes Führungsinstrument, das gleichzeitig als Beurteilungsinstrument, als Zielvereinbarungsinstrument, als Orientierungshilfe sowie als Personalentwicklungs-Werkzeug dient. Es stellt den Übergang des Managementregelkreises (Zielsetzung → Planung → Entscheidung → Realisierung/Organisation → Kontrolle → Zielsetzung …) von Kontrolle zu neuer Zielsetzung dar und sollte deshalb institutionalisiert sein und in regelmäßigen Abständen stattfinden. Durch das Gespräch erhalten die MitarbeiterInnen gewisse Richtlinien bezüglich des eigenen Arbeitsverhaltens, indem sie sowohl ein Feedback für vergangenes Verhalten als auch Zielvorgaben für die zukünftige Leistung zusammen mit dem Vorgesetzten erarbeiten.

Wie bereits erwähnt, gibt es sehr viele unterschiedliche Formen von Mitarbeitergesprächen. Klassischerweise hat man beim Begriff des Mitarbeitergesprächs eben das »institutionalisierte«, meist einmal im Jahr stattfindende Gespräch (daher auch synonym »Jahresgespräch«) vor Augen, das oft eine Beurteilung (daher auch synonym als »Mitarbeiterbeurteilungsgespräch« bezeichnet) und eine Zielvereinbarung (daher auch synonym »Zielvereinbarungsgespräch«) beinhaltet. Aber es gibt noch einige andere Formen von Mitarbeitergesprächen, die wir in der folgenden Tabelle zunächst einmal hinsichtlich des zeitlichen Horizonts und der Regelmäßigkeit vergleichend gegenübergestellt haben.

Übersicht: Regelmäßige und bedarfsbezogene Formen des Mitarbeitergesprächs	
Regelmäßige Führungsgespräche	**Bedarfsbezogene Führungsgespräche**
gehen oft ineinander über, finden regelmäßig statt, z. B. einmal im Jahr	
• Mitarbeiter-/Jahresgespräch • Zielvereinbarungsgespräch • Laufbahngespräch • Karrieregespräch • Gehaltsgespräch • Qualifikationsgespräch • …	• Tägliche (»kleine«) Mitarbeitergespräch • Anerkennungsgespräch • Kritikgespräch • Perspektiv-/Motivationsgespräch • Einstellungsgespräch (Einstellungsinterview) • Einführungsgespräch • Coaching-/Beratungsgespräch • Austrittsgespräch • Entlassungsgespräch • …

Tab. 40: Übersicht über regelmäßige und bedarfsbezogene Formen des Mitarbeitergesprächs

! Arbeitshilfe: Mitarbeitergespräche – Formen und Funktionen

Bei den Arbeitshilfen online auf mybook.haufe.de finden Sie eine Übersicht, in der wir die Inhalte der unterschiedlichen Mitarbeitergesprächsformen für Sie ausführlicher beschreiben, um Ihnen einen Eindruck der Vielfältigkeit dieses Führungs- und Entwicklungsinstrumentes zu vermitteln.

Der Aufbau dieser unterschiedlichen Gesprächsformen ist meist recht »generisch«. Der grundlegende Ablauf eines jedweden zielbezogenen Gesprächs im professionellen Rahmen, sei es mit einem Kunden, einer KollegIn oder eben einer MitarbeiterIn, lässt sich folgendermaßen umreißen:

• Vorbereitung: Inhaltlich (Agenda), auf die Person, Räumlichkeiten, Störungsfreiheit
• Warm-up, Kontakt aufbauen, Atmosphäre herstellen, Interesse zeigen
• Vorinformation (Ziele/Zeitrahmen), Zielbeschreibung, Aufgabenstellung, Problembeschreibung
• Situationsanalyse, Hintergründe, Sichtweisen austauschen
• Lösungsansatz
• Zielvereinbarung, Abschluss, Zusammenfassung, Verbindlichkeit, Akzeptanz sichern
• Nachbereitung: Nachhalten, Ergebnisse sichern, weiteren Termin vereinbaren

Natürlich gibt es je nach Anlass und Gegenüber auch Nuancen: so fällt z. B. bei einem gravierenden Kritikgespräch oder gar bei einem Trennungsgespräch das Warm-up knapp aus oder entfällt gänzlich – denn wenn jemand auf eine schlechte Nachricht durch die Führungskraft wartet, besteht eine gute, einfühlsame Gesprächsführung nicht darin, am Anfang »schön Wetter zu machen«, sondern darin, den anderen nicht »zappeln zu lassen« und schnell, lösungsorientiert und bestimmt auf den Punkt zu kommen.

Wird ein Mitarbeitergespräch einmal im Jahr (als »Jahresgespräch«) geführt, bietet sich ein vierteiliger Aufbau an:

1. **Feedback zu den wahrgenommenen Leistungen** der MitarbeiterIn, oftmals basierend auf einem Beurteilungsbogen (s. vorheriges Kapitel 4.6.1)
2. **Abschnitt zur wahrgenommenen Zusammenarbeit** zwischen MitarbeiterIn und Führungskraft – Rückmeldung »nach oben«, gegenseitige Erwartungsklärung, Bewertung der Zusammenarbeit
3. **Blick in die Zukunft/Zielvereinbarungsabschnitt** – falls nicht schon in Abschnitt 1 passiert: Bewertung der Zielerreichung des letzten Jahres; Ausblick: Zielvereinbarung für das kommende Jahr
4. **Entwicklungsfelder/Potenziale – gemeinsame Vereinbarung von Entwicklungsmaßnahmen** zur Steigerung der Leistungsfähigkeit der MitarbeiterIn (s. Abschnitt 1 im Mitarbeitergespräch) und zur Realisierung der Ziele (s. Abschnitt 3 im Mitarbeitergespräch).

Die potenziellen Vorteile von regelmäßigen Mitarbeitergesprächen haben wir in der folgenden Tabelle zusammengefasst:

Nutzen von Mitarbeiter-/Jahresgesprächen	
Für wen?	**Vorteile**
Nutzen für MitarbeiterInnen	• Raum, um in einer konstruktiven Atmosphäre wichtige Themen anzusprechen • Ziele und Aufgaben der Abteilung werden besser verstanden – Möglichkeit, Ziele und Aufgaben mitzugestalten – Motivationssteigerung • Möglichkeiten beruflicher Weiterentwicklung werden erörtert und konkrete Maßnahmen vereinbart – Möglichkeit zur persönlichen Qualifikation • Durch die Rückmeldung erhalten MitarbeiterInnen die Gelegenheit, sich selbst besser kennen zu lernen und sich zu verbessern

Nutzen von Mitarbeiter-/Jahresgesprächen	
Für wen?	**Vorteile**
Nutzen für Führungskräfte	• Intensiver und individueller Austausch über vergangene und zukünftige Ziele – Förderung der Klarheit bezüglich Aufgaben und Arbeitsinhalten • Würdigung und Feedback zu erbrachten Leistungen • Vorgesetzte werden in ihrer Aufgabe der Personalentwicklung und Personalführung unterstützt – Analyse des Entwicklungsbedarfs und der Potenziale der MitarbeiterInnen • Rückmeldungen zur eigenen Vorgesetztenrolle, »Erwartungsmanagement« • Durch den offenen Dialog werden die Kooperationsbereitschaft und das Verständnis der MitarbeiterInnen erhöht – vertrauensbildender Prozess
Nutzen für Organisation	• Verbesserung der Kommunikation und Zusammenarbeit – Förderung einer offenen Führungskultur • Durch die Einbeziehung des Wissens und der Erfahrung der MitarbeiterInnen verstärkt sich die Identifikation mit den Aufgaben der Abteilung – höhere Identifikation mit dem Unternehmen, stärkere Bindung an das Unternehmen • Das Jahresgespräch als Führungsinstrument eines partnerschaftlichen Führungsstils soll langfristig ein Arbeitsklima auf Basis gegenseitigen Vertrauens gewährleisten

Tab. 41: Nutzen von Mitarbeiter-/Jahresgesprächen

Gesprächsführung: Fehler vermeiden

Mitarbeitergespräche verlangen auf Seiten der Führungskraft durchaus anspruchsvolle Gesprächsführungsfähigkeiten, so beispielsweise die Fähigkeit zum aktiven Zuhören, zu konstruktiver Kritik, zur partnerzentrierten Vermittlung von Wahrnehmungen usw. Hier kann, wie Sie sich sicher vorstellen können oder vielleicht schon einmal selbst erlebt haben, einiges schiefgehen. Die typischsten Fehler bei Mitarbeitergesprächen lassen sich folgendermaßen zusammenfassen:

- **»Keine Zeit«:** Mitarbeitergespräch als »lästiger Zeitfresser«, der schnell erledigt werden muss; Folge: keine Vorbereitung, hastige Durchführung.
- **»Ich bin der Boss«:** Alle Ziele werden von der Führungskraft immer »verordnet«; Folge: fehlende Identifikation der MitarbeiterIn.
- **»Ich bin doch nicht verrückt und sag da wirklich, was ich denke!«:** Die MitarbeiterIn hat nicht genügend (Selbst-)Vertrauen, um offen zu kommunizieren; Folge: peinliche Alibi-Situation, die beide Seiten schnell hinter sich bringen wollen.
- **Reifegrad des Unternehmens:** Wenn der vorherige Punkt zutrifft, versucht das Unternehmen mit einem Mitarbeitergespräch eine Kommunikationskultur aufzusetzen, für die die Führungskräfte und MitarbeiterInnen noch nicht reif sind.
- **»Wir müssen bis in einem halben Jahr 50 % neue Kunden dazu gewinnen«:** Unrealistische Ziele werden nicht ernst genommen; Folge: man sitzt sie aus.
- **»Das prüft doch eh kein Mensch nach«:** Nicht kontrollierte Ziele werden nicht ernst genommen; Folge: Aussitzen.

Vier Regeln für optimale Mitarbeitergespräche

Was kann man als Führungskraft tun, um ein Mitarbeitergespräch eine für beide Seiten optimale (Entwicklungs-)Erfahrung werden zu lassen? Folgende Punkte helfen dabei:

- **Kongruent auftreten**: Innerer Zustand und äußeres Handeln stimmen überein; Offenheit auch im täglichen Tun vorleben
- **Offenheit selbst anbieten**: »Ich könnte mir vorstellen, dass ich da als Führungskraft auf Sie sehr hart gewirkt habe ...« »Vielleicht haben Sie sogar über mich gedacht ›Was für ein Idiot!' – Kann das sein?«
- **Erfahrene Offenheit durch Reaktionen belohnen**: Keine Selbstverteidigung, kein Gegenhalten, kein Gesicht ziehen! Sondern: aufmerksam aufnehmen, vertiefend nachfragen und am Ende explizit dafür bedanken
- **Offenheits-Multiplikatoren**: Gespräch mit selbstbewussten, offenen MitarbeiterInnen suchen, durch das eigene Verhalten aufzeigen, dass Offenheit gewünscht ist (s. o.) – MitarbeiterInnen erzählen dann herum, dass man tatsächlich offen gegenüber der Führungskraft sein kann

Leitfragen zur Vorbereitung eines Mitarbeitergesprächs

In der folgenden Grafik finden Sie einige Leitfragen abgebildet, die sehr hilfreich für die Vorbereitung eines Mitarbeitergesprächs sein können.

Fragen bezogen auf den Mitarbeiter

- Welche Persönlichkeit wird sich heute mit mir zusammensetzen? Ist sie Introvertiert oder extrovertiert, offen oder verschlossen, freundlich oder mürrisch?
- Welche Stärken und Schwächen hat sie?
- Welche Ziele verfolgt sie?
  Wo möchte er in 5 Jahren sein?
- Was motiviert sie?
  o extrinsisch (Bonus, Auto, Status ...)?
  o intrinsisch (Verantwortung, Entwicklungsmöglichkeiten, selbständiges Arbeiten ...)?
- Welche Talente bzw. Interessen hat sie, die über das berufliche Engagement hinausgehen?
  o Quelle für intrinsische Motivation?
- Welche Erwartungen hat sie an meine Führungsarbeit?

Fragen aus Sicht der Führungskraft

- Welche Erwartungen habe ich an den Mitarbeiter?
  o Wo sind diese Erwartungen enttäuscht worden?
- Worüber habe ich mich in der Vergangenheit geärgert und beeinflusst dies mein Urteil?
- Worüber habe ich mich gefreut und beeinflusst dies mein Urteil?
- Welchen Führungsstil wende ich bei ihr/ihm vornehmlich an?
- Welche Ziele verfolge ich mit ihr/ihm?
- Welche Unterstützung biete ich ihr/ihm für die Zielverfolgung?
- Welche Entwicklung wünsche ich mir für sie/ihn?

Gemeinsame Fragen

- Was sind unsere gemeinsamen Ziele, Erwartungen, Entwicklungsideen, Interessen?

Abb. 36: Leitfragen zur Vorbereitung eines Mitarbeitergesprächs

4.6.3   Zielvereinbarungen

Wir alle streben in der Regel nach etwas, überlegen uns, was wir erreichen wollen und wie wir dies hinbekommen möchten, sei es im Privaten oder im Beruf. Damit sind wie beim Thema »Ziele« – diese fordern uns, bringen uns in Bewegung, lassen uns nach neuen Lösungen suchen … kurz: sie tragen zu unserer Entwicklung bei. In diesem Kapitel wollen wir uns daher mit dem Thema »Ziele als Basis der Mitarbeiterentwicklung« auseinandersetzen.

Wir hatten bereits darauf verwiesen, dass viele Mitarbeitergespräche auch Zielvereinbarungen beinhalten oder sogar wesentlich davon geprägt sind, daher auch das Synonym »Zielvereinbarungsgespräche«. Da Zielvereinbarungen gerade für das Thema »Personalentwicklung« von entscheidender Bedeutung sind, möchten wir in diesem Exkurs nochmals gesondert darauf eingehen.

Unter Zielvereinbarungen wird ein ganzheitlicher Prozess verstanden, der seine Wurzeln in der humanistischen Psychologie hat und der mittlerweile auf eine lange Tradition zurückschaut. Drucker (1954) hat den Begriff »Management by Objectives« geprägt und dieser wurde von Odiorne (1965) aufgegriffen, der schreibt:

Management by Objectives *»… is the system of management whereby the superior and the subordinate managers of an organization jointly identify its common goals, define each individual's major areas of responsibility in terms of the results expected of him, and use these measures as guides for operating the unit and assessing the contributions of each of its members.« (Odiorne, 1965: 55–56)*

Tatsächlich war ein Grundgedanke bei der Einführung des Begriffs das persönliche Wachstum des Individuums – weg von einer stumpfen tayloristischen Taktung hin zu einer eigenständigen Steuerung und Ausrichtung entlang für beide Seiten vernünftiger Ziele. Dazu passend kann man feststellen, dass sich Menschen, die Ziele haben, in entsprechenden Selbstaussageinstrumenten als »glücklicher« und »zufriedener« beschreiben.

Innerhalb eines bestimmten Rahmens (z. B. eines Mitarbeitergesprächs) werden also bei einer Zielvereinbarung zwischen Führungskraft und MitarbeiterIn die wichtigsten Arbeits- und Verhaltensziele abgesprochen und bestimmte Kriterien als Erfüllungsmaße festgelegt. Nach Ablauf eines bestimmten Zeitraums findet eine Leistungsbeurteilung bzw. die Einschätzung eines Zielerreichungsgrades in Form eines Ist-Soll-Vergleichs statt. Aus psychologischer Sicht hat dies für die Entwicklung von MitarbeiterInnen folgende Effekte (Comelli & Rosenstiel, 2009):

- Die MitarbeiterIn erhält **Informationen** darüber, »worum es geht«, was erreicht werden soll, was wichtig ist, woran sie oder der Bereich gemessen wird.
- Dies wirkt sich **motivierend** aus: das Ziel vor Augen handelt die MitarbeiterIn aktiv, um das Ziel zu erreichen, richtet daher die Aufmerksamkeit auf die Zielerreichung, bleibt am Ball und setzt sich dafür ein.
- Die Zielerreichung stellt ein **Erfolgserlebnis** dar und stärkt das **Selbstwertgefühl** im Sinne eines »Das habe ich geschafft!« und »Ich kann das!«.

Welche Ziele lassen sich in Unternehmen durch MitarbeiterInnen verfolgen? Grundsätzlich kann man zwischen zwei Formen unterscheiden, wie in Tabelle 42 dargestellt:

Quantitative Ziele, Ergebnisziele	Qualitative Ziele
• Kennzahlen wie Deckungsbeitrag, Marktanteil, Return on Investment, Auftragseingang, Umsatz, Rendite ... • Qualitätsziele, Reduktion von Ausschuss • Mengenziele • Geschwindigkeit • ...	• Verhaltensziele: Änderung/Dazugewinnen von Verhaltensweisen • Eigenschafts-/Potenzialkriterien: Lernfähigkeit, Teamfähigkeit, Konfliktfähigkeit, Führungsfähigkeit • Verbesserung des Teamklimas, des Unternehmensklimas • ...

Tab. 42: Arten von Zielen in Unternehmen

Locke & Latham haben sich in den 80er und 90er Jahren des letzten Jahrhunderts intensiv mit dem Thema »Zielvereinbarungen« auseinandergesetzt. Auf ihren Forschungen beruhen zentrale Ergebnisse des Zielvereinbarungsansatzes und auch das allseits bekannte Akronym »SMARTE« Ziele (specific, measurable, achievable, realistic, timed) findet bei diesen Autoren seinen Ursprung. Die Forschungsergebnisse haben Locke & Latham (1990) in einem Modell zusammengefasst, das auch als »High Performance Cycle« bezeichnet wird und das wir in der folgenden Abbildung darstellen:

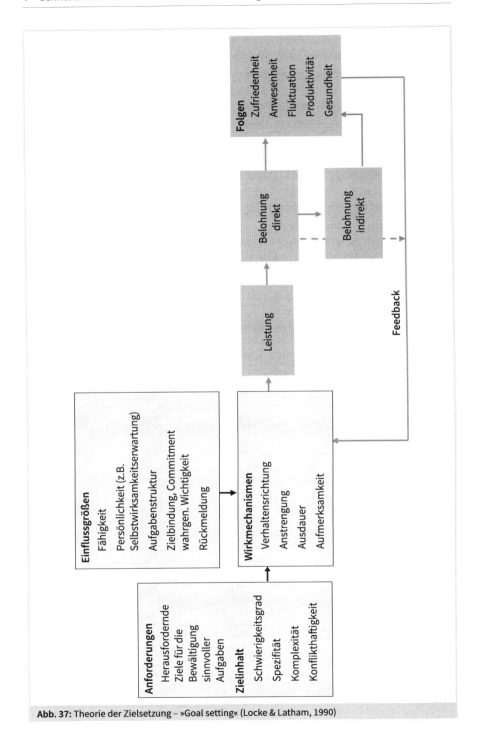

Abb. 37: Theorie der Zielsetzung – »Goal setting« (Locke & Latham, 1990)

Das Modell besagt, dass neben der persönlichen Ausstattung, die jeder Mensch in seiner Aufgabe mitbringt, die Art und die Inhalte der Ziele eine wesentliche Rolle dabei spielen, dass wir uns in unserem Verhalten »zielorientiert ausrichten«, d. h. am Ball bleiben, uns anstrengen, ausdauernd sind und gedanklich bei der Sache bleiben. Wenn wir dann erfolgreich sind, führt das zu direkten Belohnungen (Lob »von oben«, Gefühl des Meisterns, Bonus usw.) und indirekten Belohnungen (z. B. zu merken, dass man Teil eines erfolgreichen Unternehmens ist und dazu wiederum durch sein eigenes Tun beiträgt). Das führt dann zu messbar positiven Folgen und dies führt wiederum dazu, dass wir beim nächsten Zielthema gerne wieder dabei sind. Damit wäre dann der High Performance Cycle perfekt. In zahlreichen Untersuchungen konnten Locke & Latham die Wirksamkeit ihrer Ansätze belegen, z. B. indem sie Menschen bei der Verrichtung von Tätigkeiten wie dem Beladen eines Lasters in einem gegebenen Zeitrahmen einmal unspezifische Instruktionen gaben (»Gebt Euer Bestes!«), und bei einem anderen Team ein hoch gestecktes, aber realistisches Ziel (etwa »Versucht mal 5 Kisten mehr in der Stunde zu schaffen als in der letzten Stunde!«) – um festzustellen, dass letztgenanntes Team in der gegebenen Zeit mehr Kisten auf den Laster gestapelt hat.

Es gilt also, gewisse Rahmenbedingungen bei Zielvereinbarungen einzuhalten. Diese haben Comelli & Rosenstiel (2009) in Ihrem Standardwerk »Führung durch Motivation« sehr praxisnah zusammengefasst.

Ziele sollten präzise und eindeutig formuliert sein

Bei der Zielvereinbarung sollte geklärt werden, bis wann etwas in welcher Menge und in welcher Qualität erreicht werden soll. Ein einfaches »Tun Sie Ihr Bestes!« oder »Das Team muss insgesamt irgendwie schneller werden!« reicht hier nicht aus. Wie lautet der konkrete Zielauftrag? Was heißt »Ihr Bestes« in Zahlen, auf welchen Bereich bezieht es sich? Wo ist das Team langsam und wie viel schneller soll es werden?

Vielleicht sollte die Formulierung eher heißen »Verbessern Sie bitte die Anzahl Ihrer Kundenkontakte in der Woche: derzeit sind Sie bei 5 Besuchen, es sollten aber in Ihrem Gebiet 10 sein.« Oder bezogen auf das Team: »Die Reaktionszeit auf Kundenbeschwerden liegt derzeit in unserem Second level-Support-Team bei 48 h – als Zielzeit haben wir beim Kunden aber 24 h kommuniziert. Bitte leiten Sie als Team gemeinsam Maßnahmen ein, um diese Zielzeit zu erreichen.«

Es lassen sich aber nicht nur quantitative Ziele präzise und eindeutig formulieren, sondern auch verhaltensbezogene Maßnahmen, z. B.: »Bitte führen Sie als Führungskraft in Ihren Teamsitzungen ein, dass Sie nach Ihrem Input eine offene Ideenrunde bei den MitarbeiterInnen abfragen, um die Partizipation aller zu erhöhen.«

Um die präzise und eindeutige Formulierung von Zielen zu unterstützen, lohnt es sich meist, diese zu verschriftlichen.

Ziele sollten messbar sein

Natürlich sollte man nach der Zielvereinbarung auch überprüfen können, ob das Ziel tatsächlich erreicht wurde. Das ist nicht nur für die Führungskraft von Bedeutung, sondern auch für die MitarbeiterIn. Es lohnt sich also, bei der Zielformulierung schon die Frage »Was wird sich durch die Zielerreichung verändern?« im Hinterkopf zu haben. Woran erkennt man, dass das Ziel erreicht wurde? Wie sieht das »neue Verhalten« aus, das man mit der MitarbeiterIn vereinbart hat? Wie viel schneller soll der neue Prozess ablaufen? Wie hoch soll die Teilnehmerzufriedenheit nach der Seminarreihe ausfallen – und ab welchem »Cut-Off« müssen wir uns Gedanken bezüglich einer Überarbeitung machen?

Was wir bereits in Tabelle 42 in der Übersicht dargestellt haben, spielt bei dieser Eigenschaft von Zielen natürlich eine große Rolle: in der Produktion und im Verkauf werden Sie in der Regel wenig Probleme haben, messbare Ziele zu artikulieren. Gerade im verhaltensbezogenen Bereich muss man sich hier schon mehr Gedanken machen. Auch hier kommt es auf die Formulierung an: »Ich möchte dich bitten, jeden Abend eine Stunde Fachliteratur zu lesen.« lässt sich weniger leicht »überprüfen« als »Bitte baue Dein Fachwissen in Bereich XY so aus, dass du hierzu in 3 Monaten als Multiplikator bei uns im Bereich auftreten kannst.«

Setzen Sie Ziele so, dass sie wirklich wichtig sind

Es sollte immer wieder überprüft werden, ob sich ein Ziel nicht bereits überholt hat oder ob es noch wichtig ist. Ziele, die man »aus Tradition« verfolgt, aber bei denen niemand mehr weiß, warum das so ist und was dabei eigentlich herauskommen soll, werden über die Jahre zu »Alibiveranstaltungen«. Hier spielt also auch die Einbettung der Ziele in das Gesamtbild des Unternehmens eine Rolle. Welchen Bestandteil der Unternehmensziele repräsentiert ein individuelles Ziel? Worauf zahlt es ein?

Auch die Betonung der Führungskraft, dass sie es »einfach so haben will«, reicht an dieser Stelle nicht aus: »Ich möchte von Ihnen ein schönes Fachkonzept erarbeitet haben, das sich anregend liest.« Wofür wird das Fachkonzept benötigt, welchem größeren Zweck dient es? Vielleicht wäre hier eine Formulierung in Richtung »Bitte erarbeiten Sie ein detailliertes Fachkonzept, in dessen Rahmen wir die wichtigsten Argumente beschreiben, warum unsere Stakeholder in das Projekt investieren sollen. Mit Ihrem Konzept schaffen wir die Basis für die Finanzierung des Projektes im kommenden Jahr.«

Und schließlich gilt: nichts lässt Ziele schneller »ersterben« als das mitarbeiterseitige Gefühl, dass sowieso niemand die Zielerreichung nachprüft. Führungskräfte, die Ziele vergeben, nach deren Ergebnissen sie dann nie wieder fragen, vermitteln das Gefühl, dass die Arbeit an ebendiesen Zielen einfach keine Bedeutung hat – warum soll ich mich also für die Erreichung der Ziele engagieren?

Achten Sie darauf, dass die Ziele sich nicht widersprechen

Es wird immer wieder vorkommen, dass ein und derselbe Mensch Ziele verfolgt, die sich »gegenseitig anfressen«. Eine Führungskraft soll ihre MitarbeiterInnen dazu bringen, die »hart verdrahteten« Taktzahlen zu erreichen, gleichzeitig soll sie aber in der Mitarbeiterbefragung gute Werte in der Einschätzung ihrer Führungsleistung erreichen. Eine VerkäuferIn soll Kunden langfristig an das Unternehmen binden, zugleich aber auch wissen, wann er »nein« zu einem Geschäft sagen muss. So lassen sich zahlreiche Beispiele finden, die in sich widersprüchlich sein können. Darüber muss man sich bei der Zielvereinbarung bewusst sein. Hier steht die Frage im Vordergrund, welche Ziele sich wie untereinander beeinflussen.

Comelli & Rosenstiel (2009) haben beschrieben, wie Ziele zueinanderstehen können und welche unterschiedlichen Beziehungen denkbar sind:
* Die Ziele gehen »Hand in Hand«; das eine fördert das andere (+).
* Die Ziele haben nichts miteinander zu tun; das Erarbeiten des einen Zieles erschwert oder stört das Erreichen des anderen nicht (0).
* Die Ziele behindern einander; das Verfolgen nicht des einen Zieles erschwert oder stört das Erreichen des anderen (-).
* Über die Beziehung der Ziele untereinander ist nichts bekannt; man weiß also nicht, ob das Verfolgen des einen Zieles einen positiven oder negativen Nebeneffekt auf das andere hat (?).

Sie empfehlen die Entwicklung einer Matrix, wie sie Tabelle 43 in schematischer Weise zeigt.

	Ziel 1	Ziel 2	Ziel 3	Ziel 4	Ziel 5
Ziel 2	+				
Ziel 3	-	-			
Ziel 4	O	+	O		
Ziel 5	?	+	-	?	

Tab. 43: »Beziehungsmatrix« der Ziele nach Comelli & Rosenstiel (2009)

Die Widersprüche und das »gegenseitige Anfressen« mancher Ziele kann offen in dem Zielvereinbarungsgespräch zwischen MitarbeiterIn und Führungskraft thematisiert werden, so dass hierfür ein Bewusstsein herrscht. Bei der späteren Überprüfung der Zielerreichung kann dann auch von beiden Seiten eingeschätzt werden, inwiefern die Widersprüchlichkeit der Ziele hinderlich für die Erreichung der Ergebnisse war.

Prüfen Sie, ob die Ziele für die Gesamtaufgabe repräsentativ sind
Es lässt sich immer wieder beobachten, dass Menschen in Organisationen nur die vereinbarten Ziele verfolgen, aus denen sie für sich den größten Nutzen herausziehen können. Das ist nur natürlich und hat etwas damit zu tun, dass wir alle innerlich – entwicklungsgeschichtlich angelegt – immer auf der Suche nach »Optimierungen« sind, d. h. möglichst leichten Wegen, um Dinge zu erreichen.

Am Beispiel dargestellt: Wenn eine Verkäuferin weiß, dass ihr Bonus zu 90 % abhängig ist vom Marktanteil des Produktes in ihrem Gebiet, so wird sie alles tun, um diesen Marktanteil zu pushen. Das bedeutet, dass sie beim Verkaufspreis gegenüber einem Kunden stärker nachgeben wird, um den Marktanteil zu erhöhen. Jedoch sinkt dadurch der Deckungsbeitrag. Besser wäre es, wenn der monatlich erwirtschaftete Deckungsbeitrag ihrer Verkaufstätigkeit die 90 % ihres Bonus definieren würde.

Wenn ein Ziel also nur einen Ausschnitt einer Gesamttätigkeit abdeckt, kann es sein, dass dieses Ziel das Verhalten nur in Richtung dieses Ausschnitts verzerrt. Man tut also gut daran, entweder Ziele so zu formulieren, dass sie einen großen Bestandteil der Gesamtaufgabe abdecken oder eben so viele Ziele aufzunehmen, dass die Gesamtaufgabe abgedeckt ist – im Zweifelsfall dabei billigend in Kauf nehmend, dass auch Ziele dabei sind, die sich gegenseitig widersprechen (s. vorheriger Abschnitt), z. B. sowohl einen Marktanteil XY zu erreichen und gleichzeitig einen Deckungsbeitrag von YZ nicht zu unterschreiten.

Wählen Sie das Ziel so, dass es schwierig, aber erreichbar ist
Auch diese Eigenschaft von Zielen ist von zentraler Bedeutung für die Motivation, die sie bei den MitarbeiterInnen auslösen soll. Vielleicht mag es Menschen geben, die sich freuen, wenn sie bei der Zielformulierung durch die Führungskraft merken, dass sie das Ziel eigentlich jetzt schon abhaken können, weil es zu leicht formuliert ist. Es ist ja auch ganz angenehm, wenn man weiß »Das habe ich schon einmal im Sack!« Stellen Sie sich folgende Situation vor: eine öffentliche Verwaltungseinheit hat das Führungsinstrument »Mitarbeitergespräch« neu eingeführt. Die Führungskräfte sollen das Gespräch anbieten, die MitarbeiterInnen *können* es annehmen – oder auch nicht, die Teilnahme ist freiwillig.

Wenn es nun in der Zielformulierung z. B. heißt »Bitte bieten Sie in diesem Jahr 80 % Ihrer MitarbeiterInnen ein Mitarbeitergespräch an«, so kann man dieses Ziel direkt am Nachmittag erledigen, sofern man keinen hohen Krankenstand hat. Im Großraumbüro würde es reichen, wenn man als Führungskraft »Ich biete Euch allen ein Mitarbeitergespräch an!« in den Raum hineinruft und schon ist das Ziel erreicht. Möglicherweise übertrifft man hier das gesetzte Ziel sogar, wenn alle MitarbeiterInnen anwesend sind – schon hat man statt 80 % eine 100 %-Trefferquote! Aber das ist dann natürlich keine wirkliche Herausforderung, und insofern aller Wahrscheinlichkeit nach nicht motivierend. Interessanter wäre hier vielleicht eine Formulierung wie »In diesem Jahr möchte ich Sie bitten, dass Sie 80 % Ihrer MitarbeiterInnen für die Teilnahme an unserem freiwilligen Mitarbeitergespräch gewinnen.«

Bleiben wir bei diesem Beispiel, um auch die andere Seite der Medaille, das zu schwierige Ziel, zu illustrieren. Wenn die Führungskräfte dieser Verwaltungseinheit wissen, dass die MitarbeiterInnen bei der Einführung des Instrumentes sehr skeptisch reagiert haben, weil sie Befürchtungen haben, dass dieses nur zur Leistungskontrolle genutzt wird, und es schon intensive Diskussionen mit dem Personalrat im Vorfeld der Einführung gab, kann die Zielgröße 80 % frustrierend wirken. Das Ziel ist dann so hoch gesteckt, dass man schon bei der Formulierung aufsteckt – ähnlich wie wenn man sich als Nicht-Hochspringer in seiner ersten Sportstunde mit einer auf 2 Meter Höhe liegenden Latte konfrontiert sieht. Das Ziel scheint realistisch nicht zu schaffen, also nicke ich es vielleicht ab, werde aber keine übermäßigen Anstrengungen unternehmen, es zu erreichen, da ich im Vorfeld bereits von der Unerreichbarkeit desselben überzeugt bin. Im Beispiel muss man also ggf. weiter unten ansetzen, z. B. »Versuchen Sie, ein Drittel Ihrer Mannschaft für ein Mitarbeitergespräch zu gewinnen.«

Achten Sie darauf, dass die Ziele glaubhaft sind
Wir hatten bereits über die Wichtigkeit und die Erreichbarkeit von Zielen gesprochen. Beide Aspekte spielen natürlich auch bei der Glaubhaftigkeit von Zielen eine Rolle. An dieser Stelle kommt es auch auf die Vermittlung durch die Führungskraft an: wenn ich als MitarbeiterIn das Gefühl habe, dass die andere Seite selbst nicht daran glaubt, »dass das was werden kann«; werde ich wohl kaum mit viel Elan mit der Zielverfolgung loslegen. Gerade bei »herunterkaskadierten« Zielen kommt es immer wieder vor, dass die mittlere Führungsebene die Ziele selbst nicht als erreichbar empfindet und sie dann mit Beisätzen wie »Naja, Ihr wisst ja, wie die da oben so sind …« oder »Ich glaube da selbst nicht dran, aber wir sollen …« versieht, die sich nicht gerade optimal auf die Motivationsförderlichkeit derselben auswirken. Wohl wissend, dass dies im Unternehmensalltag nicht immer einfach ist: möglicherweise findet man als vermittelnde Führungskraft ja doch Anteile eines Ziels, die einem erreichbar erscheinen, oder man vermittelt zumindest die Haltung »Lasst uns dies gemeinsam angehen und uns so nahe wie möglich an das Optimalziel heranarbeiten!« So kann man auch sehr schwierig erscheinende Ziele glaubhaft platzieren.

Vereinbaren Sie akzeptable Ziele
Auch dieser Aspekt der Zielvereinbarung zahlt unmittelbar auf vorher genannte Themen wie Glaubhaftigkeit und Wichtigkeit ein. Man spricht heute von einem Ziel*vereinbarungs-* und nicht von einem »Ziel*setzungs*prozess«. In einem Zielvereinbarungsgespräch bringt die Führungskraft die Notwendigkeit der genannten Ziele zur Sprache und die MitarbeiterIn formuliert hierzu die eigene Sichtweise: was könnten Hinderungsgründe sein, das Ziel zu erreichen, wo bestehen begründete Zweifel – aber auch

»Welche Ressourcen stehen mir zur Verfügung?« Über dieses Aushandeln soll und kann die Akzeptanz für die Ziele entstehen. Der Vorteil ist, dass die MitarbeiterIn das Ziel über die Vereinbarung zum eigenen Ziel macht.

Natürlich kann nicht alles ausgehandelt werden, es gibt auch »gesetzte« Ziele oder Ziele, die von oben heruntergebrochen werden (s. vorheriger Abschnitt). Wie kann man MitarbeiterInnen also für Ziele gewinnen?

- Widerstände und Skepsis nicht klein reden, sondern aufnehmen
- Nutzen/Vorteile für den Einzelnen klarmachen; nicht »Wir als Unternehmen müssen …« sondern »Wenn du das so umsetzt, wird Folgendes für dich leichter …«
- Visionen aufzeigen
- Positiv eingestellte MitarbeiterInnen finden und diese als Multiplikatoren nutzen
- Erfolge feiern, quick wins aufzeigen

Die gute Nachricht ist: Auch wenn ich als Führungskraft Ziele setzen muss, werden diese von den MitarbeiterInnen akzeptiert, wenn ich die Hintergründe und Notwendigkeiten der »nicht zu diskutierenden« Ziele erkläre. Tut man das nicht, greifen die üblichen Distanzierungsmechanismen. Man akzeptiert dann als MitarbeiterIn das Ziel eben nicht, bringt wenig Energie für dessen Erreichung auf und sagt schließlich nach 1 Jahr bei der Überprüfung des Erfolges »Ich habe Ihnen von Anfang an gesagt, dass das nichts wird.«

Ein anderer bekannter Mechanismus, der auch in Changeprozessen eine Rolle spielt, besteht darin, dass man als »Betroffener« bei nicht akzeptierten Zielen dafür sorgt, dass diese nicht funktionieren werden: Man erfüllt sich also seine Prophezeiung selbst.

Am Beispiel: eine Führungskraft erklärt der Teamleiterin, dass man Kosten sparen müsse und dass daher ihr um eine Vollzeitstelle unterbesetztes Team keine neue KollegIn bekommen wird – gleichzeitig soll aber die Arbeitsqualität der reduzierten Mannschaft bis Ende des Jahres um X Prozent gesteigert werden. Die Teamleiterin kann sich nicht vorstellen, wie das noch gehen soll, denn derzeit ist man bereits im »Not-Modus« und nimmt Qualitätseinbußen im operativen Geschäft billigend in Kauf. Da die Führungskraft der Teamleiterin über ein »Das ist halt dieses Jahr nun mal so« hinaus nicht erklären kann, warum man an dem Ziel festhält, akzeptiert sie das Ziel innerlich nicht. Sie möchte auf gar keinen Fall, dass der Eindruck entsteht, dass das Qualitätsziel trotz der reduzierten Mannschaft erreichbar sein könnte, denn sie hat die Befürchtung, dass es sonst am Ende des Jahres nur heißt »Siehst du, geht doch auch mit der reduzierten Mannschaft … lass uns doch mal schauen, ob du mit noch einer MitarbeiterIn weniger klar kommst!« Also wird sie – mehr oder weniger bewusst – wenig Gewicht auf die Erreichung des Qualitätsziels legen und im Zweifel sogar froh sein, wenn Dinge schiefgehen, denn damit dokumentiert sie gegenüber ihrer Führungskraft, dass hohe Qualität bei reduzierter Mannschaft gar nicht gehen *kann*.

Beschreiben Sie Ziele nicht zu detailliert

Bei dieser Zieleigenschaft können Sie gut erkennen, dass auch in der Formulierung von Zieleigenschaften selbst Widersprüche zu liegen scheinen. Das erste »Axiom« unserer Listung hieß »Ziele sollen präzise und eindeutig formuliert sein« und nun sagen wir »im selben Atemzug«, dass sie nicht zu detailliert sein sollen. Dies liegt daran, dass man bei Zielformulierungen nicht in klar getrennten Kategorien denken kann, sondern eher einen »Schieberegler« vor Augen haben sollte: Je nach Ziel muss hier die richtige Einstellung des Reglers gefunden werden. Ein Ziel ist ggf. noch zu breit definiert und muss genauer definiert werden, bei einem anderen Ziel laufe ich Gefahr, schon zu viel zu beschreiben, so dass die MitarbeiterIn gar nicht mehr »selbst denken muss«, um das Ziel umzusetzen. Dann sollte man vielleicht eher von einer »Handlungsanleitung« als von einem echten Ziel sprechen. Wie bereits dargestellt: »Ihr müsst alle mehr Kunden gewinnen als letztes Jahr« ist als Ziel nicht qualifizierbar. Wie viele Kunden hatten wir letztes Jahr gewonnen – wie viele sollen wir dieses Jahr mehr gewinnen? Diese Informationen fehlen, das Ziel muss noch detailliert werden. Wenn es aber heißt: »Du musst dieses Jahr 12 % mehr Kunden gewinnen als letztes Jahr – und zwar Kunde Meyer in der Schmidtstraße, Kunde Müller in der Brahmsstraße, Kunde … und du musst diese Kunden mit folgendem Anspracheschema angehen … und du musst folgende Wegestrecken abfahren, um die Kunden alle optimal anzusprechen …«, dann bleibt für den Einzelnen keinerlei Spielraum mehr, selbst zu gestalten, eigenverantwortlich Ideen zu entwickeln, geschweige denn, eine echte Identifikation mit dem Ziel zu entwickeln.

Verbinden Sie Ziele mit Feedback

Nicht jede Aufgabe, die Menschen in Unternehmen bekleiden, führen zu einem greifbaren, erkennbaren Ergebnis. Wir erleben immer wieder, dass es gerade Menschen, die in Tätigkeiten mit einem hohen Abstraktionsgrad oder mit langen Rückmeldungszyklen arbeiten (z. B. Projektarbeit, Produktentwicklung, F&E) befriedigt, wenn sie ganz handfeste Hobbies wie »am Haus bauen« oder »Gärtnern« haben, bei denen sie unmittelbar sehen können, was am Ende dabei herauskommt. Sie suchen sich also konkret greifbares Feedback. Genauso gibt es Aufgaben, bei denen man ständig Feuer löscht, z. B. im Service oder bei anderen Themen mit unmittelbarem Kundenkontakt. Das befriedigt viele Menschen ebenfalls, weil sie am Ende des Tages spüren oder sehen können, was sie alles »weggeschafft« haben.

Locke & Latham (1990) haben es in ihrem »High Performance Cycle« (s. Abb. 37) dargestellt: das Feedback zur Zielerreichung ist der Stellhebel, um die Motivation für die »nächste Zielerreichungsrunde« nach oben zu schrauben. Das Erkennen dessen, was man erreich hat, ermöglicht einem a) Erfolge zu verbuchen oder b) zu sehen, woran man noch arbeiten muss, um das Ziel das nächste Mal besser erreichen zu können. Die zentrale Aufgabe der Führungskraft ist hier daher das Einhalten der Verbindlichkeit hinsichtlich der Zielüberprüfung: vereinbarte Zwischentermine sollten keine lästigen

Pflichtveranstaltungen sein und sie »nerven« die MitarbeiterIn auch nicht, wie mancher meint. Es geht nicht um »Kontrollwahn«, sondern um Feedback für diejenigen, die sich »hinter die Ziele klemmen«. Ständig verschobene oder gar nicht mehr stattfindende Feedbacktermine sind daher Gift für den gesamten Zielvereinbarungsprozess und wirken negativ auf die folgenden Zyklen, denn sie werden im Kopf der betreffenden MitarbeiterInnen übersetzt mit »Das Ziel ist nicht wichtig, es ist nicht glaubhaft, es wird nicht gemessen – kurz: es ist für mich auch nicht mehr akzeptabel.«

Checkliste: Arbeiten mit Zielen

Eine schnelle Orientierung für die Arbeit mit Zielen bietet die folgende Übersicht nach Comelli & Rosenstiel (2009):

* Wie lautet das konkrete Ziel? Ist es präzise genug beschrieben? Ist es quantifiziert? – Ziele richtig formulieren
* Wie sieht das Ergebnis aus? Wie sieht das Endprodukt aus? Welche Verhaltensweise soll sich wie verändern? Wie verändert sich die Situation heute, wenn das Ziel in Zukunft erreicht wird? – Ziele greifbar machen, als Bild beschreiben
* Wie kontrollieren wir das Ziel, wie halten wir dieses nach? Wie gut ist es messbar und beobachtbar? – Verbindlichkeit vorbereiten
* Wie lässt sich das Ziel mit anderen Zielen vereinbaren? Wo unterstützen sich die Ziele, wo behindern sie sich? – Verknüpfung von Zielen verdeutlichen, ggf. Zielhierarchie erstellen
* Wie vollständig repräsentiert das Ziel die Gesamtaufgabe?
* Ist das Ziel wirklich wichtig? Was passiert, wenn es nicht erreicht wird?
* Ist das Ziel eine gut ausbalancierte Herausforderung? Ist es weder zu leicht erreichbar (keine Herausforderung, daher nicht motivierend) noch zu schwer erreichbar (so dass man von Anfang an resigniert)?
* Ist das Ziel positiv formuliert? (»Ich erreiche ...« statt »Ich werde nicht mehr ...«)
* Wer muss für die Zielerreichung mit ins Boot?

!   **Arbeitshilfe: Formular Zielvereinbarung**

Bei den Arbeitshilfen online auf mybook.haufe.de finden Sie einen Zielvereinbarungsbogen als Beispielinstrument. Zusammen mit dem zum vorherigen Abschnitt gehörenden Formular zur Mitarbeiterbeurteilung können Sie daraus ein ganzheitliches Beurteilungssystem zusammenfügen.

4.6.4   Delegation

Nachdem wir uns bisher stärker mit institutionalisierten Formen führungsbezogener Personalentwicklungsinstrumente beschäftigt haben, wollen wir nun nochmals die Aufmerksamkeit auf ein »tägliches Führungsinstrument« richten: die Delegation. Was steckt dahinter?

Um die in einem Arbeitsbereich anfallenden Aufgaben möglichst rational und schnell zu erledigen, müssen Aufgaben aufgeteilt werden. Jede MitarbeiterIn und jede Führungskraft kann nur einen Teil der betrieblichen Arbeit erfüllen. In der Regel obliegt es der Führungskraft, die anstehenden Aufgaben in ihrem Team zu verteilen. Delegation bedeutet die Abgabe von …

- Aufgaben
- Verantwortung
- Entscheidungen

an die MitarbeiterInnen durch die Führungskraft.

Ziel von Delegation ist zum einen eine Entlastung der Führungskraft von »Nicht-Führungsaufgaben« / Routineaufgaben und zum anderen die Verantwortungs-, Kompetenz- und Motivationssteigerung bei MitarbeiterInnen. Entgegen des alltagssprachlichen Gebrauchs des Begriffs (»Ich delegier' das mal!«) bedeutet Delegation also in der Führung keinesfalls »abdrücken«. Echte Delegation findet zwischen Führungskraft und MitarbeiterInnen statt – bei KollegInnen spricht man eher von Kooperation bzw. Arbeitsteilung.

Die Aufteilung der Aufgaben, der dazugehörigen Verantwortung und der entsprechenden Befugnisse kann auf zwei verschiedene Arten erfolgen

- Jede MitarbeiterIn erhält ihren selbstständigen Aufgabenbereich. Innerhalb dieses Bereichs arbeitet er selbstständig, er hat auch die notwendigen Befugnisse, um Entscheidungen zu treffen.
- Die Führungskraft gibt der MitarbeiterIn von Fall zu Fall Anweisungen, was er zu tun hat. Je nach den Umständen wechseln die Aufgaben, die die MitarbeiterInnen durchzuführen haben. Entscheidungen behält sich die Führungskraft vor.

Bei der Abgrenzung der Aufgabengebiete ist dabei zu beachten, dass nur delegierbare Aufgaben übertragen werden – delegierbar in Bezug auf die jeweilige hierarchische Ebene des Unternehmens.

Die Aufgabenverteilung selbst erfolgt zusammen mit der Darstellung der erforderlichen Kompetenzen, im günstigsten Fall durch eine Stellenbeschreibung, notfalls auch durch eine klare mündliche Verabredung zwischen Vorgesetztem und MitarbeiterIn über Umfang, Inhalt und Befugnis des übertragenen Aufgabengebietes.

Bei einer funktionierenden Delegation sind einige Grundregeln zu beachten:

- Der Vorgesetzte delegiert an seine MitarbeiterInnen alle Aufgaben, die von ihnen wahrgenommen werden können.
- Den MitarbeiterInnen sollte möglichst ein ganzer Aufgabenbereich dauerhaft übertragen werden.

- Den MitarbeiterInnen wird das Oberziel vorgegeben (besser noch: es wird gemeinsam erarbeitet, s. vorheriger Abschnitt zum Thema Zielvereinbarungen), die Bedeutung der Aufgabe verdeutlicht und freie Hand bei der Gestaltung eingeräumt.
- Die MitarbeiterInnen übernehmen damit die Handlungsverantwortung und gewinnen dadurch in ihrem Verantwortungsbereich Entfaltungsmöglichkeiten und können Leistung und Initiative zeigen.
- Aufgaben, Handlungsverantwortung und – soweit Entscheidungen zu treffen sind – Kompetenz müssen einander entsprechen.
- Die Delegation von Aufgaben und Handlungsverantwortung befreit den Vorgesetzten nicht von seiner Führungsverantwortung.
- Den MitarbeiterInnen müssen Fehler zugestanden und die Möglichkeit gegeben werden, sich bei Schwierigkeiten an die Führungskraft zu wenden.

Es gibt Zwei Aspekte der Delegation, auf die wir hier nochmals näher eingehen wollen: Delegation als Organisationsprinzip und Delegation als Stilprinzip.

Delegation als Organisationsprinzip
- Der Vorgesetzte bestimmt, wer was mit welchen Mitteln tut.
- Die MitarbeiterIn bestimmt, wie sie den Auftrag durchführt.
- Die MitarbeiterIn erhält Entscheidungsbefugnisse und Handlungsverantwortung (mit Zielen und Mitteln zu deren Erreichung).
- Die MitarbeiterInnen besitzen damit eine Zuständigkeit, innerhalb derer sie selbstständig zu handeln berechtigt und verpflichtet sind.

Delegation als Stilprinzip
- Die MitarbeiterIn soll bei Führungsentscheidungen beteiligt werden.
- Der Freiheitsgrad der MitarbeiterIn, ihre Bereitschaft und Fähigkeit, selbstständig zu entscheiden und zu handeln, sollen gestärkt und vergrößert werden (Persönlichkeitsentwicklung).
- Das Selbstwertgefühl und das Verantwortungsbewusstsein der MitarbeiterIn sollen gestärkt werden.
- Der Vorgesetzte soll sich – bei Beibehaltung formal unterschiedlicher Aufgaben – der MitarbeiterIn gegenüber partnerschaftlich verhalten.
- Delegation ist nicht nur die Übertragung von Aufgaben an nachgeordnete Stellen, sondern auch die Übertragung der erforderlichen Kompetenzen und der Verantwortung. Voraussetzung dazu ist ausreichende Qualifikation.

Delegation setzt »unternehmerisch denkende MitarbeiterInnen« voraus, da der Vorgesetzte nach Übertragung der Aufgaben nur noch in Erscheinung tritt, um Initiativen der MitarbeiterInnen anzuregen und sie zu selbstständigem Handeln und Entscheiden zu veranlassen.

Natürlich zeigt sich im »echten Leben«, dass Führungskräfte die Chance zu delegieren nicht ausreichend nutzen. Gründe dafür gibt es viele, hier seien nur einige erwähnt:

- **Eigener Trott**: »Das hab' ich doch schon immer selbst gemacht …«
- **Falsches Zeitverständnis**: »Bevor ich das erklärt habe, mach' ich's doch lieber schnell selbst …«
- **Angst vor Fehlern**: »Lieber selbst machen, dann geht nichts schief…«
- **Spaß an der Aufgabe**: »Mir macht das Formatieren halt Spaß …«
- **»Kontroll-Freak«**: »Besser, ich gebe den Vorgang nicht aus der Hand …«
- **Fehlendes Vertrauen**: »Das kann die/der noch nicht so ganz, da muss man langsam reinwachsen …«
- **Angst vorm Chef**: »Nicht, dass es oben Ärger gibt …«
- **Unsicherheit in der eigenen Rolle**: »Wenn ich das abgebe, denken die ja, ich mache gar nix mehr …«
- **Angst vor Ansehensverlust/Konkurrenz**: »Nicht, dass die mir dann am Stuhl sägt …«

Es werden also besondere Anforderungen an die Führungskraft gestellt, die delegieren möchte:

- Sie braucht ein gesundes Selbstvertrauen.
- Sie darf die Probleme der MitarbeiterInnen nicht alle selbst lösen wollen; sie muss ihnen vielmehr helfen, selbst mit den Problemen fertig zu werden – und d. h. oft nichts anderes, als selbst im Hintergrund passiv zu bleiben.
- Sie muss Fehler – ohne die es kein echtes Lernen gibt – geschehen lassen und ertragen können, ohne beleidigt zu sein oder in ihrer Unterstützung nachzulassen.
- Sie muss den MitarbeiterInnen eine gewisse »kreative Unruhe« (also jene Verunsicherung, die mit jeder Verselbstständigung einhergeht) in erträglicher Form zumuten und selbst ertragen können.
- Sie muss die Führungstechniken beherrschen, damit sie die notwendige Zeit hat, die sie in Einzel- und Gruppengespräche investieren muss.
- Sie muss bereit sein, die sachlichen Voraussetzungen nicht nur zu institutionalisieren, sondern stets zu überprüfen und den Gegebenheiten anzupassen.

Aber auch die MitarbeiterInnen müssen sich der Delegation gewachsen fühlen, d. h. Lust auf Verantwortungsübernahme haben (s. Kapitel 4.5.1 »PE durch Aufgabengestaltung«):

- Sie müssen die erforderliche Qualifikation aufweisen.
- Sie brauchen die Bereitschaft, Informationen sinnvoll einzuholen, zu verarbeiten und weiterzugeben.
- Sie müssen bereit sein, die eigene Arbeit selbstständig an den Erfordernissen der Ergebniserwartung der Führungskraft zu messen, zu korrigieren. Die Selbstkontrolle macht ständige Fremdkontrolle durch den Vorgesetzten überflüssig.
- Sie müssen die Verantwortung für die eigene Arbeit zu übernehmen bereit sein. Verantwortung heißt dabei, für das Ergebnis einzustehen und die Konsequenzen zu tragen.

4.7   Modulares PE-Programm – am Beispiel eines Führungskräftenachwuchs-Pools

Wir wollen Kapitel 4 abrunden, indem wir nochmals einen Blick auf komplexe Prozesse wagen, die viele unterschiedliche PE-Verfahren miteinander verknüpfen: zielgruppen-spezifische Entwicklungsprogramme. Solche Programme vereinigen PE-Konzepte, wie wir sie in den vorherigen Abschnitten beschrieben haben, zu einer gesamten, abgestimmten Begleitungsarchitektur. Sie können Elemente wie

- Potenzialeinschätzungen/Mitarbeiterbeurteilungen
- Selbstbild-Fremdbild-Abgleiche
- Mitarbeitergespräche: Entwicklungs-/Karrieregespräche
- Teamentwicklungselemente
- Trainings/Seminare
- Coaching und sogar
- Organisationsentwicklungsaspekte

beinhalten und beziehen sich auf Zielgruppen wie

- Auszubildende
- Trainees
- NachwuchsverkäuferIn
- Führungskräfte
- Führungskräftenachwuchs
- Fach-Führungskräfte

Sie zeichnen sich also in der Regel dadurch aus, dass sie maßgeschneidert für eben eine jener Zielgruppen sind und sich inhaltlich und didaktisch auf diese ausrichten. In den meisten Entwicklungsprogrammen geht es um die Vorbereitung auf eine neue oder veränderte Aufgabenstellung und sie dauern in der Regel mindestens 1 Jahr, um den TeilnehmerInnen »Entwicklungszeit« zu gewähren.

Darüber hinaus haben Entwicklungsprogramme für Sie als Personalentwickler oft-mals eine große »politische Bedeutung« und sind eng mit der Rolle verknüpft, die die PE in Ihrem Unternehmen einnimmt (s. Kapitel 1.5 »Evolutionsstufen von Personal-entwicklung – Strategische PE«). Die Implementierung eines Entwicklungsprogramms bedeutet sehr viel Abstimmungsarbeit innerhalb des Unternehmens und hier nehmen Personalmarketingaspekte einen sehr großen Raum ein. Solche Programme müssen in der Organisation erst einmal etabliert werden und man erfährt oftmals auch »viel Gegenwind«, z. B. weil einzelne Bereiche oder Personen eigene Interessen verfolgen. So kann es z. B. sein, dass sich Führungskräfte aus der »Außenorganisation« gegen ein »von der Zentrale kommendes« Traineeprogramm wehren, weil sie verhindern wol-len, dass man ihnen bei der Auswahl ihrer Nachwuchsführungskräfte »ins Handwerk pfuscht«. Hier gilt es auch, viel Überzeugungsarbeit zu leisten. Die PE-Abteilung wird an solchen Programmen gemessen, d. h. Sie ernten einerseits viel Kritik, haben aber auch eine herausragende Chance, sich als strategischer Partner zu platzieren.

Im Folgenden wollen wir Ihnen beispielhaft ein Programm für einen Führungskräftenachwuchs-Pool näherbringen, indem wir zunächst eine Übersicht über die Ausgangssituation bei Einführung des Prozesses geben, die methodischen Grundüberlegungen darlegen und dann die einzelnen Prozessbausteine differenziert beschreiben. Ziel ist es, Ihnen zu vermitteln, wie die PE-Instrumente des Prozesses, die wir als »Einzelmaßnahmen« in den vorherigen Abschnitten ausführlich beschrieben haben, hier ineinandergreifen und als didaktisch-inhaltliches Gesamtkonzept wirken.

4.7.1   Ausgangssituation und Anforderungen an den Führungskräftenachwuchs-Pool

Die erfolgreiche Besetzung mittlerer und höherer Führungspositionen stellt einen zentralen strategischen Erfolgsfaktor für viele Unternehmen dar. Oft zeigt sich aber, dass man vakante Stellen gar nicht aus eigener Kraft mit Nachwuchsführungskräften besetzen kann – es fehlt an passenden Potenzialkandidaten oder diese sind vielleicht vorhanden, aber man »kennt« sie nicht. Viele Unternehmen lösen dies, indem sie nahezu jede Führungsposition extern besetzen. Bei all den damit verbundenen Vorteilen – solche Neuzugänge sorgen für »frischen Wind« im Unternehmen und haben ungewöhnliche Ideen – bleiben jedoch die strategischen Chancen ungenutzt, die in einer systematischen internen Führungskräftenachwuchs-Entwicklung bestehen.

Hinzu kommt, dass die Arbeitsaufgaben in einem modernen Unternehmen einen immer höheren Grad an Vernetztheit, Komplexität und Dynamik aufweisen. Sie fordern bei der Nachwuchsführungskraft ein hohes Maß an Flexibilität. Bei der Neubesetzung einer Position hat sie wenig Zeit, in einen fest umrissenen Arbeitsbereich hineinzuwachsen und muss sich schnell mit vielschichtigen, strategisch anspruchsvollen Aufgaben auseinandersetzen. Besitzt ein Unternehmen einen Pool potenzieller Führungskräfte, die mit den internen Anforderungen und der vorhandenen Unternehmenskultur bereits vertraut sind, so ist effizientes und damit erfolgreiches Agieren der Organisation am Markt sicher.

Dem Unternehmen stellt sich also die Herausforderung, die Positionen mit den geeigneten internen BewerberInnen zu besetzen, um zu gewährleisten, dass der oder die Beste am richtigen Platz ist. Die Besetzung der Schlüsselpositionen birgt, wenn sie nicht sorgfältig durchdacht und durch effiziente Instrumente unterstützt wird, die Gefahr von Fehlbesetzungen. Gerade das Scheitern von Potenzialkandidaten zieht für das Unternehmen neben den umsonst aufgewendeten Kosten der internen Personalauswahl sowie Einarbeitung auch immaterielle Folgekosten durch frustrierte MitarbeiterInnen und KollegInnen sowie verärgerte Kunden oder Geschäftspartner nach sich. Durch einen sorgfältig durchgeführten internen Besetzungsprozess im Sinne eines Führungskräftenachwuchs-Pools können solche Fehlinvestitionen verhindert werden.

Ein entsprechender Selektionsprozess für Nachwuchsführungskräfte muss die Potenziale der MitarbeiterInnen erkennen, die die Grundlage für eine Förderung und Entwicklung bilden. Im Regelfall geschieht die Beurteilung der Nachwuchsführungskräfte jedoch nur bezogen auf ihre aktuellen Leistungen. Die Leiter der jeweils durchlaufenen Abteilungen gründen ihre Beurteilungen auf Beobachtungen über die Mitarbeit innerhalb bereits bestehender Strukturen. Bei der Auswahl sollte jedoch auch der längerfristige Prozess der zukünftigen Entwicklung der KandidatInnen berücksichtigt werden, der auf die Anforderungen der späteren Position abgestimmt ist. Ergänzend zum »klassischen« Vorgehen sollte deshalb eine prozesshafte Einschätzung der Nachwuchsführungskräfte mittels entsprechender Instrumente durchgeführt werden, die sowohl eine Beurteilung ihrer derzeitigen Fähigkeiten als auch ihres Entwicklungspotenzials gewährleistet.

Ein Führungskräftenachwuchs-Pool stellt dabei immer eine Chance für das Unternehmen und die einzelnen MitarbeiterInnen dar:

- Das Unternehmen kann schnell und flexibel Schlüsselpositionen mit motivierten Potenzialkandidaten besetzen, die in einem langfristig angelegten Prozess auf ihre Aufgaben vorbereitet werden.
- Die MitarbeiterInnen bekommen durch ihr Unternehmen Möglichkeiten geboten, ihre eigene Entwicklungsfähigkeit zu erkennen, um die Erfüllung der Anforderungen weiterer Karriereschritte zu sichern. Dadurch wird auch die Loyalität der MitarbeiterInnen zu ihrem Unternehmen gefördert, das ihnen ausgezeichnete Chancen für die persönliche Entfaltung bietet.

Gleichzeitig muss bei der Einrichtung eines »Pools« interner KandidatInnen darauf geachtet werden, dass entsprechende »Vakanzen« für Führungspositionen meist spärlich gesät sind, über die Jahre schwanken, dass es Versprechen und Erwartungen aus der Vergangenheit geben mag – letztendlich muss man die Gratwanderung zwischen »ausreichend KandidatInnen für eventuell offene Positionen in der Zukunft« und »nicht zu viele KandidatInnen ›auf Halde produziert‹« absolvieren, indem man folgende Fragen beantwortet:

- Wie gehen wir mit KandidatInnen um, die nicht genommen werden, obwohl sie sich für den Pool beworben haben?
- Wie gehen wir damit um, wenn wir als PE eine KandidatIn als solche erkennen, die Führungskraft aber nicht?
- Wie gehen wir mit dem umgekehrten Fall um?

- Wie viele Hierarchieebenen sollen wir mit dem Pool abdecken?
- Wie lange verbleibt jemand nach Abschluss des Programms im Pool – bis wann muss er oder sie in eine Führungsposition gekommen sein, bevor der Status »Führungskräftenachwuchs« verfällt?

4.7.2   Zentrale methodische Aspekte der Maßnahme

Worauf sollte methodisch geachtet werden, wenn man ein komplexeres Entwicklungsprogramm wie einen Führungskräftenachwuchs-Pool (»FKN-Pool«) etabliert? Folgende Punkte sollten Berücksichtigung finden:

- **Flexibilität des Verfahrens**: Vor dem Hintergrund der oben beschriebenen Aufgabenstellung (unterschiedliche Grundgesamtheiten, wechselnde Anzahl Positionen/ veränderlicher Bedarf, unterschiedliche Hierarchieebenen des Pools) sollte die Implementierung des FKN-Pools die entsprechenden Unterschiede methodisch berücksichtigen. Das Verfahren muss einen klar definierten Prozess abbilden, der sich aber an die jeweiligen aktuellen Anforderungen anpassen lässt, indem es Feedbackschleifen einbezieht (z. B. »Einfrieren« des Pools bei fehlenden Vakanzen).
- **»Mehr-Augen-Prinzip« und Vielschichtigkeit**: Bei der Auswahl der KandidatInnen sollten nicht nur die Fähigkeiten aus der Ist-Situation heraus betrachtet werden, sondern auch die zukünftigen Potenziale; es sollten sowohl unmittelbare Beurteilungsaspekte als auch strategische Gedankengänge abgebildet werden. Hierzu findet eine Betrachtung auf unterschiedlichen Ebenen statt: der KandidatInnen und seine Führungskraft erörtern gemeinsam die derzeitigen Leistungen, die Managementebene darüber entscheidet auf strategischer Basis in einer Integrationsrunde über die Zulassung zu weiteren Entwicklungsschritten. In einem Auswahlverfahren bzw. Audit fließt außerdem eine externe Sichtweise ein, die den Blick auf zukünftige Potenziale richtet und damit eine Kreuzvalidierung und Objektivierung der vorherigen internen Entscheidungen garantiert.
- **Selbstverantwortliche Entwicklung**: Dieser Aspekt hängt eng mit dem vorherigen Punkt zusammen. Führungspotenzial ist nicht immer leicht zu erkennen: bei einer MitarbeiterIn sieht die Führungskraft möglicherweise Potenziale, aber die MitarbeiterIn selbst kann oder möchte diese aus persönlichen Gründen nicht ausbauen; bei einer anderen MitarbeiterIn ist möglicherweise der Wunsch vorhanden, sich weiter zu entwickeln, aber ihre Führungskraft ist sich darüber nicht bewusst. Aus diesem Grund sollten beide Seiten in der Meldung für den Pool beteiligt werden, indem sie dieses Potenzial in einem entsprechenden Potenzialeinschätzungsgespräch gemeinsam erörtern. Dies fördert das unternehmerische Denken aller Ebenen. Auch die MitarbeiterInnen selbst übernehmen Verantwortung für ihre persönliche Entwicklung. Gleiches gilt für das Qualifizierungsprogramm: Die KandidatInnen zeigen Eigeninitiative, bearbeiten eine unternehmensspezifische Aufgabe auch über ihre »Regelarbeitszeit« hinaus (arbeitsintegrierte Lernpro-

jekte), suchen sich eigene Lernfelder und beobachten die eigene Entwicklung (Lerntagebuch). Die Vermittlung der Inhalte in den Seminaren verläuft nach den Prinzipien der konstruktivistischen Personalentwicklung und des arbeitsintegrierten Lernens: sie findet nicht »klassisch« und frontal statt, sondern das Lernen geschieht aus der Gruppe heraus und in der Arbeitsaufgabe. Die Vorerfahrung der TeilnehmerInnen findet Berücksichtigung. Wo immer möglich werden partizipative Lernmethoden wie »anchored instruction« (mit Hilfe von Video- oder Rollenspiel-Anker und anschließender Analyse) eingesetzt. Auch die abschließende Portfolio-Prüfung (qualitative, ganzheitliche Einschätzung der TeilnehmerInnen anhand ihrer Entwicklung in den Seminaren und in der selbstverantwortlichen Projektarbeit; gegenseitiges Feedback) betont das eigenverantwortliche Lernen.

- **Potenzialorientierter Ansatz**: Die Betonung der Maßnahme liegt in erster Linie auf der Stärkung der Stärken der TeilnehmerInnen, weniger auf dem Aufzeigen von Schwächen. Die TeilnehmerInnen haben die Möglichkeit, eigene Potenziale besser kennen zu lernen und ihre Stärken weiter auszubauen.
- **Kooperation und Netzwerk**: Ein solcher Pool zielt natürlich auch darauf ab, das die TeilnehmerInnen ein Netzwerk bilden. Sie greifen so auf spätere Kooperationen vor und ermöglichen eine zukünftige Erleichterung der Schnittstellenarbeit im Unternehmen. Auch die Netzwerkbildung zu anderen Funktionsträgern und Führungskräften des Unternehmens wird unterstützt.
- **Pragmatischer Ansatz des Verfahrens**: Der Selektionsprozess für den FKN-Pool ebenso wie die darauffolgende Qualifizierungsphase darf trotz der oben beschriebenen Komplexität der Anforderungen und der unterschiedlichen Voraussetzungen der Beteiligten nicht zu langwierig und kompliziert sein. Vorrangiges Ziel muss ein zeitnaher, transparent gestalteter Ausbau eines Führungskräfte-Pools sein.
- **Personalmarketing**: Der Prozess sollte so gestaltet werden, dass er bei den MitarbeiterInnen Aufmerksamkeit erregt. Teil des Pools zu werden sollte für die angehenden Führungskräfte erstrebenswert sein. Das Verfahren wird i. S. des internen Personalmarketings durch entsprechende Mitarbeiterinformationen (Präsentationen, Info-Briefe, optional Flyer, Intranet) bekannt gemacht und in seiner Wertigkeit unterstrichen.
- **Einbindung in vorhandene Personalentwicklungs-Prozesse**: Schließlich sollte der Prozess auf den vorhandenen Instrumenten (z. B. Anforderungsprofile und Kompetenzen aus dem Unternehmen) aufbauen, um die verschiedenen methodischen Schritte vergleichbar und i. S. der best practice auch auf andere Bereiche übertragbar zu machen.

Die Implementierung des FKN-Pools findet in zwei Schritten statt:

1. **Auswahl der KandidatInnen** (Kapitel 4.7.4) mit Hilfe der internen Potenzialeinschätzung im Rahmen des unternehmensspezifischen Beurteilungsprozesses; Ablauf: Nennung der KandidatInnen, Plausibilitätsprüfung, Potenzialeinschätzung mittels Online-Tool, darauffolgende Integrationsrunde und extern begleite-

tes Audit (GF-Ebene / höheres Management) bzw. Potenzial-Assessment-Center (Managementebene)

2. Start und Durchführung der **Qualifizierungsmaßnahmen** für die ausgewählten FKN-Poolkandidaten (Kapitel 4.7.5)

4.7.3   Vernetzung mit den Prozessen des Unternehmens

Der Aufbau eines solchen Pools stellt ein Pilotprojekt mit Modellcharakter dar, dessen Struktur leicht auf die Implementierung analoger Pools in der gesamten Unternehmenswelt übertragen werden können sollte. Deshalb wird in einem solchen Pilotprojekt berücksichtigt, dass 60 – 80 % der Inhalte des FKN-Pools Unternehmensstandards entsprechen. Als Grundlage für die Einschätzung des Potenzials der KandidatInnen dient beispielsweise das Kompetenzmodell des Unternehmens und es sollte keine »parallele Beurteilung« aufgezogen werden. Die Übungen des Potenzial-Assessments sind so beschrieben, dass sie sich mit nur geringem Aufwand auf andere Bereiche übertragen lassen.

Eine Anpassung an die spezielle Situation des Unternehmens findet sich in Form bestimmter Übungsbeschreibungen des Assessments, um die ökologische und die Augenschein-Validität des Verfahrens (»Wiedererkennungswert« und Realitätsnähe der Übungen) und damit die Akzeptanz der KandidatInnen, die gerade für den Erfolg eines Pilotprojekts so wichtig ist, zu sichern. Auch die späteren Module des FKN-Pools, d. h. die Inhalte der Schulungen, sind nach dem Muster 60 – 80 % Standard (z. B. in den zentralen Schulungsmodulen) und 20 – 40 % Individualisierung (z. B. in Form von Coachingeinheiten) aufgebaut.

Die Größe des FKN-Pools orientiert sich optimalerweise bei Einführung an der aktuellen und für die kommenden 3 Jahre prognostizierten Bedarfssituation bezüglich der Stellenvakanzen in den genannten Zielpositionen der Organisation. Der FKN-Pool wird also bedarfsbezogen ins Leben gerufen, d. h. es werden nur dann Potenzialkandidaten für den Pool ausgewählt, wenn sich eine genügend hohe Anzahl an Stellenvakanzen abzeichnet. Neben den sich abzeichnenden Stellenvakanzen spielt für die konkrete Gestaltung des Pilotprojekts auch die Anzahl der auf Abfrage im Rahmen des internen Beurteilungsverfahrens genannten Potenzialkandidaten (Grundgesamtheit) eine wesentliche Rolle. Auch hier ist mit sehr unterschiedlich hohen Grundgesamtheiten in den unterschiedlichen »Erhebungsjahren« zu rechnen.

Im Folgenden stellen wir Ihnen die Inhalte der einzelnen Prozessschritte checklistenartig vor, eingeteilt in die beiden großen Abschnitte »Auswahl« (s. Abb. 38) und »Durchführung der Qualifizierungsmaßnahmen« (s. Abb. 39).

4.7.4   A – Auswahl der Pool-KandidatInnen

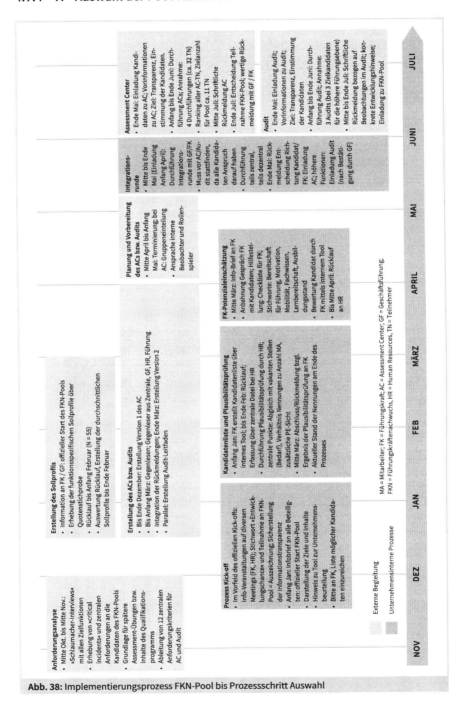

Anforderungsanalyse
- Mitte Okt. bis Mitte Nov.: »Schlaumacher-Interviews« mit alten Zielfunktionen
- Erhebung von »critical incidents« und zentralen Anforderungen an die Kandidaten des FKN-Pools
- Grundlage für spätere Assessment-Übungen bzw. Inhalte des Qualifikationsprogramms
- Ableitung von 12 zentralen Anforderungskriterien für AC und Audit

Erstellung des Sollprofils
- Information an FK / GF: offizieller Start des FKN-Pools
- Erhebung der funktionsspezifischen Sollprofile über Quotenstichprobe
- Rücklauf bis Anfang Februar (N = 55)
- Auswertung Rücklauf, Erstellung der durchschnittlichen Sollprofile bis Ende Februar

Erstellung des ACs bzw. Audits
- Bis Ende Dezember: Erstellung Version 1 des AC
- Bis Anfang März: Gegenlesen; Gegenleser aus Zentrale, GF, HR, Führung
- Integration der Rückmeldungen; Ende März: Erstellung Version 2
- Parallel: Erstellung Audit-Leitfaden

Prozess Kickoff
- Im Vorfeld des offiziellen Kick-offs: Info-Veranstaltungen auf diversen Meetings (FK, HR); Stichwort »Entwicklungschance und Teilnahme an FKN-Pool = Auszeichnung; Sicherstellung der Informationstransparenz
- Anfang Jan: Infobrief an alle Beteiligten: offizieller Start FKN-Pool
- Darstellung der Ziele und Inhalte
- Hinweis zu Tool zur Unternehmensbeurteilung
- Bitte an FK, Liste möglicher Kandidaten einzureichen

Kandidatenliste und Plausibilitätsprüfung
- Anfang Jan: FK erstellt Kandidatenliste über internes Tool; bis Ende Feb: Rücklauf; Erfassung über zentrale Datei bei HR
- Durchführung Plausibilitätsprüfung durch HR: Abgleich mit vakanten Stellen (Bedarf), Verhältnis Nennungen zu Anzahl MA, zusätzliche PE-Sicht
- Mitte März: Abschluss/Rückmeldung bzgl. Ergebnis der Plausibilitätsprüfung an FK
- Aktueller Stand der Nennungen am Ende des Prozesses

Planung und Vorbereitung des ACs bzw. Audits
- Mitte April bis Anfang Mai: Terminierung; bei AC: Gruppeneinteilung
- Ansprache interne Beobachter und Rollenspieler

FK-Potenzialeinschätzung
- Mitte März: Info-Brief an FK
- Anbahnung Gespräch FK mit Kandidaten; Hilfestellung: Checkliste für FK; Stichworte: Bereitschaft für Führung, Motivation, Mobilität, Fachwissen, Lernbereitschaft, Ausbildungsstand
- Bewertung Kandidat durch FK mittels internem Tool
- Bis Mitte April: Rücklauf an HR

Integrationsrunde
- Mitte Ende Mai (Einladung Anfang April): Durchführung Integrationsrunde mit GF/Audit
- Muss vor AC/Audit stattfinden, da alle Kandidaten Anspruch darauf haben
- Durchführung teils zentral, teils dezentral
- Ende Mai: Rückmeldung Entscheidung Richtung Kandidat/FK Einladung AC; höhere Funktionen: Einladung per Audit (nach Bestätigung durch GF)

Assessment Center
- Ende Mai: Einladung Kandidaten zu AC; Vorinformationen zu AC; Ziel: Transparenz, Einstimmung der Kandidaten.
- Anfang bis Ende Juni: Durchführung ACs; Annahme: 4 Durchführungen (ca. 32 TN) Ranking aller AC-TN, Zielanzahl für Pool ca. 11 TN
- Mitte Juli: Schriftliche Rückmeldung AC

Audit
- Ende Mai: Einladung Audit; Vorinformationen zu Audit; Ziel: Transparenz, Einstimmung der Kandidaten
- Anfang bis Ende Juni: Durchführung Audit; Annahme: 3 Audits (bei 3 Zielkandidaten für die höhere Führungsebene)
- Mitte bis Ende Juli: Schriftliche Rückmeldungen im Audit; konkrete Entwicklungshinweise; Einladung zu FKN-Pool

Externe Begleitung

Unternehmensinterne Prozesse

MA = Mitarbeiter; FK = Führungskraft; AC = Assessment Center; GF = Geschäftsführung; FKN = Führungskräftenachwuchs; HR = Human Resources, TN = Teilnehmer

NOV	DEZ	JAN	FEB	MÄRZ	APRIL	MAI	JUNI	JULI

Abb. 38: Implementierungsprozess FKN-Pool bis Prozessschritt Auswahl

Prozess-Kick-off: Informationsveranstaltungen / Infobrief an alle beteiligten Führungskräfte

- Offizielles »Lostreten« des Prozesses durch die Geschäftsführung des Unternehmens; da diese den Pool selbst initiiert hat, ist es absolut notwendig, dass sie als »Schirmherr« des FKN-Pools dessen Wertigkeit unterstützt (s. u.).
- Information über den internen Benennungs- und Beurteilungsprozess und FKN-Pool in diversen Gremien (Managementtagungen/Führungszirkel):
  - Bitte, den Prozessstart als Anlass zu nehmen, einen Austausch zwischen Führungskräften und potenziellen KandidatInnen anzuregen – Stichwort: »gleichberechtigte« Chance auch für MitarbeiterInnen, sich für den Pool anzumelden; Entlastung der Führungskräfte, selbstverantwortliche MitarbeiterInnen (»Employee self service«)
  - Erwartungsmanagement: darauf verweisen, dass ein Poolkandidat ein »rares Gut« ist; weiterhin gilt: wer nicht Poolkandidat wird, ist deshalb *nicht* automatisch »förderungsunwürdig« (im Gegenteil: es ist Aufgabe der Führungskraft, Schritte einzuleiten, um einem abgelehnten Poolkandidaten beim zweiten Anlauf eine bessere Chance zu geben); Hinweis, dass es sich um eine Auszeichnung handelt, in den Pool zu kommen
  - Begleitende, transparente Information während des Prozesses ankündigen (Option: »Newsletter«)
- Info-Brief an prozessbeteiligte Führungskraft – Beurteilungsprozess beginnt, FKN-Pool ist offiziell angestoßen; zentrale Inhalte:
  - Beschreibung des Prozesses; zentrale Ziele des FKN-Pools
  - Beschreibung der Vernetzung mit den vorhandenen Führungstools
  - Hinweis auf ersten Prozessschritt: Potenzialkandidaten-Liste vorbereiten, Plausibilitätsprüfung
- Anhang: Broschüre mit Informationen zum Beurteilungstool
- Option: Broschüre/Flyer zum FKN-Pool
- Zentrales Ergebnis in diesem Prozessschritt: trotz diverser Informationsveranstaltungen und Einladungsbriefe ist nicht sichergestellt, dass die Ziele und die Bedeutung des FKN-Pools in der Außenorganisation wirklich angekommen sind. Auch im weiteren Verlauf des Pools wird daher immer wieder der Kontakt zu den Stakeholdern gesucht, massiv unterstützt durch die Geschäftsführung des Unternehmens.

Anforderungsanalyse: Durchführung »Schlaumacher-Interviews« / Erstellung endgültiges Anforderungsprofil

- Das externe Beratungsunternehmen führt Interviews mit allen relevanten Zielpositionsebenen durch; Ziel: Erhebung von »critical incidents« (erfolgskritischen Aufgabenstellungen und Verhaltensweisen) und zentralen Anforderungen an die KandidatInnen des FKN-Pools; Ableitung für die Auswahl der Anforderungskriterien aus dem Unternehmensprofil und Grundlage für spätere Assessment-Übungen und Inhalte des Qualifikationsprogramms; weiteres Ziel: Signal, dass Prozess »FKN-Pool« in Angriff genommen wird.

- Das externe Beratungsunternehmen stellt den endgültigen Kriterienkatalog für die Selektionsverfahren (Assessment und Audit) aus dem Unternehmensprofil zusammen; zentrales Ergebnis: alle Kriterien werden über die verschiedenen Zielfunktionen hinweg als ähnlich wichtig wahrgenommen; daraus folgt: es werden *keine* funktionsspezifischen Kriterienkataloge erstellt.

Soll-Profil-Abfrage zur Vorlage bei Führungskraft/GF

- Anschreiben an GF/Führungskraft: FKN-Prozess ist definiert und kommt in die Umsetzung; 1. Schritt: Erstellung des Soll-Profils für die Zielpositionen.
- In einer Quotenstichprobe erhalten alle beteiligten Führungskraft-Ebenen die Kriterien-Übersicht mit der Bitte, für die entsprechende Ebene ein Sollprofil anzugeben.
- Die Soll-Profile, die eingereicht werden, sollten statistisch separat erfasst werden, um eventuelle unterschiedliche Gewichtungen zu erkennen.
- Nach Stichtag Rücklauf werden die durchschnittlichen Soll-Profile für die einzelnen Ebenen erstellt und bei der PE und den externen Beratern auf ihre Plausibilität hin geprüft.

Erstellung der Übungen für das Potenzial-Assessment – Rückmeldung der Prozessbeteiligten zu Szenario; Erstellung Audit

- Externes Beratungsunternehmen erstellt die Szenarien und Übungen für das FKN-Potenzial-Assessment; Sichtung durch PE und ausgewählte Führungskräfte: »Gegenleser« aus dem Unternehmen werden um eine Plausibilitätsprüfung der Übungen/Szenarien gebeten; Gegenleser erhalten immer nur die für ihren Bereich zentralen Übungen.
- Integration der Rückmeldungen, Abschluss der inhaltlichen Potenzial-Assessment-Erstellung
- Erstellung des Auditleitfadens (ebenfalls auf Basis der Ergebnisse der Schlaumacher-Interviews)
- Organisatorische Potenzial-Assessment- und Audit-Planung (s. späterer Prozessschritt)

Erstellung der Listen möglicher Potenzialkandidaten / anschließende Plausibilitätsprüfung durch PE

- Bitte an die Führungskraft, über das das Mitarbeiterbeurteilungs-Tool eine Liste von Potenzialkandidaten einzureichen (Info-Brief Anfang des Jahres, s. o.)
- PotenzialkandidatInnen-Liste liegt vor; Erfassung über eine zentrale Datei bei der PE

- Plausibilitätsprüfung durch die PE, wichtigste Aspekte: Zentrale Sichtung der Gesamtliste zum Abgleich mit vakanten Stellen / aktuellem Bedarf für Führungskräftenachwuchs; Verhältnis genannter PotenzialkandidatInnen zu vorhandenen MitarbeiterInnen; erstes Ranking auf Basis der bisher wahrgenommenen Gesamtleistungen des Potenzialkandidaten (auch über seine Bewährung in der Außenorganisation hinaus); zusätzliche PE-Sicht
- Rückmeldung an Führungskraft mit »Freigabe« zum Potenzialeinschätzungsgespräch und Nutzung des Mitarbeiterbeurteilungs-Tools; Rückmeldungen in möglichst kurzem Zeitfenster für alle Führungskräfte bzw. PotenzialkandidatInnen gleichzeitig.

Potenzialeinschätzung mittels Beurteilungs-Tool

- Info-Brief mit der Bitte, sich mit den möglichen KandidatInnen im »offiziellen Gespräch« auszutauschen, deren grundsätzliches Interesse als PotenzialkandidatIn abzufragen; weiterhin: zentrale Hinweise zum Beurteilungs-Tool (s. o., Plausibilitätsprüfung)
- »Checkliste zum Potenzialeinschätzungsgespräch«: Hilfsfragen der PE / der externen Berater für das Gespräch; Themen: Allgemeine Bereitschaft, Führungsaufgaben zu übernehmen; Motivation (Warum möchte jemand in die Position?); »realistic job preview« durch Führungskraft (Erwartungsmanagement); Mobilität; Fachwissen; Lernbereitschaft, Ausbildungsstand; mögliche Ausschlusskriterien (z. B. als »schlechter Verkäufer« lieber Leiter Verkauf werden? Nicht flexibel? Altersbegrenzung? Zu jung? Private Bedingungen/Hintergründe?); diese Abklärung im Vorfeld der Maßnahme ist extrem wichtig, denn die Erfahrung zeigt, dass zum einen immer wieder KandidatInnen im Potenzial-Assessment auftauchen, die nichts von dessen Hintergründen wissen (s. u.), zum anderen sind viele FKN-Pool-TeilnehmerInnen über die Intensität und den Zeitaufwand der Ausbildung überrascht, teils sogar irritiert; daher sollte dies im Rahmen der Gesprächs-Checkliste durch die benennende Führungskraft frühzeitig adressiert werden, um eine diesbezügliche Selbstselektion zu begünstigen (»Das ist mir aber zu viel!« = »Ich nehme jetzt lieber (noch) nicht teil«).
- Bewertung der KandidatInnen durch Führungskraft über das Beurteilungs-Tool.
- Rücklauf der Ergebnisse an die PE; alle Unterlagen liegen vor und werden bei der PE verwaltet

Konkrete Planung / Terminierung / Gruppeneinteilung des Potenzial-Assessments und des Audits

- Auf Basis der einlaufenden Potenzialkandidaten-Listen Terminierung und Gruppeneinteilung (optimale Durchmischung) der Potenzial-Assessments; gemeinsame Planung PE / externe Berater
- Ansprache der internen BeobachterInnen (je 2 pro Potenzial-Assessment) und Rollenspieler (je 2 pro Potenzial-Assessment)

- 2 externe BeobachterInnen
- Vorplanung der Audits

Integrationsrunde nach Potenzialeinschätzung
- Integrationsrunde: Besprechung aller PotenzialkandidatInnen auf Basis der Potenzialeinschätzung durch das Beurteilungs-Tool und Selbsteinschätzung (Einladung der Führungskraft / Hinweis auf Termin Integrationsrunde); die Integrationsrunde ist logistisch anspruchsvoll, muss aber de lege artis *vor* weiteren Auswahlschritten für den eigentlichen Pool stattfinden, da jeder benannte Potenzialkandidat das Anrecht hat, in einer solchen Runde begutachtet zu werden.
- Durchführung der Integrationsrunde entsprechend »Bekanntheitsgrad« des genannten Potenzialkandidaten und geographischer Situation; für die KandidatInnen der GF-Ebene findet eine zentrale Integrationsrunde mit der GF, PE und der jeweiligen Führungskraft statt.
- Für die Ebenen darunter, die der Außenorganisation zugeordnet werden können und die somit für den FKN-Pool relevant sind, wird die Integrationsrunde i. d. R. dezentral, d. h. in der Außenorganisation und ggf. angehängt an ein Regel-Meeting durchgeführt; optimalerweise sollte die PE hier anreisen, um als Moderator daran teilzunehmen, Präsenz zu zeigen, Fragen zu beantworten usw. Auch bei der dezentralen Durchführung behält sich die GF vor, die Liste der bestätigten PotenzialkandidatInnen zu sichten. In der Integrationsrunde sollte ebenfalls geklärt werden, für welche Zielfunktion der Potenzialkandidat tatsächlich vorgesehen ist (z. B. Kaufmännische MitarbeiterIn für eine Funktion in der Zentrale oder MitarbeiterInnen aus der Zentrale für eine kaufmännische Funktion in der Außenorganisation), denn dies lässt sich aus dem Beurteilungs-Tool selbst nicht erschließen.
- Rückmeldung nach Integrationsrunde: i. d. R. Bestätigung des Potenzials, nur in Ausnahmefällen Nicht-Bestätigung; aus den genannten GF-KandidatInnen wird eine sinnvolle Zielanzahl (im Pilotjahr: 4) zum Audit eingeladen; auf der Ebene darunter werden alle PotenzialkandidatInnen für Zielfunktionen in der Außenorganisation, bei denen das Potenzial bestätigt wurde, in das Potenzial-Assessment eingeladen; die Integrationsrunde ist Voraussetzung für die Einladung in das Audit bzw. das Potenzial-Assessment; ohne diese kann die Weiterführung des Prozesses »FKN-Pool« nicht stattfinden.
- Die Vermittlung des Ergebnisses der Integrationsrunde in Richtung des Potenzialkandidaten erfolgt i. d. R. über die direkte Führungskraft; sollte eine anspruchsvolle Feedbacksituation vorliegen, wäre es sinnvoll, wenn die PE die Teilnahme und Moderation im entsprechenden Gespräch anbietet.

Potenzial-Assessment: Durchführung, Nachbereitung (Feedbacks) / Benennung für den FKN-Pool

- Info-/Einladungs-Brief zu Potenzial-Assessment – Hintergründe, Methode, Zeitfenster; Ziel: Transparenz des Prozesses, KandidatInnen vorher darauf einstimmen, Ängste nehmen, auf Grenzen hinweisen (s. o., Pool-Kandidat = begrenztes Gut), daran koppeln: individuelle Einladungen zu den Terminen

- Durchführung Potenzial-Assessments; alle KandidatInnen erhalten am Ende des zweiten Tages ein Beobachtungs-Profil; auf Basis dieser Ergebnisse wird ein Ranking vorgenommen, nach dem die PotenzialkandidatInnen dem Pool zugeordnet werden; vor dem Hintergrund der Anzahl Nennungen und der in den nächsten 3 Jahren zu erwartenden Vakanzen in den Zielpositionen erscheint es sinnvoll, pro Funktion nicht mehr als 2 PotenzialkandidatInnen in den Pool zu übernehmen, insgesamt max. 12 Pool-TeilnehmerInnen. Dadurch wird spätere Frustration vermieden, wenn die PotenzialkandidatInnen eine wertige Ausbildung für Führungsaufgaben erhalten, aber keine Stelle frei wird, in der sie diese Ausbildung einsetzen können. Die ausgewählten Pool-Kandidaten sind dann PotenzialkandidatInnen mit kurzfristigem Potenzial, d. h. man geht davon aus, dass sie innerhalb des nächsten Jahres eine Führungsposition in der Außenorganisation übernehmen könnten.

- Schriftliche Rückmeldung bezogen auf Beobachtungen im Potenzial-Assessment (nicht Entscheidung bzgl. Teilnahme am FKN-Pool!) innerhalb 4 Wochen nach Durchführung aller Potenzial-Assessments; konkrete Entwicklungshinweise auch für diejenigen, die nicht unmittelbar in den Pool kommen (wichtiges methodisches Element!)

- Zur Bestätigung der Rankingliste aus dem Potenzial-Assessment werden die Ergebnisse nochmals durch PE und GF gesichtet. Mitteilung der Entscheidung, wer in den Pool kommt, direkt im Anschluss daran; Rückmeldung an Führungskraft und schriftlich an PotenzialkandidatIn (persönliches, potenzialorientiertes Schreiben); Führungskraft führt darauf Gespräch mit PotenzialkandidatIn; Option: bei anspruchsvollen Gesprächen steht die PE zur Verfügung, um das Ergebnis zu vermitteln. Input PE an die nicht für den Pool vorgesehen PotenzialkandidatInnen: Hinweise zu weiterer Entwicklung und weitere Chancen im Rahmen der FKN-Pools.

- Die PotenzialkandidatInnen, die nicht kurzfristig für den Pool vorgesehen sind, sind damit keinesfalls abgewertet, bei ihnen geht man nur davon aus, dass sie das Potenzial mittelfristig (innerhalb der nächsten 3 Jahre) zeigen. Zudem können sie als »Nachrücker« bei plötzlich relevanten Vakanzen fungieren. Da die Initiierung des Pools in den kommenden Jahren flexibel gehandhabt werden sollte und nicht einfach jährlich stattfindet, können diejenigen KandidatInnen, die mittelfristiges

Potenzial gezeigt haben, bei der nächsten Initiierung des Pools direkt angesprochen werden, ob sie teilnehmen möchten. Sofern das Potenzial-Assessment nicht länger als 4 Jahre zurückliegt und die KandidatInnen noch daran interessiert sind, Teil des FKN-Pools zu sein, könnten diese direkt in die nächste Generation nachrücken. Je nach Anzahl der antizipierten Vakanzen kann dann parallel eine neue Benennungsrunde von »ergänzenden« Potenzialkandidaten ausgerufen werden (s. obige Prozessschritte), die dann erstmalig das Potenzial-Assessment durchlaufen, und der Pool-Zyklus beginnt von Neuem.

- Zentrales Ziel der Potenzial-Assessment-Durchführung: die potenzialorientierte und offene Atmosphäre, die auch durch die zugängliche Art der internen und externen BeobachterInnen getragen wird, ebenso wie durch die Realitätsnähe der Übungen. Auch bei »sauber« vorbereiteten Potenzialverfahren kann es dennoch vorkommen, dass TeilnehmerInnen von ihrer jeweiligen Führungskraft »einfach mal in das AC« geschickt werden, ohne dass sie wissen, welche Ziele das Verfahren verfolgt. Dies kann als deutlicher Hinweis darauf gewertet werden, dass Ablauf, Inhalte und Ziele des FKN-Pools in den kommenden Jahren immer wieder auffrischend in Richtung aller beteiligten Führungskräfte vermittelt werden müssen, um die Wertigkeit des Programms sicher zu stellen.

Audit: Durchführung, Nachbereitung (Feedbacks) / Benennung für den GF-Pool

- Info-/Einladungs-Brief zu Audit (analog zu Potenzial-Assessment) – Hintergründe, Methode, Zeitfenster; Ziel: Transparenz des Prozesses, KandidatInnen vorher darauf einstimmen, Ängste nehmen; daran koppeln: individuelle Einladungen zu den Terminen
- Durchführung Audit; Anzahl: 3 Audits (bei 3 Zielkandidaten für GF-Ebene); 1 externer Auditor; Audit entspricht methodisch einem Einzel-Assessment, bei dem die KandidatIn durch ein semi-strukturiertes Interview läuft, Fallbeispiele bearbeitet und (optional) psychometrische Fragebogen ausfüllt.
- Schriftliche Rückmeldung bezogen auf Beobachtungen im Audit; konkrete Entwicklungshinweise für den FKN-Pool; auch hier können theoretisch nicht in den GF-Pool eingehende KandidatInnen als potenzielle Nachrücker fungieren.

4.7.5 B – Qualifizierungsprogramm FKN-Pool: Gesamtübersicht

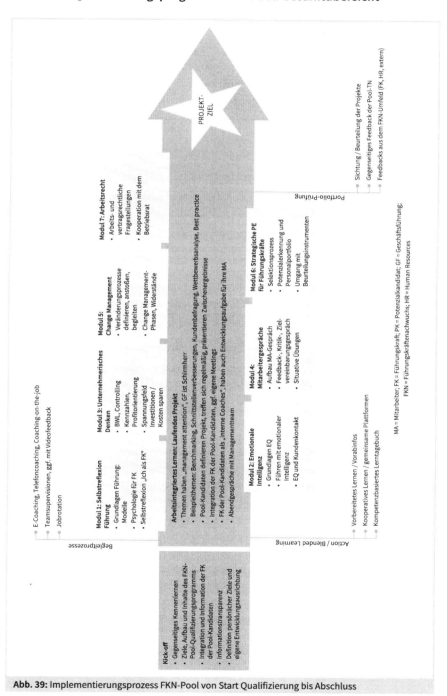

Abb. 39: Implementierungsprozess FKN-Pool von Start Qualifizierung bis Abschluss

Das FKN-Pool-Qualifizierungsprogramm hat eine Laufzeit von 15 Monaten. Der Aufbau des Programms, wie im Kick-off (s. u.) dargestellt, ist dreiachsig gestaltet:

Module: 2-tägige Präsenzseminare zu den Themen Selbstreflexion Führung/Motivation (2 x 2 Tage), BWL und unternehmerisches Denken, Mitarbeitergespräche führen, Change Management, Emotionale Intelligenz, Strategische Personalentwicklung für Führungskräfte und Arbeitsrecht (insg. 14 Tage)

Arbeitsintegriertes Lernen: Projektarbeit in zwei TeilnehmerInnen-Teams; Projekt hat »management attention«, Geschäftsführung ist Schirmherr und wird über Zwischenstand und Abschluss per Präsentation informiert (Teamsupervisionen: 4 x 0,5 Tage, plus 10 Tage eigenverantwortliche Ressourcen)

Weitere prozessbegleitende Schritte für die TeilnehmerInnen: 3 x 2 h Telefon / E-Coaching / Präsenzcoaching pro TeilnehmerIn; Abruf nach Bedarf; Führungstagebuch, E-Learning / Blended Learning / Lernplattformen, Portfolioprüfung

Im Folgenden werden die 3 Hauptachsen detailliert beschrieben.

Kick-off FKN-Pool

- Das Kick-off dient dazu, die Ziele, den Ablauf und die wesentlichen Inhalte des Programms zu vermitteln, Transparenz herzustellen und die TeilnehmerInnen auf den Pool einzustimmen. Das Kick-off wird aus organisatorischen Gründen direkt den ersten beiden Tagen in Programm-Modul 1 vorangeschaltet.
- Im Kick-off lernen sich die TeilnehmerInnen kennen, beschreiben ihre Erwartungen bezüglich des Programms und entwickeln erste Ideen für das arbeitsintegrierte Lernprojekt (s. o., Gesamtübersicht).
- Zudem wird ein Syllabus bereitgestellt, anhand dessen die TeilnehmerInnen den Zeitaufwand abgebildet sehen, der durch das Programm für sie entsteht: 14 Tage für Module und 2 Tage für Supervisionen i. S. der Präsenzzeiten; arbeitsintegriertes Projekt 10 Tage; Zusatzzeit innerhalb der eigenen Arbeitszeit, zu investieren in den 15 Monaten der Ausbildung: 25 %
- Am Abend des Kick-offs steht die Geschäftsführung des Unternehmens für ein Abendgespräch zur Verfügung, um hier nochmals die Wertigkeit des Programms zu vermitteln.
- Den TeilnehmerInnen muss frühzeitig klargemacht werden, dass der Pool mit Aufwand verbunden ist, der einer angehenden Führungskraft im Unternehmen abverlangt wird. Es geht um selbstverantwortliches Lernen, Zeitinvestment, Mobilität und Flexibilität, nicht um eine »Empfangshaltung« nach dem Motto »Bitte die Qualifizierung so bequem wie möglich gestalten und an meine operativen Anforderungen in meiner jetzigen Position anpassen.«

Module FKN-Pool

- Die ersten 4 Module finden innerhalb der ersten 4 Monate statt: Selbstreflexion Führung Teil 1 / Selbstreflexion Führung Teil 2, Emotionale Intelligenz, Unternehmerisches Denken / BWL, Mitarbeitergespräche führen.
- Zwischen den Modulen: Transferaufgaben und während der Module Vorbereitung auf das arbeitsintegrierte Lernprojekt; letzteres hat seine Kernbearbeitungszeit zwischen März und Sept, um zeitlich nicht zu sehr mit den Präsenzzeiten in den Modulen in Konflikt zu geraten (s. u.).
- Danach, ab Herbst: Durchführung der verbleibenden Module Changemanagement, Strategische Personalentwicklung für Führungskräfte und Arbeitsrecht als Ausblick für die PotenzialkandidatInnen als angehende Führungskraft.
- Zu den Modulen werden unterschiedliche Ansprechpartner aus der oberen Führungsebene für Abendveranstaltungen eingeladen.
- Starke Betonung des selbstreferentiellen Lernens, d. h. die TeilnehmerInnen bekommen die Inhalte der Module zur Verfügung gestellt und können selbst steuern, wie sie diese aufbereiten. Trainer/Coaches können dann in den face-to-face-Sitzungen vertiefend gefragt werden.

Arbeitsintegriertes Lernen

Zur Bearbeitung des Projekts werden die TeilnehmerInnen in zwei Teams unterteilt (max. Größe: 6 Teammitglieder); hier bietet sich eine Einteilung auf geographischer Basis an (z. B. Team Nord / Team Süd).

Das Arbeitsintegrierte Lernprojekt wird in vier Phasen unterteilt:

1. **Vorbereitung (November bis März)**: Projektidee-Findung im Rahmen des Kick-offs; Brainstorming der TeilnehmerInnen zu möglichen Projekten, Benennung eines favorisierten Projekts; Vorstellung des Projektbrainstormings beim Abendbesuch der Geschäftsführung im Kick-off / ersten Modul; PE sichert danach mit der Strategie-Abteilung und ggf. weiteren Mitgliedern der Geschäftsführung ab, dass die im Kick-off aufgeführten Projektideen strategiekonform sind; ebenso erhalten die TeilnehmerInnen den Auftrag, ihre Projektideen mit ihrer jeweiligen Führungskraft zu reflektieren; sobald sichergestellt ist, dass die Projektideen grundsätzlich strategiekonform sind, erhalten die TeilnehmerInnen für das zweite Modul (Selbstreflexion Führung, Teil 2) den Auftrag, eine halb- bis einseitige Projektgrobskizze des favorisierten Projektes zu machen; Kommentierung im zweiten Modul; für das vierte Modul (Mitarbeitergespräche) haben die TeilnehmerInnen den Auftrag, das Projekt zu spezifizieren, indem sie das unternehmensspezifische Projektmanagement-Tool bis zu dem »Projektsteckbrief« ausfüllen, d. h. hier sind der erwartete Nutzen, die zentralen Ergebnisse, wichtige Schnittstellen und Risiken sowie erste Arbeitsschritte abgebildet; im vierten Modul gegenseitige Vorstellung der Projektideen und Feinschliff; die TeilnehmerInnen überarbeiten danach ihre Projekt-

skizzen wie im Seminar besprochen; optimalerweise reicht dies als Grundlage für die Entscheidung zur Projektfreigabe durch die Geschäftsführung aus (s. nächster Schritt); die weiteren Projektdefinitionsschritte, z. B. bezüglich konkreter Projektkosten, Arbeitspakete usw. sollten aus zwei Gründen erst später befüllt werden: 1. ist teils erst nach Beginn der eigentlichen Konzeptions-/Analysephase absehbar, wie einzelne Kostenblöcke aussehen, wobei hier vor allem »interne Kosten« wie Manntage der TeilnehmerInnen selbst im Vordergrund stehen; 2. soll vermieden werden, dass das Projekt zu sehr ausdifferenziert wird, wenn dann auf Wunsch der Geschäftsführung doch noch größere Anpassungen anstehen – Frustrationsvermeidung; PE wendet sich dann mit den Projektskizzen an die Geschäftsführung, um das »Go« dafür abzuholen. Wenn es tatsächlich ein »No go« geben sollte, sollte die Geschäftsführung sofort konkrete Alternativen anbieten, da sonst ein Problem mit dem ersten Projekttermin / der Teamsupervision entsteht.

2. **Projektfreigabe / Teamsupervision 1 / Analyse- und Konzeptionsphase (April bis Mai):** Sobald das »Go« da ist, erhalten die TeilnehmerInnen eine E-Mail, so dass sie den ersten Teamsupervisionstermin vorbereiten können – hier sind die TeilnehmerInnen selbst in der Verantwortung, d. h. sie organisieren den Ort, erstellen im Vorfeld eine Agenda und informieren die externen Berater (die als Prozessbeobachter dabei sind) darüber; weiterhin können sie diesen dabei auch mitteilen, welche Inputs sie von Seiten der externen Berater als hilfreich ansehen würden (Beispiel: Projekt enthält Arbeitspakete mit Interviews – TeilnehmerInnen wünschen sich Inputs zum Thema »Interviewkonstruktion«; Projekt enthält einen Workshop mit KollegInnen – TeilnehmerInnen wünschen sich Inputs zum Thema »Workshopdesign«). Weiterhin können die TeilnehmerInnen auch definieren, wenn sie für das Treffen einen größeren Zeitbedarf als die avisierten 4 h haben. PE nimmt ebenfalls an Teamsupervisionen teil, um auch Eindrücke von den Leistungen der TeilnehmerInnen zu bekommen; zur Vorbereitung der ersten Sitzung arbeiten die TeilnehmerInnen weiter mit dem PM-Tool, indem sie die Abschnitte Projektplan (für die Arbeitspakete), Kostenplanung (um einen Rahmen für die Kosten zu ziehen), Umfeldanalyse und Risikoanalyse befüllen. Die Arbeit mit dem Tool soll helfen, das Projekt auch in den Tiefen zu durchdringen; in der ersten Teamsitzung findet somit projekttechnisch die Detaillierung der Arbeitsschritte für die Analyse-/Konzeptionsphase der Projekte statt, so dass die TeilnehmerInnen dann in die Umsetzung der einzelnen Arbeitsschritte einsteigen können. Video-Feedback im Rahmen der Teamsupervision: TeilnehmerInnen erhalten die Videoaufnahmen ihrer Teamsitzungen und haben die Aufgabe, ihr Verhalten selbst zu reflektieren und ins Lerntagebuch einzupflegen; Option: in Portfolioprüfung einfließen lassen (s. u.).

3. Weitere Schritte nach dem ersten Teamtreffen – Analyse/Konzepterstellung/Konzeptfreigabe (Teamsupervision 2) / Rollout, Teamsupervision 3 (Mai bis Aug): In der zweiten und dritten Sitzung nutzen die TeilnehmerInnen toolseitig dann nur noch den Statusbericht als Grundlage.

4. **Projektabschluss (Sept)**: Hier muss deutlich sein, dass nicht immer gewährleistet werden kann, dass die entsprechenden Projekte innerhalb des gegebenen Zeitrahmens vollständig abgeschlossen sind; ggf. findet ein Abschluss i. S. eines »Jetzt-Standes« statt, nach dem das Projekt entweder von den TeilnehmerInnen selbst weitergeführt wird oder an ein Folgeteam übergeben wird; in der vierten Sitzung wird entsprechend der Abschlussbericht vorbereitet. Die TeilnehmerInnen nutzen für die zweite bzw. vierte Sitzung und die Präsentation für die Geschäftsführung auch das Tool. Idee: die TeilnehmerInnen bereiten den benannten Status- bzw. Abschlussbericht als Handout vor, stellen die Ergebnisse aber in Form einer Präsentation / eines Workshop vor. Details zur Präsentationsgestaltung werden jeweils in den Teamsitzungen oder per E-Mail oder Telefon dazwischen besprochen.

Zentrale Ergebnisse: Alternativ zum unter 1. Vorbereitung beschriebenen Vorgehen, in dem die Geschäftsführung und der Strategiebereich eher entlang des Prozesses über die Projekte informiert wird, können beide in späteren FKN-Pool-Generationen im Vorfeld gefragt werden, welche Projektthemen interessant sein könnten; die TeilnehmerInnen erhalten dann eine Auswahl möglicher Themen (analog einer »zugewiesenen Diplomarbeit«); auf diese Weise wird sichergestellt, dass keine inkompatiblen Ideen entwickelt werden.

Weitere prozessgeleitende Schritte FKN-Pool

Transfersicherung
- In den Modulen ebenso wie in den Teamsupervisionen findet eine Integration der persönlichen Verbesserungsansätze aus dem Potenzial-Assessment und dem Audit statt; Bezug zum persönlichen Führungsstil wird hergestellt.
- Im Verlaufe der Teamsupervisionen enges Monitoring der Weiterentwicklung bezüglich Selbstreflexion und Lernfähigkeit; Teilnahme der PE als BeobachterInnen in den Teamsupervisionen; »unterjährige Feedbacks« durch die PE / externe Begleitung
- Führungskräfte werden ebenfalls in den Prozess einbezogen, geben Feedback zur Entwicklung »ihrer« Potenzialkandidaten; Führungskräfte definieren mit KandidatInnen Suchfelder, welches Projekt interessant sein könnte (s. o., arbeitsintegriertes Lernen) bzw. passen das von der Geschäftsführung vorgegebene Thema auf den eigenen Bereich an; alle 2 Monate Treffen Potenzialkandidat/Führungskraft: Standortbestimmung in Bezug auf Projekte/Programm; hierzu erhalten die Führungskräfte einen begleitenden Brief, der ihre Rolle definiert, sowie eine Checkliste zur Unterstützung in den unterjährigen Gesprächen.
- Treffen/Zwischenbilanz zwischen PE und Führungskraft/TeilnehmerIn zweimal, einmal nach der Hälfte des Programms, einmal gegen Ende (nach der Portfolio-Prüfung, Dez); Inhalt des zweiten Gesprächs: Rückmeldung und Ausblick, wer wann wie auf welche Position kommen könnte.

- Die TeilnehmerInnen führen ein kompetenzbasiertes Lerntagebuch: hier spielt das Potenzial-Assessment hinein; Fokus: Stärken weiter entwickeln und erkannte Schwächen verbessern; im Rahmen des Tagebuchs machen sich die TeilnehmerInnen Gedanken über die eigene Zielausrichtung, Notizen zu führungsbezogenen Erlebnissen sowie zu erhaltenen Feedbacks und entwickeln so einen »roten Faden« für die eigene Entwicklung. Das Lerntagebuch wird im Kick-off in Form von zu bearbeitenden Reflexionsaufgaben begonnen und dann unterjährig durch PE nachverfolgt. Hierfür wird an alle TeilnehmerInnen alle 4 bis 6 Wochen ein Dokument geschickt, welches ins Lerntagebuch integriert und gleichzeitig online bearbeitet werden kann. Die TeilnehmerInnen lassen dann der PE das ausgefüllte Dokument wieder zukommen, wo es zentral gesammelt und verwaltet wird. Auch hier besteht also die Möglichkeit, die Reflexion der einzelnen TeilnehmerInnen zu ihrer eigenen Entwicklung zu sichten und einzuschätzen.

E-Learning / Blended Learning

- Die FKN-TeilnehmerInnen können gemeinsam auf sämtliche erarbeiteten oder präsentierten Unterlagen im Rahmen des FKN-Pools zugreifen. Neben der reinen Dokumentenablage erhalten die TeilnehmerInnen die Möglichkeit, sich neben den synchronen (alle TeilnehmerInnen müssen zum selben Zeitpunkt anwesend sein) face-to-face Schulungs- und den Projektmeetings asynchron über verschiedene Aufgabenstellungen des FKN-Pools auseinander zu setzen. Dadurch wird der Entwicklungsprozess lebendig gehalten und die externen Begleiter sowie PE haben die Möglichkeit, prozessbegleitend zu unterstützten.
- Ordnerstruktur: 1. Wissen (Vorbereitungsinfos, Powerpoints aus den Modulen); 2. soziale/gemeinsame Wissenskonstruktion (virtuelles Handbuch, Mind-Map, Concept Map); 3. Diskussionsforen (Peer- und E-Coaching).

Coaching

- Die FKN-Pool-TeilnehmerInnen haben die Möglichkeit, 3 x 2 h E- bzw. Telefoncoaching und Face-to-face-Coaching zu nutzen. Die Coachingzeit stellt ein Kontingent dar, dass jede TeilnehmerIn abrufen kann, aber nicht muss.

Portfolio-Prüfung

- Folgende Elemente fließen in die Portfolioprüfung ein: 1. Lerntagebuch, 2. Güte des arbeitsintegrierten Projekts, 3. Integrierte, qualitative Einschätzung der Entwicklung der TeilnehmerInnen durch die Prozessbegleiter (Führungskräfte, PE, externe Berater).
- Option: TeilnehmerInnen entwickeln aus der Teamsupervision heraus Feedbackdimensionen, schätzen sich anhand dieser im Verlaufe des Prozesses ein – dadurch prozessbezogene Überprüfung Selbstbild-/Fremdbild-Entwicklung.

Abschlussveranstaltung

- Ziele: wertiger Programm-Abschluss, gemeinsame Reflexion des gesamten Verlaufs, Ableitung von Verbesserungsansätzen durch TeilnehmerInnen-Hinweise, Sicherstellung Netzwerkbildung unter den TeilnehmerInnen
- Gegenseitiges Feedback: Vierfelderschema, »Feedbackspaziergang«, Vorstellung der »öffentlichen« Ergebnisse des Feedbacks
- »Mein FKN-Pool: persönliches Resümee«; Themen »Erfahrungen«, »Führung« und »Ziele«; persönliche Collage; Ableitung von transfersichernden Maßnahmen zur weiteren gemeinsamen Zielverfolgung; Vorstellung des Collagen-Marktplatz gemeinsam mit den (angereisten) Führungskräften
- Gemeinsame Reflexion der Ziele des FKN-Pools; Abgleich mit den Anfangserwartungen aus dem Kick-off; Rückmeldung zum Gesamtprozess / zu den Verbesserungsideen
- Organisatorisches, offene Fragen, Abrundung und Abschluss

5 Schritt 4: Transfer und Evaluation von Personalentwicklungsmaßnahmen

Kommen wir nun zum Abschluss und zugleich dem Ausgangspunkt für den Neustart des PE-Zyklus: der Evaluation.

Nachdem bisher beschrieben wurde, wie der Bedarf für PE-Maßnahmen erhoben wird, wie sie konzipiert werden und wie man sie durchführt, wollen wir in diesem Kapitel einen Blick darauf werfen, wie Sie überprüfen können, ob Ihre Maßnahme »funktioniert«, d. h. die intendierten Effekte erreicht haben. Diese Effekte können Sie mit Hilfe einer systematischen Evaluation herausfinden. Doch bevor wir uns mit Effekten beschäftigen möchten wir an dieser Stelle erst einen Schritt zurücktreten und Evaluation aus einer Vogelperspektive anschauen. D. h. wir setzen uns zu Beginn mit verschiedenen Funktionen einer Evaluation im organisationalen Kontext auseinander, gehen dann zu verschiedenen Wirkungsanalysen über mit ihren praktischen Implikationen und werden dann anhand des Ablaufplans für eine Evaluation die verschiedenen Schritte ausführlich beschreiben.

Arbeitshilfen: Evaluation   **!**

Bei den Arbeitshilfen online auf mybook.haufe.de bieten wir Ihnen verschiedene Checklisten und Evaluationsinstrumente:

- Checkliste: Lerntransfersicherungsfragen für Führungskräfte
- Checkliste: Aspekte des Lernens im Kontext der PE-Maßnahmenevaluation
- Allgemeiner Evaluationsbogen
- Transferorientierter Evaluationsbogen

5.1 Funktionen von Evaluation

Bevor Sie mit dem Evaluationsdesign und der Durchführung beginnen, sollten Sie sich fragen, warum Sie eigentlich eine Evaluation durchführen. Dabei lassen sich grundsätzlich zwei verschiedene Funktionen von Evaluation unterscheiden:

1. **Legitimationsfunktion** gegenüber den Auftraggebern (intern/extern): z. B. »Wollen Sie vorzeigbare Wirkungen Ihrer PE-Maßnahme aufzeigen, damit Sie sich als Personalentwicklungsabteilung gegenüber der Geschäftsleitung legitimieren können? Nach dem Motto: Wir sind unser Geld wert. Je kostenintensiver die PE-Maßnahmen sind, umso bedeutsamer wird diese Funktion, da der Auftraggeber von Ihnen wissen möchte, ob Sie Ihre Ziele erreicht haben und sich die finanzielle Investition »gelohnt« hat.«

2. **Optimierungsfunktion innerhalb der PE-Maßnahmen:** Sie möchten mit der Evaluation herausfinden, wie entweder der Durchführungsprozess verlaufen ist oder ob es auf Grund der Maßnahme zu einer Veränderung in der Person/Organisation gekommen ist mit dem Ziel der Optimierung. Die Prozessevaluation (z. B. augenblickliche Befindlichkeit von MitarbeiterInnen innerhalb einer Trainingseinheit) liefert Steuerungs- und Prozessgestaltungsinformationen. Anhand solcher Daten kann z. B. die Betreuung durch einen Trainer oder Coach den jeweiligen Bedürfnissen der MitarbeiterInnen gezielt angepasst werden. Demgegenüber dient die outcomebezogene Evaluation vor allem der längerfristigen Entwicklung und Optimierung von einzelnen Trainings oder komplexen PE-Maßnahmen, die verschiedenste Elemente wie Coaching, Training, Training on-the-job usw. enthalten. Diese Art von Evaluationen ist häufig sehr komplex und zeitaufwendig.

Die Optimierungsfunktion liegt auf der Hand, aber die Legitimationsfunktion ist häufig leider unausgesprochen und hat sehr hohen Einfluss auf die Optimierungsfunktion. Woran könnten Sie so etwas in Ihrer Organisation feststellen?

- Kursevaluationen werden nicht ausgewertet und an die TeilnehmerInnen zurückgespiegelt, weil man Angst vor schlechten Bewertungen hat.
- Schlechte Ergebnisse werden entweder nicht zurückgespielt an TeilnehmerInnen, DurchführerInnen, AuftraggeberInnen oder die Ergebnisse werden sehr stark methodisch angezweifelt und in ihrer Aussagekraft relativiert.
- Eine systematische Befragung der Betroffenen wird von der Personalentwicklung gar nicht erst in Betracht gezogen, im Sinne von »Die können die HR-Maßnahme ja nicht wirklich in ihrer Qualität und Wirkung beurteilen«.
- Gute Ergebnisse werden sehr pointiert und vereinfachend dargestellt. Sie sind die Erklärung für alle Maßnahmen der Organisation.

Sie kennen die Thematik vielleicht unter dem Begriff der Gesichtswahrung. Man möchte ja als Personalentwickler oder Geschäftsleitung gut dastehen. Das ist auch vollkommen legitim, aber es sollte nicht dazu führen, kritische Aspekte zu umschiffen. Machen Sie sich Gedanken, welche Funktionen Sie in den Vordergrund Ihrer Evaluation stellen wollen und wie Sie insbesondere mit schlechten/schwierigen Ergebnissen umgehen werden.

Wertfrei betrachtet ist die Evaluation somit eine datenbasierte Planungs-, Entwicklungs- und Entscheidungshilfe in einem kontinuierlich laufenden Verbesserungsprozess einer oder mehrerer PE-Maßnahme/n. Evaluation bewertet somit in vielen Fällen nicht nur die definitiven Folgen (**Outcome**) eines Trainings, einer Maßnahme oder eines gesamten Führungsprogrammes, sondern auch den **Prozess**, d. h. die Art und Weise der Entwicklung / Planung / didaktischen Konzeption und Durchführung.

5.2 Ziele einer Evaluation und Wirkungsanalyseformen

Die Ausgangsfrage für jede Evaluation lautet: Was will ich (**Ziel**) für welchen Zweck (**Funktion**) evaluieren? Je nach Fragestellung ergeben sich daraus vier verschiedene Wirkungsanalysen, die Sie designen können.

5.2.1 Inputbezogene Wirkungsanalysen

Inputbezogene Wirkungsanalysen mit Fragen wie:
* Welche TeilnehmerInnen profitieren am meisten von der PE-Maßnahme?
* Welche Merkmale haben diese TeilnehmerInnen?
* Welche Lernaufgaben bewähren sich und welche weisen Unzulänglichkeiten auf?
* Welche Umsetzungen zeigen ein gutes Kosten/Nutzen-Verhältnis?
* Welche PE-Angebote wurden wie und von wem genutzt?

5.2.2 Prozessbezogene Wirkungsanalysen

Prozessbezogene Wirkungsanalysen mit Fragen wie:
* Wie waren die verschiedenen Elemente der PE-Maßnahme (z. B. Mentoring, individuelles Coaching und Trainings) aufeinander abgestimmt?
* Wie kann das Vorgehen (z. B. innerhalb der online Lernumgebung oder auch LMS (Learning Management System) Ihres Unternehmens) bei der Durchführung der verschiedenen Angebote verbessert werden?
* Wie lässt sich der Lern- und Kommunikationsprozess (z. B. im Online-Konferenzsystem) besser gestalten oder steuern?
* Was muss am Coaching Prozess verbessert werden?
* Wie lassen sich die Vorgesetzten besser in die PE-Maßnahme einbinden?

Steigerung des Lerntransfers
Für die Verbesserung des Prozesses zur Steigerung des Lerntransfers können Sie sich gut am Modell von Gessler (2012) orientieren, der fünf Erfolgsfaktoren für einen funktionierenden Lerntransfer herausgearbeitet hat.
1. Transferorientierung des Trainings: Wie nah ist das Training an der beruflichen Praxis der TeilnehmerInnen? Welche Transfermöglichkeiten bietet das Training?
2. Transfermotivation der TeilnehmerInnen: Wie motiviert sind die TeilnehmerInnen, das Gelernte zu transferieren?
3. Transfermöglichkeiten der Situation: Kann das Gelernte in der gegebenen Arbeitssituation angewendet werden? Gibt es konkrete Anwendungsfelder?

4. Transferklima im Team: Wie aufgeschlossen ist ein Team für Transfer?
5. Transfersupport durch den Vorgesetzten: Gibt der Vorgesetzte die Möglichkeit Dinge anzuwenden? Wie unterstützt der Vorgesetzte die MitarbeiterInnen bei der Umsetzung von Gelerntem?

Lassen Sie uns den fünften Punkt noch etwas genauer anschauen, weil er einer der zentralen Transfersicherungselemente darstellt und gleichzeitig handelt es sich möglicherweise um die Person, die Ihnen ein Auftrag zur Unterstützung der Entwicklung des Mitarbeiters gegeben hat. Schon Georgenson (1982) konnte zeigen, dass »manager support« und »manager involvement« von größter Wichtigkeit für die Transfersicherung von PE-Maßnahmen sind:

- **Manager support**: aktive Unterstützung und Verstärkung der PE-TeilnehmerIn bei Umsetzung des Gelernten durch den Vorgesetzten
- **Manager involvement**: aktiver Einbezug des Vorgesetzten in PE-Planung, -Durchführung und Transfer; stellt manager support sicher

Darüber hinaus besitzen Vorgesetzte »control of rewards«, mit anderen Worten: sie können belohnen oder auch »bestrafen«. Und MitarbeiterInnen sind deshalb bestrebt, den Rollenerwartungen und das heißt auch den Qualifizierungs- und Transfererwartungen der Vorgesetzten zu entsprechen.

Folgende flankierende Maßnahmen beschreiben einige wichtige Prozessschritte, mit denen Führungskräfte von MitarbeiterInnen in Entwicklungsmaßnahmen schon erheblich dazu beitragen, den Lerntransfer derselben zu sichern (s. a. »Checkliste Lerntransfersicherungsfragen für Führungskräfte«):

- Vor der Maßnahme: Vereinbarung von Lern-/Transferzielen (nicht fragen: wie gut war das Essen?)
- Direkt nach der Maßnahme: Transferfragen stellen, Lernzielüberprüfung, Anwendung erleichtern, Gelerntes intern vermitteln/präsentieren lassen
- Zeitlich versetzt nach der Maßnahme (z. B. 6 Monate danach): Nochmals überprüfen, welche Verhaltensweisen nachhaltig verändert worden sind

Lerntransfersicherungsfragen für Führungskräfte

Mit Hilfe der folgenden Fragen-Checkliste sind Ihre Führungskräfte in der Lage, die vor der Teilnahme an einer Schulungsmaßnahme definierten Lernziele Ihrer MitarbeiterInnen zu überprüfen und den Transfer des Gelernten auf die tägliche Arbeit zu sichern:

- Welche Erkenntnisse haben Sie in der Schulungsmaßnahme gewonnen? Was war besonders interessant für Sie?
- Wie gut haben Sie in Ihrer eigenen Einschätzung die vor der Maßnahme definierten Ziele erreicht?
- Welche Ihrer Stärken können Sie mit Hilfe dieser Maßnahme ausbauen?
- Welche Ihrer Schwächen können Sie mit Hilfe der Schulung verbessern?

- Welche Schulungsinhalte lassen sich unmittelbar auf unsere Arbeitssituation hier übertragen?
- Was können wir als Unternehmen/Bereich/Team von dem, was Sie in der Schulung gelernt haben, hier bei uns anwenden?
- Welche Inhalte würden Sie gerne Ihren KollegInnen mitteilen, welche Empfehlungen haben Sie für sie?
- Welche drei zentralen Erkenntnisse aus der Schulung werden Sie bis wann in Ihrer täglichen Arbeit umsetzen?

Die Vorbereitungen für die Lerntransfersicherung sind zentrale Erfolgsfaktoren für die Erzeugung von nachhaltiger Wirkung. Die dritte Wirkungsanalyse, die Sie vornehmen können ist die outputbezogene Wirkungsanalyse. Diese ist vielen bekannt, aber häufig sowohl inhaltlich als auch methodisch äußerst anspruchsvoll.

5.2.3   Outputbezogene Wirkungsanalysen

Outputbezogene Wirkungsanalyse mit Fragen wie:
- Sind beobachtete Veränderungen bei den TeilnehmerInnen auf die PE-Maßnahme zurückzuführen?
- Welche Auswirkungen hat die didaktische Gestaltung der PE-Maßnahme / des gesamten Programms auf den Lernerfolg?
- Hat der Lernerfolg der TeilnehmerInnen einen Impact auf ihre Arbeitsleistung?
- Können die ProgrammteilnehmerInnen das Gelernte in den Arbeitsalltag transferieren?
- Welche Auswirkungen hat die PE-Maßnahme den Führungsalltag?

Für die outputbezogene Wirkungsanalyse von PE-Maßnahmen können Sie sich am klassischen Konzept von Kirkpatrick (1994) orientieren, welcher vier verschiedene Stufen der Evaluation unterscheidet, welche sich alle auf den Output beziehen:
1. **Reaktion (reaction):** subjektive Bewertung der Maßnahmen durch die TeilnehmerInnen mit Hilfe einer Abschlussbefragung, z. B. sogenannten »happy sheets« oder »Zufriedenheitsbefragungen«
2. **Lernen (learning):** Aufnahme, Verarbeitung und Bewältigung der Lerninhalte durch TeilnehmerInnen, die durch Prüfungen/Zertifizierungen erfasst werden kann
3. **Verhalten (behavior) = Transfer:** Umsetzung der Lerninhalte im Arbeitskontext, Veränderung des Arbeitsverhaltens i. S. der Lernziele, z. B. durch Arbeitsplatzbeobachtungen oder Peerfeedback erhoben
4. **Resultate (results):** Erreichen organisationaler Ziele, z. B. dem Return on Investment der PE-Maßnahme mit Hilfe unterschiedlichster Kennzahlen (z. B. Kosten der PE-Maßnahme im Verhältnis zur Ertragssteigerung, Verbesserung der Kundenzufriedenheit, Verringerung der Fluktuation)

Wenn Sie die Aspekte von Lernen und Verhalten noch intensiver, im Sinne von Lernzielen einer PE-Maßnahme, definieren wollen, so können Sie sich der Lerntaxonomie von Bloom (1956) bzw. der von Andersen & Krathwohl (2001) bedienen. Die Taxonomien unterscheiden sich insbesondere in der Art der Ausformulierung (substantiviert bzw. verbalisiert) und der höchsten Stufe, in der Andersen & Krathwohl vom Erschaffen von etwas Neuem sprechen und Bloom von der Bewertung von Sachverhalten.

Taxonomie	
Stufen nach Bloom	**Stufen nach Andersen & Krathwohl**
Bewertung	Erschaffen
Synthese	Bewerten
Analyse	Analysieren
Anwendung	Anwenden
Verständnis	Verstehen
Wissen	Erinnern

Tab. 44: Taxonomie von Bloom (1956) / Andersen & Krathwohl (2001)

Mit Hilfe dieser Taxonomien können Sie den Fokus der Evaluation gut eingrenzen bzw. präzisieren.

5.2.4   Wirkungsanalyse als Vergleichsanalyse

Die vierte und letzte mögliche Form der Wirkungsanalyse ist eine Vergleichsanalyse.

Vergleichsanalysen mit Fragen wie:

Mit welcher der in Frage kommenden Lösungen/PE-Maßnahmen (Training, Coaching, Mentoring, Peer-Coaching usw.) sind die gewünschten Ziele (z. B. sich in der Fachkompetenz oder der Argumentationskompetenz verbessern) am ehesten zu erreichen?

In Ihrem Praxisalltag können Sie aber davon ausgehen, dass eine derartige Analyse nicht durchgeführt wird, weil Sie nicht in Ihr Kernaufgabengebiet gehört. Es wird eher von Ihnen als Experte erwartet, dass Sie die wirksamsten Methoden für die Durchführung von bestimmten PE-Maßnahmen kennen und wenn nicht, diese in einschlägigen Fachbüchern eruieren.

Nun haben wir uns mit vier unterschiedlichsten Wirkungsanalysen beschäftigt, die ein wichtiges Element in der Auftragsklärung mit Ihrem internen Kunden sein sollte. Wenn wir uns diese genau anschauen und uns in die Rolle des Auftraggebers versetzten, wird sofort deutlich, dass sein zentrales Interesse in der outputbezogenen Wirkungsanalyse liegt und die anderen für Sie als Personalentwickler eine hohe Bedeutung für die Verbesserung Ihrer Angebote hat und Vorgesetzte eigentlich nicht interessiert.

Folgende Fragen können hilfreich sein, den Evaluationsbedarf bei Ihrem Auftraggeber einzuholen.

- Wo sehen Sie den größten Handlungsbedarf in Ihrem Bereich?
- Was möchten Sie mit der PE-Maßnahme erreichen?
- Wie kann man Sie als Auftraggeber in die PE-Maßnahme integrieren? Welche Rolle können und wollen Sie einnehmen?
- Welche Veränderungen erwarten Sie grundsätzlich?
- Wo sollten sich die Veränderungen (positiv/negativ) besonders deutlich zeigen?
- Was sollte sich durch die PE-Maßnahme nicht verändern?

Nachdem Sie sich all die Vorüberlegungen gemacht haben, wollen wir nun den Evaluationsprozess als Ganzes detailliert betrachten.

5.3   Evaluationsprozess

Zu Beginn wollen wir Ihnen vier Grundregeln zur Evaluation mitgegeben, die sich für uns, nach mittlerweile 20 Jahren Evaluationserfahrung in Unternehmen, als sinnvoll und wichtig, herauskristallisiert haben:

1. Die Evaluation einer PE-Maßnahme nicht im letzten Drittel der Entwicklung konzipieren und realisieren, sondern zu Beginn! Nur so kann sichergestellt werden, dass die Evaluation wirklich als Planungs-, Entwicklungs- und Entscheidungsinstrumentarium für Ihre PE-Maßnahme wirksam werden kann.
2. Nur Ausschnitte einer PE-Maßnahme evaluieren, die in enger Anbindung an die explizit definierten Ziele der Evaluation stehen. Weniger ist mehr! Fokussieren Sie sich wirklich auf Ihre Kernanliegen.
3. Erheben Sie insbesondere die Dinge, die Sie auch wirklich beeinflussen können und nicht Dinge, die sowieso gegeben sind. So können Sie anschließend Frustration bei den Befragten und Auftraggebern verhindern. Sie wollen schließlich keine wissenschaftlichen Erkenntnisse generieren, sondern umsetzbare Veränderungs-/Verbesserungsansätze herausarbeiten.
4. Die TeilnehmerInnen der Evaluation sollten immer eine Rückmeldung zu den gewonnenen Erkenntnissen bekommen, auch wenn es negative Ergebnisse sind (z. B. keine Wirkung der PE-Maßnahme, hohe subjektive Unzufriedenheit mit dem PE-Angebot).

Evaluationsprozess in 7 Phasen

Der sich nun anschließende Evaluationsprozess gliedert sich in 7 Phasen:

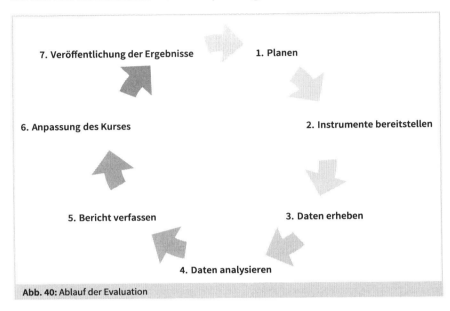

7. Veröffentlichung der Ergebnisse

1. Planen

6. Anpassung des Kurses

2. Instrumente bereitstellen

5. Bericht verfassen

3. Daten erheben

4. Daten analysieren

Abb. 40: Ablauf der Evaluation

Die Ergebnisse einer Phase sind die Voraussetzung für den Beginn der nächsten Phase. Die sieben Phasen (s. Abb. 40) sollten nacheinander durchlaufen werden. Dabei ist zu beachten, dass die Selektion der Messkriterien (z. B. Fachkompetenzen, Unternehmertum, Veränderungsbereitschaft, Konfliktfähigkeit, Kundenorientierung, Führungsstil) unbedingt mit den Zielen der PE-Maßnahme übereinstimmen und adäquate Instrumente (Fragebogen, Beobachtungsbogen, Logfiles usw.) gewählt werden, weil beides wesentlich die nachfolgenden Phasen beeinflusst und insbesondere die Aussagekraft der Auswertung mitbestimmen. So ist z. B. die Wahrscheinlichkeit, dass Sie die nachhaltige Wirkung (z. B. besseres Konfliktverhalten, höhere Empathie) von einer Trainingsmaßnahme von 2 Stunden und 5 TeilnehmerInnen zeigen können, ist äußerst gering, aber die subjektive Zufriedenheit der TeilnehmerInnen kann sehr wohl gut erfasst und für die Gestaltung der Trainingsmaßnahme (z. B. Auswahl des Trainers, Setzung von Trainingsschwerpunkten) verwendet werden.

Die nachfolgende Checkliste gibt Ihnen einen kurzen Überblick über die Evaluationsphasen und deren möglichen Inhalte, auf die wir anschließend detaillierter eingehen werden.

Checkliste: Aspekte des Lernens im Kontext der PE-Maßnahmenevaluation (Seel, 2000), mit Erweiterungen der Autoren

Grundlagen

Zeit	Elemente			
t_0	Randbedingungen	**Soziokulturelle Randbedingungen** • demografische Faktoren • ökonomische Faktoren • schulische Sozialisationsbedingungen • Unternehmenskultur • Bezugsgruppen		

Phase 1: Didaktische Planung (inkl. Evaluationselemente)

t_1	Anthropogene Bedingungen	**TeilnehmerIn** • kognitive Faktoren (Vorwissen, Lernkompetenz, Medienkompetenz, Merkfähigkeit) • affektive Faktoren (Stimmung, Temperament) • motivationale Faktoren (Neugier, Wille, Interesse)		
t_2	Didaktische Gestaltung	**Lernsystem** • Informationsmerkmale • Handlungs- bzw. Lernoptionen	**Lernaufgaben** • Lehrziele • Inhalt • Unterlagen • Struktur • Abfolge	**Trainer/Coach/Lernbegleitung** • Personale Ressourcen • Art der Unterstützung

Phase 2: Instrumente bereitstellen

Phase 3: Datenerhebung

t_3	Lernprozesse	**Individuelle und kollektive Lehr-Lern- und Kooperationsprozesse**	
t_4	Lern- bzw. Nutzerergebnis	**Personenbezogene Ebene**	**Technikbezogene Ebene**
		• Fachkompetenz • Methodenkompetenz • Sozialkompetenz • Personalkompetenz • Transfer	• Benutzerakzeptanz • Benutzerfreundlichkeit • Vollständigkeit der Funktionalitäten

Phase 4: Datenanalyse

Phase 5: Abschlussbericht erstellen

Phase 6: Anpassung des Kurses

Phase 7: Veröffentlichung der Erkenntnisse und Erfahrungen

Tab. 45: Checkliste zu Aspekte des Lernens im Kontext der PE-Maßnahmenevaluation

5.3.1   Phase 1: Planen

In der Planungsphase (1) sollten unter der Berücksichtigung der Randbedingungen, der anthropogenen Bedingungen und der didaktischen Zielsetzungen die Evaluationsziele spezifiziert werden.

Randbedingungen für eine Evaluation
- Welche Lernkultur prägt das Unternehmen?
- Welche zeitlichen, personalen, technischen und räumlichen Ressourcen stehen für die Evaluation zur Verfügung?
- Welche Art von Messung/Daten wünschen Sie sich (subjektive Selbsteinschätzungen / objektive Messungen) für die verschiedenen Bereiche?
- Hat die Evaluation eine Legitimations- und/oder eine Optimierungsfunktion?

Ziele der Evaluation
- Welche Bereiche wollen Sie in der Evaluation untersuchen?

Dabei können Sie grundsätzlich drei verschiedene Aspekte genauer anschauen.
1. Lernsystem / Learning Management System / Content Management System usw.
2. Didaktische Gestaltung, Lehr-Lern- und Kooperationsprozesse
3. Lerneffekte und -outcomes

1. Lernsystem
Bei der Lernsystemgestaltung beschäftigt man sich mit der Navigation, dem Screen Design (Farbe, Schrift, Bilder, Layout) und der Gestaltung der Lehr- und Lernmittel (Texte, Abbilder, Animation, Ton und Sprache), die in einer PE-Maßnahme zum Einsatz kommen.

Für die Navigation können Antworten auf die folgenden Fragen für die Kursstrukturierung hilfreich sein:
- Wo befinde ich mich?
- Wo kann ich hingehen?
- Wie gelange ich dorthin?
- Wie komme ich dorthin, wo ich schon war? (Flemming, 1998)

Für das Screen Design gibt es Richtlinien (z. B. Thissen, 2003) und ebenso für die Aufbereitung von Lehrmaterial (z. B. Ballstaedt, 1997). Am einfachsten folgen Sie den Empfehlungen Ihres Anbieters mit »standardisierten Vorlagen«. Je individueller Sie die verschiedenen Angebote in der Navigation strukturieren, desto schwieriger wird es für den Benutzer, weil er sich jedes Mal neu orientieren muss. Das Ganze lässt sich gut an einem Auto verdeutlichen. Stellen Sie sich vor, Sie müssen jedes Mal genau schauen, wo sich die Geschwindigkeitsanzeige, das Zündschluss, der Blinker usw. befindet, wenn Sie in ein anderes Fahrzeug steigen. Das erschwert das Autofahren enorm und kann zu unangenehmen Fehlern führen. Am besten folgen Sie dem Grundsatz »Alles immer am selben Ort und weniger ist mehr!«, das vereinfacht die Orientierung für den Benutzer.

Es gibt auch eine Vielzahl an Open Source LMS Angeboten z. B. OLAT https://confluence. openolat.org/, Moodle https://moodle.org/; Ilias https://www.ilias.de, die Sie in Ihrem Unternehmen einsetzen können.

2. Didaktische Gestaltung
In der didaktischen Gestaltung können Sie sich mit den Lernaufgaben auseinandersetzten, die sehr viele Gestaltungsmöglichkeiten bieten. Die wesentlichen Konstruktionselemente, die Sie evaluieren können, sind die Folgenden:
*   Lehr-Lernziele (deklarativer und/oder prozeduraler Art)
*   Anzahl und Voraussetzungen der TeilnehmerInnen als wesentliche Ausgangsvariablen für die Konzeption der Evaluation
*   Inhalte
*   Vorgesehene Lernaktivitäten (individuell und/oder kooperativ)
*   Zeitraum der Lernaktivität
*   Erwartete Ergebnisse
*   Technische Realisierung
*   Abfolge der Lernaufgaben
*   Arbeitsaufwand
*   Evtl. Bewertungskriterien

In einem weiteren Bereich geht es um den Trainer/Coach/Lernbegleiter. Die Aufgaben der Trainer können sehr unterschiedlich gestaltet werden und werden wesentlich durch das didaktische Design bestimmt.
*   Welche Art der Unterstützung wird den TeilnehmerInnen geboten (Wissensvermittlung, punktuelle oder kontinuierliche Lernbegleitung)?
*   Welche Personalressourcen stehen zur Verfügung?

Das letzte Element, welches sich aus dem Wechselspiel von Lernaufgaben – Trainer ergibt, sind die Lehr-, Lern- und Kooperationsprozesse. Bei diesen wird zum einen die Qualität der individuellen oder kooperativen Lernaufgaben im konkreten Gebrauch untersucht, zum andern die Anforderungen an die Unterstützung dieser Lernprozesse.
*   Wie nutzen die TeilnehmerInnen die Lernangebote? Wie sehen die Lernaktivitäten aus? Was tun die TeilnehmerInnen?
*   Welche Art von Lernfeedback (emotionale Befindlichkeit, inhaltliche Probleme, motivationale oder administrative und organisationale Schwierigkeiten usw.) benötigen sie während des Trainings für eine kontinuierliche Steuerung?
*   Welche Art der Lernunterstützung benötigen die TeilnehmerInnen?

- Wie kommen die TeilnehmerInnen mit der elektronischen Lernumgebung, wenn eingesetzt, zurecht?
- Wirkung: Welche Effekte beobachten Sie auf den individuellen und kollektiven Lern-, Kommunikations- und Kooperationsprozess im Vergleich zu Ihren »herkömmlichen Angeboten«? Handelt es sich um qualitative und/oder quantitative Veränderungen? (Beispiele: mehr Interaktion zwischen den TeilnehmerInnen, qualitativ hochwertigere Beiträge in den Online-Foren, Entwicklung neuer Lösungen im Arbeitsalltag)

3. Lerneffekte und -outcome

Bei den Lerneffekten geht es überwiegend um summative Elemente der Evaluation, also die Messung von Auswirkungen der Maßnahme.

- Welche Effekte – durch subjektive oder objektive Messung – erwarten Sie für den Lernoutcome auf verschiedenen Kompetenzebenen (s. Taxonomie von z. B. Andersen & Krathwohl, 2001)?
- Wie hoch ist die Akzeptanz des Kurses? Wie hoch war die Motivation während des Kurses?
- Welche Leistungen müssen für das Bestehen der PE-Maßnahme erbracht werden (bewertete Abschlussarbeit, Diskussionsbeiträge im Training, Bearbeitung einer Fallstudie, arbeitsbezogenes Projekt durchführen usw.)?
- Führen Sie am Ende eine schriftliche oder mündliche Abschlussprüfung für das Training durch?
  - Wie sieht diese aus?
  - Welche der Kompetenzfelder messen Sie?

5.3.2   Phase 2: Instrumente bereitstellen

Wie schon im Kapitel 2.3.2 »Psychometrische Verfahren« wollen wir hier keine Empfehlungen für bestimmte Instrumente abgeben, weil immer bestimmte Vor- und Nachteile gegeneinander abgewogen werden müssen. Eine Matrix mit spezifischen Vor- und Nachteilen und deren Gewichtung in Bezug auf das Erreichen der Evaluationsziele kann Ihnen die Entscheidung vereinfachen.

Auf der Grundlage Ihrer Ziele können Sie geeignete Instrumente z. B. in folgenden »Quellen« finden:

- Hogrefe Testzentrale: www.hogrefe.de
- Einschlägige wissenschaftliche Publikationen
- KollegInnen fragen

Sie sollten bei der Selektion der Instrumente erprobte und validierte Verfahren einsetzen. Dadurch lässt sich die Qualität der Erhebung und die Wirkung der eigenen Untersuchung deutlich verbessern. Bitte versuchen Sie nicht, das Rad zum x-ten Mal neu zu erfinden, sondern nutzen Sie Bestehendes. Die Entwicklung eines guten Messinstrumentes nimmt normalerweise mehrere Jahre in Anspruch und diesen Aufwand können Sie sich sparen. Messen Sie lieber weniger Aspekte, dafür solide, als vieles gleichzeitig, dafür aber oberflächlich. So ist die Interpretation der Ergebnisse zuverlässiger und Sie können fundierte Ableitungen daraus machen.

5.3.3 Phase 3: Daten erheben

Die Datenerhebung sollte von kompetenten Personalentwicklern geleitet werden. Die Erhebung kann online, offline, mit Papier und Bleistift oder mit Video usw. erfolgen.

5.3.4 Phase 4: Daten auswerten

Die Datenauswertung kann je nach Datenmaterial (quantitativ/qualitativ) mit unterschiedlichen Werkzeugen vorgenommen werden (SPSS, ATLAS.ti, TEXTPACK usw.).

5.3.5 Phase 5: Abschlussbericht mit Gestaltungsvorschlägen

Der Abschlussbericht sollte alle wichtigen Phasen der Evaluation und insbesondere eine Zusammenfassung des Vorgehens, der Ergebnisse und einen PE-Maßnahmenoptimierungsteil enthalten.

5.3.6 Phase 6: Anpassung der PE-Maßnahme

Die im Abschlussbericht dokumentierten Gestaltungsvorschläge fließen nun in die Optimierung/Verbesserung des Kurses ein. Bei der prozessorientierten Evaluation kann dies natürlich schon während des laufenden Kurses geschehen.

5.3.7 Phase 7: Veröffentlichung der Erkenntnisse und Erfahrungen

Der Abschlussbericht sollte unbedingt allen Beteiligten der Evaluation (z.B. teilgenommene MitarbeiterInnen) zur Verfügung gestellt werden. Je nach Umfang reicht auf einen Foliensatz mit den zentralen Erkenntnissen.

! **Arbeitshilfen: Allgemeiner und transferorientierter Evaluationsbogen**

Bei den Arbeitshilfen online auf mybook.haufe.de stellen wir Ihnen eine Auswahl an Fragen und einen lerntransferorientierten Fragenkatalog zur Verfügung. Die Fragen können Sie im Rahmen einer Abschlussbefragung von unterschiedlichen Trainings mit und ohne Unterstützung neuer Medien stellen. Passen Sie die Fragen einfach Ihren Bedingungen vor Ort an.

5.4   »Concept and Instruments for Evaluation of Learning Tools« (CIELT)

Neue Lerntechnologien und damit einhergehende Lernsettings (Stichwort: Blended Learning) gewinnen in vielen Unternehmen zunehmend an Bedeutung, aber oftmals ist unklar, welchen Effekt diese Lerntechnologien und Lernsettings tatsächlich bei den MitarbeiterInnen haben. Die tägliche Praxis in der Personalentwicklung sieht meistens so aus, dass bei vielen PE-Maßnahmen – seien es einstündige Lunch & Learn, eintägige Kurse oder längere Ausbildungsprogramme (z. B. MBA, CAS, MAS) – am Ende der Veranstaltung Evaluationsfragebögen ausgeteilt und von den TeilnehmerInnen ausgefüllt werden. Die Ergebnisse dieser häufig »Happy Sheets« genannten Fragebögen werden dann zur Weiterentwicklung des Angebots genutzt. Dabei wird unterstellt, dass die subjektive Beurteilung eines Trainers bzw. einer Lehrperson oder der Veranstaltung einen direkten Einfluss auf den Lernerfolg hat. Dies lässt sich aber empirisch so nicht belegen.

Das Rahmenmodel CIELT »Concept and Instruments for Evaluation of Learning Tools« (Grund, Windlinger, Grote & Totter 2004) beinhaltet die verschiedenartigen Voraussetzungen, die gegeben sein müssen, damit eine gezielte Evaluation von Lerntechnologien und Lernsettings durchgeführt werden kann, die dann die gewünschte Aussagekraft hat (s. Abb. 41). In Kapitel 5.2 sprachen wir in diesem Zusammenhang von den drei unterschiedlichen Wirkungsanalysen, die man durchführen kann: inputbezogen, prozessbezogen oder outputbezogen.

Aussagen auf bestimmten Evaluationsebenen sind an Voraussetzungen bezüglich der Verwendung des Lernsystems oder der Tools durch die Zielgruppe gebunden. Systemstabilität, Einbettung und Akzeptanz sowie die Einsatzdauer eines Lernsystems oder Tools stehen dabei in einer engen gegenseitigen Abhängigkeit, die sich vereinfacht durch eine Pyramide veranschaulichen lässt (vgl. Abb. 41).

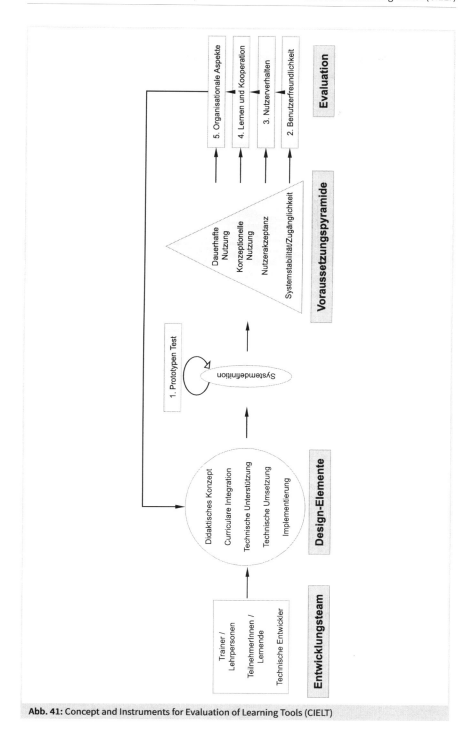

Abb. 41: Concept and Instruments for Evaluation of Learning Tools (CIELT)

Den Ausgangspunkt (Schritt 1) stellt die Systemdefinition und der erste Mock-up (z. B. aus Papier oder Pappe) dar, welcher Prototypentests auf der Ebene von Bildschirmanordnungen und einen »cognitive Walk-through« durch die Lernsystemfunktionalitäten ermöglicht.

In der nächsten Phase (Schritt 2) sind Systemstabilität und Zugänglichkeit über verschiedene Browser mit einem technischen Support gekoppelt, der die grundsätzliche Nutzung des Lernsystems gewährleistet und Usability-Analysen ermöglicht.

Darauf baut die Akzeptanz des Lernmediums (Schritt 3) und der curricularen Einbettung im beruflichen Alltag oder in eine längere Weiterbildung auf. Davon ist abhängig, inwieweit der Anwender gewillt ist, das Lernsystem zu nutzen bzw. auf alternatives Lehrmaterial und Aufgaben zurückzugreifen, um sich den angegebenen Stoff anzueignen. Daraus ergibt sich ein spezifisches, empirisch beobachtbares Nutzerverhalten. Idealerweise findet anschließend eine nach dem didaktischen und methodischen Konzept der Entwickler realisierte Systemnutzung (Schritt 4) statt, welche erst entsprechende Untersuchungen von individuellen und kollaborativen Lernprozessen und -effekten erlaubt.

Abschließend (Schritt 5) ist die längere Dauer des Einsatzes und die Nutzung des neuen Lernsystems Voraussetzung dafür, dass sich Veränderungen auf organisationaler und kultureller Ebene untersuchen lassen.

Die folgenden Beschreibungen der Kurs- und Lernsystem-Entwicklungsschritte dienen der besseren Einordnung der eigenen laufenden Projektabschnitte und damit der gezielten Auswahl der Instrumente für das eigene Evaluationsvorgehen im Unternehmen.

Merkmale des Kurses in den verschiedenen Entwicklungsschritten
In der Kursentwicklung lassen sich grob vier Phasen voneinander unterscheiden:
1. **Kurskonzeption und erste Umsetzung:** Die verschiedenen ProjektteilnehmerInnen entwickeln gemeinsam ein Kurskonzept, z. B. für einen Blended-Learning-Kurs in Mathematik. Für diesen Kurs werden sowohl die Inhalte als auch deren Bearbeitungsart (Gruppen- oder Einzelaufgaben) und die zu verwendende mediale Aufbereitung (Animation, Simulation, Grafik etc.) festgelegt. Kleine Testeinheiten und die Nutzeroberfläche werden entwickelt bzw. definiert.

2. **Unterrichten von ersten Kurseinheiten:** Jetzt stehen die ersten vollständigen Kurselemente zur Verfügung und werden im Unterricht/Training prototypisch eingesetzt.

3. **Unterrichten eines gesamten Kurses:** Der Kurs ist vollständig fertig und kann mindestens über den Zeitraum von einem Semester unterrichtet werden.

4. **Langfristige Implementierung des Kurses in der Bildungsinstitution oder dem Unternehmen:** Der Kurs und die dazu notwendigen Medien sind ein dauerhafter Bestandteil der Organisation.

Merkmale des Lernsystems in den verschiedenen Entwicklungsschritten

1. **Systementwurf:** In der ersten Phase eines Lernmedienprojektes werden die Anforderungen an das Lernsystem spezifiziert. Dabei lässt sich ein technikgetriebener von einem nutzergetriebenen Ansatz unterscheiden. Hier wird der nutzerzentrierte Ansatz verfolgt, da die Erfahrung von Lehrern und Lernenden von unschätzbarem Wert für die Entwicklung neuer Funktionen ist.

2. **Rapid Prototype:** Der Rapid Prototype kann z. B. ein Papier- oder Holzmodell sein. Dabei ist es nicht notwendig, dass Systemkomponenten schon funktionsfähig sind. Es soll ein erster »look and feel«-Eindruck gewonnen werden. Hier lassen sich z. B. erste Gestaltungsmaßnahmen für die Anordnung von Displays, die Positionierung von Funktionalitäten und anderes untersuchen.

3. **Prototype 1:** Der erste Prototyp weist die ersten funktionsfähigen Komponenten auf, die einer differenzierten Usability-Analyse unterzogen werden können.

4. **Prototype 2:** Der zweite Prototyp enthält so gut wie alle Funktionen und kann schon testweise unter realen Bedingungen mit Lernmaterial untersucht werden.

5. **β-Version:** Die β-Version zeichnet sich dadurch aus, dass sämtliche Funktionen zur Verfügung stehen und ganze Kurse mit dem Lernsystem testweise unterrichtet werden können.

6. **Produkt:** Das Produkt ist der fertige Release und wird von Unternehmen und Bildungsinstitutionen gekauft und längerfristig eingesetzt.

Die folgende Abbildung zeigt, welche Instrumente oder Vorgehensweisen in Abhängigkeit der Evaluationsziele auszuwählen oder zu entwickeln sind.

Evaluationsziele	Voraussetzungen	Untersuchungsmethoden aus CIELT
5 Organisationale Aspekte Veränderung der Lehrtätigkeit und Lernkultur	Dauerhafte Implementierung des Systems in der Bildungsinstitution oder im Unternehmen	**Sozio-technische Systemanalyse**
4 Individuelle Lernergebnisse Förderung von Kooperation und Kommunikation	Konzeptorientierte Nutzung des Lernsystems im realen Kontext mit längerfristigen Kursen	**User Behavior Tool** Offline-Verhaltenskodierung Online-Verhaltenskodierung Logfile Nutzertagebuch Coaching-Tagebuch Coaching-Fragebogen **Learning Tool** Gesamtbeurteilung
3 Nutzerakzeptanz Zufriedenheit Systemnutzung mit dem Schwerpunkt auf Systemkomponenten	Das System kann vom Nutzer über einige Stunden erprobt werden und ausreichend Inhalt ist vorhanden	
2 Benutzerfreundlichkeit/Benutzbarkeit	Das System verfügt über ausreichend Systemstabilität und Zugänglichkeit	**Usability Tool** Usability-Fragebogen
1 Definition der Zielgruppe und Systemfunktionalitäten	Der Anwendungszweck ist definiert	**User Participation Tool** Nutzerprofile-Fragebogen

Kursentwicklungsschritte	Kurskonzeption und technische Umsetzung	Unterrichten von ersten Kurseinheiten oder Modulen	Unterrichten eines gesamten Kurses	Dauerhafte Kursimplementierung
Lernsystementwicklungsschritte	Systementwurf	Prototype I	Prototype II	β-Version	Produkt

Abb. 42: Zuordnungsmatrix von Instrumenten zu Lernsystemevaluationszielen

6 Ausblick: Evidenzbasierte Personal- und Organisationsentwicklung

6.1 EPM auf einen Blick

Wir geben Ihnen in diesem Kapitel eine kurze Definition und vermitteln Ihnen anhand von zwei grafischen Darstellungen und einer Tabelle einen ersten Eindruck von EPM (Evidenzbasiertes People Management). Die Vorgehensweise von EPM stellen wir Ihnen detailliert in Kapitel 6.2 vor und zeigen Ihnen die Chancen und Risiken der Methode (Kapitel 6.3). Schließlich runden wir mit einem ausführlicheren Bespiel in Kapitel 6.4 das Thema ab.

EPM ist in einer langjährigen Zusammenarbeit zwischen doc. – dynamic organizational consulting und der ertragswerkstatt GmbH entwickelt worden und wird gemeinsam stetig weiterentwickelt.

Was ist Evidenzbasiertes People Management?
Wir verstehen Evidenzbasiertes People Management als einen auf einer strukturierten Datengrundlage und -analyse beruhenden Prozess, der, soweit möglich, auf wissenschaftlichen Erkenntnissen und Erfahrungen abgestützt ist. Die Erkenntnisse werden für die Entwicklung und Evaluation zielgerichteter Personal-/Organisationsentwicklungsstrategien und -maßnahmen genutzt, sowohl auf der strategischen als auch der operativen Ebene.

Was kann Evidenzbasiertes People Management leisten?

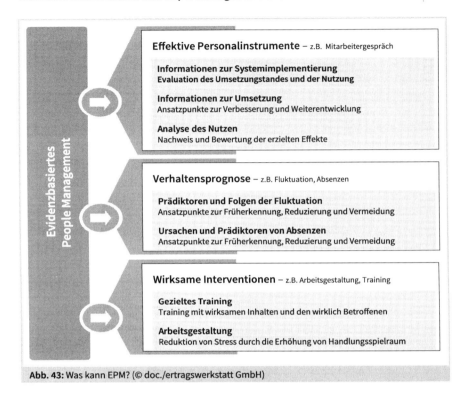

Abb. 43: Was kann EPM? (© doc./ertragswerkstatt GmbH)

Wie funktioniert Evidenzbasiertes People Management?

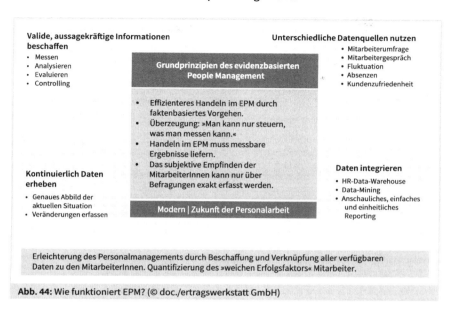

Abb. 44: Wie funktioniert EPM? (© doc./ertragswerkstatt GmbH)

Wie sieht Evidenzbasiertes People Management konkret aus?

PE-Themenbeispiele	Mitarbeitergespräch
PE-Fragestellung	1. Wer nutzt das Mitarbeitergespräch? 2. Wie wird es genutzt? 3. Welche Auswirkungen hat es?
Daten	Mitarbeiterumfrage, Mitarbeitergesprächsdaten, Absenzen, Fluktuation
Analyseergebnisse	Führungskräfte, die einen guten Führungsstil in der Mitarbeiterumfrage haben, setzen freiwillige Mitarbeitergespräche wesentlich häufiger ein als die mit einem »schlechten« Führungsstil. Führungskräften wird von den MitarbeiterInnen ein guter Führungsstil in der Mitarbeiterumfrage attestiert, wenn es eine gute Übereinstimmung zwischen Selbst-/Fremdeinschätzung im Performanceteil des Mitarbeitergespräches gibt und zwar bei guter und schlechter Leistung der MitarbeiterIn. Guter Führungsstil hat einen klaren Zusammenhang zu Leistung und Absenzen.
Praktische PE- Konsequenzen	Mitarbeitergespräche werden im Unternehmen verpflichtend gemacht. Mitarbeitergesprächsschulung fokussiert auf die Themen »guter Selbst-/Fremdbild-Abgleich«, »SMARTe Ziele« und ermutigt zu kritischen Feedback an MitarbeiterInnen.

Tab. 46: Wie sieht EPM konkret aus? Beispiel Mitarbeitergespräch

PE-Themenbeispiele	Führungsentwicklung
PE-Fragestellung	1. Wer braucht ein Führungstraining? 2. Welche Inhalte sollten im Führungstraining unterrichtet werden?
Daten	Mitarbeiterumfrage, Mitarbeitergesprächsdaten, Absenzen, Fluktuation
Analyseergebnisse	Es gibt eine sehr große Spannbreite im Führungsstil im Unternehmen sowohl innerhalb einer Stufe als auch über die verschiedenen Stufen hinweg. Im Führungsthema Zielplanung gibt es keine großen Unterschiede über das gesamte Unternehmen hinweg. Die Zielgruppe für ein Leadership Programm zeigt z. B. im Bereich Aufgabenverteilung klares Entwicklungspotenzial.
Praktische PE-Konsequenzen	Ausrichtung des Leadership Programms auf zielgruppenspezifische Themen (Aufgabenverteilung im Team) und Reduktion der Inhaltstiefe für Themen, die man eigentlich für relevant gehalten hat z. B. Zielplanung.

Tab. 47: Wie sieht EPM konkret aus? Beispiel Führungsentwicklung

PE-Themenbeispiele	Betriebliches Gesundheitsmanagement
PE-Fragestellung	1. Wer sollte an einer Gesundheitsmaßnahme teilnehmen? 2. Was sind wirksame Trainingsinhalte? 3. Welche Auswirkungen sind beobachtbar?
Daten	Mitarbeiterumfrage, Mitarbeitergesprächsdaten, Absenzen
Analyseergebnisse	Die aufgabenbezogenen Stressoren, Handlungsspielraum, Zusammenarbeit im Team und Führungsstil weisen den höchsten Zusammenhang zu Absenzen im Unternehmen auf. Die Führungswerte sind insgesamt sehr gut. Deutliche Unterschiede zeigen sich im Handlungsspielraum und für die aufgabenbezogenen Stressoren, auch bei vergleichbaren Aufgaben.
Praktische PE-Konsequenzen	Es wird für die Reduktion der aufgabenbezogenen Stressoren ein individuelles Stresstraining konzipiert und ein halbtägiger Teamworkshop zu den Themen Handlungsspielraum / Zusammenarbeit im Team mit der Moderation durch einen Peer entwickelt.

Tab. 48: Wie sieht EPM konkret aus? Beispiel Betriebliches Gesundheitsmanagement

PE-Themenbeispiele	Berufliche Entwicklung
PE-Fragestellung	1. Wo verlieren wir MitarbeiterInnen? 2. Warum verlieren wir MitarbeiterInnen? 3. Wie kann man MitarbeiterInnen halten?
Daten	Mitarbeiterumfrage, Mitarbeitergesprächsdaten, Fluktuation
Analyseergebnisse	Im Unternehmen bleiben insbesondere die MitarbeiterInnen mit hohem Handlungsspielraum, guten Werten im Thema Entgelt und gutem Wohlbefinden und Führungsverantwortung. Darüber hinaus nehmen FachspezialistInnen weniger berufliche Entwicklungsmöglichkeiten war und verlassen das Unternehmen tendenziell häufiger.
Praktische PE-Konsequenzen	Entwicklung und Durchführung einer Mehrebenenpersonalrunde bei der Person identifiziert werden, die a) absprunggefährdet sind und/oder b) hohes Potenzial als Führungskräfte/SpezialistInnen aufweisen. Dabei werden insbesondere Geschäftsbereiche angeschaut in denen der Handlungsspielraum, Wohlbefinden und Entgelt tendenziell niedriger sind.

Tab. 49: Wie sieht EPM konkret aus? Beispiel Berufliche Entwicklung

PE-Themenbeispiele	Trainingsangebote
PE-Fragestellung	1. Wer nutzt unsere Trainingsangebote? 2. Welche Trainingsinhalte sollten wir anbieten? 3. Wie soll man die Zielgruppen ansprechen?
Daten	Mitarbeitergesprächsdaten, Kursnutzung über mehrere Jahre, Alter
Analyseergebnisse	Je älter die MitarbeiterInnen sind, desto weniger nehmen sie an Kursangeboten der Personalentwicklung teil. Darüber hinaus verlassen insbesondere »ältere« MitarbeiterInnen Führungspositionen.
Praktische PE- Konsequenzen	Trainingsinhalte auf die »älteren« MitarbeiterInnen gezielt ausrichten und spezifisch als Zielgruppe, über entsprechende Ausschreibungen, ansprechen. Sicherung der Führungserfahrung von »älteren« MitarbeiterInnen, z. B. durch eine Mentorenfunktion in der Organisation.

Tab. 50: Wie sieht EPM konkret aus? Beispiel Trainingsangebote

Lassen Sie uns nun einen Schritt zurücktreten, EPM detailliert anschauen und die zugrundeliegenden Überlegungen reflektieren. Bisher haben wir im Buch beschrieben, wie man von einer differenzierten PE-Bedarfsanalyse zu einem Soll-Ist-Gap und der Ableitung von sinnvollen PE-Maßnahmen kommt – mit dem Ziel, die richtige Person am richtigen Ort zu haben. Wenn wir das dahinterliegende Grundverständnis kritisch betrachten, so gehen wir von der Prämisse aus, die Person der gegebenen oder zukünftigen, antizipierten Arbeitssituation »anzupassen« d. h. »fit person to task« zu betreiben. Nun gibt es aber auch die Möglichkeit von »fit task to person«, also die bestehenden und kommenden Aufgaben den Personen anzupassen. Dieser Blickwinkel hätte fundamentale Auswirkungen auf die Personalentwicklung. Sie wäre dann viel stärker Aufgaben-/Organisationsentwicklung. In unserer evolutionären Entwicklungsnomenklatur für Personalentwicklung würde sie sich somit auf der dritten Stufe befinden. Die bis heute noch übliche Trennung von Personal- und Organisationsentwicklung macht aus solchen Überlegungen heraus eigentlich keinen Sinn mehr und wird der komplexen Realität nicht ausreichend gerecht. Aber auch wir haben bisher die reine Personalentwicklungsperspektive eingenommen, sie ist greifbarer, konkreter und die Personalisierung von Fragestellungen liegt uns grundsätzlich näher. Die Gründe von Verhalten suchen wir primär im Individuum und laufen dabei Gefahr, dem fundamentalen Attributionsfehler zu unterliegen, nämlich die Auswirkungen der Situation und des Kontextes zu unterschätzen. Die »Macht der Organisation« ist allerdings oft viel größer als wir annehmen. Es lohnt sich, die Verschränkung von Person – Situation genauer zu betrachten, um wirksame PE-/OE-Maßnahmen abzuleiten.

Einen weiteren Punkt, den wir genauer reflektieren wollen, ist die heutige Fokussierung der Personalarbeit auf die operative Personalarbeit und ihre Rolle als »Problembeseitiger« für Vorgesetzte – schlechte MitarbeiterInnen abmahnen oder freistellen, sie coachen oder entwickeln und das bitte ohne die Beteiligung der Vorgesetzten. Human Resources als Ganzes agiert bisher selten als wirkliche Experteneinheit in PE/OE, die die Vorgesetzten umfassend berät, auf kritische Themen hinweist oder ihr einen echten Spiegel vor Augen hält. Selbstverständlich malen wir hier bewusst »schwarz-weiß«, damit das dahinterliegende Rollenverständnis besser sichtbar wird. Es gibt selbstverständlich auch andere HR-Rollenverständnisse, die im Rahmen von holokratischen oder agilen Organisationen immer mehr entstehen.

Lassen Sie uns verschiedene Unternehmensphänomene in einem Kurzüberblick festhalten:

- Personalarbeit besteht in den allermeisten Unternehmen aus operativer Personalarbeit und – in der Regel – ein wenig PE.
- In vielen Unternehmen gibt es noch immer keine sehr enge Verzahnung von PE und OE.
- Organisationale, strukturelle Veränderungen gehen häufig sehr schnell und sind in vielen Fällen durch Personalveränderungen in einer Geschäftsleitung bedingt. Die mit den Veränderungen verbundenen Personalentwicklungsmaßnahmen sind meistens nachgelagert und gehen wesentlich langsamer von statten. Eine systematische strategische Personalentwicklung in Verbindung mit langfristigem, organisationalem Change fehlt häufig.
- Bei großen Veränderungen ist der Dreiklang von Kultur – Struktur – Prozess oft nicht richtig aufeinander abgestimmt. Insbesondere den kulturellen und wertebezogenen Implikationen der Veränderungen wird wenig Aufmerksamkeit geschenkt.

- Die Unternehmenssteuerung basiert in vielen Fällen auf einem Organisationsbild eines klassischen Produktionsbetriebs mit taylorisierten, kleinteiligen Arbeitsaufgaben, die nur kontrolliert werden müssen. Dem Thema EPM-Steuerung wird noch immer wenig Aufmerksamkeit gewidmet.

- Die TeilnehmerInnen an PE-Maßnahmen sind in den meisten Fällen gute MitarbeiterInnen/Führungskräfte (zukünftige Führungskräfte, Talente, Schlüsselpersonen). »Problemfälle«, insbesondere in höheren Positionen, bleiben häufig »unangetastet«, sie »verstecken« sich in der Organisation oder werden durch Vorgesetzte »gedeckt«. Der dadurch angerichtete »Schaden« ist häufig enorm, wird aber von der Organisation in Kauf genommen.

- Menschen und Organisationen sind äußerst komplex. Es ist deshalb schwierig, wenn nicht unmöglich, sie fundiert und umfassend zu messen. Deshalb verzichten viele Unternehmen ganz darauf – oder erfassen nur einige wenige strukturelle Kennzahlen wie zum Beispiel Absenzquoten.

- Es herrscht nach wie vor die Unterscheidung zwischen »weichen« und »harten« Unternehmensfaktoren. Die harten Faktoren wie Umsatz, Gewinn usw. werden erfasst und kontrolliert. Die Bedeutung der »weichen« Faktoren wie MitarbeiterInnen wird zwar betont, aber die Unternehmenssteuerung, -bewertung und -bilanzierung erfolgt nahezu ausschließlich über die harten Kennzahlen. MitarbeiterInnen tauchen in der Bilanz gar nicht auf und in der Gewinn- und Verlustrechnung lediglich als Kostenfaktor »Personal«.

Diese Punkte führen wir deshalb auf, weil sie zentrale Stolpersteine/Herausforderungen für evidenzbasierte Personal- und Organisationsentwicklung darstellen. Sie kann viele solcher Unternehmensphänomene sichtbar machen. Diese Sichtbarkeit ist aber häufig noch nicht gewünscht, weil eine wirklich offene, unterstellungsfreie Kommunikations- und Diskussionskultur über kritische Themen und Herausforderungen fehlt. Unsere Erfahrung zeigt, dass gute Ergebnisse vom Management vermarktet werden und bei kritischen Werten die Datenerhebung und deren Aussagekraft in Frage gestellt wird, weil sie nicht mit dem Managementselbstbild korrespondieren. Im Sinne einer lernenden Organisation ist die Etablierung einer konstruktiv-kritischen Diskussionskultur aber essentiell.

Nun fragen Sie sich sicher, was man unter evidenzbasierter Personal- und Organisationsentwicklung oder HR-Analytics versteht, falls es am Kapitelbeginn nicht klar wurde. Der Begriff »evidenzbasiert« wurde Anfang der 1990er Jahre durch Gordon Guyatt in der Medizin eingeführt. Dabei versteht man unter evidenzbasierte Medizin die »fundierte, explizite und umsichtige Gebrauch der aktuell besten Beweise für Entscheidungen in der Versorgung eines individuellen Patienten« (Sacket et al., 1996). Auch die Rechtsprechung beschäftigt sich intensiv mit dem Thema, weil sie unterschiedlichste und möglichst vielfältige Evidenzen (Informationen) zur Entscheidungsfindung nutzt. Die Verknüpfung dieser Evidenzen verfolgt dabei das Ziel, möglichst fundiert und objektiv zu entscheiden. Im HR (Brodbeck, 2008) und Management (Barents et al., 2014) hat man sich, etwas verzögert, ebenfalls der Thematik evidenzbasierten Entscheidungen zugewandt.

Wir verstehen evidenzbasierte Personal- und Organisationsentwicklung als einen auf einer strukturierten Datengrundlage und -analyse beruhenden Prozess, der, soweit möglich, auf wissenschaftlichen Erkenntnissen und Erfahrungen abgestützt ist. Die Erkenntnisse werden für die Entwicklung und Evaluation zielgerichteter Personal-/ Organisationsentwicklungsstrategien und maßnahmen genutzt – sowohl auf der strategischen als auch der operativen Ebene.

Im Weiteren sprechen wir nur noch von EPM (Evidenzbasiertes People Management). EPM durchläuft ähnliche Phasen, wie der von uns beschriebene Zyklus für die Personalentwicklung (vgl. Kapitel 1.4 »Prozessmodell der PE«). Entscheidender Unterscheid ist, dass in allen Schritten versucht wird, anhand der im Unternehmen vorhandenen Daten und wissenschaftlicher Erkenntnisse eine wesentlich umfangreichere und komplexere »Zahlenbasis« für fundierte Entscheidungen zu schaffen.

Den Ausgangspunkt von EPM bilden natürlich die Fragen, Themen oder Herausforderungen, die Sie als Personalentwickler bearbeiten wollen. Wir gliedern diese Fragen in die vier Säulen von EPM und zeigen Ihnen einige Beispielfragen:

1. Use
   – Welche HR-Angebote, Instrumente und Interventionen werden von wem wie genutzt?
   – Nutzen gute und schlechte Führungskräfte das Mitarbeitergespräch?
   – Welche Generation nimmt an welchen Kursen teil?
   – Kommen nur gute MitarbeiterInnen mit hohem Potenzial zu den Kursen?
   – Kommen die MitarbeiterInnen mit hohen Belastungen in die Stressbewältigungsangebote?
2. Impact
   – Welche Auswirkungen hat die Nutzung der HR-Angebote, Instrumente oder Interventionen?
   – Was bringen unsere Führungsprogramme?
   – Wie verändert sich die Kundenzufriedenheit nach unseren Customer Relation Management-Aktivitäten?
   – Zeigen sich Veränderungen in den Absenzen auf Grund unserer Programme zu Betrieblicher Gesundheitsförderung?
   – Welche Auswirkungen hat gute/schlechte Führung, im Sinne einer Vorbildfunktion, in unserem Unternehmen?

3. Localisation
   - Wo haben wir in der Organisation welchen Handlungsbedarf?
   - In welchen Bereichen sollten wir die Arbeitsplatzsituation der MitarbeiterInnen verbessern?
   - Wo haben wir Arbeitsplätze mit hohen aufgabenbezogenen Stressoren?
   - Wo gibt es Teams mit guten/schlechten Führungswerten und gleichen Arbeitsaufgaben, die systematisch voneinander lernen könnten?
4. Design
   - Wie müssen wirkungsvolle HR-Angebote, Instrumente und Interventionen aussehen?
   - Wie können wir die Fluktuation im Unternehmen verringern? Was sind die wirksamsten Ansätze bei uns?
   - Wie können wir die Kundenzufriedenheit verbessern? Was sind die zentralen Stellhebel in unserem Unternehmen?

Um diese Fragen beantworten zu können, ist ein systematisches Vorgehen sinnvoll.

6.2   EPM Schritte im Detail

Zunächst schauen Sie im Unternehmen, welche Daten (**Daten analysieren**) Sie schon haben, die Ihnen zur Beantwortung der Frage helfen könnten und anschließend werden diese Daten um weitere Daten ergänzt, z.B. mittels verschiedener Analyseverfahren (s. dazu Kapitel 2 »Analyse des PE-Bedarfs«). Dann werden die verschiedenen Daten, nicht wie häufig üblich, einfach nebeneinandergelegt und in gemeinsamen Sitzungen »Augenscheinzusammenhänge« hergestellt, sondern statistisch analysiert, damit man die »wirklichen« Zusammenhänge und Stellhebel herausfindet. Basierend darauf werden die Ergebnisse zielgruppenadäquat visualisiert und interpretiert (**Informationen bewerten**). Diese Interpretation benötigt viel Fach- und Kontextwissen. So bedeuten statistisch signifikante Unterschiede noch lange nicht, dass sie für das Unternehmen eine praktische Relevanz haben. Niedrige Werte können durch die Umwelt und nicht die Personen verursacht sein, auch wenn man die Relevanz der Person statistisch aufzeigen kann. Anschließend werden wirksame PE-Maßnahmen (**Interventionen designen**) entwickelt, durchgeführt und evaluiert. Die Abbildung 45 zeigt Ihnen den Gesamtprozess auf.

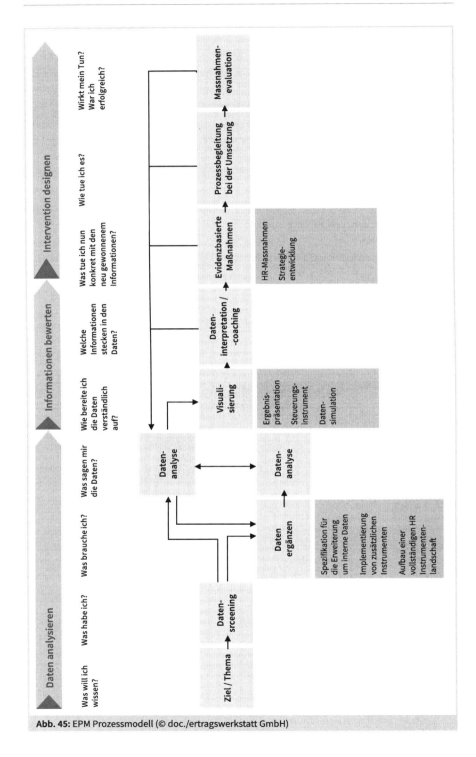

Abb. 45: EPM Prozessmodell (© doc./ertragswerkstatt GmbH)

Wir wollen nun die einzelnen Schritte detailliert anschauen und mittels der jeweiligen Kernfragen bearbeiten.

6.2.1 Daten analysieren

Kernfragen: Was will ich wissen? An welchen Themen sollten wir wo und wie arbeiten?

Wie sie ja an Hand der oben ausgeführten Beispielfragen gesehen haben, kann man ein sehr spezifisches Einzelthema (z. B. Gesundheit, Bindung der MitarbeiterInnen usw.) oder die Gesamtsituation an einem Arbeitsplatz evidenzbasiert anschauen. Im ersten Fall suchen Sie das richtige Medikament für ihre »Grippepatienten« und im zweiten Fall machen Sie einen ausführlichen Gesundheitscheck inkl. Behandlungsempfehlungen.

Kernfragen: Was habe ich? Welche Art von Daten habe ich im Unternehmen? Mit welchen Daten werden Reports erstellt? Auf welcher Datenbasis werden Unternehmens-/PE-Entscheide gefällt?

Für beide Fälle starten Sie in der Phase »**Daten analysieren**« mit dem Zusammentragen der Daten, die in Ihrem Unternehmen über die MitarbeiterInnen und deren Arbeitsleistung bzw. über Ihre Kunden zur Verfügung stehen. Diese Daten sollten die Ausgangsbasis bilden, da sie Ihnen wichtige Informationen darüber liefern, wie man über den Leistungserstellungsprozess, die Wertschöpfungskette, die Erhaltung der Gesundheit, zentrale Erfolgsfaktoren oder etwaige Störgrößen in Ihrer Organisation denkt. Außerdem ist hinsichtlich bereits vorhandener Daten oftmals eine gewisse Akzeptanz für deren Nutzung in der Organisation gegeben. Bei der Selektion der Daten ist es ratsam, genau zu überprüfen, wie »gut« und aussagekräftig die Daten überhaupt sind und ob sich einschlägige wissenschaftliche Studien finden, die ihre Relevanz untermauern.

Mit großer Wahrscheinlichkeit gibt es eine Vielzahl von Daten, die in Ihrem Unternehmen erhoben oder dokumentiert werden (s. Tabelle 51).

Datengrundlage für EPM	
Klassische HR Kennzahlen über MitarbeiterInnen • Alter, Geschlecht • Ausbildungsstand und besuchte Weiterbildungen (intern/extern) • Betriebszugehörigkeit in Jahren • Funktion im Unternehmen inkl. Führung / keine Führung • Absenzen: gewollte/ungewollte; lang/kurz • …	**Mitarbeiterumfragedaten** • Mitarbeiterzufriedenheit • Handlungsspielraum • Aufgabenbezogene Stressoren • Führungsstil • Gesundheit • Bindung • …
Mitarbeiterbeurteilungsgesprächsdaten • Zielerreichungsgrad (Selbst-/Fremdeinschätzung) • Fachkompetenzeinschätzung • Potenzialeinschätzung • …	**Objektive Arbeitsleistungsdaten oder betriebswirtschaftliche Kennzahlen** • Bearbeitete Calls pro Stunde in einem Callcenter • Anzahl verkaufter Produkte, Dienstleistungsstunden • EBIT, DEBIT, Marktanteil, Marge • …
Kundendaten • NPS (Net Promotor Index) • Kundenzufriedenheit • …	

Tab. 51: Datengrundlage für EPM

All diese Daten werden in den meisten Fällen auf Grund bestimmter Zielsetzungen (Lohnerhöhung, Bonus, KPI (Key Performance Indikatoren)) im Unternehmen erhoben. Die verschiedenen Funktionen dieser Daten im Unternehmen werden wir im nächsten Abschnitt näher beleuchten.

Es lassen sich grundsätzlich drei zentrale Funktionen / Ziele der Datenerhebung und -nutzung unterscheiden, die wir schon im Kapitel 5.1 »Funktionen von Evaluation« ausgeführt haben. An dieser Stelle wollen wir sie jedoch bewusst nochmals aufgreifen und mehr in einen Gesamtunternehmenskontext setzen, weil sie von zentraler Bedeutung für das EPM sind. Es ist wichtig, die Funktionen aus den verschiedenen Rollen einer Person, Abteilung usw. in einem Unternehmen zu reflektieren, um die gezielte Nutzung der Daten frühzeitig zu klären.

Wenn Sie sich mit den Daten aus Ihrem Unternehmen beschäftigen, fragen Sie sich bitte ganz ehrlich, mit welcher Absicht Sie das tun und welche Funktionen die Daten für Sie haben. Dabei kann es durchaus sein, dass dies verschiedene Funktionen sind. In diesem Fall kommunizieren Sie diese transparent an die Dateneigner (z. B. MitarbeiterInnen). Stellen Sie sich diese Fragen, bevor Sie mit der Datenerhebung, -analyse oder -publikation beginnen. Nur so können Sie sicherstellen, dass Sie die verschiedenen Datennutzungsszenarien und die damit verbundenen Betroffen angemessen informieren, berücksichtigen oder sogar aktiv beteiligen.

Im nächsten Schritt geht es um die Identifikation von »Datenlücken«, die für die Beantwortung Ihrer Fragen von Bedeutung sind.

Kernfrage: Was brauche ich? Welche Daten brauche ich zur Beantwortung meiner Fragestellung?
Sie haben im Unternehmen die zur Verfügung stehenden Daten zusammengetragen und es stellt sich nun die Frage, ob noch zentrale Daten fehlen. Diese Frage lässt sich nicht pauschal beantworten, sondern hängt jeweils von Ihren Fragestellungen und Herausforderungen ab. Hier kann es hilfreich sein mit folgenden Fragen zu arbeiten.

- Welche Fragen will ich konkret mit den Daten beantworten, welche Ziele will ich erreichen?
- Welche Probleme/Herausforderungen will ich mit den Daten analysieren / besser verstehen?
- Welche zentralen Einflussfaktoren halte ich für die Problemanalyse/-bewältigung für relevant?
- Welche Rolle spielen die Einflussfaktoren wie Markt, Umwelt, Organisation (Strukturen, Prozesse, Kultur), MitarbeiterInnen und Kunden?

Ergänzen Sie Daten, die Sie für relevant halten. Das kann z.B. bedeuten, zusätzliche Daten via Umfrage bei MitarbeiterInnen oder Kunden zu erheben oder sich externe Kennzahlen zu organisieren. Gerade hier ist es wichtig, sich auch mit den einschlägigen wissenschaftlichen Erkenntnissen zu beschäftigen. So gibt es z.B. sehr fundierte Zusammenhänge zwischen Arbeit und Gesundheit (Grebner et al., 2010; Kivimäki et al., 2012), dem Impact von HR-Arbeit auf Produktivität und andere Unternehmensbereiche (Huselid, 1995), die Relevanz von Vorgesetzten für die Entwicklung einer Konfliktkultur (Gelfand et al., 2012) oder Studien, die zur kritischen Reflexion der eigenen Personalarbeit anregen und zeigen, wie wenig man sich auf wissenschaftliche Erkenntnisse abstützt (Rynes et al., 2002).

So ist sichergestellt, dass alle möglicherweise wichtigen Faktoren berücksichtigt werden.

Ziel der gesamten Phase ist ein möglichst umfangreiches Bild zu erhalten und damit in der Analyse die zentralen Stellhebel zu identifizieren.

Kernfrage: Was sagen mir die Daten?
Wenn Sie alle notwendigen Daten zusammengetragen haben, geht es im nächsten Schritt darum, mit Hilfe angemessener statistischer Verfahren (z.B. Signifikanz-Tests, Regressionsanalysen, Pfadanalysen, Strukturgleichungsmodelle oder Mehr-Ebe-

nen-Modellen) die Wechselwirkungen und zentralen Hebel zu ermitteln. Hier können Sie unterschiedlichste Fragestellungen mit den jeweiligen Verfahren »beantworten«, z. B.

- Welche Auswirkungen haben die verschiedenen Qualifizierungsmaßnahmen auf die Beurteilung im MitarbeiterInnen?
- Welche Auswirkungen haben die arbeitsplatzbezogenen Stressoren auf die Absenzen der MitarbeiterInnen?
- Was unterscheidet MitarbeiterInnen mit einer hohen Bindung an das Unternehmen von den MitarbeiterInnen mit einer niedrigen Bindung? Wo sollte ich ansetzten, damit die MitarbeiterInnen stärker ans Unternehmen gebunden werden?
- Welche Qualifizierungsmaßnahme hat den größten Einfluss auf die Steigerung der Kundenzufriedenheit?

Neben der Analyse selbst ist die Aufbereitung solcher Analysen für die verschiedenen Zielgruppen (Geschäfts-, Abteilungs-, Teamleitung oder MitarbeiterIn) von zentraler Bedeutung, weshalb wir uns im nächsten Schritt näher damit beschäftigen.

6.2.2   Informationen bewerten

Kernfrage: Wie bereite ich die Daten verständlich für meine unterschiedlichen Zielgruppen auf?
Wenn Sie die Ergebnisse aufbereiten, stellen Sie sich am besten zunächst folgende Fragen:

- Nach welchen Kriterien entscheiden die Verantwortlichen?
- Welche Informationen nutzen Sie?
- Was ist Ihnen bei Ihren Entscheidungen wichtig?
- Welche praktischen Implikationen ergeben sich daraus für die mögliche Entwicklung von PE-/OE-Maßnahmen?

Entscheidend ist, dass Sie Erkenntnisse einfach und grafisch anschaulich darstellen. Stellen Sie nicht jedes Detailergebnis dar. Arbeiten Sie die Kernergebnisse und zentralen Aussagen zielgruppenspezifisch heraus. Und untermauern Sie diese mit einigen wenigen, prägnanten Daten.

Die eben besprochene Datenaufbereitung ist ein wichtiger Teil. Der inhaltlich noch essenziellere Teil ist die Dateninterpretation (»Welche Informationen stecken in den Daten?«). Datenaufbereitung und Dateninterpretation lassen sich häufig nur schwer voneinander trennen. Diejenigen von Ihnen, die schon einmal eine wissenschaftliche Arbeit verfasst haben, kennen bestimmt die Auseinandersetzung mit der BetreuerIn bzgl. der Unterscheidung von Ergebnisdarstellung und Diskussion. In der Praxis interessiert uns eigentlich nur die Diskussion, nämlich die Relevanz der Ergebnisse in einem größeren Gesamtzusammenhang. Warum ist das so schwierig? Weil die Art der Ergebnissaufbereitung und die Auswahl der Ergebnisse immer durch implizite oder explizite Annahmen gesteuert wird und somit schon eine Vorselektion stattfindet.

Wie würde es Ihnen z. B. gehen, wenn Sie der Verantwortliche für das BGM (Betriebliches Gesundheitsmanagement) in Ihrem Unternehmen sind und feststellen, dass es bei Ihnen keinen Zusammenhang zwischen Ihren BGM-Maßnahmen und der Verbesserung des Gesundheitszustandes Ihrer MitarbeiterInnen gibt? Was soll man nun der Geschäftsleitung zurückmelden, die viel Geld für die BGM-Maßnahmen gesprochen haben? Wie wird man dastehen? Glaubt man noch Ihrer Expertise? Man muss sich ja schließlich auch gegenüber der Geschäftsleitung legitimieren. An dieser Stelle haben wir leider oft feststellen müssen, dass derartige Ergebnisse oder schlechte Ergebnisse stark relativiert oder nicht zurückgemeldet werden. Das heißt, entsprechen die Ergebnisse meinen Erwartungen/Annahmen, dann werde ich sie ganz sicher im Unternehmen kommuniziert. Entsprechen sie nicht meinen Erwartungen/Annahmen, dann werden sie häufig nicht kommuniziert oder die Datenerhebung, -analyse usw. werden angezweifelt. Hier kommen zwei wichtige Mechanismen ins Spiel. Nämlich die Legitimation seiner eigenen Arbeit gegenüber anderen. Es kann doch einfach nicht sein, dass man damit keinen Effekt erwirkt hat. Wie steht man nun gegenüber den anderen da? Und zweitens versuchen wir kognitive Dissonanz (Erwartungen und Ergebnis stimmen nicht überein) zu vermeiden, weil unser Gehirn ein konsistentes Weltbild als angenehmer empfindet. Mit Widersprüchlichkeiten und Vieldeutigkeit setzen wir uns ungern auseinander. Wir möchten Sie deshalb ermutigen: Stellen Sie sich einfach dem Phänomen und nehmen Sie es als eine sportliche Herausforderung an, nicht als Kritik an Ihrer Kompetenz. Kommunizieren Sie die Ergebnisse wie sie sind und überlegen Sie gemeinsam in Unternehmen, was sinnvolle nächste Interventionen sind.

Im folgenden Schritt geht es nun darum, die gewonnenen Informationen in konkrete handlungsleitende Maßnahmen zu überführen.

6.2.3 Interventionen designen

Kernfrage: Was tue ich nun konkret mit den neu gewonnenen Informationen?
Hier greifen wir auf das gesamte Repertoire der Personalentwicklung zurück, welches Sie in Kapitel 4 »Instrumente der Personalentwicklung« kennengelernt haben. Da wir auf das Unternehmen als Ganzes schauen, stellen sich noch neue Fragen und Herausforderungen, die bei einer rein individuellen Betrachtung außeracht gelassen werden können.

Lassen Sie uns das an einem konkreten Beispiel veranschaulichen. Sie haben als leitender Personalentwickler herausgefunden, dass hoher aufgabengezogener Stress einen bedeutsamen hohen Zusammenhang zu Absenzen im Unternehmen hat. Nun haben Sie alle Daten zu aufgabenbezogenem Stress pro Team vorliegen und stellen fest, dass viele der betroffenen Teams (hoher aufgabenbezogener Stress) aus einen bestimmten Geschäftsbereich kommen und dass das Geschäftsleitungsmitglied regelmäßig nach außen eine sehr entspannte, wenig gestresste Arbeitssituation seinen Geschäftsleitungskollegen gegenüber kommuniziert.

Als Personalentwickler liegen für Sie die verhaltens- und verhältnisbezogenen PE-Maßnahmen gegen aufgabenbezogenem Stress auf der Hand. Diese könnten Sie nun einfach vorschlagen und in Windeseile implementieren. Aber halt, es stellen sich nun noch einige Fragen, die dringend zu klären sind und mit Ihrem Rollenverständnis als Personalentwickler und der Evolutionsstufe der Personalentwicklung im Unternehmen zu tun haben.

- **Ergebniskommunikation:** Kann man etwas kommunizieren, was gegen die bisherigen Aussagen einer Geschäftsleitung / eines Vorgesetzten spricht? Wenn ja, wie kann man es machen, ohne dass die Geschäftsleitung / der Vorgesetzte einen Gesichtsverlust erleidet?
- **Rolle des Personalentwicklers:** Kann ich als Personalentwickler einfach auf die betroffenen Teams mit hohem aufgabenbezogenen Stress zugehen und ihnen ein Maßnahmenpaket offerieren oder liegt hier der Entscheid, ob man mit den Teams etwas tut, ausschließlich in der Verantwortung der Vorgesetzten?
- **Umsetzungsverantwortung:** Sind Teams mit hohen aufgabenbezogenen Stressoren verpflichtet, an dem Thema zu arbeiten oder ist das Ganze freiwillig? Welche Verantwortung/Verpflichtung ergibt sich als Vorgesetzter gegenüber dem Unternehmen?
- **Ressourcenthema:** Werden Maßnahmen nur für betroffene (»schlechte«) Teams von der Personalentwicklung zur Verfügung gestellt, weil man ja begrenzte Ressourcen hat oder kann jeder auf das Angebot zugreifen mit dem Risiko, dass das Ganze nur von sowieso schon gut aufgestellten Teams wahrgenommen wird?

Wie Sie sicher erkennen, sind dies eigentlich fundamentale Auftragsklärungsfragen, die aber häufig nicht besprochen werden, sondern man konzentriert sich z. B. ausschließlich auf die Abklärung der Trainingsinhalte, das Profil der zu rekrutierenden Person oder das methodische Vorgehen in einer On-the-Job-Maßnahme. Wir konnten feststellen, dass die Klärung derartiger Fragen häufig die Inhalte und das Vorgehen bei einer Maßnahme maßgeblich beeinflussen. Stellen Sie ruhig diese Fragen und starten Sie dann mit der konkreten Ausarbeitung.

Wenn nun die entsprechenden PE-Maßnahmen implementiert sind, gilt es, diese abschließend zu evaluieren und die folgende Frage zu beantworten.

Kernfrage: Wirkt mein Tun?
Diese Frage haben wir schon ausführlich unter dem Thema Evaluation von Maßnahmen in Kapitel 5 »Transfer und Evaluation von PE-Maßnahmen« abgehandelt. Bleiben

wir bei unserem Beispiel von oben mit den aufgabenbezogenen Stressoren: Hier sollte sich der wahrgenommene aufgabenbezogene Stress der MitarbeiterInnen reduzieren und bestenfalls die Absenzen zurückgehen.

6.3   Chancen und Risiken von EPM

Wir möchten die Beschreibung des grundsätzlichen Vorgehens bei EPM nicht ohne eine kurze Gegenüberstellung der Chancen und Risiken schließen.

6.3.1   EPM als Chance

- Ermöglicht die gezielte Planung und Individualisierung der PE-/OE-Maßnahmen.
- Liefert Daten zur Begründung und Untermauerung der PE- und OE-Interventionen in einer Managementsprache.
- Ist eine Argumentationshilfe gegenüber den MitarbeiterInnen und der Linie für die Entwicklung von Maßnahmen.
- Kann zur Steigerung der Effizienz und höherer Wertschöpfung im HR eingesetzt werden.
- Schafft nachvollziehbare, evidente Entscheidungsgrundlagen von HR-Maßnahmen gegenüber Glaubensgrundsätzen und überzeugungsbasierten Entscheidungen.
- Führt zu einer Professionalisierung der PE.
- Steigert die Akzeptanz der PE/OE.
- Führt dazu, dass HR eher als strategischer Partner in der Geschäftsleitung wahrgenommen wird.

6.3.2   EPM als Risiko

- Die Transparenz über die Leistungen des HR kann dazu führen, dass z. B. aufgrund ineffizienter Trainings gezielt Kritik geübt wird.
- Fehlendes – insbesondere statistisches – Know-how erhöht die Gefahr der Fehlinterpretation von Datenanalysen.
- Eine blinde Zahlengläubigkeit entsteht und Fehlentscheidungen werden gefällt.
- Bauchentscheidungen haben keinen Platz mehr in der Organisation.
- Die Datenbasiertheit führt dazu, dass man schnell »Schuldige« sucht (»Welcher Unternehmensbereich hat denn im Vergleich zu den anderen die schlechtesten Zahlen? Und wer ist doch gleich der Verantwortliche in diesem Bereich?«).
- Datenschutz wird gefährdet und eine gläserne MitarbeiterIn entsteht, der unter rein ökonomischen Aspekten »optimiert« wird. Auf dieses Thema gehen wir im folgenden Kapitel 6.3.3 ausführlicher ein.

6.3.3   Umgang mit Daten

An dieser Stelle möchten wie Sie noch etwas für den Umgang mit Daten sensibilisieren, ohne den Anspruch, des Rätsels Lösung zu haben. Stellen Sie sich vor, Sie kennen alle relevanten individuellen Einflussfaktoren auf den Unternehmenserfolg und deren Abhängigkeiten untereinander. Darüber hinaus kennen Sie von den MitarbeiterInnen den Status in Bezug auf die Ausprägungen der individuellen Einflussfaktoren und können als Personalentwicklungsverantwortlicher mit jedem der MitarbeiterInnen Maßnahmen einleiten, die Sie auf Grund Ihrer Analysen für sinnvoll halten. Das kann Ihnen wie ein Horrorszenario aus »Schöne neue Welt« von Aldous Huxley, wie das Paradies für einen Personalentwickler oder irgendetwas dazwischen vorkommen. Im Rahmen der ungemein schnell zunehmenden Vernetzung und Digitalisierung werden schon heute von Suchmaschinenanbietern, Sozialen Netzwerken und anderen Dienstleistungsanbietern differenzierte Profile von uns im Hintergrund erstellt, ohne dass wir wirklich etwas davon merken. Die Ziele und Motive dafür sind vielfältig und durch unterschiedlichste Geschäftsmodelle getrieben. Häufig geht es darum, dass wir grundsätzlich online bleiben und wir gezielt mit Werbung zum Kaufen motiviert werden sollen oder wir für ein Produkt, welches wir gerade online erwerben wollen, einen zu unserem Profil passenden Preis erhalten. Sie lesen richtig. Schon heute kann es sein, dass Sie einen anderen Preis für ein Produkt oder eine Dienstleistung zahlen als Ihr Nachbar, weil man sie, aufgrund Ihrer Spuren im Netz, als kaufkräftiger einstuft. Kritik an der mangelnden Datentransparenz und den Nutzungszielen mehrt sich, aber das Ganze bleibt weiterhin sehr undurchsichtig. Wie es dann immer so schön heißt: »Die Algorithmen und Daten sind unser Geschäftsgeheimnis.« Das bedeutet, dass wir häufig die Spuren, Daten, Informationen, die wir im Netz hinterlassen, nicht vollständig kennen und uns auch über deren weitere Verwendung nicht im Klaren sind. Wie Sie sich sicher denken werden, können solche Daten / Informationen für Sinnvolles und weniger Sinnvolles genutzt werden – das hängt somit immer von der Zielsetzung der Datensammlung, -integration und -analyse ab.

Im Unternehmenskontext zeigt sich in Bezug zur Datenerfassung und Nutzung eher das Gegenteil. Es ist äußerst schwierig, auch mit besten positiven Absichten, Daten von MitarbeiterInnen zu erheben oder diese gezielt auszuwerten. Deshalb gilt es, verschiedene Dinge zu beachten, damit die MitarbeiterIn genau weiß, was man von ihr erhebt und was man damit tut.

1. Einhaltung der bestehenden Datenschutzrichtlinien
2. Abstimmung mit den Mitbestimmungsgremien
3. Transparenz über die Datenerfassung und -nutzung
4. Eskalationsmechanismen bei Zuwiderhandlung mit sensiblen Daten
5. Berücksichtigung der bisherigen Unternehmenskultur im Umgang mit Mitarbeiterdaten

Die Thematik ist sehr sensibel zu behandeln, da sie von der gläsernen MitarbeiterIn bis hin zum vollkommen »Verschluss« jeglicher Mitarbeiterdaten reichen kann. Als Personalentwickler hat man selbstverständlich nur positive Absichten und möchte das Beste für die MitarbeiterInnen. Hier gilt es, im Unternehmen eine Vertrauenskultur für das Thema der evidenzbasierten Personal- und Organisationsentwicklung auszubauen.

6.3.4 Kernpunkte des Evidenzbasierten People Managements

Lass Sie uns die Kernpunkte vom EPM zusammenfassen, bevor wir Ihnen das gesamte Vorgehen nochmals an einem Beispiel näherbringen möchten:

- Evidenzbasierte PE/OE schafft die Grundvoraussetzung für wertschöpfende Personal- und Organisationsentwicklung auf strategischer und operativer Ebene.
- Die Auswahl relevanter Kennzahlen sollte, so weit wie möglich, wissenschaftlich fundiert erfolgen.
- Es wird mit einer ergebnisoffenen Haltung an die Erhebung, Analyse und Interpretation der Daten herangegangen.
- Zusammenhänge zwischen Kennzahlen werden statistisch berechnet und nicht über »Augenscheinzusammenhänge« hergestellt.
- Ergebnisse werden transparent/adressatengereicht kommuniziert und konstruktiv-kritisch auf allen Ebenen diskutiert.
- Jeder (MitarbeiterIn, Team, Geschäftsbereich, Gesamtunternehmen) bekommt genau das, was er wirklich braucht, um seine (zukünftigen) Aufgaben zu meistern.
- Das Wissen über die zentralen unternehmensrelevanten Themen (Führung, Kundenorientierung, Gesundheit usw.) und die Vielfalt der Organisation wird gezielt genutzt.

6.4 EPM Fallbeispiel

Im Folgenden wollen wir Ihnen das gesamte Vorgehen von EPM nochmals an Hand eines Beispiels schrittweise veranschaulichen.

1. Datenbeschaffung

Ein Unternehmen mit mehreren Tausend MitarbeiterInnen entscheidet, eine klassische Mitarbeiterbefragung (MAB) durchzuführen, um sich ein differenziertes Gesamtbild über die Arbeitssituation im Unternehmen zu verschaffen, weil bisher keine Zahlen über »weiche Faktoren« vorlagen. Dafür wird ein Modell entwickelt (s. Abb. 46), welches sich inhaltlich weitgehend auf arbeitswissenschaftlichen und arbeitspsychologischen Forschungserkenntnissen (z. B. Hacker & Sachse, 2014) abstützt.

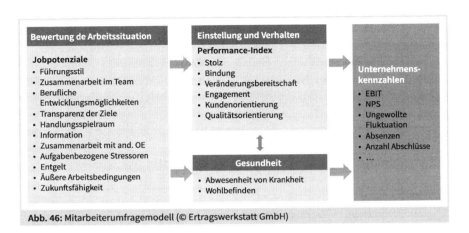

Abb. 46: Mitarbeiterumfragemodell (© Ertragswerkstatt GmbH)

Die verschiedenen Elemente werden in einem umfangreichen Fragebogen von den MitarbeiterInnen in 20 Minuten mittels Online-Zugang beantwortet.

Die anschließende Datenaufbereitung und Rückmeldung erfolgt in einem kaskadierten Prozess.

2. Datenaufbereitung und Rückmeldung

Die Analyse und Aufbereitung der Daten erfolgt durch einen externen Dienstleister. Die Rückmeldung wird für vier verschiedene Stakeholder aufbereitet.

a) Die **Geschäftsleitung** erhält eine ausführliche Ergebnispräsentation, in der die zentralen aktuellen Handlungsfelder für das Gesamtunternehmen deutlich gemacht werden.

b) Die **Führungskräfte** erhalten zur operativen Steuerung ihrer Verantwortungsbereiche zwei verschiedene Berichtsformen als PDF, und zwar den Organisationseinheiten-Bericht, der die Zusammenführung aller unterstellten Teams beinhaltet und den Direktunterstellten-Bericht, der nur die Ergebnisse der direct reports enthält, exklusive der Führungskraft.

c) Als Managementinstrument zur übergeordneten **Steuerung von Unternehmensbereichen** wird ein Online-Mitarbeiterbefragungs-Cockpit (s. Abb. 47) zur Verfügung gestellt. Denn für Führungskräfte mit vielen Unterteams ergibt sich die Herausforderung, einen systematischen Gesamtüberblick zu bekommen und zu entscheiden, in welchen Bereichen man mit welchen Themen an welchen Inhalten arbeiten sollte. Das Mitarbeiterbefragungs-Cockpit ermöglicht es als Visualisierungs- und Steuerungstool der Führungskraft sich vertieft mit den vielfältigen Ergebnissen seiner Teams auseinanderzusetzen. Die Abbildung 47 zeigt Ihnen die verschiedenen Selektions- und Analyseoptionen.

Abb. 47: Visualisierungs- und Steuerungstool (© doc./ertragswerkstatt GmbH)

Die Führungskraft kann nun gezielt Bereiche einander gegenüberstellen, verschiedene Themen selektionieren oder aufgrund bestimmter Werte Vergleiche erstellen. Dabei ist es wichtig, dass die Führungskraft nur den Teil der Organisation explorieren kann, welcher ihr unterstellt ist. Die Exploration wurde durch Experten aus der Personalabteilung unterstützt, weil die Dateninterpretation äußerst anspruchsvoll ist. Beispielsweise bedeutet die massive Verschlechterung der Führungswerte nicht zwingend, dass der Vorgesetzte eine schlechte

Führungskraft ist. Es kann z. B. sein, dass die Führungskraft für mehrere Monate intensiv an einem Projekt (Situations-/Umwelteinfluss) arbeiten musste und einfach keine Zeit für Führungsarbeit hatte. Oder schlechte Gesundheitswerte in einem Team können auf die Arbeitsbedingungen zurückgeführt werden oder auf die Tatsache, dass es in einem Team mehrere chronisch Erkrankte gab, deren Krankheit nichts mit der Arbeitssituation zu tun hat. Bei der Deutung der Ergebnisse gilt es, unterschiedlichste Blickwinkel einzunehmen und sich genau den Kontext anzuschauen, damit man keine Fehlinterpretation vornimmt und dadurch »falsche« PE-Maßnahmen entwickelt und implementiert.

d) Die übergreifende Auswertung ermöglichen und die evidenzbasierte Maßnahmenentwicklung gewährleisten.

Nun möchte das Unternehmen wirksame Ansatzpunkte zur Reduktion ihre Kurzzeitabsenzen herausfinden. Dafür werden Mitarbeiterumfragedaten mit Mitarbeitergesprächsdaten und HR-Kennzahlen gekoppelt und statistisch ausgewertet (s. Abb. 48).

Abb. 48: Zusammenhangsmodell (© doc./ertragswerkstatt GmbH)

Mittels Regressionsanalysen zeigen folgende Themen die größten Auswirkungen auf Kurzzeitabsenzen.

• Aufgabenbezogene Stressoren
• Handlungsspielraum

- Führungsstil
- Zusammenarbeit im Team

Darüber hinaus zeigen Ihnen die Analysen, dass hohe Zielerreichung im Mitarbeiterge-spräch mit geringen Absenztagen einhergeht. Sie können nun als PE-Verantwortlicher an allen vier Punkten wirksam ansetzen oder sich ein Thema herausgreifen. Nehmen wir an, Sie entscheiden sich für die Weiterentwicklung des Handlungsspielraums. Die-sen wollen Sie nicht mit allen thematisieren, sondern nur mit den Führungskräften, die ihr Team in dem Bereich weiterbringen sollten. Sie suchen zusätzlich noch nach innovativen Personalentwicklungskonzepten. Dazu betrachten Sie die Ergebnisse des solide gemessenen Handlungsspielraumes innerhalb Ihrer Organisation und stellen folgendes für die einzelnen Teams fest:

Beispiel: Führungswerte in einer Organisation	
Einheit	Handlungsspielraum
DU-Bericht Geschäftsleitungsmitglied	72.8
DU-Bericht Geschäftsbereichsleiter YH	76
DU-Bericht Bereichsleiter YHA	44
DU-BERICHT Teamleiter YHAA	75.2
DU-Bericht Teamleiter YMAB	67.9
DU-Bericht Teamleiter YMAC	60.4
DU-Bericht Teamleiter YMAD	78.3
DU-Bericht Teamleiter YMAE	39.8
DU-Bericht Teamleiter YMAF	60.9
DU-Bericht Teamleiter YMAG	52.7
DU-Bericht Teamleiter YMAH	75.1
Wert zwischen 87.5 und 100 Punkten: Potenzial optimal genutzt; zwischen 75 und 87.5 Punkten: Potenzial genutzt; zwischen 50 bis 75 Punkten: Potenzial nicht optimal genutzt; unter 50 Punkten: Potenzial nicht genutzt	

Tab. 52: Fiktives, aber realistisches Zahlenbeispiel zu Führungswerten in einer Organisation.

Für die Ableitung von PE-Maßnahmen entscheiden Sie sich datenbasiert für zwei ver-schiedene Herangehensweisen. Sie empfehlen dem Bereichsleiter YHA, auf Grund der schlechten Teamwerte im Handlungsspielraum ein Coaching zum Thema »Führen mit Handlungsspielräumen«. Erst wenn dieser sein Führungsverständnis und die damit verbundenen Spielräume für seine MitarbeiterInnen reflektiert und innerlich geklärt hat, gehen Sie zu einer Teamentwicklungsmaßnahme mit seinen MitarbeiterInnen über oder wählen hier einen anderen Weg. Die MitarbeiterInnen der verschiedenen Teamleiter beschreiben bei gleichen Kernaufgaben (z. B. Call Center Teams) enorm große Unterschiede in ihrem Handlungsspielraum. Auf Grund dessen entscheiden Sie sich für ein Vorgehen des voneinander Lernens und bringen die Teamleiter in einem eintägigen Workshop zur Verbesserung des Handlungsspielraumes zusammen. Folgende Leitfragen werden dort bearbeitet: Welchen Handlungsspielraum geben wir unseren MitarbeiterInnen? Welche Auswirkungen hat das? Was können wir in dem Thema voneinander lernen? Wie lässt sich der Handlungsspielraum insgesamt verbessern? Die Zusammenführung von guten und schlechten Teams ist Ihnen nur möglich, weil Sie teamübergreifende Daten zur Verfügung haben.

3. Wirksamkeitsuntersuchung
Während und nach den Interventionen schauen Sie sich immer wieder die Entwicklung der Absenztage an und messen, zu einem sinnvollen Zeitpunkt (z. B. nach einem halben Jahr), die Veränderung des Handlungsspielraumes der Teams.

Arbeitshilfen online

a) Checklisten, Übersichten, Leitfäden, Muster und Beispiele

Auf mybook.haufe.de haben wir zahlreiche Arbeitshilfen online zum Download für Sie bereitgestellt. Geben Sie dort den Buchcode ein, den Sie auf der letzten Seite im Buch finden. Alle Online-Arbeitshilfen sind nach der Reihenfolge der Buchkapitel sortiert und leicht zu finden:

Grundlagen der Personalentwicklung
- Rolle
- Strategieprozess
- Stakeholder analysieren und beurteilen (Umfeldanalyse)
- Ressourcen (Umfeldanalyse)
- Strukturen und Prozess

Schritt 1: Analyse des PE-Bedarfs
- Beobachtungskategorien und Beobachtungsraster
- Analyse, Zwischen- und Abschlussfragen
- Arbeitsplatzbeobachtung »Kundenorientierung«
- Ablauf Critical Incidents-Workshop
- Selbstbild-Fremdbildabgleich
- Interviewleitfaden
- Vorabinformationen für AC-TeilnehmerInnen
- Ablaufplan AC
- Aufgabenblatt AC für TeilnehmerInnen
- Beobachtungsbogen AC
- Rollenspieler-Hinweise
- Rückmeldung
- Ablauf EAC
- Gutachten EAC
- Integrationsrunde
- Bildungsbedarfsanalyse entlang der Personen
- Bildungsbedarfsanalyse kumuliert

Schritt 2: PE-Konzeption – Entwicklung von PE-Maßnahmen
- Auftragsklärung
- Vorbereitung der konkreten PE-Maßnahme
- Trainerleitfaden, Tabellenvorlage
- Trainerleitfaden, Beispiel »Train-The-Trainer-Seminar«

Schritt 3: Instrumente der PE

- Leitfragen zur Potenzialeinschätzung
- Appreciative Inquiry und New Manager Assimilation
- Coaching-Entwicklungsplan
- Reflexionsfragen aus einem Führungstagebuch
- Mitarbeiterbeurteilungsbogen
- Mitarbeitergesprächsformen und -funktionen
- Zielvereinbarung

Schritt 4: Transfer und Evaluation von PE-Maßnahmen

- Lerntransfersicherungsfragen für Führungskräfte
- Aspekte des Lernens im Kontext der PE-Maßnahmenevaluation
- Evaluationsbogen
- Transferorientierter Evaluationsbogen

b) Exkurse

Neben den Arbeitshilfen finden Sie auf mybook.haufe.de auch 12 Exkurse, in denen einzelne Fragestellungen und Themengebiete der Personalentwicklung vertiefend behandelt sowie Hintergrundinformationen vermittelt werden.

1. Lernkultur
2. Unternehmenskultur
3. Inhaltsanalyse
4. Historische Hintergründe der Aufgabenanalyse
5. Stellenprofile
6. Prognostische Validität
7. Vorab-Interview
8. Eignungsdiagnostik als soziale Situation
9. Soziale Validität in Assessment Centern
10. Skalenarten und -längen
11. Forschung zu Effekten von Verhaltenstrainings
12. Soziale Projekte: Rollentausch

Literaturverzeichnis

Affolter B., Gerber M., Grund S. & Wagner A. (under review 2020). Does students' active involvement increase academic achievement?

Allen, T. D., Eby, L. T. & Lentz, E. (2006). Mentorship Behavior and Mentorship Quality associated with Formal Mentoring Programs: Closing the Gap between Research and Practice. Journal of Applied Psychology, 91, 3, 567–578.

Anderson, J. R. (1996). Kognitive Psychologie. Berlin: Spektrum Akademischer Verlag.

Anderson, L. W. & Krathwohl, D. R. (Eds.) (2001). A Taxonomy for Learning, Teaching, and Assessing: A Revision of Bloom's Taxonomy of Educational Objectives. Allyn & Bacon. Boston, MA (Pearson Education Group).

Arbeitsgestaltung nach DIN EN ISO 9241-2.

Arvey, R. D. & Campion, J. D. (1982). The Employment Interview: A Summary and Review of Recent Research. Personnel Psychology, 35: 281–322.

Aster, M., Neubauer, A. & Horn, R. (Hrsg.). (2006). Wechsler Intelligenztest für Erwachsene WIE. Deutschsprachige Bearbeitung und Adaptation des WAIS-III von David Wechsler (2., korrigierte Auflage). Frankfurt: Pearson Assessment.

Bales, R. F. & Cohen, S. P. (1982). SYMLOG. Ein System für die mehrstufige Beobachtung von Gruppen. Stuttgart: Klett-Cotta.

Ballstaedt, S. P. (1997). Wissensvermittlung. Die Gestaltung von Lernmaterial. Weinheim: Beltz Psychologische Verlags Union.

Becker, M. (2005). Personalentwicklung, Bildung, Förderung und Organisationsentwicklung in Theorie und Praxis, (4. Auflage). Stuttgart: Schäffer-Poeschel.

Benit, N. & Soellner, R. (2012). Validität von Assessment-Centern in deutschen Unternehmen. Vergleich von Unternehmensdaten mit einer bestehenden Metaanalyse. Personalführung, 45(11), 32–39.

Blake, R. R. & Mouton, J. (1964). The Managerial Grid: The Key to Leadership Excellence. Houston: Gulf Publishing Co.

Bloom, B. S. (1956). Taxonomy of educational objectives. New York: McKay.

Brodbeck, F. C., Anderson, N., & West, M. A. (2000). Das Teamklima-Inventar: Handanweisung und Validierung der deutschsprachigen Version. Heidelberg: Hogrefe.

Büssing, A. & Glaser, J. (2002). Tätigkeits- und Arbeitsanalyseverfahren für das Krankenhaus (TAA-KH). Göttingen: Hogrefe.

Bandura, A. (1986). Social foundations of thought and action: A social cognitive theory. Englewood Cliffs, NJ: Prentice-Hall.

Barends, E., Rousseau, D. M., & Briner, R. B. (2014). Evidence-based Management: The Basic Principles. Amsterdam: Center for Evidence-based Management.

Beck, K. et al. (2001). Manifest für Agile Softwareentwicklung. Verfügbar unter: https://agilemanifesto.org/iso/de/manifesto.html [07.04.20]

Berend, P. & Walkowitz, G. (2013). Corporate Volunteering in der Personalpraxis. In: Personal im Fokus. Heft 6, 30–32.

Blickle, G. & Wihler, A. (2013). Mentoring. In: W. Sarges (Hrsg.), Management-Diagnostik (1004–1011). Göttingen: Hogrefe.

Blickle, G., Witzki, A. & Schneider, P. B. (2009). Mentoring support and power: A three year predicitve field study on protégé networking and career success. *Journal of Vocational Behavior, 74*, 181–189.

Blickle, G., Witzki, A. & Schneider, P. B. (2010). Arbeits- und Organisationspsychologie: Die Bonner Mentoring-Studie – Effekte von Networking, Selbstoffenbarung, Bescheidenheit, sozialer Kompetenz und Macht. In: U. P. Kanning, L. von Rosenstiel & H. Schuler (Hrsg.), Jenseits des Elfenbeinturms: Psychologie als nützliche Wissenschaft (90–108). Göttingen: Vandenhoeck & Ruprecht.

Blickle, G., Schneider, P. B., Meurs, J. A. & Perrewé, P. L. (2010). Antecedents and consequences of perceived barriers to obtaining mentoring: A longitudinal investigation. Journal of Applied Social Psychology, 40(8), 1897–1920.

Blumstengel, A. (1998). Entwicklung hypermedialer Lernsysteme. Berlin: Wissenschaftlicher Verlag Berlin.

Brodbeck, F. C. (2008). Evidenzbasiertes (Veränderungs-)Management (EbM); in: Organisationsentwicklung 01/08, 4–9.

Campion, M. A., Cheraskin, L. & Stevens, M. J. (1994). Career-Related Antecedents and Outcomes of Job Rotation, in: Academy of Management Journal, 1984, 37 (6), 1518–1542.

Chao, G. T. (2009). Formal mentoring: lessons learned from past practice. Professional Psychology: Research and Practice, 40 (3), 314–320.

Cicchetti, D. V., Shoinralter, D. & Tyrer, P. J. (1985). The Effect of Number of Rating Scale Categories on Levels of Interrater Reliability: A Monte Carlo Investigation, In: Applied Psychological Measurement, 9, 1, 31–36.

Comelli, G. & Rosenstiel, L. (2009). Führung durch Motivation: Mitarbeiter für Unternehmensziele gewinnen. München: Vahlen.

Conradi, W. (1983). Personalentwicklung. Stuttgart: Enke.

Cooperrider, D. L. (1986). Appreciative Inquiry: Toward a Methodology for Understanding and Enhancing Organizational Innovation. Unpublished Doctoral Dissertation, Case Western Reserve University, Cleveland, Ohio.

Cooperrider, D. L. (1995). Introduction to Appreciative Inquiry. In: W. French & C. Bell (Eds.), Organization Development (5th ed.). Prentice Hall.

Daumenlang, K., Müskens, W., Harder, U. (2004). Fragebogen zur Erfassung des Organisationsklimas (FEO). Göttingen: Hogrefe.

Decker, P. J. & Nathan, B. R. (1985). Behaviour Modeling Training: Principles and Applications. New York: Praeger.

Denison, D. R. (1984). Bringing corporate culture to the bottom line. Organizational Dynamics 13: 5–22.

Denison, D. R. (1990). Corporate Culture and Organizational Effectiveness. New York: John Wiley & Sons.

Denison, D. R. & Neale, W. S. (1996). Denison Organizational Culture Survey, Ann Arbor, MI: Aviat.

Dörner, D. (1995). Problemlösen und Gedächtnis. In: D. Dörner & E. van der Meer (Eds.), Das Gedächtnis: Probleme – Trends – Perspektiven (295–319). Göttingen: Hogrefe-Verlag für Psychologie.

Dreher, G. F. & Sackett, P. R. (1983). Commentary: A Critical Look at some Common Beliefs about Assessment Centers. In: Dreher, G. F. & Sackett, P. R. (Hrsg.), Perspectives on Employee Staffing and Selection (258–265). Homewood: R. D. Irwin.

Drucker, P. F. (1954). The Practice of Management. New York: Harper & Row.

Dunckel, H. (1999). Handbuch psychologischer Arbeitsanalyseverfahren. Zürich: vdf Hochschulverlag.

Dunnette & L. M. Hough (Eds.), Handbook of Industrial and Organizational Psychology, Vol. 1, 2nd ed., Palo Alto, California: Consulting Psychologists Press.

Edelmann, W. (1996). Begriffsbildung und Wissenserwerb. In: Lernpsychologie. 5. Aufl. Weinheim: Psychologie Verlags Union, 111–175.

Ernest, P. (1995). The one and the many. In: L. Steffe & J. Gale (Eds.), Constructivism in education (459–486). New Jersey: Lawrence Erlbaum Associates, Inc.

Erpenbeck, J., von Rosenstiel, L. (Hrsg.), (2007). Handbuch Kompetenzmessung (2. Auflage). Stuttgart: Schäffer-Poeschel.

Erpenbeck, J. (Hrsg.), (2012). Der Königsweg zur Kompetenz (2. Auflage). Münster: Waxmann.

Flanagan, J. C. (1954). The critical incident technique. Psychological Bulletin, 51(4), 327–358.

Flemming, J. (1998). Web Navigation. Designing the User Experience. Sebastopol: O'Reilly & Associates.

Förster, K. & Wendler, R. (2012). Theorien und Konzepte zu Agilität in Unternehmen, Dresden: Dresdner Beiträge zur Wirtschaftsinformatik, Nr. 63/12

Franke, G. & Kleinschmidt, M. (1987). Der Lernort Arbeitsplatz. Berlin: Beuth.

Frieling, E. (1999). Fragebogen zur Arbeitsanalyse (FAA). In: H. Dunckel (Hrsg.), Handbuch psychologischer Arbeitsanalyseverfahren (113–123). Zürich: vdf Hochschulverlag.

Frieling E., Facaoaru C., Benedix J., Pfaus H. & Sonntag K. (1993). Tätigkeitsanalyseinventar (TAI). Hrsg.: Institut für Arbeitswissenschaft der Universität Kassel. Landsberg: Ecomed.

Frieling E. & Hoyos, C. Graf (1978). Der Fragebogen zur Arbeitsplatzanalyse (FAA). Bern: Verlag Hans Huber.

Frintrup, A. & Schuler, H. (2010). Wenn zu gute Beurteilungen zum Problem werden. Systeme zur Leistungsbeurteilung. Personalführung, 43(1), 48–53.

Gabarro, J. J. (2007). When a new manager takes charge. Harvard Business Review, 85 (1), 104–117.

Gagné, R. M. (1965). The conditions of learning. New York: Holt, Rinehart and Winston.

Gelfand, M. J., Leslie, L. M., Keller, K., & de Dreu, C. (2012). Conflict cultures in organizations: How leaders shape conflict cultures and their organizationallevel consequences. Journal of Applied Psychology, 97: 1131–1147.

Georgenson, D. L. (1982). The problem of transfer calls for partnership. Training & Development Journal, 36, 75–78.

Gerber, M., Grund, S. & Grote, G. (2008). Distributed collaboration in a blended learning scenario and the effects on learning outcome. Journal of Computer Assisted Learning, 24, 232–244.

Gessler, M. (2012). Lerntransfer in der beruflichen Weiterbildung – empirische Prüfung eines integrierten Rahmenmodells mittels Strukturgleichungsmodellierung, Zeitschrift für Berufs- und Wirtschaftspädagogik 3 (108), 362–393.

Gordon, G. G. & DiTomaso, N. (1992). Predicting corporate performance from organizational culture. Journal of Management Studies 29: 783–799.

Gouran, D. S., Brown, C. & Henry, D. R. (1978). Behavioral correlates of perceptions of quality in decision-making discussions. Communication Monographs, 45, 51–63.

Grawe, K. (2004): Neuropsychotherapie. Göttingen: Hogrefe.

Grebner S., Berlowitz, I.; Alvarado, V. & Cassina M. (2010) Stress-Studie 2010. Stress bei Schweizer Erwerbstätigen. Zusammenhänge zwischen Arbeitsbedingungen, Personenmerkmalen, Befinden und Gesundheit.

Greif, S. (2008). Coaching und ergebnisorientierte Selbstreflexion: Theorie, Forschung und Praxis des Einzel- und Gruppencoachings. Göttingen. Hogrefe.

Grund, S. & Grote, G. (2004). Pedagogical aims, course characteristics and their relation to students` behavior: A case study on blended learning. Schweizerische Zeitschrift für Bildungswissenschaften, 2, 305–326.

Grund, S., Grote, G., Windlinger, L. & Totter, A. (2004). CIELT. Concept and Instruments for Evaluation of Learning Tools. Bericht. Institut für Arbeitspsychologie. ETH Zürich.

Hackman, J. R. & Oldham, G. R. (1975). Development of the Job Diagnostic Survey. Journal of Applied Psychology, 60, 2, 159–170.

Hackman, J. R. & Oldham, G. R. (1976). Motivation through design of work: Test of a theory. Organizational Behavior and Human Performance, 16, 250–279.

Hartmut Häfele und Kornelia Maier-Häfele (2016): 101 e-Learning Seminarmethoden. Bonn: ManagerSeminare.

Hall, E. T. (1976). Beyond Culture. Garden City, N. Y.: Anchor Press.

Hardison, C. M. & Sackett, P. R. (2007). Kriteriumsbezogene Validität des Assessment Centers: lebendig und wohlauf? In: H. Schuler (Hrsg.), Assessment Center zur Potenzialanalyse (192–202). Göttingen: Hogrefe.

Herrmann, D., Hüneke, K. & Rohrberg, A. (2012). Führung auf Distanz. Wiesbaden: Gabler.

Herriot, P. (1989). Selection as a Social Process. In: Smith, M. & Robertson, I. T. (Hrsg.), Advances in Selection and Assessment (171–187). New York: Wiley.

Hersey, P. & Blanchard, K. (1982). Management of Organizational Behavior. New Jersey: Prentice-Hall.

Hofert, S. (2018). Agiler führen. Wiesbaden: Springer Gabler.

Hofstede, G. (1980). Culture's Consequences: International Differences in Work-Related Values. Beverly Hills CA: Sage Publications.

Hogrefe Verlag GmbH & Co. KG. Testzentrale Verfügbar unter: https://www.testzentrale.de [06.01.18].

Holling, H. & Liepmann, D. (2004). Personalentwicklung. In: H. Schuler (Hrsg.), Lehrbuch Organisationspsychologie (355–358). Bern: Huber.

Honebein, P. (1996). Seven goals for the design of Constructivist learning environments. In: B. Wilson (Ed.), Constructivist learning environments (17–24). New Jersey: Educational Technology Publications.

Hoyos, C. Graf & Ruppert, F. (1993). Fragebogen zur Sicherheitsdiagnose (FSD). Bern: Huber.

Hunter, J. E. & Hirsch, H. R. (1987). Applications of Meta-analysis. In: Cooper, CL/Robertson, IT. (Hrsg.): International Review of Industrial and Organizational Psychology, 321–357. New York.

Hunter, J. E. & Hunter, R. F. (1984). Validity and Utility of Alternative Predictors of Job Performance. In: Psychological Bulletin, 96, 72–98.

Huselid, M. A. (1995). The Impact of Human Resource Management Practices on Turnover, Productivity, and Corporate Financial Performance (April 5, 1995). Academy of Management Journal, Vol. 38, No. 3, 635–672.

Hussy, W. (1993). Denken und Problemlösen. Stuttgart, Berlin: W. Kohlhammer.

Joens, I., Hodapp, M. & Weiss, K. (2005). KUK Kurzskala zur Erfassung der Unternehmenskultur. Mannheimer Beiträge zur Wirtschafts- und Organisationspsychologie, 3, 3–10. Mannheim: Universität Mannheim, Lehrstuhl für Wirtschafts- und Organisationspsychologie.

Jonassen, D. (1991a). Evaluating Constructivist Learning. Educational Technology, 36(9), 28–33.

Jonassen, D. (1991b). Objectivism vs. Constructivism. Educational Technology Research and Development, 39(3), 5–14.

Jonassen, D. (1994). Thinking technology. Educational Technology, 34(4), 34–37.

Kanfer, R. (1990). Motivation theory and industrial and organizational psychology. In: M. D. Dunnette & L. M. Hough (Eds.), *Handbook of industrial and organizational psychology* (75–170). Palo Alto, CA, US: Consulting Psychologists Press.

Kauffeld, S. (2004). FAT Fragebogen zur Arbeit im Team. Göttingen: Hogrefe Verlag.

Kehr, H. M. (2005). Das Kompensationsmodell von Motivation und Volition als Basis für die Führung von Mitarbeitern. In: R. Vollmeyer & J. Brunstein (Hrsg.), Motivationspsychologie und ihre Anwendung (131–150). Stuttgart: Kohlhammer.

Kerres, M. (2018). Mediendidaktik: Konzeption und Entwicklung digitaler Lernangebote. 5. erweiterte Auflage. Oldenburg. De Gruyter.

Kersting, M. (2017). Zur Information und Dokumentation von Instrumenten zur Erfassung menschlichen Erlebens und Verhaltens – Die DIN SCREEN Checkliste 1, Version 3. Verfügbar unter http://kersting-internet.de/qualitaetssicherung/din-33430-buch/downloads/ [06.01.18].

Kersting, M. (o. J.). Beurteilung von Tests und Fragebogen. Verfügbar unter http://kersting-internet.de/qualitaetssicherung/testbeurteilung/ [06.01.18].

Kersting, M. (2006). Zur Beurteilung der Qualität von Tests: Resümee und Neubeginn, In: Psychologische Rundschau 57 (4). Göttingen: Hogrefe, 243–253.

Kivimäki, M.; Nyberg, S. T.; Batty, G. D.; Fransson, E. I.; Heikkilä, K.; Alfredsson, L. et al. (2012): Job strain as a risk factor for coronary heart disease: a collaborative meta-analysis of individual participant data. In: The Lancet 380 (9852), 1491–1497.

Kirkpatrick, D. (1994). Evaluating Training Programs: The Four Levels. San Francisco: Berrett-Koehler.

Klein, K.-D. & Scheffler-Lipp, A. (1989). Die »Erweiterte Potentialanalyse« (EPA) – ein Ansatz zur Optimierung des Assessment Centers. Zeitschrift für Arbeits- und Organisationspsychologie, 33 (N. F.7), 3, 145–152.

Korner, M. (2001). Einsatz neuer Medien in der Hochschullehre-Projekt eCF. Semesterarbeit am Institut für schweizerisches Bankwesen der Universität Zürich.

Kotter, J. P. & Heskett, J. L. (1992). Corporate Culture and Performance. New York: The Free Press.

Kram, K. E. (1985). Mentoring at work: Developmental relationships in organizational life. Glenview, IL: Scott Foresman.

Kramer, J. (2009). Allgemeine Intelligenz und beruflicher Erfolg in Deutschland Vertiefende und weiterführende Metaanalysen. Psychologische Rundschau, 60 (2), 82–98.

Krathwohl, D., R. (2002). A revision of Bloom's Taxonomy: an overview. Theory Into Practice, Autumn.

Latham, G. P. (1988). Human resource training and development. Annual Review of Psychology, 39, 545–582.

Lautenschlager, P., Albione, R. & Grund, S. (2002). »eCF-get involved in Corporate Finance«: Entwicklung eines E-Learning-Lehrgangs im Rahmen des Swiss Virtual Campus. In: G. Bachmann, O. Haefli & M. Kindt (Hrsg.) Campus 2002. Die Virtuelle Hochschule in der Konsolidierungsphase. München: Waxmann. 452–466. Leibniz-Zentrum für Psychologische Information und Dokumentation (ZPID) a (o. J.). Testbeurteilungssystem des Diagnostik- und Testkuratoriums. Verfügbar unter: https://www.zpid.de/index.php?wahl=Testkuratorium [06.01.18].

Levinson, D. (1978). Major tasks of the novice phase. In: The seasons of a man's life (97–101). New York: Knopf.

Liepmann, D., Beauducel, A., Brocke, B. & Amthauer, R. (2007). Intelligenz-Struktur-Test, I-S-T 2000 R. Göttingen: Hogrefe.

Mayring, P. (2015). Qualitative Inhaltsanalyse: Grundlagen und Techniken. Weinheim: Beltz.

Mayring, P. (2000). Qualitative Inhaltsanalyse. Forum Qualitative Sozialforschung/Forum: Qualitative Social Research (Online Journal), 1(2), 10.

McCormick, E. J., Jeanneret, P. R. & Mecham, R. C. (1969). The development and backround of the Position Analysis Questionnaire (PAQ) (No. 6). West Lafayette: Purdue University, Occupational Research Center Report.

McCormick, E. J., Jeanneret, P. R. & Mecham, R. C. (1972). A study of job characteristics and job dimensions as based on the Position Analysis Questionnaire (PAQ). Journal of Applied Psychology, 56, 347–368.

McDaniel, M. A., Whetzel, D. L., Schmidt, F. L., & Maurer, S. D. (1994). The validity of employment interviews: A comprehensive review and meta-analysis. Journal of Applied Psychology, 79(4), 599–616.

McGehee, W., & Thayer, P. W. (1961). Training in business and industry. Oxford, England: Wiley.

Naveh-Benjamin, M., Guez, J., Kilb, A. & Reedy, S. (2004): The associative memory deficit of older adults: further support using face-name associations. In: Psychology and aging 19 (3), 541–546.

Neuberger, O. (1990). Der Mensch ist Mittelpunkt. Der Mensch ist Mittel. Punkt. – Acht Thesen zum Personalwesen, In: Personalführung, Nr. 1, 1990, 3–10.

Nevo, B. (1993). The Practical and Theoretical Value of Examinee Feedback Questionnaire (EFeQ). In: Nevo, B. & Jäger, R. S. (Hrsg.), Educational and Psychological Testing: The Test Taker's Outlook (85–111). Göttingen: Hogrefe & Huber.

Nolting, H. P., Paulus, P. (1999). Psychologie lernen (7. Auflage). Weinheim: Beltz.

Odiorne, G. S. (1965). Management by objectives. New York: Pitman.

Odiorne, G. S. (1984). Strategic Management of Human Resources. San Francisco: Jossey-Bass.

Oldham, G. R. & Hackman, J. R. (1980). Work design in the organization context. Research in Organizational Behaviour, 2., 247–278.

Ortner, T. M., Proyer, R. T., Kubinger K. D. (2006). Theorie und Praxis Objektiver Persönlichkeitstests. Bern: Huber, Hogrefe.

Pentland, A. (2015). Social Physics. New York: Penguin.

Petko, D. (2020). Einführung in die Mediendidaktik. Lehren und Lernen mit digitalen Medien (2. Aufl.). Weinheim: Beltz.

Pfeffer, J. (1998). The Human Equation: Building Profits by Putting People First, Harvard Business Press.

Pfeffer, J. & Sutton, R. (2006). Hard Facts, Dangerous Half-Truths and Total Nonsense. Profiting from Evidence-Based Management, Harvard Business Press 2006.

Porath, C. L. & Bateman, T. S. (2006). Self-Regulation: From Goal Orientation to Job Performance. Journal of Applied Psychology, 91 (1), 185–192.

Preston, C. C., Colman, A. M. (2000). Optimal number of response categories in rating scales: reliability, validity, discriminating power, and respondent preferences. Acta Psychologica, 104, 1–15.

Prümper, J., Hartmannsgruber, K. & Frese, M. (1995). KFZA. Kurzfragebogen zur Arbeitsanalyse. Zeitschrift für Arbeits- und Organisationspsychologie, 39 (3),125–131.

Raeder, S. & Grote, G. (2012). Der psychologische Vertrag. Göttingen: Hogrefe.

Ragins, B. R., Cotton, J. L., & Miller, J. S. (2000). Marginal mentoring: The effects of type of mentor, quality of relationship, and program design on work and career attitudes. Academy of Management Journal, 43, 1177–1194.

Reilly, R. R. & Chao, G. T. (1982). Validity and Fairness of some alternative Employee Selection Procedures. Personnel Psychology, 35, 1–62.

Renkl, A. (1996). Träges Wissen. Wenn Erlerntes nicht genutzt wird. In: Psychologische Rundschau 47, 78–92.

Roth, G. (2009). Persönlichkeit, Entscheidung und Verhalten (5. Auflage). Stuttgart: Klett-Cotta.

Rozen, A. (1993). Psychological Selection Tests as Viewed by the Examinees Five Years Later. In: Nevo, B. & Jäger, R. S. (Hrsg.), Educational and Psychological Testing: The Test Taker's Outlook (251–260). Göttingen: Hogrefe & Huber.

Rüegg-Stürm, J. (2004). Das neue St. Galler Management-Modell. Grundkategorien einer integrierten Managementlehre: Der HSG-Ansatz, (2. Auflage) Bern/Stuttgart/Wien: Haupt.

Rynes, S. L., Colbert, A. E. & Brown, K. G. (2002). HR Professionals' beliefs about effective human resource practices: correspondence between research and practice. In: Hum. Resour. Manage. 41 (2), 149–174.

Ryschka, R., Solga, M. & Mattenklott, A. (2008). Praxishandbuch Personalentwicklung (2. Auflage). Wiesbaden: Gabler.

Sackett, D. L. , Rosenberg, W. M. C., Gray, J. A. M., Haynes, R. B. & Richardson W. S.: Evidence-based Medicine: What It Is and What It Isn't. In: British Medical Journal. 312, 1996, 71–72.

Sackmann, S. A. (2006). Messen – Werten – Optimieren. Erfolg durch Unternehmenskultur, herausgegeben von der Bertelsmann Stiftung: Gütersloh.

Sackmann, S. A. (2017). Unternehmenskultur: Erkennen – Entwickeln – Verändern: Erfolgreich durch kulturbewusstes Management. Springer Gabler: Wiesbaden.

Sarges, W. (Hrsg.) (2013). Management-Diagnostik. Göttingen: Hogrefe.

Scandura, T. A. (1992). Mentorship and career mobility: An empirical investigation. Journal of Organizational Behavior, 13, 169 –174.

Schaumburg, H. (2002). Konstruktivistischer Unterricht mit Laptops? Eine Fallstudie zum Einfluss mobiler Computer auf die Methodik des Unterrichts. Freien Universität Berlin, Berlin.

Schein, E. H. (2016). Organizational Culture and Leadership. New York: Wiley.

Schillinger, K. (2019) Apokalyptische Reiter, Wenn Agil zu Dogma wird. In: OrganisationsEntwicklung 4/19, 2019, 51–53

Schmidt, F. & Hunter, J. (1998). The validity and utility of selection methods in personnel psychology: Practical and Theoretical Implications of 85 years of research findings. Psychological Bulletin, 124(2), 262–274.

Schmidt, K.-H., Kleinbeck, U, Ottmann, W. & Seidel, B. (1985). Ein Verfahren zur Diagnose von Arbeitsinhalten: Der Job Diagnostic Survey (JDS). Psychologie und Praxis, Zeitschrift für Arbeits- und Organisationspsychologie, 29, 162–172.

Schubert, R., Littmann-Wernli, S. & Tingler, P. (2002). Corporate Volunteering: Unternehmen entdecken die Freiwilligenarbeit. Bern: Haupt.

Schuler, H. (1989). Die Validität des Assessment Centers. In: Lattmann, C. (Hrsg.), Das Assessment Center-Verfahren der Eignungsbeurteilung (223–250). Heidelberg: Physica.

Schuler, H. (1992). Das Multimodale Einstellungsinterview. Diagnostica, 38, 281–300.

Schuler, H. (2004). Beurteilung und Förderung beruflicher Leistung. Göttingen: Hogrefe.

Schuler, H. & Prochaska, M. (1992). Ermittlung personaler Merkmale: Leistungs- und Potentialbeurteilung bei Mitarbeitern. In: Sonntag, K. (Hrsg.), Personalentwicklung in Organisationen (157–186). Göttingen: Hogrefe.

Schuler, H. & Stehle, W. (1983). Neuere Entwicklungen des Assessment-Center-Ansatzes – beurteilt unter dem Aspekt der sozialen Validität. Psychologie und Praxis. Zeitschrift für Arbeits- und Organisationspsychologie, 27 (N. F.1), 33–44.

Schulz von Thun, F. (2014). Miteinander reden 1–4. Störungen und Klärungen. Stile, Werte und Persönlichkeitsentwicklung. Das ›Innere Team‹ und situationsgerechte Kommunikation. Fragen und Antworten. Reinbek: Rowohlt Taschenbuch.

Schunk, D. H. (2000). Learning Theories. An Educational Perspetice. 3. Aufl. Toronto: Macmillian.

Seel, N. M. (2000). Psychologie des Lernens. München: Ernst Reinhardt.

Semmer, N. K., Zapf, D. & Dunckel, H. (1999). Instrument zur stressbezogenen Tätigkeitsanalyse ISTA. In: H. Dunckel (Hrsg.), Handbuch psychologischer Arbeitsanalyseverfahren (179–204). Zürich: VdF Hochschulverlag.

Senge, P. M. (2011). Die fünfte Disziplin (11. Auflage). Stuttgart: Schäffer-Poeschel.

Sieverding, M. (2003). Frauen unterschätzen sich: Selbstbeurteilungs-Biases in einer simulierten Bewerbungssituation. Zeitschrift für Sozialpsychologie, 34, 3, 147–160.

Simon, F. B. (2017). Einführung in Systemtheorie und Konstruktivismus (8. Auflage). Heidelberg: Carl-Auer.

Smither, J. W., Reilly, R. R., Millsap, R. E., Pearlman, K. & Stoffey, R. W. (1993). Applicant Reactions to Selection Procedures. Personnel Psychology, 46, 49–76.

Skinner, B. F. (1978). Was ist Behaviorismus. 1. Auflage, Reinbek bei Hamburg: Rowohlt.

Sonntag, K. (2006). Personalentwicklung in Organisationen, (3. Auflage). Göttingen: Hogrefe.

Sonntag, K. (1996). Lernen im Unternehmen. München: Beck.

Sonntag, K. & Stegmaier, R. (2007). Arbeitsorientiertes Lernen. Zur Psychologie der Integration von Lernen und Arbeiten. Stuttgart: Kohlhammer.

Sonntag, K., Stegmaier, R., Schaper, N. & Friebe, J. (2004). Dem Lernen im Unternehmen auf der Spur: Operationalisierung von Lernkultur. Unterrichtswissenschaft 32, 2, 104–127.

Sprenger, R. (2014). Mythos Motivation. Wege au seiner Sackgasse. Frankfurt: Campus Verlag.

Taylor, P. J., Russ-Eft, D. F. & Chan, D. W.L. (2005). A Meta-Analytic Review of Behavior Modeling Trainings. Journal of Applied Psychology, 90, 4, 692–709.

Thissen, F. (2003). Kompendium Screen Design. Effektiv informieren und kommunizieren mit Multimedia. Berlin. Springer.

Trapmann, S., Hell, B., Weigand, S. & Schuler, H. (2007). Die Validität von Schulnoten zur Vorhersage des Studienerfolgs – eine Metaanalyse. Zeitschrift für pädagogische Psychologie, 21, 1, 11–27.

Trepper; T. (2015). Fundierung der Konstruktion agiler Methoden. Wiesbaden: Springer Gabler.

Viator, R. E. (1999). An Analysis of Formal Mentoring Programs and Perceived Barriers to Obtaining a Mentor at Large Public Accounting Firms. Accounting Horizons: Vol. 13, No. 1, 37–53.

Watson, J. B. (2007): Behaviorism. 6th printing. New Brunswick, N.J: Transaction Publishers.

West, M. A. (1990). The social psychology of innovations in groups. In: M. A. West & J. L. Farr (Eds), Innovation and creativity at work: Psychological and organizational Strategies (309–333). Chichester: Wiley.

Wiesner, W. H., & Cronshaw, S. F. (1988). A meta-analytic investigation of the impact of interview format and degree of structure on the validity of the employment interview. Journal of Occupational Psychology, 61(4), 275–290.

Wöstmann, M., Herrmann, B., Wilsch, A. & Obleser, J. (2015). Neural alpha dynamics in younger and older listeners reflect acoustic challenges and predictive benefits. The Journal of Neuroscience, 35, 1458–1467.

Zimbardo, P. G. (1995). Psychologie. Berlin: Springer.

Abbildungsverzeichnis

Abb. 1: Inhalte der Personalentwicklung nach Becker (2005) 16

Abb. 2: Menschenbild der Personalentwicklung................................ 17

Abb. 3: Strategieprozess 23

Abb. 4: Prozessmodell der Personalentwicklung (angelehnt an Sonntag, 2006) 27

Abb. 5: St. Galler Management-Modell nach Rüegg-Stürm (2004) 31

Abb. 6: Beispiel für eine SWOT-Matrix (Strenghts/Weaknesses/
Opportunities/Threats) 47

Abb. 7: Change Prozess Monitoring (© doc./ertragswerkstatt GmbH) 55

Abb. 8: Job-characteristics-Modell von Hackman & Oldham (1976, 1980) 61

Abb. 9: Schematische Darstellung eines Anforderungsprofils..................... 74

Abb. 10: Beispiel für eine verhaltensverankerte Einstufungsskala 76

Abb. 11: Hauptkompetenz-Dimensionen und häufig verwandte
Kriterien im Soft Skills-Bereich 77

Abb. 12: Beispiel für eine zielgruppenspezifische Bewertung eines Verhaltens 79

Abb. 13: Beispiel für ein Merkmal, das der Gaußschen
Normalverteilung unterliegt 81

Abb. 14: Beispiel für einen Mindestprofil- bzw. Sollprofil-Korridor.................. 82

Abb. 15: Prozessablauf Interviewkonstruktion 99

Abb. 16: Verhaltensdreieck... 103

Abb. 17: Das multimodale Interview nach Schuler (1992) 109

Abb. 18: Implementierungsschritte eines ACs................................ 111

Abb. 19: Abstraktionsebenen verschiedener Auswahlverfahren
bezogen auf die reale Arbeitssituation 114

Abb. 20: Beispiel-Grafik AC-Rückmeldung 126

Abb. 21: Dynamik des psychologischen Vertrags.................................. 142

Abb. 22: Entwicklungsschritte einer PE-Maßnahme.............................. 152

Abb. 23: Anforderungen heute und zukünftig, Abgleich Leistung vs. Potenzial 180

Abb. 24: Leistungs-Potenzial-Portfolio 182

Abb. 25: Unterschied zwischen Leistungs- und Potenzialbeschreibung
anhand des Beispielkriteriums »Innovationsfähigkeit«.................. 183

Abb. 26: »Typische« Spiegelung der Leistungs- und Potenzialeinschätzung –
kein Informationsmehrwert zwischen der Leistungs- und der
Potenzialeinschätzung 184

Abb. 27: Beispiel für den Implementierungsprozess eines Lern-ACs 187

Abb. 28: Beispiel für den Ablauf eines Lern-ACs 188

Abb. 29: Beispiel für einen Teamentwicklungsprozess 225

Abb. 30: Beispiel-Prozess Teamentwicklung mit Fokus
Neuausrichtung der Kundenorientierung................................. 234

Abb. 31: Beispiel-Prozess Changemanagement und neue
Rolle der Personalentwicklung 241

Abb. 32: Zentrale Komponenten eines Leitbildes 243

Abb. 33: Kaskadierung eines Leitbildentwicklungsprozesses 246

Abb. 34: Umsetzungsschritte eines Leitbildentwicklungsprozesses 246

Abb. 35: Selbstregulationstheorie nach Kanfer (1990), hier nach
Porath & Bateman (2006) 265

Abb. 36: Leitfragen zur Vorbereitung eines Mitarbeitergesprächs. 291

Abb. 37: Theorie der Zielsetzung – »Goal setting« (Locke & Latham, 1990). 294

Abb. 38: Implementierungsprozess FKN-Pool bis Prozessschritt Auswahl 312

Abb. 39: Implementierungsprozess FKN-Pool von Start
Qualifizierung bis Abschluss 319

Abb. 40: Ablauf der Evaluation 334

Abb. 41: Concept and Instruments for Evaluation of Learning Tools (CIELT) 341

Abb. 42: Zuordnungsmatrix von Instrumenten zu Lernsystemevaluationszielen 344

Abb. 43: Was kann EPM? (© doc./ertragswerkstatt GmbH) 346

Abb. 44: Wie funktioniert EPM? (© doc./ertragswerkstatt GmbH) 347

Abb. 45: EPM Prozessmodell (© doc./ertragswerkstatt GmbH) 354

Abb. 46: Mitarbeiterumfragemodell (© Ertragswerkstatt GmbH) 364

Abb. 47: Visualisierungs- und Steuerungstool (© doc./ertragswerkstatt GmbH) 365

Abb. 48: Zusammenhangsmodell (© doc./ertragswerkstatt GmbH) 366

Tabellenverzeichnis

Tab. 1:   Unternehmens- und Mitarbeiterziele der Personalentwicklung 19

Tab. 2:   Übersicht zum Selbstverständnis eines Personalentwicklers 22

Tab. 3:   Vor- und Nachteile detaillierter Anforderungsanalysen.................... 43

Tab. 4:   Beispiel-Anforderungsprofil mit Verhaltensbeschreibungen 75

Tab. 5:   Beispielkriterium »Kundenorientierung«, dreistufig skalierte
           Beschreibungen 80

Tab. 6:   Gütekriterien der wissenschaftlich begründeten
           psychologischen Diagnostik 91

Tab. 7:   Verschiedene Interviewformen... 97

Tab. 8:   Beispiel für eine Anforderungs-Aufgabenmatrix......................... 120

Tab. 9:   Schematische BeobachterInnen-Rotationsmatrix 124

Tab. 10:   Implementierungsphasen des Einzel-Assessment-Centers 129

Tab. 11:   Übersicht EAC-Instrumente 130

Tab. 12:   Beispielablauf EAC.. 133

Tab. 13:   Aufteilung in Lernarten in Anlehnung an Seel (2000) 150

Tab. 14:   Wissensdimensionen und Lernzieltaxonomie 154

Tab. 15:   Grundmodell für Lernen und Kursdesign 165

Tab. 16:   Zentrale E-Learning-Elemente.. 167

Tab. 17:   Vergleich Leistung vs. Potenzial 179

Tab. 18:   Prozesskomponenten des Beobachtungslernens nach
           Decker & Nathan (1985)... 191

Tab. 19:   Kommunikationstraining 196

Tab. 20:   Konfliktmanagementtraining 197

Tab. 21:   Verhandlungstraining 198

Tab. 22:   Führungstraining 200

Tab. 23:   Training zum Thema Motivation 201

Tab. 24:   Changemanagement für Führungskräfte 203

Tab. 25:   Strategische Personalentwicklung für Führungskräfte 204

Tab. 26:   Präsentationstraining 205

Tab. 27:   Argumentations- und Rhetoriktraining 206

Tab. 28:   Vertriebskommunikations-/Kundenorientierungstraining................. 208

Tab. 29:   Training zur Teamentwicklung und -steuerung.......................... 210

Tab. 30:   Moderationstraining 211

Tab. 31:   Problemlöse- und Kreativitätstraining................................. 212

Tab. 32:   Selbst- und Zeitmanagementtraining.................................. 213

Tab. 33:   Stress- und Gesundheitsmanagementtraining 215

Tab. 34:   Training sozialer Wahrnehmung....................................... 217

Tab. 35:   Führen auf Distanz 219

Tab. 36:   Verschiedene Rollen des Begleiters in der Konfliktbearbeitung 230

Tab. 37: Vor- und Nachteile einer Fachlaufbahn 269

Tab. 38: Drei Ebenen von Mitarbeiterbeurteilung (nach Schuler, 2004) 283

Tab. 39: Verschiedene Funktionen des Mitarbeitergesprächs 286

Tab. 40: Übersicht über regelmäßige und bedarfsbezogene
Formen des Mitarbeitergesprächs 288

Tab. 41: Nutzen von Mitarbeiter-/Jahresgesprächen 290

Tab. 42: Arten von Zielen in Unternehmen. 293

Tab. 43: »Beziehungsmatrix« der Ziele nach Comelli & Rosenstiel (2009). 297

Tab. 44: Taxonomie von Bloom (1956) / Andersen & Krathwohl (2001). 332

Tab. 45: Checkliste zu Aspekte des Lernens im Kontext der
PE-Maßnahmenevaluation. 335

Tab. 46: Wie sieht EPM konkret aus? Beispiel Mitarbeitergespräch 347

Tab. 47: Wie sieht EPM konkret aus? Beispiel Führungsentwicklung. 348

Tab. 48: Wie sieht EPM konkret aus? Beispiel Betriebliches
Gesundheitsmanagement 348

Tab. 49: Wie sieht EPM konkret aus? Beispiel Berufliche Entwicklung 349

Tab. 50: Wie sieht EPM konkret aus? Beispiel Trainingsangebote. 349

Tab. 51: Datengrundlage für EPM. 356

Tab. 52: Fiktives, aber realistisches Zahlenbeispiel zu
Führungswerten in einer Organisation. 367

Stichwortverzeichnis

90°-Feedback 173
180°-Feedback 173
360°-Feedback 174

A

Ablauf des Interviews 101
Ablauf eines EAC 132
Akzeptanz 127
Analyse des Personalentwicklungsbe-
   darfs 41
Analysieren 155
Anforderungsanalyse 239
Anforderungs- oder Kompetenzprofil 73
Anforderungsprofil 74
Anwenden 155
Arbeitsanalyse 63
Arbeitsanalyse, Kurzfragebogen 67
Arbeitsplatzbeobachtung 68
Argumentationstraining 206
Assessment-Center 110, 113
Assessment-Center-BeobachterInnen 278
Assessmentverfahren 110
Audit 128
Aufgabenanalyse 59
Aufgaben-Anforderungsmatrix 119
Aufgabengestaltung 263
Aufwandseinschätzung 128

B

Begriffliches Wissen 151
Behaviorismus 157
BeobachterInnen für Assessment-Cen-
   ter 278
BeobachterInnen im AC 121
Beobachtungsdimensionen im AC 117
Bewerten 155
Bildungsbedarfsanalyse 136
Blended Learning 166, 168

C

Changemanagement 201, 209
Change Process Monitoring (CPM) 55
Changeworkshop 238
Coaching 246
Concept and Instruments for Evaluation of
   Learning Tools (CIELT) 340, 342
Critical Incidents Technique 71

D

Definition
   — Personalentwicklung 15
Delegieren 302
Dialektische Barriere 164
Didaktische Konzeption 157
Dokumentenanalyse 57

E

Eignungsdiagnostik als soziale Situa-
   tion 100
Einzel-Assessment 113, 128
E-Learning 166, 167
emotionale Intelligenz 280
Erinnern 154
Erschaffen 156
Evaluationsprozess 333
Evaluation von Personalentwicklungsmaß-
   nahmen 327
Evidenzbasierte Personal- und Organisati-
   onsentwicklung 345
Evolutionsstufen der Personalentwick-
   lung 29

F

Fachlaufbahn 266
Fachliche Führung 268
Faktenwissen 151
Feedback 125

Feedbackbezogene Verfahren 173

Feedbacktagebuch 279

Fragebogen zur Erfassung des Organisationsklimas (FEO) 52

Führen auf Distanz 217

Führungskräftenachwuchs-Pools 306

Führungsleitbild 242

Führungstagebuch 280

Führungstraining 199

G

Gesundheitsmanagementtraining 214

Gruppen-Assessment 113

H

Härtefall 138, 143

I

Implementierungsphasen 128

Inputbezogene Wirkungsanalyse 329

Instrumente der Personalentwicklung 171

Instrumente eines EAC 129

Integrationsrunde 133

Interpolationsbarriere 164

Interview 96

Interviewformen 97

Interview in 7 Phasen 108

J

Job Diagnostic Survey 66

Jobrotation 270

K

Klimafragebogen 51

Kognitivismus 158

kollegiale Fallberatung 257

Kommunikationstraining 195

Kompetenzportfolio 269

Konfliktbearbeitung 226

Konfliktmanagementtraining 196

Konstruktivismus 160

Konzeption der Personalentwicklung 149

Kreativitätstraining 211

Kriterien im AC 117

Kundenorientierung 79

Kundenorientierungstraining 232

Kundenorientierungstrainings 207

L

Leitbilder 242

Lernarten 149

Lern-Assessment-Center 186

Lernen 149

Lerntheorien 157

Lerntransfer 329

Lernziel 153, 156

M

Maßnahmen entwickeln 149, 152

Mediation 226

Mentoring 273

Metakognitives Wissen 151

Mitarbeiterbeurteilung 282, 283

Mitarbeitergespräch 282, 287

Mitarbeiterziele 19

Moderationstraining 210

Motivationstraining 200

Multimodales Interview 107

O

On-the-Job-Maßnahmen 262

Optimierung der Zusammenarbeit 232

Organisationsanalyse 45, 50

Outputbezogene Wirkungsanalyse 331

P

Partizipation 245

Patenschaft 273

Personenanalyse 83

Potenzialanalyse 178

Potenzialeinschätzung 185

Pragmatismus 245

Präsentationstraining 204, 206

Problemlöseaufgabe konstruieren 163

Problemlösetraining 211

Problemtypen 163

Prognostische Validität 97

Projektlaufbahn 267

Prozessbegleitende Maßnahmen 219
Prozessbezogene Wirkungsanalyse 329
Prozessmodell der Personalentwicklung 25
Psychologischer Vertrag 142
Psychometrischer Verfahren 175
Psychometrische Verfahren 90
Psychosoziales Mentoring 274

Q
Quick win-Maßnahme 240

R
Reflexionstagebuch 279
Rhetoriktraining 206
Role-modeling 274
Rolle des Trainers 162
Rollenerwartung 22
Rollenverständnis 22

S
Schulung 189
Schwieriger Mitarbeiter 138, 139, 141
Selbstbild-Fremdbild-Abgleich 88, 173
Selbstmanagementtraining 214
Selbstverständnis des Personalentwick-
    lers 20, 21
Selbstverständnis von Personalentwick-
    lung 18
Seminar 189
Soziales Wahrnehmungstraining 216
St. Galler Management-Modell 30, 31
Strategische Personalentwicklung 203, 235
Stressmanagementtraining 214
Supervision 255
SWOT-Analyse 46
Synthesebarriere 164
Systematische Mitarbeiterentwicklung 235
Systemtheorie 30, 34

T
Tagebuch 279, 280
Tätigkeitsanalyse 62
Tätigkeitsanalyseinventar 64
Teamentwicklung 221
Teamentwicklungstraining 209
Teamklima-Inventar (TKI) 52
Teamperformance-Fragebogen 54
Teamsteuerungstraining 209
Training 189
Transparenz 127, 245

U
Übungen im AC 114
Umsetzung von PE-Maßnahme 165
Unstrukturiertes Interview 97
Unternehmensziel 19

V
Vergleichsanalyse 332
Verhaltensorientiertes Wissen 151
Verhandlungtraining 197
Verstehen 155
Vorabinterview 99
Vorbildcharakter 244
VUCA-Welt 201, 235

W
Wachstumsziele 19
Wirkungsanalyseformen 329
Wissensdimensionen 149

Z
Zielvereinbarung 292
Ziel von PE-Maßnahme 153
Zugangsbedingung 156

Exklusiv für Buchkäufer!

Ihre Arbeitshilfen zum Download:

▶ http://mybook.haufe.de/

▶ Buchcode: IGD-4474